高等学校应用型本科经济管理类专业 “十三五”规划教材

# 金融学：理论·实务·案例

主 编 高传华

副主编 马克林 全浙玉

参 编 黄 玲 赵红丽 李鹏飞

西安电子科技大学出版社

## 内 容 简 介

本书共 12 章，主要内容包括：金融概述，货币与货币制度，信用、利息与利率，金融工具，金融市场，金融机构体系，中央银行，商业银行，通货膨胀和通货紧缩，国际金融，金融风险与金融一体化以及互联网金融等。各章均设有“知识目标”、“能力目标”、“案例导读”、“知识拓展”“理论梳理”、“案例分析”、“知识检测”和“应用实训”等项目。全书资料翔实，深入浅出，注重理论与实践的有机融合，充分体现了应用型本科教改特色。

本书可作为高等学校应用型本科经济管理类专业的教材，也可供高职高专相关专业学生、金融从业人员以及社会读者阅读。

**图书在版编目(CIP)数据**

**金融学：理论・实务・案例**/高传华主编. —西安：西安电子科技大学出版社，2017.7

ISBN 978-7-5606-4537-7

Ⅰ. ① 金⋯ Ⅱ. ① 高⋯ Ⅲ. ① 金融学—高等学校—教材 Ⅳ. ① F830

**中国版本图书馆 CIP 数据核字(2017)第 157460 号**

策　　划　刘小莉

责任编辑　黄菡　阎彬

出版发行　西安电子科技大学出版社(西安市太白南路 2 号)

电　　话　(029)88242885　88201467　　邮　　编　710071

网　　址　www.xduph.com　　电子邮箱　xdupfxb001@163.com

经　　销　新华书店

印刷单位　陕西利达印务有限责任公司

版　　次　2017 年 7 月第 1 版　2017 年 7 月第 1 次印刷

开　　本　787 毫米×1092 毫米　1/16　印　张　18

字　　数　424 千字

印　　数　1～3000 册

定　　价　38.00 元

ISBN 978-7-5606-4537-7/F

**XDUP　4829001-1**

***如有印装问题可调换***

# 前　言

我国经济正在进入新常态，金融体制改革、金融创新逐步推进。“一带一路”建设与亚投行成立将进一步加速人民币的国际化进程，同时金融也更深层次地影响着经济、社会、生活的方方面面，金融已经成为现代经济的核心。2016年，人民币正式纳入SDR货币篮子、绿色金融写入G20杭州峰会公报、深港通正式启动，等等。金融领域的进与退、得与失、喜与怒、哀与乐，为我们编写教材提供了丰富鲜活的案例。

“十三五”时期，在地方普通本科高校向应用型转变的背景下，各地不断强化应用型本科示范校以及试点专业建设，教材建设也在持续探索中。金融学是经济管理类专业的一门重要基础课程，其前身为“货币银行学”。1990年以后，我国金融市场迅速发展，致使“货币银行学”的课程名称与金融发展的现实存在一定差距。在西方国家，类似课程通常被称为“货币、银行与金融市场经济学”，美国经济学家弗雷德里克·S·米什金的经典金融著作《The Economics of Money, Banking, And Financial Markets》则翻译为《货币金融学》。不过，国内学者一般倾向于用“金融学”作为课程名称。

在编写本书时我们注重体现应用型特色，从内容取舍、体例编排、案例选用和应用实训等方面，力求在体现最新金融学动态的同时进一步凸显对学生应用能力的培养。

《金融学：理论·实务·案例》作为高等学校应用型本科经济管理类专业“十三五”规划教材之一，具有以下特点：

(1) 体系完整，内容翔实，突出可读性。

力求理论、实务和案例浑然一体，并做到知识与能力目标明确，理论梳理脉络清晰、重点突出，知识拓展资料翔实。

(2) 体例新颖，案例丰富，突出应用性。

各章均设有“知识目标”、“能力目标”、“案例导读”、“理论梳理”、“知识拓展”、“案例分析”、“知识检测”和“应用实训”等项目，注重理论与实践的结合，充分体现应用型教材特色。

(3) 理论梳理、案例分析和应用实训等有机结合，突出趣味性。

通过大量的知识拓展和案例分析，强化知识与能力目标的实现。通过知识检测、应用实训加深对基本理论的理解和掌握，提高解决实际问题的能力。

(4) 更新素材支撑，突出时代性。

注重吸收最新的理论研究成果和金融实例，内容时代感强，所选案例均为近年来国内外的最新资料，有助于丰富教学内容，增强教材的时代感，把学生应用能力的培养融入生动有趣的学习情境之中。

本书由河南省高等学校金融学类专业教学指导委员会委员、郑州工业应用技术学院商学院高传华担任主编，马克林、全淅玉担任副主编。全书共12章，具体编写分工如下：高传华编写第一章金融概述、第二章货币与货币制度、第五章金融市场和第七章中央银行；马克林编写第三章信用、利息与利率，第四章金融工具，第九章通货膨胀和通货紧缩；全淅玉编写第六章金融机构体系、第八章商业银行；黄玲编写第十章国际金融；李鹏飞编写第十一章金融风险与金融一体化；赵红丽编写第十二章互联网金融。最后由高传华总纂定稿。在此，特别感谢河南财经政法大学金融学院硕士生导师杨华教授给予的学术指导与悉心帮助！全国中文核心期刊《金融理论与实践》张树忠副主编对第七章中央银行提出了宝贵的修改建议。

本书可作为高等学校应用型本科经济管理类专业的教材，也可供高职高专相关专业学生、金融从业人员以及社会读者阅读。在本书的编写过程中，我们参阅、引用了大量国内外相关文献和研究成果，具体书目列于参考文献中，在此对相关作者表示衷心感谢！同时，我们还得到了西安电子科技大学出版社刘小莉编辑的大力支持，在此表示诚挚谢意！另外，对刘录才(渤海证券)、马静、常彦泽、苏磊、伦朝辉等表示敬意，感谢他们对本书的付出！

由于编者水平所限，不妥之处，恳请各位专家和读者提出批评与建议，反馈邮箱为jmx800@yeah.net。

高传华

2017年3月6日

# 目　　录

# 第一章　金融概述

【知识目标】

理解金融的含义、基本特点和分类；理解金融学的概念、研究对象和学科体系；了解金融的产生和发展趋势；理解金融在现代经济中的地位和作用。

【能力目标】

掌握金融学的学科体系；掌握金融在现实经济中的地位和作用。

【案例导读】

毋庸置疑，金融已成为现代经济中最具魅力和变幻无穷的热门行业之一，种类繁多的金融产品为普通投资者提供了众多的理财工具。日益完善的金融市场，一方面为资金需求者提供了“取之不尽，用之不竭”的金融资源，另一方面也为金融投机者提供了无数的发财致富机遇。但是，金融泡沫、金融风险和金融危机也使一些人美梦破灭，甚至倾家荡产。

金融的无限魅力和无穷变幻使其蒙上了无数神秘的光环。众多的金融参与者和研究者为揭示这些金融“秘密”进行了大量有益的探索并取得了很多推动金融理论和实践迅速发展的卓越成果。进入21世纪以来，在现代金融学研究领域中取得杰出成就的经济学家连连被授予诺贝尔经济学奖。同时，金融学也成为现代经济学最热门的学科之一。

## 第一节　金融及其产生与发展

### 一、金融的含义、特点及分类

#### (一) 金融的含义

金融是货币资金流通和信贷活动的统称。在《辞源》(1937年普及本第11版)中，“金融”条的释文为：“今谓金钱之融通状态曰金融，旧称银根。各种银行、票号、钱庄，曰金融机构……”。所以金融是与货币、信用、银行和非银行金融机构直接相关的经济活动的总称。资金融通是指资金盈余方将资金通过一定方式借贷或融通给资金短缺方的过程。资金融通的主要对象是货币和货币资金，主要方式是有借有还的信用形式，组织这种融通的机构为银行及其他金融机构。因此，金融涉及货币、信用和银行三个范畴，三者相互联系、相互依存、相互促进，共同构成金融活动的整体。这些活动包括：货币的发行、流通与回笼；货币资金的借贷；资金的汇兑与结算；票据的承兑与贴现；有价证券的发行与流通；保险基金的筹集与运用；信托与租赁；外汇及黄金买卖；国际货币支付与结算等。一般认为，广义的金融泛指一切与信用货币的发行、保管、兑换、结算及融通有关的经济活动，甚至还包括金银的买卖，而狭义的金融则专指信用货币的融通。

### （二）金融的基本特点

#### 1. 融资性

经济主体可以简单划分为：个人、企业、政府、金融机构和国外部门。国民收入在收入形态上可以包括这五个部分的收入；而在支出形态上又可以包括这五个部分的支出。国民收入从收入角度计算与从支出角度计算的结果是相等的。但每个具体部门的总收入与总支出却是不等的，因此，必然表现为有些部门所占有的社会收入大于其支出；而有些部门则恰恰相反。经济主体发生这种收支不平衡为各单位之间进行资金融通提供了可能性。如果各经济单位之间无融资关系，则每一个单位不得不量入为出。当资金不足时，即使有收益率极高的投资项目，也只能坐失良机；或虽有盈余资金，但没有合适项目，也不得不退而求其次。但是信用制度的建立，却可以克服上述弊端，从而更加有效地利用社会资源，最终促进社会经济的发展。

#### 2. 自愿性

经济体系中的储蓄通过金融活动转换成为资本。这种转换把分散的、闲置的或暂时不用的居民收入节余、企业的折旧基金、退休基金或其他基金以及政府财政盈余转换成生产资金。重要的是，这种转换是通过金融活动实现的。提供资金的一方通过储蓄、购买金融工具等方式转让其资金使用权，其行为是完全自愿的，是为了增值或保值，以追求收益最大化；而使用资金的一方通过抵押借款、发行股票、债券等方式取得资金使用权，其行为也完全是自愿的，是为了维持或扩大生产规模，以追求利润最大化。因此，供求双方均是为了不同的目的而实现交易，在金融活动的作用下，各种社会资源是在追求自身利益，并在自愿的基础上实现优化配置。

#### 3. 调节性

通过货币资金的融通，可以使社会上的资金在投资、生产、消费之间合理地进行流动和分配，调节一定时期社会上的货币流量。在金融活动中，会创造出许多金融工具并为之提供良好的流动性，满足资金供求双方不同期限、收益和风险的要求，为资金供应者提供适合的投资手段，引导众多分散的小额资金汇聚成大规模资金。在资金的融通中，金融工具的交易，客观上有助于使资源从低效部门转移到高效部门，从而实现稀缺资源的优化配置和合理有效利用。在经济日益金融化的今天，金融工具成为社会财富的重要存在形式，金融工具价格的波动，改变了社会财富的存量分配，实现了社会财富的再分配，对社会经济起到调节作用。

### ✲ 知识拓展 1-1

“金融”这一概念是从西方引进的，词源为 finance。英语中，finance 的源头词是拉丁

词 finis(英语意思为 end)，直接来源则是古法语词 finance(它是法语动词 finer 的引申词，finer 的英语意思为 end、settle)。英语在中世纪时吸收了法语中 finance 这个词表示结束(end)，15 世纪时又出现了“debt-settling”的意思，直到 18 世纪才表示“management of monetary resources”的现代意义。这样，finance 的演变过程为：拉丁语 finis(意为 end，即结束，使借贷结清)→法语 finer→中世纪法语 finance→中世纪英语 finance→现代英语 finance。汉语通常把 finance 翻译为“金融”，现在的工具书都是把“金融”与 finance 对译，人们在日常交往中也简单互译。但作为经济范畴，“金融”与 finance 并非等同的概念。在中国，“金融”概念大体包括与物价有紧密联系的货币流通、银行与非银行金融机构体系、短期资金拆借市场、资本市场、保险系统、国际金融等方面。在西方，finance 的含义极其宽泛，指货币的事务、货币的管理、与金钱有关的财源等，即一切与钱有关的事情都可使用 finance 这个词。具体地说，它不仅包括我们习惯上讲的金融，还包括国家财政(public finance)、公司理财(corporate finance)和个人理财(personal budget)。还有更加狭义的一种理解，认为“金融”仅指资本市场，或指金融机构和金融市场的微观领域。而按照世界贸易组织的统计口径，金融的范围则主要涉及银行、保险、证券及金融信息服务四个方面。

### (三) 金融的分类

金融是随着商品货币关系的发展而产生和发展起来的，从简单的货币经营业到银行、证券、保险等，金融已发展成为一个极其庞大而复杂的系统。金融可以按不同标准进行分类，主要有以下分类方法。

#### 1．按金融活动的方式划分

按金融活动的方式划分，金融可分为直接金融和间接金融。金融活动既可以直接在融资双方当事人之间进行，也可以是融资双方通过中介机构间接进行。如果金融活动是以银行等金融机构为媒介，通过发行银行券、存款单、银行票据和保险单等作为金融工具的交易方式进行，就称为间接金融；如果金融活动不通过媒介，而是以商业票据、公债、企业债券、股票以及抵押契约等作为信用工具的交易方式进行，就称为直接金融。资金融通的方式如图 1-1 所示。

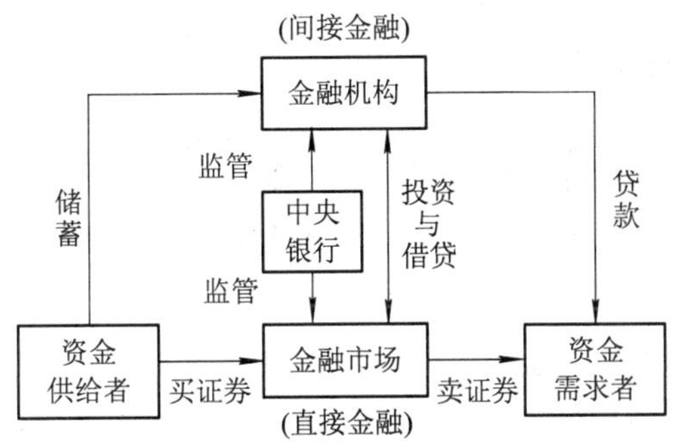


图 1-1　资金融通方式

#### 2．按金融活动的目的划分

按从事金融活动的目的划分，金融可分为政策性金融、商业性金融和合作性金融。政策性金融是政府为实施一定的社会经济政策或意图，设立专门金融机构，在特定的领域内直接或间接从事的政策性融资活动，它不以盈利为目的。商业性金融是金融企业按照市场经济原则以商业利益为经营目标的金融活动，它以实现利润最大化为目的。商业银行、保险公司、证券公司、信托投资公司等的融资活动都是商业性金融。合作性金融是互助合作组织在成员之间进行的金融活动，它不以盈利为目的，主要是为了解决成员的融资需求。

**3．按金融活动的性质和功能划分**

按金融活动的性质和功能划分，金融可分为银行、证券、保险、信托和租赁等。银行业是最早从事金融业务活动的行业，是现代金融体系的主体。商业银行和其他专业银行通过吸收存款、发放贷款、办理结算等业务来提供金融专业服务。证券业是通过债券或股票的发行和流通来实现资金在不同社会经济部门之间进行重新配置的行业。证券业务机构专门为证券交易提供金融专业服务。在现代市场经济高度发达的条件下，金融活动呈现出证券化的趋势。保险业是保险业务机构以集中起来的保险费建立保险基金，对被保险人因自然灾害或意外事故所造成的经济损失或人身伤亡提供补偿的金融服务行业。在现代经济中，保险已渗透到社会经济的各个领域，成为社会的“稳定器”。信托业是信托业务机构接受委托，代为管理、经营和处理经济事务的金融服务行业。信托是一项古老的业务，而现代信托业还从事投资业务。租赁业是租赁业务机构通过融物对企业进行融资的金融服务行业，它是现代企业的重要融资方式之一。

**4．按金融活动是否接受政府监管划分**

按金融活动是否接受政府监管划分，金融可分为官方金融和民间金融。官方金融，又称正规金融，是由政府批准并进行监管的金融活动。民间金融又称非正式金融，指个体、家庭和企业之间，绕开官方正式的金融体系而直接进行金融交易活动的行为，包括民间借贷、民间互助会、地下钱庄、地下投资公司等。因为这些民间金融行为往往是非法存在的，所以也常被称为“地下金融”。民间金融种类繁多，按其活动性质又可以分为灰色金融和黑色金融。灰色金融是指合理不合法，但对社会有益的金融活动，如民间友情借贷、企业互相融资等。而黑色金融则既不合理也不合法，是对社会有害的金融活动，如非法集资进行金融诈骗、洗钱、地下钱庄、资金外逃等。而近年来兴起的互联网众筹则在一定程度上实现了民间金融的阳光化、非法集资的合法化。

**5．按金融活动的运行机制划分**

按金融活动的运行机制划分，金融可分为微观金融和宏观金融。微观金融是金融市场主体的投资融资行为及其金融市场价格的决定等微观层次的金融活动。宏观金融是金融系统各构成部分作为整体的行为及其相互影响以及金融与经济的相互作用，包括货币供求、通货膨胀和通货紧缩、货币政策、国际收支等问题。

**6．按金融活动的地理范围划分**

按金融活动的地理范围划分，金融可分为国内金融和国际金融。国内金融是由一国之内的资金供求双方直接或间接进行的融资活动，其参与者都是本国的政府、金融机构、企业和个人，运作的对象是本国货币。国际金融是跨越国界的货币流通和资金融通活动，其参与者属于不同国家的政府、金融机构、企业、个人和国际金融机构，运作的对象既可以是本国货币，也可以是境外货币。

另外，按金融活动的信息化程度划分，金融可分为传统金融与互联网金融。互联网金融是指借助于互联网技术和移动通信技术实现资金融通、支付和信息中介等业务的新兴金融模式，也是传统金融行业与互联网相结合的新兴领域。对于互联网金融的具体内容，本书将在第十二章做详细论述。

## 二、金融的产生

金融是商品货币关系发展的必然产物，伴随着商品货币关系的发展而发展。在一个社会中，收入和支出不会完全平衡，一部分人因收入大于支出而成为资金盈余者，同时，一部分人因支出大于收入而成为资金短缺者。最初的资金融通方式是资金盈余者把钱直接借给资金短缺者，这就是原始的直接融资方式——民间借贷，也就是高利贷。高利贷产生于原始社会末期，是奴隶社会和封建社会基本的信用形式。高利贷最初是实物借贷，货币产生后逐渐转变为货币借贷。

随着社会经济的不断发展，资金盈余者和资金短缺者越来越多，他们互不了解，资金供求双方在时间、地点和数量等交易条件方面难以同时满足。这样，一些以资金融通为主业的金融机构就应运而生，它们赢得了资金供求双方的信任，并在他们之间发挥媒介作用。资金盈余者把钱存入金融机构，再由金融机构贷放给资金短缺者。这种以金融机构为媒介的资金融通方式就是间接金融方式。这一融资方式的出现，大大便利了社会资金的流动，使金融向前迈进了一大步。随着商品生产、商品交换和信用的发展，金融活动的范围也随之扩大，货币兑换、保管和汇兑业务相继出现，由此，作为银行前身的货币经营业就出现了。

随着社会经济的进一步发展，间接融资方式已不能满足经济发展的需求，从而使资金需求者发行各种有价证券直接向金融市场进行筹资。这样，资金短缺者需要资金时可以不通过金融机构，而是直接到金融市场上发行各种证券来集资；而资金盈余者不一定要将其资金全部存入金融机构，也可以在金融市场上购买各种金融工具。这种资金供求双方通过金融市场直接融资的形式就是现代的直接金融形式，不过要有比较健全发达的金融市场作为其存在的前提。

直接金融方式与间接金融方式的不断发展，促进了银行和其他金融机构以及金融市场的不断进步，大大便利了社会资金的流动。为了促进金融的健康发展，维护投资者和筹资者各方面的利益，有必要建立一定的机构对金融活动进行协调和管理，各国中央银行和其他金融监管机构就是顺应这一客观需要而逐步建立和发展起来的。

## 三、金融业的发展趋势

20 世纪 80 年代以后，世界金融业发生了巨大而深刻的变化。特别是随着互联网的发展、电子货币和互联网金融的出现，使世界金融业发展到前所未有的高度。同时，在当前经济全球化的背景下金融机制的纷繁复杂，金融活动所涌现出的形式之多、规律之复杂、牵连之广泛，是其他经济活动无法达到的。金融的高度发展和自由化使金融风险越来越大，不时引发金融危机和金融动荡，如 1997 年的东南亚金融危机、2008 年的美国金融危机等。

### （一）混业化

混业经营是商业银行及其他金融企业以科学的组织方式在货币和资本市场进行多业务、多品种、多方式的交叉经营和服务的总称。美国国会于 1999 年 11 月 4 日通过的《金融服务现代化法案》从法律上取消了商业银行和证券公司跨界经营的限制，以此为标志，现代金融业走向了多样化、专业化、集中化和国际化的发展方向。金融混业经营是世界金融发展的大趋势，也是中国金融改革的最终目标之一。从国内外的情况看，混业经营有诸多公认的好处，比如：为资金更合理地使用和更快地流动创造了有利条件；有助于金融各个领域之间发挥协同作用，减少或避免拮抗作用；有助于对风险的系统监管等。

### （二）电子化

金融电子化是 20 世纪下半叶，随着电子技术的发展及其在金融行业的广泛渗透而兴盛起来的。早期的金融电子化主要是把计算机应用于银行传统的存、贷、汇业务处理中，实现会计账务和各项金融业务的电子数据处理。其目的是提高业务处理的效率，减轻劳动强度，增强服务能力。20 世纪 70 年代以后随着计算机和通信技术的快速发展，金融计算机网络日趋成熟和扩大，以银行为主的金融界不再局限于对传统的存、贷、汇业务实现电子数据处理，推出了许多新的金融业务服务品种，如自动存取款机(ATM)、商业网点电子资金自动转账(EFT-POS)、电话银行、家庭银行以及 1995 年出现的网上银行等。以信用卡为代表的各种金融卡的广泛使用与普及，既为银行及其客户增添了新的消费信贷服务项目，又为人类通向无现金社会展示了美好的前景；以处理纸张、票据为主的金融业正在转向以处理和加工信息为主，金融界向企业和个人提供的服务也不再仅仅是资金的借贷、结算，还有信息服务、信息咨询等。

金融电子化的出现不但极大地改变了金融业的面貌，扩大了其服务品种，而且改变了人们的经济和社会生活方式。当前，一切社会组织及个人无论其自觉与否，无不直接或间接地感受到金融电子化的存在，无不享受其提供的服务。无论是用户，还是企业，都深深体会到了电子支付带来的便捷。2015 年，中国第三方移动支付市场交易总规模达 9.31 万亿元，同比增长 57.3%，其中支付宝以 72.9% 的份额居首。这意味着，电子支付正成为一种常用的支付模式，“互联网+金融”时代已经开启。

### （三）国际化

金融国际化是经济全球化的重要内容，主要表现为金融市场国际化、金融交易国际化、金融机构国际化和金融监管国际化。金融国际化推动了经济全球化的发展。金融国际化是指一国的金融活动超越本国国界，脱离本国政府金融管制，在全球范围展开经营、寻求融合、求得发展的过程。金融国际化的具体内容包括金融机构的国际化、金融市场的国际化、金融资产和收益的国际化等方面，它考察的是金融活动从内到外的延伸过程。

### （四）创新化

始于 20 世纪 60 年代后期的金融创新浪潮，到 80 年代已形成全球性趋势。金融创新的迅速推进，对全球金融体制乃至经济产生深刻影响。近年来，利率市场化不断加速，影子

银行、PE/VC、P2P 等互联网金融快速兴起，同时，证券、期货市场也不断发展，金融创新品种不断增加。2014 年，中金所继沪深 300 股指期货和国债期货的成功之后，启动上证 50 和中证 500 股指期货仿真交易且运行平稳。50 家阳光私募基金管理机构获中国证券投资基金协会批准，5 家民营银行首批获许经营。

## 第二节 金融学及其学科体系

### 一、金融学的概念

金融学是从经济学中分化出来的学科。无论在中国还是国外，对金融所涵盖范围的口径均有宽窄之别，因此，以金融为研究对象的金融学也相应地有宽窄之分。Z·博迪和 C·莫顿合著的《金融学》将金融学定义为："是研究人们在不确定的环境中如何进行资源的时间配置的学科"。它实际上只是研究微观金融主体个体的金融决策行为及其运行规律，相当于"微观金融学"。显然，这是与"窄口径"的金融概念相对应的"窄口径"的金融学概念，也是目前西方使用较多的金融学概念。但是，金融范畴是一个由多种要素组合的庞大系统，包括微观金融和宏观金融两个层面，因此，金融学就不能仅研究微观金融运行而不研究宏观金融运行。在我国，按通常理解的金融口径，金融学是以"宽口径"来界定的。

金融学是研究货币、信用、金融机构、金融市场等基本范畴及其运作机制的一门经济学科。这里使用"宽口径"金融学的概念，它既包括以微观金融主体行为及其运行规律为研究对象的微观金融学的内容，还包括以金融系统整体的运行规律及其各构成部分的相互关系为研究对象的宏观金融学的内容。

### 二、金融学的研究对象

金融学的研究对象是社会金融现象，即研究货币、信用、利率、金融机构、金融市场、国际金融、金融宏观调控、金融监管等金融活动规律及其所反映的社会经济关系。金融学研究的基本内容包括以下三个方面。

#### （一）金融范畴的理论分析

金融范畴的理论分析包括对货币、信用、利息、利率、汇率等金融基本范畴的基本理论及其运动规律的分析。

#### （二）金融的微观分析

金融的微观分析包括对银行和非银行金融机构实务运作机制和发展趋势的分析，对金融市场实务运作机制的分析，对金融机构与金融市场相互作用的分析，对金融在经济中的地位和功能的分析等。

#### （三）金融的宏观分析

金融的宏观分析包括货币需求与货币供给，货币均衡与市场均衡，利率与汇率的形成，

通货膨胀与通货紧缩，金融与经济发展，金融体系与金融制度，货币政策与金融宏观调控，国际金融体系与国际宏观政策的协调等。

### 知识拓展 1-2

长期以来，对货币和信用的研究没有形成一个独立的学科。20 世纪初期，西方逐渐形成了货币银行学(Money and Banking)，它是以银行为中心研究货币和信用活动的。20 世纪下半叶以来，世界货币信用发展很快，金融创新日新月异，新的金融工具层出不穷，国际金融市场体系日益发展完善。因此，货币银行学的研究范畴已发展到以金融市场为中心来研究货币信用及其社会经济关系。与此相适应，国外货币银行学的名称在不断演变，出现了货币金融学(the economics of money and banking or the economics of money, banking and financial market)。20 世纪 90 年代，美国一些商学院开设了金融学(Financial Economics)和货币经济学(Money Economics)，Financial Economics 是对金融微观层面的分析，而 Money Economics 则是对金融宏观层面的分析，是宏观经济学的一部分。

## 三、金融学的学科体系

金融学的研究对象很广泛，既包括专业金融活动，又包括政府、企业和个人的金融活动。因此，金融学与许多学科有交叉，包括与政府金融相关的财政学、与企业金融相关的财务管理学、与私人金融相关的个人理财学等。

金融学的学科体系是由从不同角度研究金融系统各个方面的活动及其规律的各分支学科综合构成的有机体系。这些方面包括金融制度、金融体系、金融市场、金融机构以及金融运行。中国人民大学黄达教授认为："按通常理解的金融口径，金融学学科体系应大体分为宏观金融分析和微观金融分析；微观金融分析有两大分支，即金融市场分析和金融中介分析；在金融市场与金融中介分析之下是技术层面和管理层面的学科，"如图 1-2 所示。

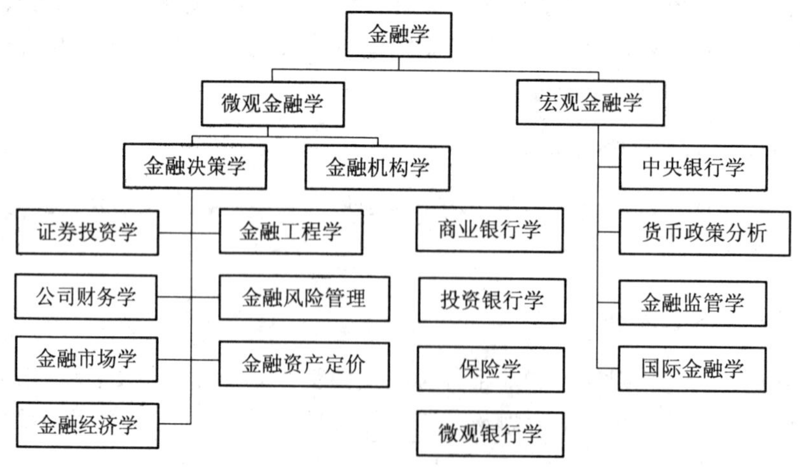


图 1-2　金融学学科体系

(资料来源：陈学彬. 金融学[M]. 北京：高等教育出版社，2007)

### (一) 微观金融分析

微观金融分析是从金融市场主体个体的角度研究金融市场的运行规律。

#### 1. 金融市场分析

金融市场分析主要研究金融市场主体(投资者、融资者、政府、机构和个人)的投融资决策行为及金融资产的价格决定等内容。这样的金融决策理论是个人理财、公司理财乃至一切有理财要求的部门所共同需要的。该领域的分支学科包括金融市场学、证券投资学、公司财务学、金融工程学、金融风险管理和金融资产定价等。

#### 2. 金融中介分析

金融中介分析主要研究金融中介机构的组织、经营和管理。该领域主要的分支学科包括商业银行学、投资银行学、保险学和微观银行学等。

### (二) 宏观金融分析

宏观金融分析是从金融体系整体的角度研究金融系统的运行规律。该领域主要的分支学科有中央银行学、货币政策分析、金融监管学和国际金融学等。

# 第三节　金融在国民经济中的地位和作用

## 一、金融是现代经济的核心

随着社会和经济的发展，金融在经济中的作用越来越重要。传统的货币经济以商品市场为运行中心，经济活动以“实物流”为主导，即围绕商品的生产、分配、交换、消费四个环节展开，以商品价格作为主要调节机制，引导和组合生产资源。而在现代的金融经济中，“资金流”居于主导地位，资源配置越来越金融化，金融的稳定、发展与安全，直接决定着一国经济的稳定增长乃至社会的安定。在市场经济时代，金融已经渗透到社会经济生活的方方面面，发挥越来越重要的作用。金融运行得正常有效，货币资金的筹集、融通和使用就充分而有效，社会资源的配置则更加合理，对国民经济走向良性循环所起的作用也越明显。保证金融安全、高效、稳健地运行，关系到国民经济持续、快速、健康发展，关系到每个人的切身利益和社会稳定。在经济全球化的大背景下，发展社会主义市场经济，我们应当更加重视金融工作。

## 二、金融是宏观经济调控的重要杠杆

现代经济中金融是调节宏观经济的重要杠杆。现代经济是由市场机制对资源配置起基础性作用的经济，其显著特征之一是宏观调控的间接化。而金融在建立和完善国家宏观调控体系中具有十分重要的地位。金融业是联结国民经济各方面的纽带，它能够比较深入、全面地反映各个企事业单位的经济活动，同时，利率、汇率、信贷、结算等金融手段又对微观经济主体有着直接的影响，国家可以根据宏观经济政策的需求，通过中央银行制定货币政策，运用各种金融调控手段，适时地调控货币供应量、结构和利率，从而调节经济发展的规模、速度和结构，促进社会经济发展。

## 三、金融是整个社会经济生活的命脉和媒介

在现代经济生活中，货币资金作为重要的经济资源和财富，成为沟通整个社会经济生活的命脉和媒介。从国内看，金融连接着各部门、各行业、各单位的生产经营，联系着每个社会成员和家庭，成为国家管理、监督和调控国民经济运行的重要杠杆和手段。从国际看，金融已成为国际政治经济文化交往，实现国际贸易、引进外资、加强国际间经济技术合作的纽带。

### 1. 实现资金再配置，筹集融通资金

金融配置资源是在不改变所有权条件下实现的，即通过改变对资源的实际占有权和使用权，实现所有权和使用权分离，来改变对资源的分配格局，以实现社会资源的重新组合，达到合理、高效运用社会资源的目的。金融的资金再配置作用主要体现在两个方面：一是金融能有效地筹集社会闲散资金，促进储蓄向投资转化；金融通过吸收存款、发行证券、发放保险单等多种方式筹集巨额资金，再通过贷款和投资等形式投入生产部门，有力地促进了社会经济的发展；二是通过金融信用交易，资金从各行各业聚集成巨额资金，再按利益原则投放到国民经济各部门，实现资金在部门间的自由流动和重新配置。随着市场经济的发展，金融市场已成为我国企业筹集资金的主要渠道。

### 2. 引导资金流向，提高资金使用效率

金融系统通过信用方式以各种金融工具为调节杠杆，来引导社会资金的合理流动，引导资金流入符合国家经济产业政策的经济部门，流入质量好、市场广、效益优的经济部门。同时，通过金融价格杠杆和金融机构的信贷管理，促使工商企业努力提高企业经营管理水平，加强产品开发和市场开拓，节约资金，加速资金周转，提高资金的使用效率。

### 3. 提供金融服务，创造和扩大社会信用

金融系统的一个传统功能是为个人、家庭、企业、政府等在购买商品和服务时，提供有效的支付清算方面的服务。各类金融机构借助于商业票据、支票、信用卡、网上支付系统等多种金融工具，使各种经济交易中的货币支付得以安全、快捷地完成，这样不仅提高了资金的使用效率，同时也节省了经济发展的社会成本。此外，金融机构通过业务创新为社会提供汇兑、承兑、代理、咨询等服务，大大便利了人们的生活。金融机构在提供金融服务的同时，还起着创造货币的功能。商业银行通过存款提现和发放贷款增加了流通中的货币供应量，同时在转账结算中，贷出款项又存入银行，派生出更多的存款，扩大货币供应量。

### 4. 防范和降低经济风险，进行金融监管

各经济主体在金融活动中存在着各种各样的风险，常会受到意想不到的损失，甚至危及国家和社会的稳定与安全，金融机构体系和金融市场提供了风险管理的渠道，金融的创新和发展为风险管理提供了更多、更有效的产品和工具。同时，国家通过对金融政策的制订和实施及货币、信用、银行、证券、保险等各种制度的规定，对金融业和金融市场进行

调控和监管，为保证经济和金融的安全与稳定发挥了极其重要的作用。

**5. 加强国际经济交流与合作**

随着金融全球化、自由化的发展，各国各地区的经济紧密联系在一起，一国经济发展无法离开他国经济，政府、企业和个人都可到国际市场上去投资和融资，从而促进了世界各国的经济交流。同时。为了协调国际经济发展和应付国际金融风险，各国间必须加强协调和合作，协调彼此的利益关系，共同打击跨国犯罪，促进经济的共同发展。

## 【理论梳理】

(1) 金融即资金融通，是与货币、信用、银行和非银行金融机构直接相关的经济活动的总称。金融的基本特点主要有调节性、自愿性和融资性。金融按金融活动的方式可分为直接金融和间接金融，按金融活动的性质和功能可分为银行、证券、保险、信托和租赁等，按金融活动的地理范围可分为国内金融和国际金融等。

(2) 金融学研究的基本内容包括金融范畴的理论分析、金融的微观分析、金融的宏观分析三方面。金融学的学科体系大体分为宏观金融分析和微观金融分析两个层面。

(3) 金融在国民经济中的功能和作用有：实现资金再配置，筹集融通资金；引导资金流向，提高资金使用效率；提供金融服务，创造和扩大社会信用；调节社会总供求，促进国民经济稳定健康发展；防范和降低经济风险，进行金融监管；加强国际经济交流与合作。

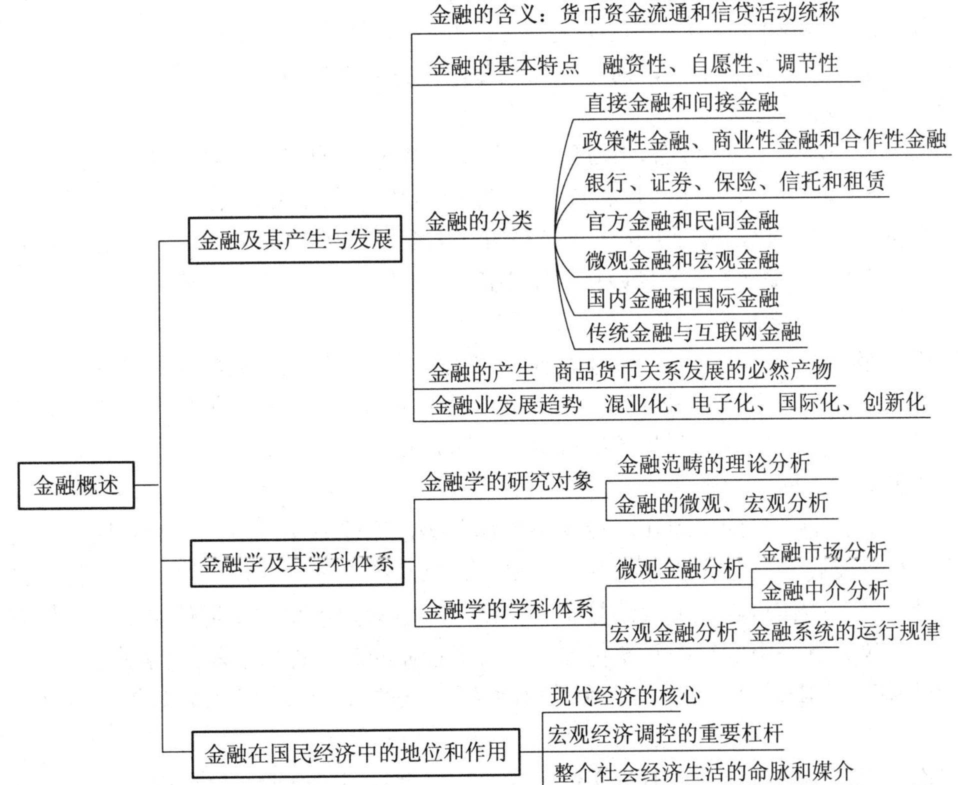

【案例分析】

## 从支付方式变迁看我国金融业发展

随着 3G、4G 网络的发展和智能手机的普及，支付宝等各种“宝”以简单、安全、便捷的“优秀品质”颠覆着我国传统的消费支付方式，引爆了支付领域大变革。从票证（粮票、布票等）交易、现金交易、刷卡消费，到越来越多的网上银行、手机支付、移动商务……，中国的消费支付方式变得越来越便捷、越来越智能。不带钱包轻触手机屏幕就能实现购物的移动支付更是受到年轻消费者的青睐。

计划经济时代，物资匮乏，国家需要发行粮票、布票等各种票证来限制消费，以保证全民供应。粮票、布票等在当时是很重要的支付工具，有“第二货币”之称。从 1955 年发行最早的全国粮票至 1993 年终止流通，新中国共发行 14000 多种全国粮票（先后印制共计 9 套）、地方粮票和军用粮票。“钱不好使，有票才能买东西”是当时真实的生活写照。在那个年代，民众出差、探亲，大学生去外地上学等，都要带上一沓子用地方粮票换的全国粮票才能出门。全国粮票就是全国通用的粮票，在全国各地都可以用此票来买粮食等物品。改革开放后，随着经济快速发展，物资短缺现象逐渐消除，粮票等各种票证也就完成了历史使命。布票的使命结束的早，1954 年发行，1984 年就停止使用。

20 世纪 90 年代以后，各种票证渐渐退出历史舞台，现金成为国人主要支付工具。人们出门、购物、旅游都不忘随身携带现金。那时候人民币面额最大的是 10 元纸币，1988 年才出现 100 元面额的纸币。在现金交易时，人们都习惯地抖抖钱、听听声、用手来回捻搓百元大钞正面右侧防伪痕迹，而将百元大钞放在日光下寻找毛主席的暗影是大家都会的一种辨别真伪钞的方法。

大额现金交易的不安全性和不方便性为现金到银行卡的支付过渡提供了契机。“一卡在手，行遍天下”是当时银行打出的最响亮的广告语。从简单的 ATM 存取款、商户刷卡消费，到手机支付、网络支付，银行卡引领了支付方式大变革。从 1985 年第一张银行卡在我国正式发行，到 2013 年底 42 亿多张银行卡塞满国人钱包。只要拿着银行卡，商家能提供一台 POS 机就可实现刷卡消费。

当刷卡服务方兴未艾之时，迅速成社会主流消费方式的网上购物又推动支付方式从刷卡消费向网上支付、手机支付过渡。支付宝通过资金第三方托管，解决了网上购物的信任问题。只需注册支付宝并关联相关银行卡，便可足不出户在互联网上买到所需物品，这也让更多的人喜欢上网购生活。

支付宝等移动支付的出现让消费支付更加顺畅，不受时空限制，随时随地都可实现购物结算。移动支付是将应用程序下载到手机上，然后绑定银行卡，就可实现购物支付。支付宝、余额宝、微信抢红包、滴滴打车、快滴打车等新生事物的出现催生中国支付方式的变革，在争议、竞争中前行的新支付方式也为银行业的改革提出了新的挑战。

(资料来源：张艳玲，叶洪涛.消费上演“支付革命”——中国消费支付方式变迁.中国网，2014 年 3 月 3 日)

**讨论：**结合案例内容，从消费支付方式变迁分析我国金融业发展历程。

【知识检测】

1．金融的基本特点。
2．金融的主要分类。
3．金融学的研究对象。
4．金融在国民经济中的地位和作用。

【应用实训】

实训目标：

通过讨论如何学好本课程，激发学生学习兴趣，掌握学习方法。

实训内容：

分组讨论如何学好金融学，并制定课程学习计划。

实训要求：

1. 通过查阅图书，搜索网络电子资源，走访金融从业人员等方式，围绕常见金融现象、当前金融热点问题、金融学如何学以致用等主题，分析资料并分组讨论。

2. 搜集整理金融经典著作、权威报刊、著名学者、知名机构、专业智库等，分享哪些金融门户网站、专业论坛、微信公众号、视频公开课、电视专题节目等可供课外关注学习。

3. 制定本学期金融学个人学习计划。

# 第二章　货币与货币制度

【知识目标】

了解货币的产生和形态演变过程；了解货币制度的形成；理解货币的本质、职能和作用；理解货币制度的构成要素和主要类型。

【能力目标】

掌握货币的各种职能及其在经济运行中发挥的相应作用；掌握货币制度的构成要素；能够初步运用有关理论知识，分析和解决与货币和货币制度相关的实际问题。

【案例导读】

**战俘营里的货币**

在第二次世界大战期间，某些纳粹战俘营中发展出了一种不同寻常形式的商品货币。红十字会向战俘提供各种物品——食物、衣服、香烟等，但分发这些配给品时并没有仔细考虑个人偏好，因此，配置常常是无效率的。一个战俘可能偏爱巧克力，另一个战俘可能偏爱奶酪，而第三个战俘可能想要件新衬衣，战俘不同的偏好与需求导致他们相互交易。

但是，物物交换被证明是配置这些资源的一种不方便的方法，因为它要求需求的双向一致性，换言之，物物交换体系不是确保每个战俘得到自己最想要的物品的最便利的方法。即便是战俘营这种有限的经济也需要某种形式的货币以便利交易。

最终香烟变成了用于标记价格和进行交易的通用“通货”。例如，一件衬衣价值 80 根香烟。服务也可以用香烟来标价：一些战俘为其他战俘提供洗衣服务，价格是每洗一件衣服 2 支香烟。甚至不吸烟的人在交换中也愿意接受香烟，因为他们知道可以在未来用香烟交换某种自己喜欢的物品。在战俘营内香烟成为价值储藏手段、计价单位和交换媒介。

(资料来源：[美]N·格里高利 · 曼昆. 宏观经济学[M]. 9 版. 北京：中国人民大学出版社，2016.)

## 第一节　货币的本质及形态

在现实经济生活中，货币扮演着非常重要的角色，我们经常用货币购买各种各样所需要的商品或服务，如到超市购物，到书店购书，到医院就诊等。下面我们首先来学习货币

的产生及其形态演变过程。

## 一、货币的产生

货币产生于原始社会末期，距今已有五千年左右的历史了。而在货币的起源问题上，各国学者和研究人员众说纷纭，产生了种种不同的货币起源学说。

### (一) 货币名目论

货币名目论认为：货币是人类思考、协商或国家政权的结果和产物；货币只是计量商品价值的一种符号，否认货币必须是具有内在价值的一般等价物；货币之所以成为货币，与其本身的价值无关。其代表性观点主要有以下三种：

#### 1. 圣人先贤制币论

圣人先贤制币论认为：货币是圣人先贤为解决民间交换困难而创造出来的；圣明的君主为了方便百姓日常生活的物物交换，维护其统治而选择珍稀而贵重的物品作为货币，从而克服了距离的障碍，使交换变得容易。

#### 2. 国家货币论

国家货币论认为：货币是国家创造的，货币的价值及其购买力和支付能力，完全是由国家赋予的。作为反对重商主义的理论武器，17 世纪兴起的以巴本为代表的货币名目论认为：货币是由国家创造的，正是国家的权威才赋予了铸币价值，铸币上的印鉴并不是铸币的重量与成色的证明，而是国家给予铸币价值的指令，只要有了君王的印鉴，任何金属都可以有价值，都可以作为货币。19 世纪末 20 世纪初，货币名目论的代表人物克拉普认为：货币就是支付手段，按其名目价值流通，而货币的这种名目价值是由国家规定的。货币名目论的另一个代表人物彭迪森认为：货币国定论是不言自明的真理，是构成货币理论基础的总论；从经济的角度看，货币是为共同体提供劳务并向共同体要求相等劳务的凭证，因此货币不必自身足值，而是以商业票据为基础发行的银行券和所创造的转账存款。

#### 3. 众人协商论

众人协商论认为：货币是人们共同协议的结果，是众人协商的产物。古典经济学的代表人物亚当·斯密从互相交换的角度分析货币的起源。他认为直接物物交换的实现必须满足两个前提条件：一是需和求的双重巧合，也就是人们对产品的需求和产品的供应能够相互满足；二是时间和空间的双重巧合，即商品的供应者能够在合适的时间遇到商品的需求者并且能够达成交易。但事实上，即使在现代社会中，借助高科技手段和发达的通信技术，在一次交易中，交易双方在交易产品的品种、数量、质量以及交易的时间和地点上要达成一致意见也必须经过一个协商的过程，由此可以想象，在古代，交易中要对如此众多的方面达成一致意见是多么困难的事情。因此，人们在交换时，除自己的劳动生产物外，一般都随时在身边带有一定数量的某种物品，这种物品能与其他任何人的生产物相交换，在亚当·斯密看来，这种物品就是货币。所以亚当·斯密认为，货币不是由国家规定的，而是由一些聪明的人为了克服直接物物交换过程中的困难而协商产生的。

## ✵知识拓展 2-1

### 西方货币起源说

1. 创造发明说

主要观点：货币是由国家或先哲创造出来的。

代表人物：古罗马法学家 J.鲍鲁斯(公元二三世纪)。他认为，最早并无货币这种东西，也无所谓的商品与价格，买卖渊源于物物交换，每个人只是根据他的机缘与需要以对他无用的东西交换有用的东西。但是，由于你所有的正是我所愿意得到的和我所有的正是你所愿意接受的这种偶合情况并不是经常出现。于是，一种由国家赋予永久价值的事物被选择出来，作为统一的尺度以解除物物交换的困难。这种事物经过铸造成为一种公共的形式后，可以代表有用性和有效性，而不必考虑其内在的价值与其数量的关系。从此，两种东西的交换不再称为财物，只称为一个价格。

2. 便于交换说

主要观点：货币是为解决直接物物交换的困难而产生的。

代表人物：英国经济学家亚当・斯密(1723—1790 年)。他认为，货币是随着商品交换的发展逐渐从诸多货币中分离出来的，是为解决相对价值太多而不易记忆、直接物物交换不便而产生的。他认为，如果进入交换过程的商品有 100 种，那么每种商品都会有 99 个相对价值。由于这么多价值不易记忆，人们自然会想到把其中之一作为共同的衡量标准，通过它来对其他商品进行比较，解决直接物物交换的困难。

3. 保存财富说

主要观点：货币是为保存财富而产生的。

代表人物：法国经济学家 J.西斯蒙第(1773—1842 年)。他认为，货币本身不是财富，但随着财富的增加，人们要保存财富，交换财富，计算财富的数量，这就产生了对货币的需要，货币因此成为保存财富的一种工具。

(资料来源：圣才学习网，2010 年 6 月 14 日)

### (二) 马克思的货币自发论

马克思的货币自发论认为：货币是在商品交换过程中自发产生的，它不是由国家规定的，也不是人们主观臆想或协商的产物，既不是皇帝钦定或上帝赐予的，更不是圣人先哲发明的。马克思对货币起源的论证是基于对商品交换的分析。他认为，货币根源于商品本身，它是商品内在矛盾(使用价值与价值的矛盾)发展的必然产物，是商品生产和交换发展的结晶。

商品价值的表现形式随着商品交换的发展而不同，总体上经历了一个由低级到高级的发展过程，即由简单的价值形式—总和的或扩大的价值形式——一般价值形式，最后才达到货币形式。

马克思认为：货币是商品生产与商品交换内在矛盾发展的必然结果，是从商品中分离出来的固定充当一般等价物的特殊商品。这也是货币随着商品生产和商品交换的发展由萌

芽到形成的全部历史过程。

## 二、货币的本质

马克思从劳动价值理论入手，通过分析商品进而分析货币的本质，得出货币是固定充当一般等价物的特殊商品的基本结论。

货币是商品，货币的根源在于商品本身，这是为价值形式发展的历史所证实了的结论。但货币不是普通的商品，而是与其他一切商品相对立的、固定充当一般等价物的特殊商品。

货币是一般等价物。从货币起源的分析中可以看出，货币首先是商品，具有商品的共性，即都是用于交换的劳动产品，都具有使用价值和价值。如果货币没有商品的共性，那么它就失去了与其他商品相交换的基础，也就不可能在交换过程中被分离出来充当一般等价物。

然而，货币又是和其他普通商品相区别的特殊商品。作为一般等价物，它具有两个基本特征。第一，货币是表现一切商品价值的材料。普通商品直接表现出其使用价值，但其价值必须在交换中由另一商品来体现。货币是以价值的体现物出现的，在商品交换中直接体现商品的价值。一种商品只要能交换到货币，就使生产它的私人劳动转化为社会劳动，商品的价值得到了体现。因而，货币就成为商品世界唯一核算社会劳动的工具。第二，货币具有直接同所有商品相交换的能力。普通商品只能以其特定的使用价值去满足人们的某种需要，因而不可能同其他一切商品直接交换。货币是人们普遍接受的一种商品，是财富的代表，拥有它就意味着能够去换取各种使用价值。因此，货币成为每个商品生产者追求的对象，货币也就具有了直接同一切商品相交换的能力。

如果不考虑历史的因素，仅从现代的角度来定义货币，我们将货币定义为：由国家法律规定的，在商品劳务交易中或债务清偿中被社会普遍接受的东西。

## 三、货币的形态演变

目前在西方货币学说中，占统治地位的货币名目论认为，货币只是一种符号，一种名目上的存在。另外，美国经济学家弗雷德里克·S·米什金在其《货币金融学》(第十一版)中，将货币定义为：“货币(或称货币供给)是在产品和服务支付以及债务偿还中被普遍接受的东西。”那么货币为什么会被人们普遍接受呢？伴随着人类历史上每一次科技进步，货币主要作为商品的交易媒介也相应发生了形态上的改变。在漫长的岁月中，货币的形态经历了“实物货币—金属货币—纸质货币—电子货币”的不断演变过程。

### 1. 实物货币阶段

古代的货币是以实物商品的形式表现出来的，即实物货币是货币形态发展的最原始形式。在原始社会，需要对方提供具有同等价值的、常见的、容易被他人接受的商品作为实物货币。从实物货币的发展过程来看，各种商品，如米、布、木材、贝壳、家畜等生活必需品，都曾在不同时期扮演过实物货币的角色。实物货币由于具有同等价值又是常见的商品，就比较容易寻找到潜在的买者或卖者，因为双方均各自拥有对方所需要的“物品”——实物货币，从而节约搜寻中的时间成本，提高了交易的效率。另外，实物货币越容易被他人接受就越能够促使交易双方谈判并达成一致。

美国经济学家钱德勒和哥尔特菲尔特列出过一份曾经充当实物货币的物品的不完整目录，其中很多货币很难想象是一种商品，如石块、黏土等。较为合理的解释是因为在原始社会这些物品在一定程度上降低了人们进行商品交换时所发生的交易成本，所以作为实物货币而出现。人们之所以能接受这种实物货币，是因为它在与其他商品交换时发生的搜寻成本和谈判成本较低，即使实物货币本身不是有价值的商品也能为人们所接受；反之，如果一种实物货币在与其他商品交换时发生的交易成本较高，即使其本身有价值也不能为人们普遍接受。所以，人们倾向于选择能够最大限度节约交易成本的商品来作为实物货币。显然人们出卖商品换取实物货币，需要的不是实物货币本身，而是实物货币交换其他商品的能力。直接的物物交换和实物货币交易相比较，前者的搜寻成本较高但交易次数仅需一次，而实物货币交易的次数需两次。由于使用实物货币交易双方仍需付出较高的搜寻成本和谈判成本，交易成本高就成为实物货币的天然缺陷，那么实物货币逐渐被金属货币所替代即成为货币形态演变的必然。

### 2. 金属货币阶段

金属货币经历了“贱金属货币—贵金属货币—铸币”的不断演变过程。由于商品交易范围和区域的不断扩大，使实物货币在另一个区域可能得不到普遍承认，致使在寻找交易对象以及达成一致契约方面仍会发生较高的搜寻成本和谈判成本。所以，使用实物货币在一定程度上阻碍了两个区域之间的商品交易。这在客观上就要求能够解决这一问题来进一步降低交易成本的货币形态出现。由于金属货币可以在较广的范围内被接受，所以实物货币向金属货币的转化过程本身就是交易成本下降的过程。起初金属货币的币材是铁等贱金属，但随着商品交换日益突破地域的限制，币材逐渐固定到贵金属(金或银)上。由于金属货币最初是以实物货币的形式出现的，使每笔交易都需要称量重量，鉴定成色，进行分割等。出于降低交易成本的考虑，人们便把金属货币铸成具有一定形状、一定重量，并具有一定成色的金属铸币。可见，金属货币由于价值高、不易腐烂、容易携带和分割，因而作为交易媒介比实物货币具有更低的交易成本，从而金属货币代替了实物货币而成为一种主流货币。当然，在实物货币向金属货币的演化过程中交易成本始终起着重要的作用。

### 3. 纸质货币阶段

纸质货币阶段包括代用货币和信用货币。代用货币是金银等贵金属货币的替代品，其一般形态是标明一定面额的纸制凭证，如北宋时期的交子。代用货币具备能够与金属货币自由兑换、有足额的金银准备、携带方便、避免磨损、成本较低等优点。信用货币则是以信用作为保证，通过一定信用程序发行的、独立行使货币各种职能的现代货币形态。信用货币不以任何贵金属为基础，不能与贵金属相兑换，其后盾是国家权力。信用货币形式主要包括现金(银行券)、银行存款和电子货币等。另外，印刷纸质货币所花费的成本比铸造金属货币的成本要低得多，而且便于携带和运输，这使纸质货币在进行媒介商品交换时，所发生的交易成本比金属货币更低。

### 4. 电子货币阶段

随着现代信用制度和电子技术的发展，逐步产生了电子货币。其实，电子货币是一种以电子脉冲代替纸张进行资金传输和储存的信用货币。电子货币通常是利用电脑或储值卡来进行金融交易和支付活动，一般认为其主要形式是信用卡。自从 1995 年 10 月，美国率

先建立了世界第一家网络银行——“安全第一网络银行”以来，相继推出各种电子货币如数字式货币(E-Mail)、数字式现金(E-Cash)、数字式信用卡(IC)等。德国商业银行正在筹划扩大网络银行服务，包括对中小企业提供网上贷款，并为这些企业购买技术、专利等实现电子货币结算。日本至少有 10 家银行正在试验网上电子货币结算系统，富士银行在 1998 年秋季推出第一家网络银行，初期服务包括使用现金卡购物、存款或转账及提供金融商品咨询和投资咨询。

电子货币作为一种纯粹观念性的货币，理论上它不需要任何物质性的货币材料。这种贮存于银行电子计算机中的存款货币，使一切交易活动的结转账都通过银行计算机网络完成，既迅速又方便，可以节省银行处理大量票据的费用。电子货币减少了巨额纸币印钞、发行、现金流通、物理搬运和点钞等大量的社会劳动和费用支出，极大地降低了交换的时空成本。据统计，在美国因特网上进行货币结算每笔账单的成本只需 1 美分，而银行分理机构处理每笔账单成本高达 1.08 美元。可见，电子货币的出现大大增强了货币的媒介效率，最大限度地降低了交易成本。美国男青年凯尔·麦克唐纳从 2005 年 7 月起利用互联网进行物物交换，用一枚曲别针开始与人交换，随着交换物品的不断变化，最终竟然换回了一套双层公寓。这表面上是物物交换，其实在本质上是电子货币参与的结果。可见，电子货币能够最大限度地降低交易成本，使商品得以轻而易举地从评价较低的人手中，转移到评价较高的人手中，从而提高了经济效益。所以，电子货币产生并飞速发展的根本原因是降低交易成本的需求。美国经济学界把电子货币称为继金属货币、纸币以后的“第三代货币”。

### ✵ 知识拓展 2-2

**“钞票”一词的由来**

我国自宋代开始出现纸币“交子”后，历代均有纸币发行，只是名称不一。至清末，鸦片战争以后，清政府为解决财政困难，镇压太平天国起义，于咸丰三年(1853 年)五月发行了纸币“户部官票”，以银两为单位，从一两到五十两。十一月，又发行“大清宝钞”，以制钱为单位，从二百五十文到五十千文、百千文不等。同时，咸丰帝下令各地成立官钱局，也大量发行纸币，如云南、福建、陕西等地均发行了各自的地方纸币。由于发行量太大，使得纸币极为贬值，一贯(合 1000 文)纸币仅值二三十文。咸丰帝死后，这些纸币全部停用。但由“大清宝钞”的“钞”和“户部官票”的“票”二字合称而来的“钞票”一词却流传下来。

(资料来源：“钞票”一词的由来[J].文史天地，2011(6).)

## 第二节　货币的职能与作用

### 一、货币的职能

不同的经济学家对货币的职能有不同的表述。中国经济学家通常根据马克思的货币理论认为货币的职能是价值尺度、流通手段、储藏手段、支付手段和世界货币。西方经济学家则从货币银行学的角度，认为货币的职能是交换媒介、计价单位、价值储藏和延期支付标准。

### （一）马克思关于货币职能的论述

马克思的货币理论认为：货币在与商品的交换发展过程中，逐渐形成了价值尺度、流通手段、储藏手段、支付手段和世界货币五种职能。其中价值尺度和流通手段是货币的最基本职能。

#### 1. 价值尺度

货币的价值尺度职能，指货币能够表现和测量商品的价值，这是货币的首要职能。货币在表现和衡量其他一切商品价值时，执行价值尺度职能。货币之所以能够充当价值尺度，是因为货币本身也是商品，是人们劳动的凝结，具有价值。本身没有价值的东西，是不能被用于衡量其他商品的价值的。货币是商品内在价值的表现形式，商品作为价值实体可以通过货币来比较计算自身的价值。商品的价值通过一定数量的货币表现出来就是商品的价格。价格的变化，依存于商品价值和货币价值的变化。货币发挥价值尺度职能，表现和衡量商品的价格必须借助于价格标准。所谓价格标准，是指包含一定重量的贵金属的货币单位。货币执行价值尺度职能时只是观念上的货币。

#### 2. 流通手段

货币的流通手段职能，指货币在商品交换中充当交换的媒介。货币在商品交换过程中发挥媒介作用时，执行流通手段职能。物物交换是商品所有者拿自己的商品去找持有自己所需商品的所有者进行交换。有了货币，则一个商品所有者先把它换成货币，即卖出；然后再用货币换取需要的商品，即买进。这样，商品的交换过程就变成买卖两个过程的统一：一个商品所有者的买就是另一个商品所有者的卖，买卖连绵不断的过程就是商品流通。在买与卖之间，货币是媒介，所以这个职能人们也用交易的媒介来表述。作为价值尺度，货币证明商品有没有价值，有多大价值；而作为流通手段，货币实现这种商品的价值。与物物交换不同，商品流通需要商品生产者先以自己的商品换成货币，然后再以货币换得自己所需要的商品。每一次交换都通过这种商品—货币—商品的形式。商品流通是一个系列过程，货币在这一系列的交换中不断地起媒介作用，这种作用就是流通手段。

货币在执行流通手段职能时的特点是：

(1) 作为流通手段的货币，必须是现实的货币，因为必须用现实的货币进行交换，才能实现商品的价值。

(2) 流通手段起的是媒介作用，是个转瞬即逝的过程，完全可以用不足值的或没有价值的符号代替。

#### 3. 贮藏手段

当货币由于各种原因被持有者当做独立的价值形态和社会财富的绝对化身而保存起来时，货币就停止流通，发挥贮藏手段职能。马克思把这种现象称为货币的“暂歇”，现代西方学者则将其称为“购买力的暂栖处”。朴素的货币贮藏的典型形式是金银窖藏。随着资本主义生产方式的出现，贮藏的形式发生了变化，采取流通手段准备金、支付手段准备金和世界货币准备金，实现货币贮藏。

执行贮藏手段的货币必须既是现实的货币，又是足值的货币。作为价值尺度的货币，可以是观念上的货币；作为流通手段的货币，可以是价值符号；而作为贮藏货币，则必须是实实在在的货币，最典型的形态是贮藏具有内在价值的货币商品，如黄金或铸币。作为贮藏手段的货币，必须退出流通领域，处于静止状态。处在流通领域中的货币发挥流通手段和支付手段的职能，退出流通领域的货币才执行贮藏手段职能。

随着商品经济的发展，货币贮藏除了作为社会财富的绝对化身外，其作用进一步加强。首先，可以作为流通手段准备金的贮藏，即商品生产经营者为了保持再生产的连续性，能够在不卖的时候也能买，就必须在平时只卖不买，并贮藏货币；其次，可以作为支付手段准备金的贮藏，即为了履行在某一时期支付货币的义务，必须事先积累货币；另外，还可以作为世界货币准备金的贮藏，即用作平衡国际收支差额。

贮藏货币具有自发地调节货币流通量的特殊作用。当流通中需要的货币量减少时，多余的货币便自动退出流通并进入贮藏；当商品流通需要的货币量增加时，部分贮藏货币会加入流通以满足其需要。所以，贮藏手段是货币流通中的“蓄水池”。

在市场经济条件下，纸币流通与通货膨胀紧密相连，谁也不愿意贮藏不断贬值的纸币。因此，马克思认为纸币不能作为贮藏手段。但他在分析可以兑换黄金的银行券时指出：“危机一旦爆发，……将会发生对市场上现有的支付手段即银行券的全面追逐。每一个人都想尽量多地把自己能够获得的货币贮藏起来。因此，银行券将会在人们最需要它的那一天从流通中消失。”可见，纸币能不能发挥贮藏手段职能的关键在于它能否稳定地代表一定的价值量。如果货币币值不稳定，便丧失了价值贮藏手段的职能，而贵金属和实物则成为保值工具。

同时还应看到，货币并非唯一的价值贮藏形式，甚至不是最有利的价值贮藏形式。在现代经济中，人们可以通过持有短期期票、债券、抵押凭证、股票、家具、房屋、土地及其他物品来贮藏价值，其中的某些形式还将带来高于储蓄利息的收益或在贮藏过程中增值。这种贮藏价值的多元形式为后续的银行业和信用制度的形成与扩张提供了客观条件。

我国人民币在稳定的前提下，也可以发挥贮藏手段的职能。当然必须指出，人民币发挥贮藏手段的职能与黄金贮藏有不同之处，它有严格的量的限制，如果发行过多，就会出现纸币贬值的问题，不仅现有的人民币不能发挥贮藏手段的职能，就是原有贮藏的部分也将转化为现实的流通手段和支付手段，从而冲击市场。

**4．支付手段**

当货币作为价值的独立形态进行单方面转移时，它发挥支付手段的职能，如货币用于清偿债务及支付赋税、租金、工资等所执行的职能。

由于商品经济的不断发展，商品生产和商品交换在时空上出现了差异，这就产生了商品使用价值的让渡与商品价值的实现在时间上分离的客观必然性。某些商品生产者在需要购买时没有货币，只有到将来某一时间才有支付能力。同时，某些商品生产者又急需出售其商品，于是就产生了赊购赊销。这种赊账买卖的商业信用就是货币支付手段的起源。

在商品交换中，货币运动先于或后于商品运动。当货币用于单方面的支付或偿还债务时，执行支付手段职能。货币充当支付手段，是由赊购方式引起的，即在买卖行为完成后，经过一段时间，购买者才支付货币，买卖关系成为债权债务关系。

5．世界货币

随着国际贸易的发展，当货币超越国界并在世界市场上发挥一般等价物作用时，它便执行世界货币的职能。其主要内容为：作为国际间的支付手段，用来支付国际收支差额；作为国际的一般购买手段，一国单方面购买另一国商品，货币商品直接同另一国的一般商品相交换；社会财富的转移，如资本转移、对外援助或战争赔款等，货币作为转移手段发挥作用。理论上讲，世界货币只能是以重量直接计算的贵金属。而铸币和纸币是国家依靠法律强制发行且只能在国内流通的货币，不能真实地反映货币具有的内在价值。但当今世界货币流通领域出现了很多新的现象。许多国家的货币，如美元、日元、欧元等，在国际间发挥着支付手段、购买手段和财富转移的作用。我国人民币具有一定的稳定性，在一定范围内已被用作对外计价支付的工具。同时，黄金并没有完全退出历史舞台，它仍然是国际间最后的支付手段、购买手段和社会财富的贮藏和转移形式。

## 知识拓展 2-3

### 欧元简介

欧元(EURO)是欧洲货币联盟(EMU)国家单一货币的名称，其代码是 EUR，是欧盟十七国的统一法定货币，这十七个国家分别是：奥地利、比利时、芬兰、法国、德国、希腊、爱尔兰、意大利、卢森堡、荷兰、葡萄牙、斯洛文尼亚、西班牙、马耳他、塞浦路斯、斯洛伐克和爱沙尼亚，他们合称为欧元区(Eurozone)。

1999 年 1 月 1 日起在奥地利、比利时、法国、德国、芬兰、荷兰、卢森堡、爱尔兰、意大利、葡萄牙和西班牙等 11 个国家(以下称为“欧元区内国家”)开始正式使用欧元，并于 2002 年 1 月 1 日取代上述 11 国的货币。

希腊于 2000 年加入欧元区，斯洛文尼亚于 2007 年 1 月 1 日加入欧元区，塞浦路斯于 2008 年 1 月 1 日零时与马耳他一起加入了欧元区，斯洛伐克于 2008 年达到标准并在 2009 年 1 月 1 日加入欧元区。爱沙尼亚于 2011 年 1 月 1 日正式启用欧元，成为欧元区第 17 个成员国。

作为欧洲 17 国的基本货币单位，欧元于 2002 年 1 月 1 日正式在欧洲使用，欧元区的各成员国原流通货币从 2002 年 3 月 1 日起停止流动。

（二）西方经济学家关于货币职能的表述

从经济学角度，货币职能包括四个方面，即交换媒介、计价单位、价值储藏和延期支付标准。任何具有其中全部或部分职能的事物，即使不可能用于储备，理论上仍可称为货币。

1．交换媒介

交换媒介或交易媒介，是交换商品和劳务、偿付债务、交换资产(如普通股)时被普遍接受的支付手段。货币必须具有交换媒介的职能。货币的该职能在于它是一种特定的物质并能在支付过程中被交易双方在给予和收受时普遍接受。在买卖交易中，货币被作为交换工具而提供，这种工具(货币计量单位)正是硬币和后来的纸币等实物形式，硬币和纸币本身也相应成为产品和服务的交换品。

**2. 计价单位(价值尺度)**

计价单位是指衡量价格与价值的尺度及比较它们的标尺。在计量产品服务的成本，以及债务与合同中出现支付活动时，货币必须充当一般计价标准。这使得人们能够确定毫不相关的商品的相对价值，例如衣服和飞机票，其价值可用第三者的单位价值来表示(有时又被称为“计量单位”，它充当了货币的功效)。

**3. 价值储藏**

价值储藏是未来购买力的蓄水池，指货币既是暂时性又是永久性的贮存购买力的手段。无论是实物还是银行账户形态的货币，都提供了一种持有财富的有效方法，这种当时并不需要的财富，可以用来购买将来的产品和服务。为了满足此职能，实物形态的货币应耐用，这也正是历史上把金属作为优先选择的货币的原因。

**4. 延期支付标准**

在物物交换的条件下，缺乏一种为人们所能共同接受的价值标准，作为衡量长期性交易契约和借贷契约的基础，而货币的出现为此提供了计价单位，以便在未来的特定时期，当前的债务能以合理的数额偿还。在特定时期内若出现延期支付，贷款人就会向借款人收取一定的费用。这笔费用称为利息，它通常以贷款总额的百分比来计算。利息率代表了一定时期内的借款成本。因此，货币的使用，促进了信用制度的借贷关系的发展，成为现代货币信用经济发展的基石。

在货币的历史上，这四种职能并不必然全部具备。例如在古代埃及和美索不达米亚文明中(公元前 2500 年—公元前 400 年)，货币是作为计量单位和延期支付标准而闻名，而其流通中的交换媒介和价值储藏的职能却并不普遍。

## ✲知识拓展 2-4

### 美国经济学家米什金关于货币职能的解释

1. 交易媒介

在经济社会几乎所有的市场交易中，以通货或支票形式出现的货币都是交易媒介，我们用它对商品和服务进行支付。运用货币作为交易媒介，节省了商品和服务交易所需的大量时间，因而提高了经济效率。

在产品和服务交易中所花费的时间被称为交易成本。在易货经济中，由于人们必须实现“需求的双重吻合”，因此，交易成本相当高。

2. 记账单位

在经济社会中人们用它作为衡量价值的手段。我们可以看出，货币作为记账单位，可以大大减少我们需要了解的价格数目，从而节省了交易成本。随着经济日益复杂，货币的这种功能的重要性也日益显著。

3. 价值储藏

即跨越时间段的购买力的贮藏。价值储藏可以将购买力从获得收入之日起储藏到支出之日。大部分人并不希望在获取收入之日就立刻将其全部花掉，而更愿意等到我们有时间和意愿时再去购物。由于货币是最具流动性的资产，虽然它并不是一个十分有利的价值储藏手段，人们仍然愿意持有它。货币作为价值贮藏手段的优劣还要取决于物价水平，在物价水平迅速上升的通货膨胀时期，人们就不愿意以货币形式储藏财富。

(资料来源：[美]弗雷德里克·S·米什金. 货币金融学[M]. 11版. 北京：中国人民大学出版社，2016.)

## 二、货币的作用

### (一) 货币与经济活动

我们所处的时代是货币经济时代。在市场经济条件下，人们生活水平的提高都是通过生产、交换、分配和消费等环节加以实现的。而使各环节得以连接的是交换，在商品和劳务的交易中，在储蓄和投资的转换中，在支付清算和信息交易中，货币始终贯穿其中并影响其效率和秩序。

从社会资金的循环过程看，居民与企业部门、政府部门和商业银行之间的资金循环，以及企业部门与政府部门和商业银行之间的资金循环，商业银行与中央银行和政府部门之间的资金循环，中央银行与政府部门之间的资金循环，都离不开货币的运行(见图 2-1)。货币流通就是这一系列川流不息的货币运动之和。

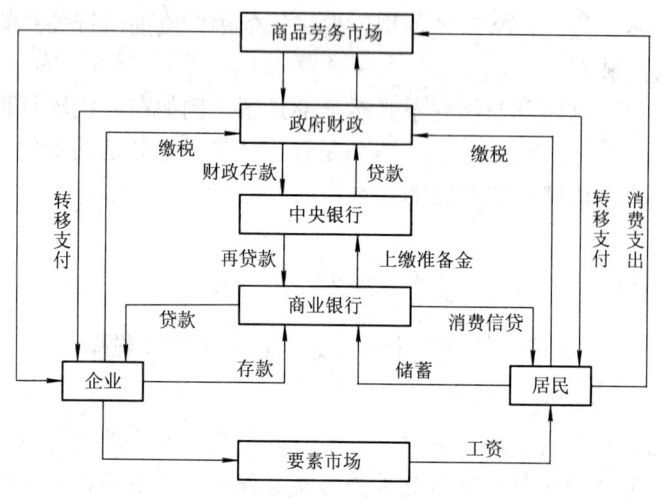


图 2-1　社会资金循环过程

社会资金循环过程告诉我们一个事实：构成国民经济主要部门之间的联系，以及与这些联系相伴随的生产、投资、消费等经济活动都与货币运行的畅通与否密切相关。现代商品经济的实质就是货币经济。

## ✲ 知识拓展 2-5

### 我国的货币层次划分

中国人民银行结合我国的实际情况参照国际通行的原则将我国货币供应总量划分为以下四个层次。

$M_0$ = 流通中的现金

$M_1 = M_0 +$ 企业活期存款 + 机关团体部队存款 + 农村存款 + 个人持有的信用卡类存款

$M_2 = M_1 +$ 城乡居民储蓄存款 + 企业存款中具有定期性质的存款 + 外币存款 + 信托类存款

$M_3 = M_2 +$ 金融债券 + 商业票据 + 大额可转让存单

在上述四个层次中，$M_1$ 是通常说的狭义货币，流动性较强；$M_2$ 是广义货币；$M_2$ 与 $M_1$ 的差额是准货币，流动性较弱；$M_3$ 是为适应金融创新的要求设立的，流动性最弱。

### （二）货币在宏观经济活动中的作用

#### 1．货币是提高社会资源配置效率的工具

货币作为一般等价物，是社会财富的代表，谁拥有货币，就意味着他可拥有所需要的和货币价值相等的其他商品、劳务等资源。人们可以利用价格、利率、信贷等和货币直接相关的经济杠杆实现货币资金的分配，调剂资金余缺。通过资金分配和调剂，引导其他社会资源的重新分配，充分发挥现有资源的作用，提高资源配置的效率。如果没有货币，人们通过物物交换来配置资源，其效率将会极其低下。利用货币以及有关的经济杠杆能迅速实现社会资源的合理配置，并降低交易成本。

#### 2．货币是传递信息的重要工具

在市场经济中，价格是商品价值的货币表现。在价格形成过程中，汇集着各种有关商品经济的信息。利用价格机制，可以向市场传递各种信息，人们也可以从价格变化中获取各种有用的信息。例如，价格变动可以很好地反映社会供给和社会需求的变化，有利于政府管理部门根据市场供求变动的信息，制定相应的宏观经济政策。

#### 3．货币是实现宏观调控的工具

在国民经济活动中，政府经常要利用财政政策、货币政策及其他宏观经济政策手段来间接地调控经济，以实现宏观经济的均衡。无论是财政政策，还是货币政策，都是以货币为基本工具的。财政收支要以货币数量来表示，货币政策工具的使用都离不开货币计量。考核宏观经济政策的效果也是利用货币来进行的。例如，GDP、NI 等指标最后都是以货币来表示的。

### （三）货币在微观经济活动中的作用

#### 1．货币是商品生产的第一推动力和持续推动力

在商品经济中，任何企业和个人要从事商品生产，都离不开一定数量的货币。人们在开始从事生产活动之前，需要用货币资金购买生产资料和劳动力，没有这部分资金的垫付，生产就无法进行，这便是货币是商品生产第一推动力的表现。在生产启动后，需要追加资金，或者商品销售后，商品资本转化为货币资本，投入再生产过程，此时货币就发挥着持续推动力作用。一旦没有货币，生产过程就难以为继。

#### 2．货币是实行经济核算的工具

由于货币具有价值尺度职能，所以人们可以利用货币作为记账单位来计算成本、价格和利润等，以此衡量微观经济效益的高低，这有利于经营者对经营决策方案做出正确的选择，也便于经营者对生产过程进行监督和控制。

**3. 货币是实现收入分配的工具**

在现行的商品货币经济条件下，企业的收入分配必须借助于货币来实现。企业要利用货币指标考核劳动者劳动的数量和质量，然后根据考核的结果，以货币方式支付报酬，既方便，又准确。

# 第三节　货币制度

## 一、货币制度的形成及其构成要素

### （一）货币制度的形成

货币制度简称“币制”，是人们在充分认识商品货币关系的基础上，由国家制定并通过法律强制保障实施的货币流通的结构和组织形式。它体现了国家在不同程度上，从不同角度对货币进行的控制。建立统一的货币制度，有利于本国货币流通的正常与稳定。货币制度产生之前，货币的发行权分散，各种货币的适用区域狭小，充当货币的材料种类繁多，铸币的成色、重量低下，货币流通十分混乱。这种分散、混乱的货币体系，不利于正确计算成本、价格和利润，不利于建立广泛而稳定的信用关系，也不利于商品流通的扩展以及大市场的形成，是商品经济顺利发展的一大阻碍。因此，为创造有序、稳定的货币流通体系，以适应商品经济发展的需要，各个国家先后颁布法令和条例，对货币流通做出种种规定，从而形成统一的、稳定的货币制度。

### （二）货币制度的构成要素

货币制度也是货币本位制，包括以下五个方面，即规定货币材料，规定货币单位，规定流通中的货币种类，规定货币的铸造、发行与流通程序以及金准备制度。

**1. 规定货币材料**

货币材料简称“币材”，指充当货币的材料或物品，是货币制度的基础。确定不同的货币材料就构成不同的货币制度，用金、银或金银共同作为货币材料就形成金本位制、银本位制或金银复本位制。一个国家一定时期内选择哪种币材是由国家规定的，但这种选择受客观经济条件的制约，国家对货币材料的规定实质上是对流通中已经形成的客观现实进行法律上的肯定。国家不能滥用权力、任意指定某种物品作为货币材料，而是根据客观经济发展的条件，确定适宜的货币金属。否则，在现实经济活动中是行不通的。目前世界各国都已实行不兑现的信用货币制度，因此，各国货币制度也不再对币材做出具体规定。

**2. 规定货币单位**

货币单位又称价格标准。规定货币单位就是规定货币单位的名称和每一货币单位所包含的“值”。例如，美国的货币单位为“美元”，根据美国 1934 年 1 月的法令规定：1 美元含纯金 13.714 格令(合 0.888 671 克)；英国 1816 年实行金本位制时规定：货币单位名称为“英镑”，1 英镑含成色 11/12 的黄金 123.7447 格令(合 7.97 克)。1914 年中国的《国币条例》

中规定，货币单位定名为“圆”，每圆含纯银6钱4分8厘(合23.977克)。规定了货币单位及其等分，就有了统一的价格标准，从而使货币更准确地发挥计价流通的作用。当今世界范围流通的都是信用货币，货币单位价值的确定，主要表现为确定或维持本国货币与他国货币或世界主要货币的比价，即汇率。

### 3．规定流通中的货币种类

这里指的是规定主币和辅币。主币即本位币，是一个国家流通中的基本通货。主币的最小规格是一个货币单位，如1美元、1英镑等。辅币是本位币货币单位以下的小面额货币，它是本位币的等分，其面值一般是货币单位的1/10、1/100等。

### 4．规定货币的铸造、发行与流通程序

通货的铸造是指本位币与辅币的铸造。本位币是按照国家规定的货币单位铸成的铸币，本位币是足值货币，具有无限法偿能力，即国家规定本位币有无限支付的能力。不论支付额多大，出售者和债权人都不得拒绝接受。同时，本位币可以自由铸造、自行熔化，并且流通中磨损超过重量公差的本位币，不准投入流通使用，但可向政府指定的单位兑换新币，即超差兑换。本位币的这种自由铸造、自行熔化和超差兑换，能使铸币价值与铸币所包含的金属价值保持一致，保证流通中的铸币量自发地适应流通对于铸币的客观需要量。

辅币一般用较贱金属铸造，其所包含的实际价值低于其名义价值，是不足值的货币。但国家以法令形式规定在一定限额内，辅币可与主币自由兑换，这就是辅币的有限法偿性。辅币不能自由铸造，只准国家铸造。为防止辅币充斥市场，国家除规定辅币为有限法偿货币外，还规定用辅币向国家纳税不受数量限制，用辅币向政府兑换主币，不受数量限制。

### 5．金准备制度

金准备制度就是黄金储备制度，是货币制度的一项重要内容，也是一国货币稳定的坚实基础。大多数国家的黄金储备都集中由中央银行或国家财政部负责管理。在金属货币流通的条件下，黄金储备的用途主要有三个：第一，作为国际支付手段的准备金，也就是作为世界货币的准备金；第二，作为扩大或收缩国内金属货币流通的准备金；第三，作为支付存款和兑换银行券的准备金。在当前信用货币流通条件下，纸币不再兑换黄金，金准备的后两项用途已经消失，但黄金作为国际支付的准备金这一作用仍继续存在，各国也都储备有一定量的黄金。国家的金准备集中于中央银行或国库。

## 二、货币制度的类型

货币制度的发展和演变，经历了银本位制、金银复本位制、金本位制和不兑现的信用货币本位制四个阶段，如图2-2所示。

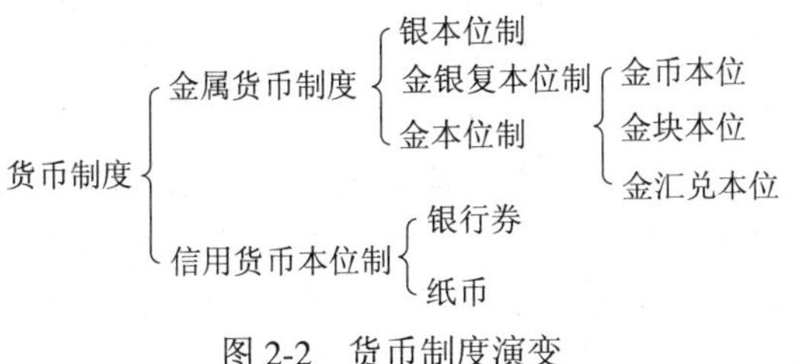


图2-2　货币制度演变

1．银本位制

银本位制是以白银为本位货币的一种货币制度。在货币本位制的演变过程中，银本位是最早出现的。在银本位制下，以白银作为本位币币材，银币是无限法偿货币，其名义价值与实际含有的白银价值是一致的。银本位分为银两本位与银币本位。在银本位制盛行的时代，大多数国家实行银币本位，只有少数国家实行银两本位。例如，中国于1910年宣布实行银本位制，但实质上是银圆与银两混用，直到1933年废两改圆，才实行了银圆流通。

银本位制作为一种独立的货币制度，在一些国家存在的时间并不长，实行的范围也较小，其原因主要在于白银产量增加，价格不稳定，银贱金贵。自19世纪中期以后，黄金的需求大幅度增加而供给不足，白银的需求减少而产量增加，使金银比价差距越来越大。许多国家纷纷放弃银本位制。我国于1935年才废止银本位制。

2．金银复本位制

金银复本位制是以金和银同时作为币材的货币制度。在这种制度下，金银两种铸币都是本位币，均可自由铸造，两种货币可以自由兑换，并且两种货币都是无限法偿货币。金银复本位制盛行于资本主义原始积累时期(16—18 世纪)，在这一历史阶段，商品生产和流通进一步扩大，对银和金的需求量都大幅增加。由于银的价值含量小，所以适合小额交易；金的价值含量大，适合于逐渐多起来的大额交易。这大大便利了商品流通，同时也促进了商品经济的发展。但是，由于货币自身的独占性和排他性，两种本位币同时流通，必然会造成混乱。最初金币和银币按其自身包含的价值流通，称为“平行本位制”。由于金银两种铸币所含的价值不同，流通中商品的价格要以金银分别标价，而且这两种价格会随着金银的市场比价变化而变化，造成流通中的混乱状态。于是，国家用法律规定金币与银币的比价，实行“双本位制”，试图稳定商品价格。但是，法定比价与市场比价经常不一致，造成“劣币驱逐良币”的现象，历史上也称为“格雷欣法则”。因此，从19世纪起，英国及各主要资本主义国家都先后放弃了金银复本位制。

3．金本位制

金本位制是以黄金作为本位币的货币制度，其主要形式有：金币本位制、金块本位制和金汇兑本位制三种。

1) 金币本位制

金币本位制是以黄金为货币金属的一种典型的金本位货币制度，也是真正的金本位制，其主要特点有：

(1) 金币可以自由铸造、自由熔化。这样可以自发调节流通中的货币量，使金币的自身价值与面额价值保持一致，从而保证商品流通的顺利进行和经济的平稳运行。

(2) 流通中的辅币和价值符号可以自由兑换金币。这样，流通中的价值符号，如纸币、银行券等，就有了充足的黄金保证，能够代表一定量的黄金进行流通，从而保证了辅币与价值符号的稳定，不会导致通货膨胀，同时也节约了黄金。

(3) 黄金可以自由输出输入。在实行金本位制的国家之间，汇率是根据两国货币的黄金含量计算出来的，称为金平价。当由于供求关系等因素导致市场汇率偏离金平价，在达到黄金输出输入点时，黄金就会在外汇市场不均衡引起的利益驱动下自由流动，从而稳定外汇汇率，有利于国际贸易的顺利开展。

金币本位制最早于1816年由英国率先推行，之后欧洲其他国家纷纷效仿，美国到1900年才实行金币本位制。在20世纪初，西方主要资本主义国家大都实行了金币本位制。从历史上看，金币本位制对于各国商品经济的发展、世界市场的统一起到了重大的推动作用，其稳定的货币自动调节机制无疑是高效率的。但随着资本主义社会固有矛盾的加深和世界市场的进一步形成，金币本位制的基础受到严重的威胁，并最终导致金币本位制的终结。代之而起的是金块本位制和金汇兑本位制。

2) 金块本位制

金块本位制指没有金币的铸造和流通，而由中央银行发行以金块为准备的纸币流通的货币制度。它与金币本位制的区别在于：首先，金块本位制以纸币或银行券作为流通货币，不再铸造、流通金币，但纸币或银行券仍是金单位，规定含金量；其次，金块本位制不再像金币本位制那样，实行辅币和价值符号同黄金的自由兑换，规定黄金由政府集中储存，居民可按本位币的含金量在达到一定数额后兑换金块，但兑换限额起点较高。例如，英国1925年规定银行券一次至少兑换400盎司的金块，这样高的限额对于大多数人是达不到的。

3) 金汇兑本位制

金汇兑本位制指以银行券作为流通货币，通过外汇间接兑换黄金的货币制度。它与金块本位制有相同点，即货币单位规定含金量，国内流通银行券，没有铸币流通。但它规定银行券不能兑换黄金，可换取外汇。本国中央银行将黄金与外汇存于另一个实行金本位制的国家，允许以外汇间接兑换黄金，并规定本国货币与该国货币的法定比率，通过固定价买卖外汇以稳定币值和汇率。实行金汇兑本位制的国家实际上使本国货币依附在一些经济实力雄厚的外国货币上，处于附庸地位，从而使货币政策和经济发展受到这些实力强大的国家的左右。

无论是金块本位制还是金汇兑本位制，都没有金币的流通，从而失去了货币自动调节流通需要量的作用，币值自动保持相对稳定的机制也不复存在。这两种脆弱的金本位制，经过1929－1933年的世界性经济危机之后，就被不兑现的信用货币制度代替，从而为国家干预、调节经济提供了一个非常有效的机制。

### 4. 信用货币制度

信用货币制度指以不兑换黄金的纸币或银行券为本位币的货币制度。银行券开始是有黄金和信用双重保证的，可以兑换黄金、白银。但在金本位制全面崩溃以后，流通中的银行券不再兑换金银，这时，银行券已完全纸币化了。不兑现的纸币一般是由中央银行发行，国家法律赋予无限法偿能力。流通中全部是不兑现的纸币，黄金已经不用于国内流通。由于纸币与黄金毫无联系，货币的发行一般根据国内的经济需要由中央银行控制。信用货币是银行对货币持有人的负债，通过银行放款程序投入到流通领域中去。如果银行放松银根，信用货币投放过多，就可能出现通货膨胀，物价上涨；如果银行紧缩银根，就可能出现通货紧缩，物价下跌。可见信用货币流通量的多少能够影响经济的发展，因此国家应对信用货币加以调控，达到其政策目的，保证货币流通量适应经济发展的需要。

纸币作为不兑现的信用货币，代替黄金成为本位币，黄金完全退出货币流通，这种现象叫做黄金的非货币化。它在社会经济生活中具有非常重要的意义，表明了政府不再只是经济运行的守夜人和旁观者，而可以利用纸币的发行、流通量来调节和干预经济，政府成为经济的参与者和操纵者。第二次世界大战后，资本主义世界只靠亚当•斯密的“看不见的手”来引导经济运行的国家几乎没有，而是普遍实行了利用货币手段对经济的宏观调控。但同时，不兑现的信用货币制度也是一把双刃剑，在国家获得干预经济的同时，也使得通货膨胀成为可能，并不时困扰着资本主义世界经济的运行。

## ✲ 知识拓展 2-6

### 布雷顿森林体系与牙买加体系

为了消除金本位制崩溃后国际货币的混乱局面，在第二次世界大战还没有结束的时候，英、美两国从本国利益出发，设计了新的国际货币制度，并于 1944 年 7 月在美国新罕布什尔州的布雷顿森林召开有 44 个国家参加的“联合国联盟国家国际货币金融会议”，通过了以美国怀特方案为基础的《国际货币基金协定》和《国际复兴开发银行协定》，总称《布雷顿森林协定》，从而形成了以美元为中心的国际货币体系，即布雷顿森林体系。其主要内容是：第一，以美元作为最主要的国际储备货币，实行“双挂钩”的国际货币体系；第二，实行固定汇率制；第三，国际货币基金组织通过预先安排的资金融通措施，保证向会员国提供辅助性储备供应；第四，会员国不得限制经常性项目的支付，不得采取歧视性的货币措施等。布雷顿森林体系对第二次世界大战后资本主义经济发展起过积极作用。首先，美元作为国际储备货币等同于黄金，弥补了国际清偿能力的不足；其次，固定汇率制使汇率保持相对的稳定，为资本主义世界的贸易、投资和信贷的正常发展提供了有利条件；最后，国际货币基金组织的活动促进了国际货币合作和世界经济的稳定增长。但布雷顿森林体系也存在种种缺陷：第一，美国利用美元的特殊地位，操纵国际金融活动；第二，美元作为国际储备资产具有不可克服的矛盾；若美国国际收支持续出现逆差，必然影响美元信用，引起美元危机，美国若要保持国际收支平衡，稳定美元，则会断绝国际储备的来源，引起国际清偿能力的不足；第三，固定汇率有利于美国输出通货膨胀，加剧世界性通货膨胀，而不利于各国利用汇率的变动调节国际收支平衡。1974 年 4 月 1 日，国际协定正式排除货币与黄金的固定关系，以美元为中心的布雷顿森林体系彻底瓦解。

1976 年 1 月，国际货币基金组织“国际货币制度临时委员会”在牙买加举行会议，达成了著名的“牙买加协定”。同年 4 月，国际货币基金组织理事会通过《国际货币基金协定第二次修正案》，并于 1978 年 4 月 1 日正式生效，从而形成了新的国际货币制度——牙买加体系。其具体特征：第一，实行浮动汇率制度的改革；第二，推行黄金非货币化，即协议作出了逐步使黄金退出国际货币的决定；第三，增强特别提款权的作用；第四，增加成员国基金份额；第五，扩大信贷额度，以增加对发展中国家的融资。

牙买加体系与布雷顿森林体系的主要区别表现在：黄金非货币化，储备货币多样化，以及汇率制度多样化。

## 三、我国的人民币制度

### （一）人民币

人民币是由中国人民银行依法发行具有无限法偿力的货币。它于 1948 年 12 月 1 日开始发行。1955 年 3 月 1 日起发行新版人民币，规定以新币 1 元兑换旧币 1 万元，提高了人民币单位“元”所代表的价值量。人民币是信用货币，包括现金和存款货币。

### (二) 中国的人民币发行

人民币的发行由中国人民银行的发行基金保管库(简称发行库)来具体办理，发行基金是人民银行为国家保管的待发行的货币，由设发行库的各级人民银行保管，总行统一掌握。发行基金是尚未发行的货币，不代表任何价值，来源于印钞厂按计划印制解交发行库的新人民币和各金融机构的回笼款。

人民币的具体发行过程是通过现钞在发行库和业务库的划转实现的。业务库是商业银行对外营业的基层行处设立的，业务库中的人民币作为商业银行办理日常收付的备用金，处于流通过程中。为避免业务库存放过多现金，通常由上级行和同级人民银行为业务库核定库存限额，当收入的现金超过库存限额时，超过的部分必须上存人民银行发行库，这就是人民币的回笼；当业务库不足支付时可以凭商业银行在人民银行账户上的资金从发行库中调入，这就是人民币的发行。目前，通过外汇市场买卖外汇实现人民币的发行和回笼已经成为我国货币发行的主要渠道。

### (三) 人民币制度的基本内容

第一，人民币是我国的法定货币，以人民币支付我国境内的一切公共的和私人的债务，任何单位和个人不得拒收。人民币没有法定含金量，也不能自由兑换黄金。

第二，人民币的单位是“元”，元是主币，辅币的名称是“角”和“分”，1 元等于 10 角，1 角等于 10 分。人民币的符号为“￥”，取“元”字的汉语拼音首位字母“Y”加一横而成。

第三，人民币由中国人民银行统一印制、发行。国务院每年在国民经济计划综合平衡的基础上，核准货币发行指标，并授权中国人民银行发行。

第四，禁止伪造、变造人民币，禁止出售、购买伪造或变造的人民币，禁止故意损毁人民币，禁止在宣传品、出版物或其他商品上非法使用人民币图样。

第五，任何单位和个人不得印制、发售代币票券以代替人民币在市场上流通。

第六，残缺、污损的人民币，按照中国人民银行的规定兑换，并由中国人民银行负责收回、销毁。

第七，中国人民银行设立人民币发行库，在其分支机构设立分库，分库调拨人民币发行基金，应当按照上级库的调拨命令办理。任何单位和个人不得违反规定，动用发行基金。

第八，对人民币的出入境实行限额管理。

上述内容均以法律法规的形式予以公布，加以规范实施。

随着市场经济的建立和发展，我国的人民币制度急需进行改革。目前较为迫切的是辅币，特别是分币在交易中的尴尬境地，需要币制的改革来纠正。另外，由于我国实行“一国两制”的方针，1997 年和 1999 年香港和澳门相继回归后，原有的货币金融体制维持不变。目前规定人民币为大陆地区的法定货币；港币为香港特别行政区的法定货币；澳门币是澳门特别行政区的法定货币。人民币与港币、澳门币之间按以市场供求为基础决定的汇价进行兑换。由于这三种货币分别在不同的地区流通，所以不会产生劣币驱逐良币的“格雷欣法则”效应，但仍然不可避免地对国家货币的统一管理提出了挑战。

## 知识拓展 2-7

### 中国的“一国四币”制度

当政治上的“一国两制”在中国取得重大突破时，经济上的“一国四币”(即人民币、港币、澳门币及新台币)早已在两岸四地相互流通，这种新的经济文化现象，是很具有独特性的。

据有关资料，目前在大陆流通的港币现金已超过 150 亿港元，占香港货币发行总量的 30%左右。而从台湾涌向大陆和香港的资金高达 600 多亿美元，其中有相当数量的新台币流到大陆，已在福建等地流通。由于受 20 世纪 90 年代末东南亚金融危机的影响，我国的港币、澳门币与币值稳定的人民币关系十分密切，除金融机构相互挂牌外，还形成了地域性的(如珠江三角洲一带)互为流通使用的局面。广州、深圳、珠海等地接受港币、澳门币的店铺随处可见。内地城乡居民为了使自己拥有的货币收入分散化以及投资或收藏等原因，也都以拥有港币、澳门币及新台币为荣。与此同时，人民币在香港、澳门已进入流通领域，在这些地区，越来越多的人以人民币为“硬通货”及结算货币。在香港或澳门的街头上，除银行外，还随处可见公开挂牌买卖人民币的兑换店。更有趣的是，香港和澳门大多数的商店、饭店、宾馆等消费场所都直接接受人民币，一些商店门口甚至挂上“欢迎使用人民币”的牌子招揽顾客。台湾也同样出现了人民币的流通现象，许多人将人民币作为坚挺的货币来看待，台湾警方已视伪造人民币为非法，不少台胞回大陆探亲后，都带着人民币回去使用或留作收藏纪念。

(资料来源：金融时报，2002 年 11 月 8 日)

## 【理论梳理】

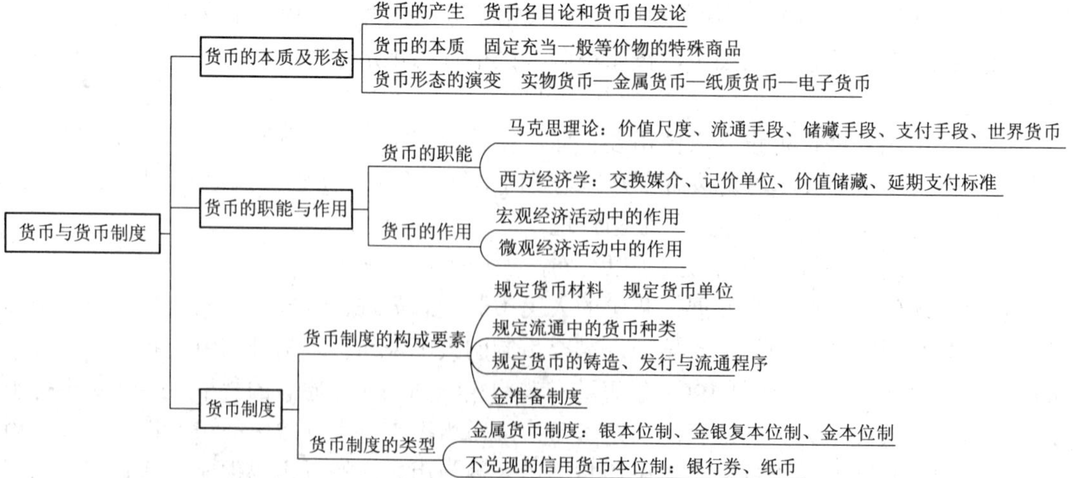


(1) 货币是一般等价物这个本质特征表明，货币是表现一切商品价值的材料，是商品世界唯一的核算社会劳动的工具；货币具有特殊的使用价值，即无条件地和一切商品直接

交换的能力。货币的这种本质特征是不会改变的，否则就不称其为货币，但货币存在的形式是随着商品经济的发展不断变化的。

(2) 货币的职能是货币本质的具体表现，是随着商品流通及其内在矛盾的发展而逐渐形成的。马克思理论认为货币具有价值尺度、流通手段、价值贮藏手段、支付手段和世界货币五大职能。其中价值尺度和流通手段是两个基本职能，其他职能是在这两个职能的基础上产生的。

(3) 货币制度简称币制，是指一个国家以法律形式规定的货币流通的组织形式。它的基本内容包括：货币金属与货币单位、货币的发行与流通、黄金准备制度等。货币制度的发展和演变，经历了银本位制、金银复本位制、金本位制和不兑现的信用货币本位制四个阶段。我国的货币制度目前采用的是人民币制度。

## 【案例分析】

### 劣币驱逐良币与货币替代

货币替代是在开放经济条件下，外币在本国境内大规模替代本币充当价值尺度、流通手段、支付手段和价值储藏等职能的一种现象。一般来说，“货币替代”指的是在本国出现较为严重的通货膨胀或出现一定的汇率贬值预期时，公众出于降低机会成本与取得相对较高收益的考虑，减少持有价值相对较低且不稳定的本国货币，增加持有价值相对较高且比较稳定的外国货币的现象。显然，货币替代的发生必须同时具备两个条件：一是国内居民持有外国货币；二是国内居民持有的外国货币余额必须随汇率、利率和通货膨胀率等重要经济变量的变化而变化。这说明，货币替代的充要条件是货币的可兑换性。不过，最初出现的货币替代一般只是外国货币在价值储藏功能上对本国货币的替代。随着该国通货膨胀率的持续攀升和货币汇率不稳定的加剧，一些大宗交易就可能以外国货币来履约，甚至某些大宗商品也可能以外币标价并进行交易。此时，本国货币的价值储藏、交易媒介和价值尺度功能就逐步丧失，外国货币便同时在这三个层面上深度地替代了本国货币。

所谓美元化，就是美元在美国以外的国家中排挤该国的本币，并逐渐获得该国法偿货币基本功能的过程。根据国际货币基金组织(IMF)的统计，在许多发展中国家及转轨经济国家，外币存款占本国广义货币的比例普遍较高，而且呈上升之势。在 1995 年，阿塞拜疆、玻利维亚、柬埔寨、克罗地亚、秘鲁和乌干达等国的比例都超过了 50%。在允许居民开立外币账户的国家里，根据 IMF1970—1993 年对 5 个拉美国家的分析，货币替代在这些国家达到了相当的规模和深度。如美元存量在阿根廷、玻利维亚、墨西哥、秘鲁和乌拉圭的货币总量中所占比重分别为 34%、77.5%、16%、50%和 83%，美元以现金、活期存款、定期存款和有价证券等多种形式全面替代了这些国家本币的职能。

讨论：结合案例，分析劣币驱逐良币与货币替代的异同。

## 【知识检测】

1. 货币的形态演变及其内在规律。
2. 马克思和西方经济学家对货币职能的论述。

3．货币制度的主要内容。

4．我国现行的货币制度。

【应用实训】

实训目标：

体验现金流通与非现金流通的异同。

实训内容：

办理银行借记卡并开通网上银行业务；需要使用现金时到银行网点支取；消费时进行刷卡结算或进行网上购物；使用支付宝、财付通、微信等电子支付手段；分析非现金支付存在的便利与主要安全隐患。

实训要求：

须亲身体验现金流通与非现金流通的异同。利用周末到校园周边超市购物或进行网上购物，并调研周边同学在购物过程中，现金、银行卡、网上银行、支付宝、财付通、微信等不同支付手段的使用情况。

# 第三章　信用、利息与利率

【知识目标】

理解信用的产生及本质，了解各种信用形式及其在社会经济活动中的作用与地位；理解各种信用工具的特征及其功能；了解利率管制和利率市场化。

【能力目标】

掌握信用、利息理论的原理和主要内容及其在国民经济生活中的应用，包括分类、作用、影响因素、计算方法等；掌握利率的含义与种类及到期收益率的计算，能够进行利息计算。

【案例导读】

### 汕头失信的教训

汕头是中国东南沿海开放港口城市，紧靠香港、澳门、台湾，濒临西太平洋国际黄金航道。汕头于 1861 年正式开埠，是近代中国最早对外开放的港口城市之一，商贸历来比较发达；20 世纪 30 年代，汕头港口吞吐量曾居全国第三位，商业之盛居全国第七位，在粤东、闽西南、赣东南地区，汕头是商贸、金融、信息中心，同时也是交通枢纽、进出口岸和商品集散地。

1981 年 11 月汕头成为经济特区，面积 234 平方公里，享有国家赋予的改革开放试验权和地方立法权，拥有保税区、高新技术产业开发区、南澳海岛开发试验区三大对外开放重点区域，经济得以高速发展。

然而，在经济发展的同时，汕头一些地区逃税骗税、逃骗套汇、制假售假、走私贩私和各类经济诈骗、坑蒙拐骗等违法犯罪活动甚是猖獗，扰乱了社会秩序，使汕头的产品信用、市场信用、经济信用和社会总体信用受到严重影响，汕头面临着一场信用危机。

2000 年公布的数字表明，汕头共虚开增值税发票达 100 多亿元之巨，骗取国家出口退税额 27 亿元。与此同时，制假售假泛滥，使“潮货”在国内出现严重的信用危机，有的地方已赫然打出“此街无潮货”的招牌。“六合彩”泛滥成灾，则使汕头社会风气深受毒害。一个令人触目惊心的数据是，汕头因参与“六合彩”赌博而被刮走的民间资金竟然高达上百亿元。

（资料来源：广东财经大学精品课程，货币银行学，课程负责人黄正新）

# 第一节 信用概述

## 一、信用的产生和发展

### （一）信用的概念

信用是指以偿还和付息为条件的价值单方面运动，属借贷行为。商品买卖中的延期支付以及货币使用权单方面转移，即发生信用行为。

信用的特点：第一，信用是以偿还和支付利息为条件的借贷行为；第二，信用是价值运动的特殊形式；在发生信用借贷行为时，借者只有暂时使用货币或商品的权利，所有权仍属于贷者；第三，信用是从属于商品货币关系的经济范畴。

### （二）信用的产生

信用是从属于商品货币关系的经济范畴。因此，信用产生的客观基础是商品货币经济。它是在商品交换发生延期支付，货币发挥支付手段职能时产生的。一般认为，信用的产生必须具备两方面的条件:第一，商品经济的发展是信用产生的基础。商品的让渡和其价值的实现在时间上的分离，使买卖双方除了商品交换关系以外又形成了债权债务关系，产生了信用。第二，货币发挥支付手段职能是信用产生的前提。正是因为货币具有支付手段职能才能使双方的债权债务关系得到清偿，才能保证信用的产生。

### （三）信用的发展

信用随着商品经济发展而发展，经历了高利贷信用、资本主义信用和社会主义信用三种形态。高利贷信用是人类最古老的信用形态，高利贷信用具有两个显著特点：一是利率非常高；二是非生产性。高利贷的对象包括小生产者、奴隶主和封建主。

资本主义信用表现为借贷资本的运动。产业资本在循环周转过程中，一方面会出现资本的暂时闲置，另一方面又会出现对资本的临时需要，闲置资本不能给资本家带来剩余价值。这就与资本的共性产生矛盾。于是贷给那些临时需要补充资本的资本家使用，并收取利息。这样就从再生产过程中游离出来一种独立形态的资本即借贷资本。可见，产业资本循环与周转是借贷资本形成的基础。

社会主义信用体现了社会主义生产关系。我国社会主义制度建立以后，自觉地利用信用为社会主义建设和发展服务，建立起新型的信用关系，使信用成为国家有计划地动员和分配货币资金的一种重要形式。

现代经济是建立在信用基础之上的。信用关系是现代经济中最普遍最基本的关系。在现代经济中，已经不是承不承认信用关系的问题，而是如何利用信用更好地发展经济的问题。

### （四）信用的形成

有商品货币存在之处，必有信用活动。自原始社会末期商品与货币产生后，信用便产

生了。商品经济经历了小商品经济、资本主义商品经济，与其相适应，信用亦经历了高利贷信用、借贷资本信用。从历史发展来看，信用可按时间从前到后分成两大类：实物信用和货币借贷信用。

## 二、信用的要素及分类

### （一）信用的构成要素

信用一般由三个要素构成。第一，债务与债权。信用的发生是以债权人对于债务人所做的承诺偿还的能力是否可信为基础的。第二，时间间隔。信用活动始于债权人提供债务人一定价值的信用，止于债务人偿还价值及其代价。第三，信用工具。信用关系的存在可以书面文字形式载明支付或偿还条件，并可向他人转让。

### （二）信用的分类

通常以信用主体为标准，把信用划分为商业信用、银行信用、国家信用、消费信用、国际信用、民间信用等。以信用提供是否通过中介机构，把信用划分为直接信用和间接信用。直接信用是指没有中间人参与的，借贷双方直接进行借贷的一种行为，包括商业信用、国家信用、公司信用等。间接信用是通过信用中介机构而间接发生的借贷行为，其特点是借款人和存款人不直接见面，互相也不了解，而是由信用中介替存款人和借款人办理一切信用手续，包括银行信用、消费信用等。

## 三、信用的作用

### （一）促进资金再分配，提高资金使用效率

信用是促进资金再分配的最灵活的方式。借助于信用可以把闲置的资金和社会分散的货币集中起来，转化为借贷资本，在市场规律的作用下，使资金得到充分利用。

### （二）加速资金周转，节约流通费用

利用各种信用形式能节约大量的流通费用，增加生产资金投入。这是因为：第一，利用信用工具代替现金，节省了与现金流通有关的费用；第二，在发达的信用制度下，资金集中于银行和其他金融机构，可以减少整个社会的现金保管、现金出纳以及簿记登录等流通费用；第三，信用能加速商品价值的实现，这有助于减少商品储存和保管费用的支出。

### （三）加快资本集中，推动经济增长

信用是资本集中的有力杠杆。借助于信用，可以不断扩大资本积聚的规模。信用可使零星资本合并为一个规模庞大的资本，也可以使个别资本通过合并其他资本来增加资本规模。现代兼并收购活动很多都是利用信用方式来进行并完成资本集中的。资本集中与积聚有利于大工业的发展和生产社会化程度的提高，推动经济增长。

（四）调节经济结构

信用调节经济的功能主要表现为国家利用货币和信用制度来制定各项金融政策和金融法规，利用各种信用杠杆来改变信用的规模及其运动趋势。金融机构通过各种金融业务，有效地集中和输出货币资金，形成一个良性循环、不断增加的过程，能够为社会生产力的发展提供巨大的推动力。

## 四、信用工具

### （一）信用工具及其特点

#### 1．信用工具的概念

信用工具又称金融工具，是在信用活动中产生并能够证明金融交易金额、期限、价格等的书面文件，是具有法律约束力的契约。简言之，信用工具是证明债权、债务关系的合法书面凭证。本书将在第四章详细介绍金融工具。

在早期的信用活动中，借贷双方仅凭口头协议或记账而发生信用关系，因无法律上的保障，极易引起纠纷，并且不易将债权和债务转让。信用工具的产生和发展克服了口头信用和记账的缺点，使信用活动更加顺畅，更加规范化，而且通过信用工具的流通转让形成了金融市场。在现代经济中，人们融通资金往往要借助于信用工具，信用工具对其买进或持有者来说就是金融资产。

#### 2．信用工具的特征

(1) 偿还期。偿还期是指债务人必须全部偿还债务前所剩余的时间。不同的偿还期能够满足不同债权人和债务人对借贷期限的要求。

(2) 流动性。流动性是信用工具迅速变现而不受或少受损失的能力，现金这类融资工具本身就是流动性的体现。一般而言，流动性与偿还期成反比，与债务人的信誉成正比。

(3) 安全性。安全性是收回购买信用工具的本金的保障程度。信用工具可能遇到两类风险，即信用风险和市场风险。信用风险又称违约风险，指债务人不能按时履行契约，支付利息和偿还本金的风险。市场风险是指市场上信用工具价格下降而可能给投资者带来的风险。

(4) 收益性。收益性是信用工具的时间价值，一般以收益率表示。收益率是信用工具的净收益与本金的比率。收益率可以从三个方面考虑：名义收益率，即期收益率，实际收益率。

名义收益率：信用工具的票面收益与票面金额的比率。

当期收益率：信用工具的票面收益与其市场价格的比率。

到期(实际)收益率：到期时信用工具的票面收益及其资本损益与买入价格的比率。

持券期收益率：持有期内信用工具的年票面收益及其年均资本损益与买入价格和卖出价的平均价的比率。

其中，实际收益率可以更准确地反映投资者的真实收益情况，因而常被投资者作为投资决策的基础。

### (二) 信用工具的种类

从信用工具的偿还期限划分，可以分为短期信用工具、中长期信用工具和永久性信用工具。偿还期 1 年以内为短期信用工具；偿还期 1 年以上为中长期信用工具；股票和永久性债券为永久性信用工具。

从发行者的融资方式划分，可以分为直接信用工具和间接信用工具。直接信用工具是指非金融机构的股票、公司债券等，间接信用工具是指金融机构发行的银行券、存单等。

从信用工具持有人要求权的性质来划分，可以分为权益类工具(股票)和债务类工具(如贷款)。

# 第二节　信用形式

## 一、商业信用

### (一) 商业信用的含义及特点

#### 1. 商业信用的含义

商业信用是指企业在正常的经营活动和商品交易中由于延期付款或预收账款所形成的企业常见的信贷关系。商业信用的形式主要有赊购商品、预收货款和商业汇票。

#### 2. 商业信用的特点

(1) 由于商业信用是以商品形式提供的信用，是在商品交易中产生的，因此，其债权债务人都是从事商品生产和流通活动的企业经营者。

(2) 企业赊销的商品是处在流通阶段、待实现价值的商品，一个企业把这些商品赊销给另一个企业时，商品资本贷出了，使用权发生了转移，由于商品的货款没有支付，形成了以货币形式存在的买卖双方的债权债务关系。

(3) 商业信用来源于社会再生产过程，经济繁荣，社会生产与商品流通规模扩大，商业信用规模也随之扩大。反之，则缩小。

### (二) 商业信用的作用及局限性

#### 1. 商业信用的作用

(1) 商业信用能够克服流通当中货币量不足的困难以及创造信用流通工具，促进商品的流通和周转。在商品经济中，商品的流通要求有相适应的货币量为其服务。有了商业信用，可以通过赊销商品延期支付的方式来销售商品，使得原来由于缺少流通手段而停留在某个环节的商品顺利地实现流通。同时，在商业信用的基础上产生了商业票据，在一定范围内可以流通转让，这就发挥了货币的媒介作用，自发地弥补了流通中货币量的不足。

(2) 商业信用能够促进滞销商品的销售，避免社会财富的浪费。商品之所以要采用赊销的方式进行销售，除了流通中货币不足的原因以外，也有可能是因为商品适销不对路，或商品的质量、价格有问题。一旦出现了类似的商品就采用商业信用的方式促销，进入消费，以避免积压、报废而造成社会财富的浪费。

(3) 商业信用能加速短缺商品的生产，尽快实现生产的均衡。在商业信用中，有一种预付货款的方式，对紧俏的短缺商品，可以采用预付货款的方式订购，这就使得生产企业能够及早拿到资金，扩大短缺商品的生产，尽快实现供求的平衡。

#### 2. 商业信用的局限性

商业信用的局限性主要体现在四个方面：一是商业信用规模的局限性，主要是受到个别企业商品数量和规模影响；二是商业信用方向的局限性，即一般是由卖方提供给买方，受商品流转方向的限制；三是商业信用期限的局限性，一般只能是短期信用；四是商业信用授信对象的局限性，一般局限在企业之间。此外，它还具有分散性和不稳定性等缺点。

## 二、银行信用

### （一）银行信用的含义和特点

#### 1. 银行信用的含义

银行信用是指由商业银行或其他金融机构授给企业或消费者个人的信用。它是商业信用发展到一定程度才产生的。银行一方面将社会再生产过程中游离出来的暂时闲置的货币资金筹集起来，形成巨额资金；另一方面，通过贷款方式将筹集的资金贷放出去，满足社会各界对资金的需求。银行通过信用活动调剂社会资金余缺，成了整个社会的信用中介，银行信用是现代经济中最主要的信用形式之一。银行信用的出现使信用制度更为完善。

#### 2. 银行信用的特点

(1) 银行信用是以货币形态提供的。银行贷放出去的已不是在产业资本循环过程中的商品资本，而是从产业资本循环过程中分离出来的暂时闲置的货币资本，它克服了商业信用在数量规模上的局限性。

(2) 银行信用的借贷双方是货币资本家和职能资本家。由于提供信用的形式是货币，这就克服了商业信用在使用方向上的局限性。

(3) 在产业周期的各个阶段上，银行信用的动态与产业资本的动态往往不一致。

### （二）银行信用的优点

银行信用与商业信用相比较，有其不同的特点，银行信用较之商业信用也有其优点，它的优点就是克服了商业信用的局限性。第一，银行信用在信用规模上克服了商业信用的局限性。银行信用提供的货币资金来源是广泛筹集的社会闲散资金，其数量远远超过商业信用的规模。第二，银行信用克服了商业信用使用方向上的限制。由于银行信用提供的是货币形式，货币是一般购买力的象征，是价值实体。因此，无论银行把资金贷向哪个企业，都可以使用。

## 三、国家信用

### （一）国家信用的含义

国家信用，即以国家政府作为债务人，以借债的方式向国内企事业单位、团体、居民

个人等筹集资金的一种信用形式。

国家信用主要采用以下形式：

**1．发行国家公债**

公债是政府发行的一种中长期债券，期限一般在 1 年以上甚至 10 年或 10 年以上，常用于大型基础设施与安全设施项目投资与建设。

**2．发行国库券**

国库券是政府发行的一种短期债券，期限在 1 年以内，主要用于弥补政府短期赤字。

**3．专项债券**

专项债券是一种指明投资用途的债券，如中国政府发行的国家重点建设债券等。

**4．政府在银行的透支或借款**

在公债券、国库券、专项债券仍不能弥补财政赤字时，余下的赤字即向银行透支或借款。

### （二）国家信用的作用

**1．有利于解决国家财政困难**

国家财政发生季节性和临时性困难以及财政赤字时，必然要设法增加收入以资弥补。一般有三种途径：一是增加税收，但增税有一定限度，过多会影响企业生产经营的积极性；二是向银行透支，这要在银行有信贷资金来源的前提下才能进行，否则银行只发票子，这有可能引起通货膨胀，物价上涨；三是发行政府债券。发行债券实际上是一种财力的再分配，它有物资保证，一般不会造成货币投放过多。

**2．有利于集中资金保证重点建设**

重点建设由国家统一安排，它关系到国民经济整体生产力的布局，生产结构的协调。国家发行债券，筹集资金，能保证重点建设的资金需要，保证重点项目及时建成投产，有利于加速国民经济的协调发展。

**3．能够带动其他投资主体的投资**

一般说来，一个国家面临着经济结构的调整，产品的升级换代，很多投资主体都很难立即找准投资方向，因此可能造成投资的萎缩。而国家通过信用方式集中资金进行投资，能够引导和带动其他投资主体投资，加速经济的发展。

## ✲知识拓展 3-1

### 2014 年人民币国债在香港发行工作顺利完成

中国财政部 12 月 8 日称，2014 年人民币国债在香港发行工作已经顺利完成，全年共发行 280 亿元人民币。

其中，5 月 21 日向机构投资者、国外中央银行和地区货币管理当局发行 160 亿元；11 月 20 日向机构投资者发行 90 亿元，11 月 21 日至 12 月 5 日向香港居民发行 30 亿元。

自 2009 年在香港首次发行人民币国债以来，中国政府在香港发行国债的规模逐年扩大，从2009年的60亿元一路上升到2013年的230亿元。

中国财政部此前表示，在人民币国债发行的推动下，近年来香港人民币债券市场规模迅速扩大，二级市场交易显著活跃，发行和投资群体大大丰富，已成为香港金融市场的重要组成部分。

中国社科院金融研究所尹中立研究员指出，在港发行人民币国债，不仅为香港人民币持有者提供了合适的投资渠道，加强了内地和香港的金融合作，也有利于推动人民币国际化进程。

(资料来源：中新网，2014 年 12 月 8 日)

## 四、消费信用

### （一）消费信用的含义及种类

#### 1. 消费信用的含义

消费信用，即对消费者个人提供的，用以满足其消费方面的货币需求的信用。现代经济生活中的消费信用是与住房和耐用消费品的销售紧密联系在一起的。

#### 2. 消费信用的种类

按偿还方式分，消费信用主要有以下几种：

(1) 赊销。赊销是指零售商对消费者提供的信用，即以延期付款的方式销售商品。

(2) 分期付款购买。分期付款购买多用于购买耐用高档消费品。购买高档耐用消费品的消费者先支付一部分货款，其余部分按合同规定分期付款。比如对住房、汽车的个人消费大多采用这种信用方式。

(3) 消费贷款。消费贷款即银行和其他金融机构采取信用放款或抵押放款方式，对消费者提供的信用。按接受贷款的对象不同，消费贷款可分为买方信贷和卖方信贷两种。买方信贷是对购买消费品的消费者发放贷款；卖方信贷是以分期付款单证作为抵押，对销售消费品的企业发放贷款。

### （二）消费信用的作用

#### 1. 消费信用对消费商品的生产与销售有促进作用

消费与生产之间存在着辩证的关系，一方面生产决定消费，另一方面消费对生产又有反作用。消费信用促使了消费规模的扩大，提高了人们的消费能力，这就刺激了对消费品的需求，从而刺激生产的发展，也刺激了经济的增长。

#### 2. 消费信用能够起到调节消费的作用

居民当中存在贫富程度的差别，一部分居民即期购买力不足，另一部分则相对有余。特别表现在对高档消费品的购买上，可以分为几个层次：一部分人可随时购买，另一部分人短期可筹资购买，还有一部分人则在较长时间内难以购买。开展消费信用，可以调节人民群众购买这些商品在时间和支付能力上的不一致，满足某些居民个人的消费需要。

## 五、其他信用

### （一）民间信用

#### 1. 民间信用概述

民间信用也称民间金融，泛指非金融机构的自然人、企业及其他经济主体之间以货币资金为标的价值让渡及本息还付。它是适应民间各经济主体之间为解决生产、经营、投资、生活等各方面的资金需求应运而生的一种信用形式。

民间信用的主要存在形式有：直接货币借贷；通过中介人进行的货币借贷；以实物作抵押取得借款的“典当”等。民间信用的主要特点：信用的目的既为生产，又为生活；期限较短，规模有限；自发性和分散性较强；风险性较大；利率较高。

#### 2. 民间信用的优缺点

民间信用的优点主要表现在：一是民间信用从一开始就实践着真正意义上的银行信用，扭转了企业信用的软约束，从而有利于营造信用环境的良性循环，弥补了银行信用的不足，民间信用对解决中小企业和民营企业的生产经营资金不足起到重要的支撑作用；二是民间信用的存在和发展，打破了单一银行融资方式，拓展了中小企业和民营企业的融资渠道，扩大了民营企业的发展空间；三是引入了市场竞争机制，民间信用扩大，形成多种竞争机制，对传统的融资方式提出了挑战，从而推动银行、信用社改进服务方式，创新服务品种，改革管理模式；四是民间信用缓解了中小企业融资难的问题，在共同发展的过程中降低了融资成本。

民间信用的缺点主要表现在：一是民间信用融资的盲目性和自发性，不利于资金规模的控制和投向；二是民间信用易产生债务纠纷，个别人甚至还有金融投机诈骗行为，不但破坏了国家金融秩序，还容易引发社会问题；三是民间信用使资金大量在“体外循环”，增加了银行回笼现金的阻力。

### （二）国际信用

#### 1. 国际信用概述

国际信用是国际间相互提供的信用。随着国际经济关系的发展，各类信用形式逐步扩展到世界范围，形成了国际信用。国际信用是国际经济关系的重要组成部分，对国际经济的稳定与发展起着越来越重要的影响。

#### 2. 国际信用的形式

国际信用有国际商业信用和国际银行信用两种形式。

国际商业信用是发生在国际商品交易过程中，以远期支付方式由卖方提供的信用；国际银行信用是银行以货币形态向另一国借款人提供的信用。但国际商业信用往往要借助于国际银行信用，这种信用方式又称国际信贷。

国际信贷的方式有银行信贷、出口信贷、项目贷款、政府贷款、国际金融机构贷款、国际债券发行等货币形态的信贷，还有补偿贸易、国际租赁等商品资本形态的信贷。国际信贷按期限划分为短期、中期和长期三种。短期信贷是国际信贷中的主要部分，期限一般不超过 1 年，主要用于原料、粮食、半制成品和消费品的国际贸易中；中期信贷期限多为 1～5 年，但有延长趋势；长期信贷一般是 10 年左右，有时甚至长达 50 年。中长期信贷通常用于增加固定资本、购买机器设备、创办企业等。

第二次世界大战后，国际信贷机制发生了重大变化，突出表现在资本市场的国际化和银行国际化的发展上。与此同时，发展中国家作为独立实体进入国际资本市场。国际信贷的类型和形式也相应发生了变化，中长期信贷作用提高，银行信贷规模扩大，国际信贷形式更加多样化，如出现承购应收账款、福费廷等新业务。

# 第三节　利　　息

## 一、利息的含义及性质

### （一）利息的含义

利息是指债权人因贷出货币资金而从债务人手中获取的报酬。在现代社会，贷出款项收取利息已经成为很自然的事情，货币因放贷而会增值的概念也已深植于人们的经济观念之中。

### （二）利息的性质

马克思针对资本主义经济中的利息指出："贷出者和借入者双方都是把同一货币额作为资本支出的。但它只有在后者手中才执行资本的职能。同一货币额作为资本对两个人来说取得了双重的存在，这并不会使利润增加一倍。它所以能对双方都作为资本执行职能，只是由于利润的分割。其中归贷出者的部分叫做利息。"因此，利息实质上是利润的一部分，是剩余价值的特殊转化形式。

## 二、利息的计算

### （一）利率及利率的表示方法

#### 1．利息率的概念

利息率又称利率，表示一定时期内利息量与本金的比率，通常用百分比表示，按年计算则称为年利率。

#### 2．利息率的表示方法

$$利息率=\frac{利息}{本金}$$

### （二）利息计算方法

单利和复利是计算利息的两种基本方法。

单利是指在计算利息时，按借贷本金、期限、利率直接计算出利息，而计算出的利息不再计入本金重复计算利息。其计算公式是：

$$I = P \cdot r \cdot n$$

$$S = P(1 + r \cdot n)$$

其中，I 为利息额；P 为本金；r 为利息率；n 为借贷期限；S 为本金和利息之和。

**例**：某人借款 1000 元，年利率为 5%，借款期限为 3 年。到期时贷款应得利息按单利法计算是：

$$I = 1000 \times 5\% \times 3 = 150(元)$$

本利和为：

$$S = 1000 \times (1 + 5\% \times 3) = 1150(元)$$

复利是指计算利息时，将上期利息转为本金再继续计算利息，即俗称“利滚利”。其计算公式是：

$$S = P(1 + r)^n$$

如上例按复利计算本利和为：

$$S = 1000 \times (1 + 5\%)=1157.62(元)$$

$$I = 1157.62 - 1000 = 157.62(元)$$

复利法计算方法虽然比较复杂，但它体现了资金的时间价值，更为科学和合理。

### (三) 现值与终值

现值是资金折算至基准年的数值，也称折现值或在用价值，指对未来现金流量以恰当的折现率进行折现后的价值。资产按照预计从其持续使用和最终处置中所产生的未来净现金流入量折现的金额，负债按照预计期限内需要偿还的未来净现金流出量折现的金额。

现值是现在和将来(或过去)的一笔支付或支付流在今天的价值。

终值，又称将来值或本利和，是指现在一定量的资金在未来某一时点上的价值。

例如：某个投资项目有 A、B 两个投资方案如表 3-1 所示，均能达到要求的效果。

**表 3-1 投资方案**

| 方案 | 第一年年初 | 第二年年初 | 第三年年初 | 第四年年初 |
|---|---|---|---|---|
| 方案 A | 500 万 | 200 万 | 200 万 | 0 万 |
| 方案 B | 100 万 | 300 万 | 0 万 | 600 万 |

假定市场投资平均收益率为 15%。用现值进行分析哪个方案更可行？

方案 A 的投资现值：

$$I_A = 500 + \frac{200}{1+15\%} + \frac{200}{(1+15\%)^2} = 825(万元)$$

方案 B 的投资现值：

$$I_B = 100 + \frac{300}{1+15\%} + \frac{600}{(1+15\%)^3} = 815(万元)$$

所以，选择 B 方案更合适。

# 第四节 利 率

## 一、利率的种类及结构体系

### （一）利率的种类

#### 1．固定利率与浮动利率

(1) 固定利率。固定利率的利息率不随货币资金的供求状况而波动，在整个借款期间固定不变。适于借款期短或市场变化不大的条件下。我国人民币借贷一般以固定利率为主。

(2) 浮动利率。浮动利率是可变利率，随市场利率的变化而定期调整的，适于中长期贷款。浮动利率定期调整的利率尽管可以为债权人减少损失，但也因手续繁杂、计算依据多样而增加费用开支，因此，多用于3年以上的借贷及国际金融市场。

#### 2．名义利率与实际利率

(1) 名义利率。名义利率是以名义货币表示的，即一般所言之利率。例如，假定某年度物价没有变化，某甲从某乙处取得1年期的1万元贷款，年利息额500元，实际利率就是5%。

(2) 实际利率。实际利率是名义利率除去通货膨胀因素后的真实利率，实际利率 = 名义利率 − 通货膨胀率。判断利率水平高低，须以实际利率为准。当物价上涨率大于名义利率，实际利率即为负数，即负利率，对经济起逆调节作用。

#### 3．市场利率与官方利率

(1) 市场利率。市场利率是指借贷货币市场上由借贷双方经竞争形成的。它是借贷资金供求状况变化的指示器。资金的供给大于需求时，则利率下降；反之，资金需求大于供给时，则利率上升。

(2) 官方利率。官方利率是指由政府金融管理部门或者中央银行根据政策推行的需要而确定的利率。是国家为了实现宏观调节目标的一种政策手段。我国目前以官定利率为主，发达的市场经济国家，以市场利率为主，发展中国家和地区的情况，基本介于上述两类情况之间。

#### 4．一般利率和优惠利率

按是否带有优惠性质，利率可分为一般利率和优惠利率。我国实行的贴息贷款就是优惠利率。贴息贷款是借款者支付低于一般利率水平的利息，贷款者少收入的利息差额由批准贴息的部门支付。外汇贷款利率中以低于伦敦同业拆借市场的利率为优惠利率。我国外汇优惠利率贷款主要由中国银行发放。

#### 5．基准利率与套算利率

(1) 基准利率。基准利率是在多种利率并存的情况下起决定作用的利率。在西方通常是中央银行的再贴现率，在我国是中国人民银行对商业银行贷款的利率。

(2) 套算利率。在基准利率确定之后，各金融机构根据基准利率和借贷款项的特点而换算出的利率。例如在我国，中国人民银行对商业银行的利率为基准利率，而商业银行对企业或个人的利率为套算利率。

### （二）利率体系

**1. 中央银行再贴现率**

中央银行再贴现率，是商业银行将其贴现的未到期票据向中央银行申请再贴现时的预扣利率。再贴现意味着中央银行向商业银行贷款，从而增加了货币投放，直接增加货币供应量。再贴现率的高低不仅直接决定再贴现额的高低，而且会间接影响商业银行的再贴现需求，从而影响整体再贴现规模。这是因为，一方面，再贴现率的高低直接决定再贴现成本，再贴现率提高，再贴现成本增加，自然影响再贴现需求，反之亦然；另一方面，再贴现率变动，在一定程度上反映了中央银行的政策意向，因而具有一种告示作用：提高再贴现率，呈现紧缩意向，反之，呈现扩张意向，这特别对短期市场利率具有较强的导向作用。再贴现率具有调节灵活的优点，但也不宜频繁变动，否则给人以政策意向不明确印象，使商业银行无所适从。此外，再贴现率的调节空间有限，且贴现行为的主动权掌握在商业银行手中，如果商业银行出于其他原因对再贴现率缺乏敏感性，则再贴现率的调节作用将大打折扣，甚至失效。

**2. 商业银行存贷款利率**

存款利率是指客户在银行(或其他金融机构)存款所取的利息与存款额之比率。它对银行集中社会资金的数量有重大影响。存款利率越高，集中数量越多；反之，集中数量就越少。贷款利率则是指银行和其他金融机构发放贷款所收利息与贷款本金的比率。它直接影响借贷双方的经济利益。贷款利率越高，银行收入越大，企业越小；反之亦然。保持合理的存贷款利率对实现信贷收支平衡和货币流通有重要作用。

## 二、利率水平的影响因素

### （一）平均利润率

利息是平均利润的一部分，平均利润增大，则借贷资本需求增大，导致利率上升；反之，则下降，但利息率再高也不能大于利润率，否则职能资本家无利也；利息率再低也不能等于 0，否则借贷资本家无利也。

### （二）借贷资本的供求与竞争

供给大于需求，利率下跌，借者多利；需求大于供给，利率上升，贷者多利。贷者与借者间的对立，由竞争决定其分割规律，但竞争结果，即利率高低，是由资本的供求状况决定的。

### （三）通货膨胀

通货膨胀使得货币的购买力随着时间的推移而逐渐降低，这就使得债权人通过贷出资金而获得的利息收益的购买力水平下降，其真正的收益率(实际利率)只是在获得的利率(名义利率)的基础上减去通货膨胀率之后的部分。因此，在名义利率一定的情况下，通货膨胀率越高，实际利率就越低。

### (四) 社会再生产状况

在经济周期波动中，社会再生产过程表现为危机、萧条、复苏、繁荣四个阶段的往复循环。在危机阶段，许多工商企业由于商品销售困难而不能按期偿还债务，造成支付关系紧张并引起货币信用危机。企业都不愿意再以赊销方式出售商品，而要求以现金支付。由于对现金的需求急剧增加，借贷资金的供给不能满足需要，从而使利率节节提高。进入萧条阶段，物价已跌到最低点，企业不得不进一步缩减生产，整个社会生产处于停滞状态。与此相适应，借贷资金的需求减少，市场上游资充斥，利率不断降低。在复苏阶段，投资增长，物价回升，市场容量逐渐扩大，对借贷资金的需求增加，借贷资金供给充足，企业可以低利率取得货币资金。进入繁荣阶段，生产迅速发展，物价稳定上升，利润急剧增长，新企业不断建立，对借贷资金的需求很大。但由于资金回流迅速，信用周转灵活，利率并不很高。随着生产的继续扩张，信贷资金需求日益扩大，特别是在危机前夕，利率又会不断上升。利率就这样随经济周期不同阶段的状况而不断变化。

### (五) 国家经济政策

官方为调节资金供求、经济结构和经济发展速度，通过中行制定并调节利率，使整个市场利率平均得以随动，利率调高，将使货币回笼，使社会货币供应量减少，投资规模小则抑制经济发展速度；反之，则扩张经济。

### (六) 国际利率水平

国际利率水平对国内利率有重要影响。它是通过资金的国际流通量形成。国内利率大于国际利率则外国资本向国内流动(向存款利率高处去存款)；贷款利率相对适用：即借款者愿向国外借款，其本金的借入相当于资金流入，但是暂时的，因为得还本，且付息 = 资本流出，有利改善国际收支状况；反之，则流出。

## 三、利率的功能

### (一) 对聚集社会资金的作用

该作用表现为银行调高存款利率能增加存款者收益，从而集中社会货币转化为资本，用以满足生产发展的资金需求。

### (二) 对调节信贷规模和结构的作用

该作用表现为银行调高贷款利率使企业收缩其借款数量及投资规模，甚至将自有的资本从生产中抽出，使生产资本转为借贷资本，以获取高利息；反之，则扩大生产规模。还表现为银行对那些有发展前途和国民经济发展中的重要部门施以低优惠利率贷款，促其迅速发展；反之，对需限制部门施以高贷款利率，收缩其信贷及生产规模。即对信贷结构进

行调节以利经济发展。

### (三) 对提高资金使用效益的作用

该作用表现为银行对那些经管不善，还贷不定期的企业施以高利率罚息，促其提高效益；反之，施以优惠利率，促其更好发展。

### (四) 对稳定物价的作用

**1. 调节货币供应量**

当流通中货币量大于需要量时，物价不稳定；反之，表现为银行资产业务之调节。

**2. 调节需求总量和结构**

为实现供求平衡与物价稳定，银行调高借款利率使得购买力以存款形式进入银行，并在总量与结构上进行调节。表现为银行的负债业务调节。

**3. 增加有效供给**

当欲降某商品价格时，可降低生产该商品厂家的贷款利率，促其扩大生产，增加该商品供货量，使其跌价。

### (五) 对货币流通的调节作用

表现为存款利率之高低直接影响银行存款规模，调节并平衡社会购买力与商品需求量，从一方面决定货币流通量；贷款利率之高低，直接影响银行贷款规模，调节并平衡货币供应量，从另一方面决定社会的货币流通量及商品供给量。通过利率方式的调节，从而调节货币流通。国家可用利率杠杆调整货币流通来调节经济。

## ✲ 知识拓展 3-2

### 全球已有五大央行实施负利率

日本央行近期宣布对超额储备金实施负利率的消息，多国国债收益率纷纷下行。

中金公司分析认为，负利率短期内最主要的意义在于日本央行向市场表达进一步宽松货币的决心，对实体经济的实际影响有待观察，而日本货币政策还有进一步宽松的空间。

事实上，主要发达国家政策利率多处于极低水平，已有多国实施负利率。摩根大通最新报告称，目前全球负收益政策债券规模已达 5.5 万亿美元。

美联储连续推出四轮量化宽松货币政策，联邦基金利率(隔夜)目标区间长期处于 0～0.25%的最低水平。直至去年 12 月，美联储宣布将联邦基金利率提高 0.25 个百分点，新的联邦基金目标利率将维持在 0.25%至 0.5%的区间。

英格兰银行则于 2009 年 3 月开始实行量化宽松，官方银行利率从 5%下调至 0.5%，并维持至今；欧洲央行贷款便利利率(隔夜)从 2008 年 7 月的 5.25%下调至 2014 年 9 月的 0.3%，存款便利利率从 3.25%下调至负 0.2%，并于去年 12 月进一步下调至负 0.3%。

日本央行从 2010 年开始将政策利率无担保拆借利率(隔夜)更多地维持在 0.05%～0.1%

的极低水平，更是于近期意外宣布将超额储备金利率设定在负 0.1%。

除欧元区、日本外，目前负利率国家还包括瑞士、瑞典、丹麦三国。其中，瑞士央行于 2014 年 12 月将瑞士法郎 3 月期 Libor 利率下调至负 0.06%，正式加入负利率大军；2015 年，瑞士央行基准利率基本维持在 –0.85% 至 –0.72%。

2012 年 7 月，面临欧债危机及国际资本大量涌入的压力，丹麦决定开展负利率实验，截至目前丹麦央行存款利率为负 0.65%。丹麦最大的 5 家银行预计，丹麦央行将不会在 2017 年年底前将利率加至正利率。

瑞典则是第一家实施负利率的央行，从 2009 年 7 月开始，瑞典央行开始负利率实验，将存款利率减至负 0.25%，1 年后才恢复为零水平。

2015 年 2 月，瑞典正式开始实施负利率，将基准利率从零下调至负 0.1%。截至目前，瑞典央行基准利率已进一步降至负 0.35%。瑞典央行此前还表示，2016 年下半年前不会加息。

我国央行多次下调利率

为缓解经济下行压力、推动社会融资成本下行，中国人民银行自 2014 年 11 月起连续 6 次下调存贷款基准利率，6 个月至 1 年期的贷款基准利率从 5.6%下调至当前的 4.35%。这一政策利率水平明显高于美英欧日等主要发达国家和地区。我国银行贷款利率相对发达国家也较高。

银监会研究报告认为，银行资金成本较高、企业风险溢价快速上升对贷款利率的下行产生了一定阻力，银行营运成本压降、资本回报和净息差的调降有助于企业贷款利率的回落。下一步，需要从银行资金成本、企业偿债能力、银行盈利能力、政策传导机制等方面多方施策，推动银行贷款利率和企业融资成本进一步下降。

(资料来源：证券时报，2016 年 2 月 1 日)

## 四、我国的利率市场化改革

### (一) 利率市场化的含义

利率市场化是指利率的数量结构、期限结构和风险结构由交易主体自主决定，中央银行调控基准利率来间接影响市场利率从而实现货币政策目标。简单说来就是银行能够根据经济和市场变化，调整银行不同期限、不同结构的贷款和存款利率。

利率市场化有两个层面的含义：第一个层面，利率是可以自由浮动的，这是制度安排的问题；第二个层面是金融机构特别是银行具备利用利率作为资金成本自主定价的能力，这是操作层面的问题，也是利率能否真正市场化的关键。

### (二) 我国的利率市场化改革

中国的利率体系，现在除了贷款下限和存款上限以外，其他各类利率是可以浮动的。即从制度上说，中国利率体系的市场化水平已经很高了。但是长期以来，“新兴加转轨”时期的经济体系中非市场化成分较多，在金融体系特别是银行，利率只是计算利息的指标，并没有被作为资金价格用来控制成本和风险，利率并没有发挥其市场价格的功能，

银行也没有根据经济形势和市场风险调整利率的能力，利率在操作层面上实现市场化的程度比较低。

具体来说，根据利率走势和利率改革内容，可将我国利率改革分为前期的调整利率水平和结构、改革利率生成机制和快速推进利率市场化等三个阶段。

1．调整利率水平和结构阶段(1978 年—1993 年)

我国经过近 15 年的改革，基本改变了负利率和零利差的现象，偏低的利率水平逐步得到纠正，利率期限档次和种类得到合理设定，利率水平和利率结构得到了不同程度的改善，银行部门的利益逐步得到重视。

2．改革利率生成机制阶段(1993 年—1996 年)

利率改革的主要任务是不断通过扩大利率浮动范围，放松对利率的管制，促使利率水平在调整市场行为中发挥作用，以逐步建立一个有效的宏观调控的利率管理体制。中央银行的基准利率水平和结构是金融市场交易主体确定利率水平和结构的参照系，中央银行主要是根据社会平均利润率、资金供求状况、通货膨胀率和宏观经济形势的变化及世界金融市场利率水平，合理确定基准利率，利率逐渐被作为调节金融资源配置的重要手段，成为国家对经济进行宏观调控的杠杆。但在此期间，我国的利率管理权限仍然是高度集中的。

3．利率市场化快速推进阶段(1996 年至今)

从 1996 年开始，中央银行在利率市场化方面进行了一些根本性的尝试和探索，推出一些新的举措，其目的在于建立一种由中央银行引导市场利率的新型体制，实现利率管理从直接调控向间接调控的过渡。同业拆借利率、贴现率与再贴现率、政策性银行金融债券发行利率、国债发行利率、3000 万元以上和期限在 5 年以上的保险公司存款利率、外币贷款利率、300 万美元(或等值的其他外币)以上外币定期存款利率先后得以放开，开展了利率衍生工具试点，银行间市场利率基本实现市场化，金融机构存贷款利率的市场化机制正在逐步增强和深化。

---

## 【理论梳理】

(1) 信用是指以偿还和付息为条件的价值单方面让渡，是以偿还和支付利息为条件的借贷行为；信用是价值运动的特殊形式。在发生信用借贷行为时，借者只有暂时使用货币或商品的权利，所有权仍属于贷者。

(2) 信用形式是信用活动的外在表现，包括商业信用、银行信用、国家信用、消费信用、其他信用等形式。

(3) 利息是指在借贷关系中由借入方支付给贷出方的报酬，是在偿还借款时大于本金的那部分金额。或者说，利息是资金所有者因贷出货币的使用权而从借款人处取得的一种报酬。利息水平高低是用利息率来表示的。利息率简称利率，是指借贷期内所形成的利息额与借贷资本金的比率。

(4) 在我国经济中，利率由国家制定和调整。在确定利率总水平时主要考虑以下宏观经济因素：市场物价总水平、平均利润率、银行利润和社会资金总供求状况。

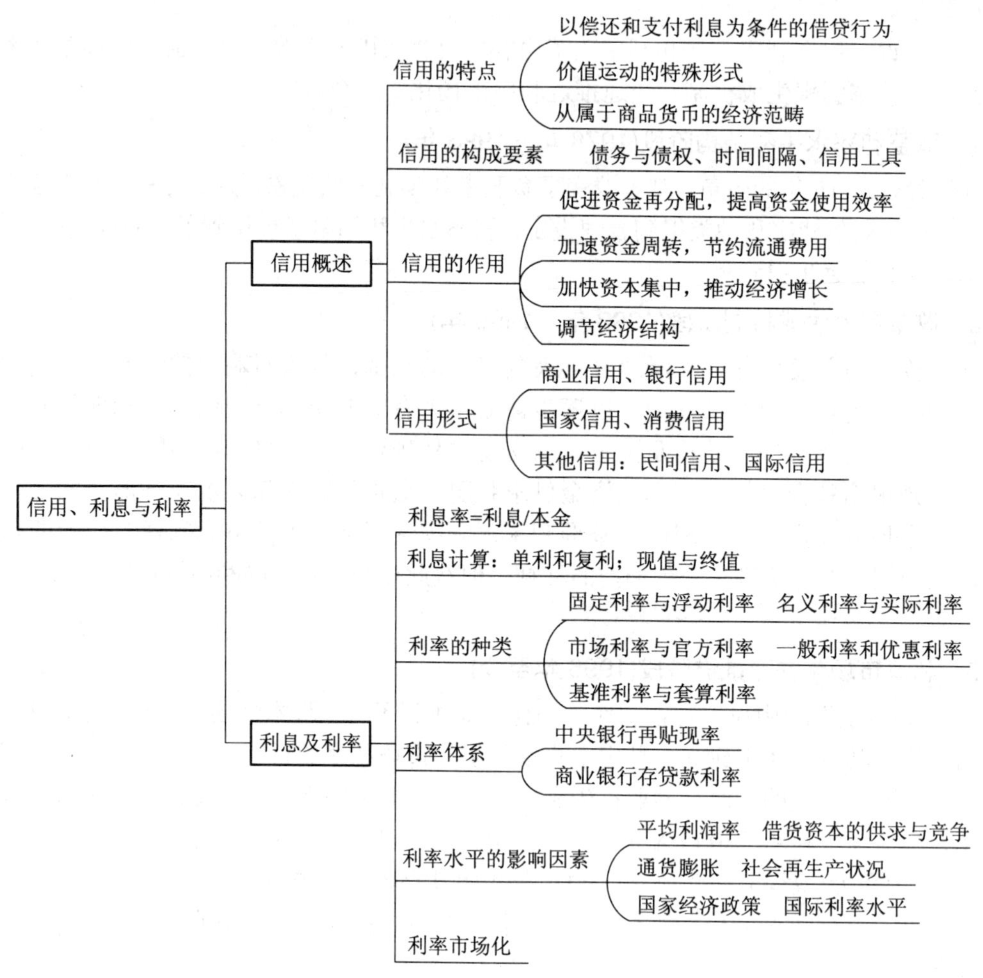


【案例分析】

## 日本利率市场化进程

1977 年 4 月，日本大藏省正式批准：各商业银行承购的国债可以在持有一段时间后上市销售。经过 17 年的努力，到 1994 年 10 月，日本已全部放开利率管制，实现了利率完全市场化。为了完成这一艰难而必要的金融自由化过程，日本大概经历了如下四个阶段：

1．放开利率管制的第一步

国债交易利率和发行利率的自由化。日本经济在低利率水平和严格控制货币供应量政策的支持下获得迅速发展。但是，1974 年之后，随着日本经济增长速度的放慢，经济结构和资金供需结构也有了很大的改变，战后初期形成的以“四叠半”(意为狭窄)利率为主要特征的管制体系已不适应这种经济现状了。日本政府为刺激经济增长，财政支出日渐增加，政府成为当时社会资金最主要的需求者。培育和深化非间接金融中介市场的条件已初步具备。1975 年，日本政府为了弥补财政赤字再度发行赤字国债(第一次是 1965 年)。此后便一

发不可收，国债发行规模愈来愈大。1977 年 4 月日本政府和日本银行允许国债自由上市流通，第二年开始以招标方式来发行中期国债。这样，国债的发行和交易便首先从中期国债开了利率自由化的先河。

2．放开利率管制第二步

丰富短期资金市场交易品种。在 1978 年 4 月，日本银行允许银行拆借利率弹性化(在此以前，同业拆借适用于全体交易利率是基于拆出方和拆入方达成一致的统一利率，适用于全体交易参加者，并于交易的前一天予以明确确定)，6 月又允许银行之间的票据买卖(1个月以后)利率自由化。这样，银行间市场利率的自由化首先实现了。

3．放开利率管理的第三步

交易品种小额化，将自由利率从大额交易导入小额交易。实现彻底的利率自由化最终是要放开对普通存货利率的管制，如何在已完成利率自由化的货币市场与普通存款市场之间实现对接成为解决问题的关键。日本政府采取的办法是通过逐渐降低已实现自由化利率交易品种的交易单位，逐步扩大范围，最后全部取消利率管制。在这一过程中，日本货币当局逐渐降低了 CD(大额可转让存单)的发行单位和减少了大额定期存款的起始存入额，逐步实现了由管制利率到自由利率的过渡。

在存款利率逐步自由化的同时，贷款利率自由化也在进行之中。由于城市银行以自由利率筹资比重的上升，如果贷款利率不随之调整，银行经营将难以为继。1989 年 1 月，三菱银行引进一种短期优惠贷款利率，改变了先前在官定利率基础上加一个小幅利差决定贷款利率的做法，而改为在筹取资金的基础利率之上加百分之一形成贷款利率的做法。筹资的基础利率是在银行四种资金来源基础上加权平均而得，这四种资金来源是：活期存款、定期存款、可转让存款、银行间市场拆借资金。由于后两种是自由市场利率资金，所以，贷款资金利率已部分实现自由化。随着后两部分资金在总筹资中比重的增加，贷款利率的自由化程度也相应提高。

4．放开利率管制的第四步

在上述基础上，日本实质上已基本完成了利率市场化的过程，之后需要的只是一个法律形式的确认而已。1991 年 7 月，日本银行停止“窗口指导”的实施；1993 年 6 月，定期存款利率自由化，同年 10 月活期存款利率自由化；1994 年 10 月，利率完全自由化；至此日本利率自由化画上了一个较完满的句号。

日本的利率自由化过程给其他国家的利率自由化提供了一个很好的样板。其基本特点可归纳为如下几个方面：先国债、后其他品种；先银行同业，后银行与客户；先长期利率后短期利率；先大额交易后小额交易。

（资料来源：陈宝泉，张燕，吴伟，等. 日本利率市场化的经验及对中国的启示[J]. 福建金融，2011(5).）

**讨论：**结合案例内容，讨论日本的利率市场化进程对我国有何借鉴意义。

## 【知识检测】

1. 信用的含义及特点。
2. 主要的信用形式。
3. 利息的含义与确定。

4. 利率的分类及影响因素。

## 【应用实训】

实训目标：

通过模拟不同信用形式的交易过程，掌握各种信用形式的特点。

实训内容：

设计各种信用形式的交易过程，分别进行各种信用交易模拟。

实训要求：

将学生分组，各组选用不同的信用方式，通过模拟信用交易过程分析总结不同交易形式的特点。

# 第四章　金　融　工　具

【知识目标】

理解债券、股票、基金及其衍生金融工具的概念与特点；了解金融市场的产生、发展、创新及其运行状况；了解投资组合、专业理财相关知识。

【能力目标】

掌握各类金融工具在不同经济发展阶段的风险特征及市场表现；掌握各类金融工具之间收益率及变化趋势的相关性，具备基本的分析判断能力。

【案例导读】

### 学习金融工具的必要性

2003 年至 2007 年，全球经济实现了 18% 的快速增长，各类金融资产价格持续上涨。但自 2007 年年底以来，美国房贷风险暴发，导致全球性的金融危机，对经济也造成了极大的冲击，各类资产价格快速下跌。我国在积极的财政政策和宽松的货币政策刺激下，2009 年以来经济企稳回升，但通货膨胀又接踵而至。到 2016 年年底，我国银行存款持续低利率水平。在这种复杂的经济环境下，要想把握各类金融工具的投资机会，让资产保值增值，学点与投资相关的金融工具知识是非常必要的。

## 第一节　金融工具概述

### 一、金融工具的概念

购买股票、债券、证券投资基金等已成为人们非常熟悉的投资方式，这些金融市场中可交易的金融资产都可以称为金融工具。但不能简单地将金融工具界定为金融资产，事实上，它是证明债权债务关系并据以进行货币资金交易的合法凭证，是货币资金或金融资产借以转让的工具。金融工具最初的存在一定涉及发行方和接受方，双方是以一种契约的方式达成交易的。如果站在金融工具的发行方看，在金融工具持有方为资产的情况下，发行方往往是负债或列在所有者权益中的股本等。如商业银行发行债券，保险公司去买，对商业银行来说债券是负债，而对保险公司来说却是债券投资(金融资产)。所以从会计规范角度来看，金融工具是使一方形成金融资产，同时使另一方形成金融负债或权益工具的合同，其最基本的要素为支付的金额与支付条件。

## 二、金融工具的特征

### 1. 收益性

收益性是金融工具最基本的特征，是指金融工具能给持有人带来收益的特性。金融工具的收益来源可分成两部分：一是来自于发行人分红派息，分红派息的多少取决于发行人的经营状况和盈利水平或证券发行时的约定；二是来自于流通市场，当卖出的市场价格高于买入的市场价格时，出售就可以赚取差价收益，也称为资本利得。金融工具收益性的大小，是通过收益率来衡量的，具体指标有名义收益率、实际收益率、平均收益率等。

### 2. 流动性

流动性是指金融资产在转换成货币时，其价值不会蒙受损失的能力。除货币以外，各种金融资产都存在着不同程度的不完全流动性。这些金融资产在没有到期之前要想转换成货币，可能会增加交易的成本，一般来说，发行金融资产的债务人信誉高或者债务的期限短，受市场利率的影响小，转让时所遭受亏损的可能性就小，这样的金融资产就可能具有较高的流动性。

### 3. 安全性

安全性是指投资于金融工具的本金是否会遭受损失的风险。最常见的风险主要有两类：一是债务人的信用风险，这种风险的大小主要取决于债务人的信誉；二是市场的风险，这是金融资产的市场价格随市场行情变化的风险。一般来说，本金安全性与偿还期成反比，即偿还期越长，其风险越大，安全性越小。本金安全性与流动性成正比，与债务人的信誉也成正比。

## 三、金融工具的分类

依据不同的分类标准，金融工具有不同的分类。

### 1. 基本金融工具和衍生金融工具

按是否为基础工具，可将金融工具分为基本金融工具和衍生金融工具。基本金融工具是指具有一定格式的、能证明债权债务关系的合法书面文件。货币、票据、股票、债券、基金等都属于基本金融工具。衍生金融工具，是指从基本金融工具中派生出来的新型金融工具。股票期货合约、债券期货合约、股指期货合约、期权合约等都是衍生金融工具，这些金融工具的价值随着其标的物的变化而改变。

### 2. 货币市场金融工具和资本市场金融工具

按期限长短划分，金融工具可分为货币市场金融工具和资本市场金融工具。货币市场金融工具的期限一般为 1 年以下，如商业票据、短期债券、银行承兑汇票、可转让大额定期存单、回购协议等。资本市场金融工具的期限一般为 1 年以上，如股票、长期债券等。

### 3. 直接融资金融工具和间接融资金融工具

按融资形式不同，金融工具可分为直接融资金融工具和间接融资金融工具。直接融资金融工具是指资金供求者之间直接形成债权债务关系的金融工具，如股票、债券、商业票

据等。间接融资金融工具是指资金供求者之间通过金融中介机构间接实现资金融通而形成的金融工具，一般由金融机构发行，如银行承兑汇票、可转让大额定期存单、银行债券、人寿保险单等。

另外，按金融工具的职能不同，可划分为三类：第一类是用于投资和筹资的工具，如股票、债券等；第二类是用于支付、便于商品流通的金融工具，主要指各种票据；第三类是用于保值、投机等目的的工具，如期权、期货等衍生金融工具。如按投资人是否掌握所投资产的所有不同，则可划分为两类：一类是所有权凭证工具，如股票投资等；另一类是债务凭证工具，如债券投资等。

### 知识拓展 4-1

大额存单(Certificates of Deposit，CD)，是指由银行业存款类金融机构面向个人、非金融企业、机关团体等发行的一种大额存款凭证，也是一种银行发给存款人按一定期限和约定利率计算，到期前可以在二级市场上流通转让的证券化存款凭证。中国的大额存单以人民币计价，个人和企业可通过银行营业网点、网络银行、手机银行等方式进行购买。银行不能购买自己发行的大额存单。

和一般存单相比，大额存单在到期之前可以转让，也可以抵押。换句话说，它不仅比同期限定期存款利率高，还有流动性，变现能力强。在美国，银行业主要是通过 CD 即大额存单进行主动负债。对于美国居民来说，大额存单投资是一种常见的替代储蓄的投资品种，居民个人可以在银行柜台根据银行挂牌利率和期限，进行不同期限和收益的选择。

(资料来源：根据《大额存单管理暂行办法》整理)

## 四、金融工具创新发展

金融工具创新是金融发展的需要，也是金融创新的重要形式。金融工具创新通常受到金融市场供求因素的影响和推动，金融市场供求因素的变化是金融工具创新的动因。20 世纪 70 年代以后西方许多国家通货膨胀日益加剧，利率、汇率波动幅度增大，金融机构强烈地感受到资产价格变化给金融头寸带来的风险，再加上投资者担心银行信誉或期望更多收益，便将存款转向流动性较小的资本市场工具。20 世纪 80 年代以后，能源市场的衰退和发展中国家严重的债务危机，使许多国际银行信用受到冲击，投资者强烈地感受到金融头寸的信用恶化，于是产生了价格风险转移和流动性创新的需求。与此同时，计算机和通信技术的改善，大大降低了金融交易的成本，是导致供给条件发生变化的重要源泉，它有力地推动了金融工具创新。随着竞争的加剧，各金融机构无法从传统业务中获得丰厚的利润，只有通过金融工具创新来开拓新市场，探索新业务和新的盈利模式，通过满足客户多样化的金融需求来获取更多的盈利。

通过金融工具创新，不仅大大增强了金融机构的服务功能，提高了金融机构和投资者规避风险、谋求盈利的能力，而且更重要的是推动了相关金融市场的产生和发展，促进了金融市场的国际化。

改革开放以来，我国金融工具创新速度逐步加快，新的金融工具不断涌现，这极大地丰富了中国金融市场上金融商品的种类，形成了较为完整的金融市场体系。目前，一个由同业拆借市场、商业票据市场、大额存单市场等货币市场，以及债券市场、股票市场等资本市场构成的金融市场体系已经确立。但是，由于中国金融工具创新受到各方面条件的限制，特别是衍生金融工具创新方面还很不够，因而，金融市场体系还不够完善。为满足市场参与者不同的金融需求，为投资者提供更多的选择余地，增加规避风险、投资盈利的机会和手段，进一步推动我国金融业对外开放，使我国金融市场融入国际金融市场之中，成为国际金融市场一个重要的组成部分，非常有必要加大金融工具创新的力度，促进中国金融市场的进一步发展。

### ✲ 知识拓展 4-2

#### “327”国债事件

1992 年 12 月 28 日，上海证券交易所首先向证券商推出了自营国债期货交易。此时，国债期货尚未对公众开放，交投清淡，并未引起投资者的兴趣。1993 年 10 月 25 日，上证所国债期货交易向社会公众开放。与此同时，北京商品交易所在期货交易所中率先推出国债期货交易。1994 年至 1995 年春节前，国债期货交易飞速发展，全国开设国债期货的交易场所从两家陡然增加到 14 家(包括两个证券交易所、两个证券交易中心以及 10 个商品交易所)。由于股票市场的低迷和钢材、煤炭、食糖等大宗商品期货品种相继被暂停，大量资金云集国债期货市场尤其是上海证券交易所。1994 年全国国债期货市场总成交量达 2.8 万亿元。在“327”风波爆发前的数月中，上证所“314”国债合约上已出现数家机构联手操纵市场，日价格波幅达 3 元的异常行情。1995 年 2 月 23 日，财政部公布的 1995 年新债发行量被市场人士视为利多，加之“327”国债本身贴息消息日趋明朗，致使全国各地国债期货市场均出现向上突破行情。上证所“327”合约空方主力在 148.50 元价位封盘失败、行情飙升后蓄意违规。16 点 22 分之后，空方主力大量透支交易，以千万手的巨量空单，将价格打压至 147.50 元收盘，使“327”合约暴跌 38 元，并使当日开仓的多头全线爆仓，造成了传媒所称的“中国的巴林事件”。“327”风波之后，各交易所采取了提高保证金比例、设置涨跌停板等措施以抑制国债期货的投机气氛。但因国债期货的特殊性和当时的经济形势，交易中仍风波不断，并于 5 月 10 日酿出“319”风波。5 月 17 日，中国证监会以尚不具备开展国债期货交易的基本条件为由，作出了暂停国债期货交易试点的决定。至此，中国第一个金融期货品种宣告夭折。

(资料来源：中金在线，2010 年 9 月 28 日)

## 第二节　债　　券

### 一、债券概述

债券是一种有价证券，是经济主体为筹集资金而向投资者出具的、承诺按一定利率定期支付利息并到期偿还本金的债权债务凭证。与其他有价证券一样，债券也是一种虚拟资

本，而非真实资本，它是经济运行中实际运用的真实资本的证书。

债券包含四个方面的含义：第一，发行人是借入资金的经济主体；第二，投资者是出借资金的经济主体；第三，发行人需要在一定时期付息还本；第四，债券反映了发行者和投资者之间的债权、债务关系，而且是这一关系的法律凭证。

从投资者的角度看，债券具有一般金融工具的特征，即收益性、流动性、安全性、偿还性。债券的偿还性、流动性、安全性与收益性之间存在一定矛盾。一种债券，很难同时具备以上四个特征。如果某种债券流动性强，安全性高，人们便会争相购买，于是该种债券价格上涨，收益率降低；反之，如果某种债券的风险大，流动性差，购买者则少，债券价格低，其收益率相对提高。对于投资者来说，可以根据自己的投资目的和财务状况，对债券进行合理地选择。

## 二、债券的票面要素

债券作为一种有价证券，是债权债务关系的凭证，一般有规定的票面形式。通常，债券票面上有四个基本要素：

### 1. 债券的票面价值

债券的票面价值是指债券票面上标明的货币价值，是债券发行人承诺在债券到期日偿还给债券持有人的金额。在票面价值中首先要规定票面价值的币种，由发行者根据本身对币种的需要决定要筹集或偿还的货币种类，一般来说，在本国发行的债券通常以本币作为面值的计量单位；在国际市场发行的，通常以债券发行地区通用货币或以国际通用货币为计量单位。其次要规定债券的票面金额，票面金额的大小要根据发行对象和发行成本等因素综合考虑。

### 2. 债券的到期期限

债券的到期期限是指债券从发行之日起至偿清本息之日止的时间。习惯上有短期债券、中期债券和长期债券之分。在确定债券期限时，要考虑的因素主要有：

第一，资金使用方向。发行人借入资金可能是为了弥补临时性资金周转，也可能进行长期投资。为便于发行和减轻利息负担，发行人需要合理确定债券的到期期限。

第二，市场利率变化。债券偿还期限的确定应充分考虑对市场利率的预期，一般来说，当未来市场利率趋于下降时，应选择发行期限较短的债券，这样可以避免市场利率下跌后仍支付较高的利息；而当预期市场利率趋于上升时，在保证顺利发行的前提下，应选择发行期限较长的债券，以保持较低的利息负担。

第三，债券变现能力。这一因素与债券流通市场发达程度有关。流通市场发达，债券容易变现，长期债券也能被投资者接受；如果流通市场不发达，投资者买了长期债券而又急需资金时不易变现，长期债券的销售就可能不如短期债券。

### 3. 债券的票面利率

债券票面利率也称名义利率，是债券年利息与债券票面价值的比率，通常年利率用百分数表示。债券利率有多种形式，如单利、复利和贴现利率等。债券利率亦受很多因素影响。首先是借贷资金市场利率水平。为确保债券顺利发行并有效控制发行人成本，发行人需要根据发行时市场的利率水平合理确定债券的票面利率。其次是筹资者的资信。如果债券发行人的资信状况好，债券信用等级高，投资风险小，债券票面利率就可以定得低一些；相反债券利率就要定的高一些，才能保证顺利发行。其本质就是发行人的信用风险，高利率是对高风险的补偿。还有就是债券期限长短。一般来说，期限较长的债券，流动性差，风险相对较大，票面利率应该定得高一些。

**4．债券发行人名称**

这一要素明确了该债券的债务主体，既明确了债券发行人应履行对债权人偿还本息的义务，也为债权人到期追索本息提供了依据。

需要说明的是，以上四个要素虽然是债券票面的基本要素，但它们也并非一定都在债券票面上印制出来。在许多情况下，债券发行者是以公布条例或公告形式向社会公开宣布所发行债券的期限或利率。此外，债券票面上有时还包含一些其他要素，如分期偿还、选择权等。

## 三、债券的分类

依据不同的标准，可以将债券划分为很多种类。

### (一) 按债券形态不同划分

按债券形态不同可以分为实物债券、凭证式债券和记账式债券。

**1．实物债券**

实物债券是一种具有标准格式实物券面的债券。在券面上，一般印制了面额、利率、期限、发行人全称、还本付息方式等各种债券票面要素。无记名国债就属于这种实物债券，它以持有实物券的形式才能享有相应的权利，不记名，不挂失，可上市流通。实物债券是一般意义上的债券。实物债券的格式一般有明确的规定。

**2．凭证式债券**

凭证式债券是指债权人认购债券的一种收款凭证，而不是债券发行人制定的标准格式的债券。是根据认购者的认购额填写的缴款凭证，一般为国家储蓄债，可记名、挂失，不能上市流通，可以到原购买网点提前兑取。提前兑取时，除偿还本金外，利息按实际持有天数及相应的利率档次计算，经办机构按兑付本金的2‰收取手续费。

**3．记账式债券**

记账式债券是指利用证券账户通过电脑系统的记录完成债券发行、交易及兑付的一种债券。其发行和交易均无纸化，发行效率和安全性较高，交易手续简便、成本低。

### (二) 按付息方式不同划分

按付息方式不同可以分为单利债券、附息债券、贴现债券、零息债券、累进利率债券、浮动利率债券。

### 1. 单利债券

单利债券是指在计算利息时，不论期限长短，仅按本金计息的债券。

### 2. 附息债券

附息债券又称息票债券，是指在债券存续期内，按照债券票面载明的利率及支付方式定期分次付息的债券(通常每半年或每一年支付一次)。

### 3. 贴现债券

贴现债券是指在票面上不规定利率，发行时按某一折扣率，以低于票面金额的价格发行，到期时仍按票面金额偿还本金的债券。贴现债券是属于折价方式发行的债券，其发行价格与票面金额(即偿还价格)的差额，构成了实际的利息。

### 4. 零息债券

零息债券是指采用以复利计算的一次性付息方式付息的债券。投资者的收益是债券面值与购买价格的差额，这个差额是以复利方式计息并折现的金额。零息债券与贴现债券的区别在于：贴现债券期限通常短于 1 年，发行价格是债券面值扣除贴息后的差额；零息债券的期限一般长于 1 年，发行价格是债券面值按票面利率折现后的现值。零息债券于 20 世纪 80 年代初首次在美国债券市场上出现。

### 5. 累进利率债券

累进利率债券是指利率按逐年累进方法计息的债券。与单利债券或附息债券在偿付期内利率固定不变不同，累进利率债券的利率随着时间的推移而递增，后期利率比前期利率高，呈累进状态。这种债券的期限往往是浮动的。

### 6. 浮动利率债券

浮动利率债券是指债券的利率在最低票面利率的基础上参照市场基准利率予以定期调整的债券。

## (三) 根据发行主体的不同划分

根据发行主体的不同，债券可以分为政府债券、金融债券、公司债券和国际债券。

### 1. 政府债券

政府债券是指以政府为发行主体的债券。它是国家为了筹集资金而向投资者出具的、承诺在一定时期支付利息和到期还本的债券凭证。依发行主体的不同，政府债券又可分为中央政府债券和地方政府债券。中央政府发行的债券也可以称为国债，其主要用途是解决由政府投资的公共设施或重点建设项目的资金需要和弥补国家财政赤字。

政府债券具备债券的一般特征。从功能上看，政府债券不仅是政府弥补赤字的手段，而且还具备金融商品和信用工具的职能，成为国家实施宏观经济政策、进行宏观调控的工具。

政府债券由政府承担还本付息的责任，是国家信用的体现，在各类债券中，政府债券的信用等级是最高的，而且市场属性好，流动性高、转让方便，风险小，还可免纳个人所得税。因此政府债券被称为“金边债券”。

依据不同标准，国债也有很多种类。

(1) 按国债的形式不同，可以分为实物国债、凭证式国债和记账式国债。其中实物国债和实物债券不是一个含义，实物债券是专指具有实物票券的债券，而实物国债是指以某种商品实物为本位而发行的国债。

(2) 按偿还期限不同分为短期国债、中期国债和长期国债。短期国债一般指偿还期限为 1 年或 1 年以内的国债。在国际上，短期国债的常见形式是国库券，它是由政府发行的用于弥补临时收支差额的一种债券。中期国债是指偿还期限在 1 年以上、10 年以下的国债。政府发行中期国债筹集的资金主要用于弥补赤字，或用于投资。长期国债是指偿还期限在 10 年或 10 年以上的国债。筹集的资金主要用于投资。

(3) 按筹集资金的用途不同可以分为赤字国债、建设国债、战争国债和特种国债。赤字国债是指用于弥补政府预算赤字的国债。政府弥补赤字的手段有多种，除发行国债外，还有增加税收、向中央银行贷款、动用历年结余等。但发行国债常被政府用作弥补赤字且对货币供应影响最小的一种方式。建设国债是指发债筹措的资金用于建设项目，主要是由政府承担的一些大型基础性项目和公共设施的投资。战争国债专指用于弥补战争费用而发行的国债。特种国债是指政府为了实施某种特殊政策而发行的国债。

(4) 按流通与否国债可以分为流通国债和非流通国债。可以在市场上流通的国家债券称为流通国债。非流通国债是指不允许在市场上交易的国债。以个人为发行对象的非流通国债，一般是吸收个人的小额储蓄资金，故有时称之为储蓄债券。

(5) 以发行的地域为标准，国债可以分为内债和外债。

### 2. 金融债券

金融债券是指以银行或非银行金融机构为发行主体的债券。一般情况下金融机构实力雄厚，债券信用等级较高。金融机构发行债券的目的主要有两个：一是筹资用于某种特殊用途；二是改变本身的资产负债结构。金融机构债券的期限以中长期为主。

我国的金融债券主要有以下几种：

(1) 中央银行票据。这是中央银行为实现宏观金融调控目标进行公开市场操作而发行的票据。

(2) 政策性银行金融债券。这类债券主要指国家开发银行、中国进出口银行、中国农业发展银行等政策性银行所发行的债券。

(3) 商业银行债券。商业银行债券又可分为商业银行次级债券和混合资本债券。商业银行次级债券是由商业银行发行的、本金和利息的清偿顺序列于商业银行其他负债之后，先于商业银行股权资本的债券。混合资本债券是指商业银行为补充附属资本发行的、清偿顺序列在一般债权和次级债务之后、期限在 15 年以上、发行之后 10 年内不可赎回的债券。

(4) 证券公司债券。证券公司债券是指证券公司发行的、约定在一定期限内还本付息的有价证券。证券公司还可以短期融资为目的，在银行间债券市场发行债券。

(5) 保险公司次级债券。保险公司次级债券是指保险公司定向募集的、期限在 5 年以上(含 5 年)、本金和利息的清偿顺序列于保单责任和其他负债之后、先于股本资本的保险公司债务。与商业银行次级债不同，保险公司只有在确保偿还次级债务本息后偿付能力充足率不低于 100%的前提下，才能偿付次级债券本息。而且，募集人在无法按时支付利息或偿还本金时，债权人无权向法院申请对募集人实施破产清偿。

(6) 财务公司债券。财务公司债券是指财务公司在银行间债券市场发行的债券。

### 3．公司债券

公司债券是股份公司依照法定程序发行的，约定在一定期限还本付息的有价证券。公司发行债券的目的是满足经营的需要。公司债券的风险性相对于政府债券和金融债券要大一些。公司债券有中长期的，也有短期的，视公司的需要而定。

公司债券类型很多，这里仅介绍一些常见的公司债券。

(1) 信用公司债。信用公司债是一种不以公司任何资产作担保而发行的债券，属于无担保证券范畴。一般来说，只有少数经营状况较好，信誉评级高的大公司才能发行信用公司债。信用公司债附有某些限制性条款，如公司债券不得随意增加，债券未清偿之前股东的分红要有限制等。

(2) 不动产抵押公司债。不动产抵押公司债是以公司的不动产(如房屋、土地等)作抵押而发行的债券，是抵押证券的一种。用作抵押的财产价值不一定与发行的债务额相等，当某抵押品价值很高时，可以分作若干次抵押，这样就有所谓第一抵押债券、第二抵押债券之分。在处理抵押品偿债时，要按顺序依次偿还优先一级的抵押债券。

(3) 保证公司债。保证公司债是指公司发行的由第三者作为还本付息担保人的债券，是担保证券的一种。担保人是发行人以外的其他人(或称第三者)，如政府、银行或其母公司等。

(4) 收益公司债。收益公司债是指债券利息只在公司有盈利时才支付，如果盈利余额不足支付，未付利息可以累加，待公司收益改善后再补发。所有应付利息付清后，公司才可对股东分红。

(5) 可转换公司债。可转换公司债是指具有在将来某一特定期限依据发行时约定的条件将持有的债券转换成公司股份的债券。这种债券附加转换选择权，在转换前是公司债券形式，转换后相当于公司增发了股票。可转换债券兼有债权和股权双重特性。可转换债券在发行时一般都明确规定转换期限和转换价格。大多数可转换债券具有可收回的特性，根据这一点，企业可以强迫投资者进行转换。

(6) 附新股认股权公司债。这种债券是指公司发行的一种附有认购该公司股票权利的债券。这种债券的购买者可以按照债券发行时规定的条件在公司发行股票时享有优先购买权。按照附新股认股权和债券本身能否分开划分有两种类型：一种是可分离型，即债券与认股权可以分开，可独立转让；另一种是非分离型，即不能把认股权从债券上分离，认股权不能成为独立买卖的对象。

附新股认股权公司债与可转换公司债不同，前者在行使新股认购权之后，债券形态依然存在；而后者在行使转换权之后，债券形态随即消失。

### 4．国际债券

国际债券是发行人在国际证券市场上以外国货币为面值，向外国投资者发行的债券。一般来说，国际债券主要有以下特征：

第一，资金来源广、发行规模大。发行国际债券必须有国际著名的资信评估机构进行债券信用级别评定，只有高信誉的发行人才能发行国际债券，发行规模一般都比较大。

第二，存在汇率风险。发行国际债券筹集的资金是外国货币，汇率的波动会对发行人和投资者的成本或收益产生直接的影响，汇率风险是国际债券的重要风险。

第三，安全性高。在国际债券市场上筹集资金，有时可以得到一个主权国家政府的担保。因此，政府也会对发行人进行审查和控制，因此国际债券具有较高的安全性。

第四，以自由兑换货币作为计量货币。国际债券是在国际市场上发行，因此，其计价货币一般为国际通用货币，主要有美元、英镑、欧元、日元和瑞士法郎等。

国际债券主要的类型有：

(1) 外国债券。外国债券是指发行人在本国以外的某一国家发行以该国货币为面值的债券。按国际惯例，发行外国债券时，一般为债券取一个具有发行地所在国某一特征的名称。如在美国发行的外国债券被称为扬基债券，在日本发行的外国债券称为武士债券，在中国发行的外国债券被命名为熊猫债券等。

(2) 欧洲债券。欧洲债券是指发行人在本国境外市场发行的，不以发行市场所在国货币为面值的国际债券。由于它不以发行市场所在国的货币为面值，故也称无国籍债券。欧洲债券票面使用的货币一般是可自由兑换的货币，主要为美元，欧元、英镑、日元等，也有使用复合货币单位的，如特别提款权。

欧洲债券和外国债券在很多方面有一定的差异。如在发行方式方面，外国债券一般由发行地所在国的证券公司、金融机构承销，而欧洲债券则由一家或几家大银行牵头，组成十几家或几十家国际性银行在一个国家或几个国家同时承销。在发行法律方面，外国债券受发行地所在国有关法规的管制和约束，并且必须经过其批准，而欧洲债券在法律上所受的限制比外国债券宽松得多，它不需要发行地所在国主管机构的批准，也不受其有关法令的管制和约束。在纳税方面，外国债券受发行地所在国的税法管制，而欧洲债券的预扣税一般可以豁免，投资者的利息收入也免缴所得税。

(3) 龙债券。龙债券是指以非日元的亚洲国家或地区货币发行的外国债券。龙债券在亚洲地区(香港或新加坡)挂牌上市，其典型偿还期限一般是一次到期还本，每年付息一次的固定利率债券，龙债券多数是以美元标价。龙债券对发行人的资信要求较高。

## 第三节 股　票

### 一、股票概述

#### (一) 股票的含义

股票是一种有价证券，它是股份有限公司在筹集资本时向出资人发行的用以证明投资者的股东身份和权益并据以获取股息和红利的凭证。

股份有限公司的资本划分为每一股金额相等的股份，公司的股份采取股票的形式。股票一经发行，购买的投资者即成为公司的股东。股东能通过股票转让收回其投资，但不能要求公司返还其出资。股票实质上代表了股东对股份公司的所有权，是公司的所有者，每个股东所拥有的公司所有权份额的大小，取决于其持有的股票数量占公司总股本的比重。股东凭借持有的股份获得公司的股息和红利，参加股东大会并行使自己的权利，同时也承担相应的责任与风险，股东以其出资额为限对公司承担有限责任。

## （二）股票的性质

### 1. 股票是有价证券

有价证券是财产价值和财产权利的统一表现形式。持有有价证券，一方面表示拥有一定价值量的财产，另一方面也表明有价证券持有人可以行使该证券所代表的权利。

### 2. 股票是资本证券

股票是投入股份公司资本份额的证券化，属于资本证券。但是，股票又不是一种现实的资本，股份公司通过发行股票筹措的资金，是公司用于营运的真实资本。股票独立于真实资本之外，在股票市场上进行着独立的价值运动，是一种虚拟资本。

### 3. 股票是要式证券

股票的制作和发行必须依据有关的法律法规并经管理机构的核准，股票应具备《公司法》规定的有关内容，如果缺少规定的要件，就可能无法获批并顺利发行。而且，任何个人或者团体不得擅自印制、发行股票。

### 4. 股票是证权证券

证券可以分为设权证券和证权证券。设权证券是指证券所代表的权利本来不存在，而是随着证券的制作而产生，即权利的发生是以证券的制作和存在为条件的。证权证券是指证券是权利的一种物化的外在形式，它是权利的载体，权利是已经存在的。股票代表的是股东的权利，它的发行是以股份的存在为条件的，股票只是把已存在的股东权利表现为证券的形式，它的作用不是创造股东的权利，而是证明股东的权利。所以说，股票是证权证券。

### 5. 股票是综合权利证券

股票不属于物权证券，也不属于债权证券，而是一种综合权利证券。物权证券是指证券持有者对公司的财产有直接支配处理权的证券。债权证券是指证券持有者为公司债权人的证券。股东虽然是公司财产的所有人，享有种种权利，但对于公司的财产不能直接支配处理，而对财产的直接支配处理是物权证券的特征，所以股票不是物权证券，另外，一旦投资者购买了股票，即成为公司部分财产的所有人，但该所有人在性质上是公司资产的构成分子，而不是与公司对立的债权人，所以股票也不是债权证券。股票持有者作为股份公司的股东，享有独立的股东权利。换言之，当公司股东将出资交给公司后，股东对其出资财产的所有权就转化为股权了。股东权是一种综合权利，股东依法享有资产收益、重大决策、选举管理者等权力。

## （三）股票的特征

股票也具有一般金融工具所具有的收益性、安全性、流动性等特征。同时，股票还具有以下不同于其他金融工具的特征：

### 1. 永久性

永久性是指股票所载有权利的有效性在公司存续期间是持续有效的，因为它是一种无期限的法律凭证。股票的有效期与股份公司的存续期是并存的关系。股票代表着股东的永久性投资，当然股票持有者可以出售股票而转让其股东身份，但对于股份公司来说，由于股东不能要求退股，所以通过发行股票筹集到的资金，在公司存续期间是一笔稳定的自有资本。

2. 参与性

参与性是指股票持有人有权参与公司重大决策。股票持有人作为公司的股东，有权出席股东大会，体现对公司经营决策的参与权。股东参与公司重大决策的权利大小取决于其持有股票数额的多少。

## ✲知识拓展 4-3

### 股份公司是如何设立股份的

股份有限公司是根据《公司法》及有关法律规定的条件成立，全部资本分为等额股份，股东以其所持股份金额为限对公司承担责任，公司以其全部资产对公司债务承担责任的企业法人。股份有限公司的主要特征如下。

第一，应为 5 人以上作为发起人，其中半数以上应在中国境内有住所。国有企业改建为股份有限公司的，可以少于 5 人。

第二，全部资本分成若干等额股份，股东以其所持股份数额对公司承担责任，并确定其权利的大小；公司以其全部资产为限对公司的债务承担责任。

第三，公司股份体现为股票形式。股票是一种有价证券，可在股票市场上发行和流通。

第四，公司具有较严密的内部组织机构，公司的股东大会、董事会、监事会分别行使公司重大事项决策权及经营管理权和监督权。公司的议事规则及办事程序均有明确规定。组织机构较充分地体现了所有权与经营权分离的原则。

股份有限公司是典型的资合公司，公司信用完全建立在资本的基础上。它具有其他公司形式所不具备的优势，一是可以吸收社会上的闲散资金，融资能力强，二是股份可以自由流动，较大程度上分散了投资人的投资风险。股份有限公司与有限责任公司比较，设立条件及程序更为严格。股份有限公司的设立方式可分为发起设立和募集设立两种，募集设立可通过向社会公众发行股份而募集到更多的资金，其设立程序比发起设立更为严格。

有限责任公司又称有限公司，是根据《公司法》及有关法律规定的条件设立，股东以其出资额为限对公司承担责任，按股份比例享受收益，公司以其全部资产对公司的债务承担责任的企业法人。有限责任公司的主要特征如下。

第一，股东以其出资额承担有限责任。

第二，公司以资产为限承担债务责任。公司资产包括多个方面，一是股东的出资；二是公司设立后经过生产经营活动形成的各种财产、债权和其他权利，包括有形资产和无形资产。公司清算时，仅以其全部资产为限对债务承担责任，债权人不能在公司资产之外主张债权。

第三，公司股东人数应符合法定要求，《公司法》第 20 条规定：“有限责任公司由两个以上五十个以下股东共同出资设立。”但国有独资有限责任公司作为一种特殊的有限责任公司，股东可为一个，股东的身份既可是自然人，也可是法人。

第四，股权转让应符合法定程序及公司章程规定。《公司法》第 35 条规定：“当股东

向股东以外的人转让其出资时，必须经全体股东过半数同意”，经股东同意转让其出资，在同等条件下，其他股东对该出资有优先购买权；

第五，公司不能公开募集股份，不能发行股票。公司生产经营过程中所需资金只能由其他合法方式融资取得。

有限责任公司相对股份有限公司而言，设立条件和程序较为简单、灵活。

(资料来源：根据《中华人民共和国公司法》有关内容整理)

## 二、股票的分类

### (一) 按股东享有权利的不同划分

按股东享有权利的不同可以分为普通股票和优先股票。

#### 1．普通股票

普通股票是最基本、最常见的一种股票，其持有者享有股东的基本权利和义务。普通股票股东有权直接出席股东大会，也可以委托代理人出席股东大会。通过行使表决权参与公司重大决策，选举公司董事等高级管理人员。普通股票股东拥有公司盈余和剩余资产分配权，在公司红利和剩余财产的分配顺序上列在债权人和优先股票股东之后，是风险较大的股票。我国有关法律规定，公司缴纳所得税后的利润，在支付普通股票的股利之前，应按如下顺序分配：弥补亏损，提取法定公积金，提取法定公益金，提取任意公积金。公司的剩余资产在分配给股东之前，一般应先按下列顺序支付：支付清算费用，支付公司员工工资和劳动保险费用，缴付所欠税款，清偿公司债务；如还有剩余资产，再按照股东持股比例分配给各股东。普通股票股东还可以享有其他权利，如了解公司经营状况的权利，转让股票的权利，优先认股权等。

#### 2．优先股票

优先股票是一种特殊股票，属于权益资本之一，其债权排列顺序在债务之后，但在普通股票之前。优先股的股息率一般是固定的。优先股股东一般无表决权，只有在特殊情况下，如讨论涉及优先股股东权益的议案时，他们才能行使表决权。与债权人不同，他们不能宣布企业破产。

优先股票根据不同的附加条件，大致可以分成以下几类：

(1) 累积优先股票和非累积优先股票。所谓累积优先股票，是指历年股息可累积发放的优先股票；非累积优先股票是指股息当年结清、不能累积发放的优先股票。

(2) 参与优先股票和非参与优先股票。参与优先股票是指优先股票股东除了按规定分得本期固定股息外，还有权与普通股票股东一起参与本期剩余盈利分配的优先股票。无权再参与剩余盈利分配的优先股票称为非参与优先股票，非参与优先股票是一般意义上的优先股票，其优先权主要体现在分配顺序上。

(3) 可转换优先股票和不可转换优先股票。允许持有者在约定条件下将它转换成其他种类股票的优先股票称为可转换优先股票。不允许其持有者将它转换成其他种类股票的优先股票称为不可转换优先股票。

(4) 可赎回优先股票和不可赎回优先股票。发行公司可按发行时的约定条件赎回并予以注销的优先股票称为可赎回优先股票。不能赎回的优先股票称为不可赎回优先股票。

(5) 股息率可调整优先股票和股息率固定优先股票。股息率可以根据情况按规定进行调整的优先股票称为股息率可调整优先股票。股息率按发行时的约定不再变动的优先股票称为股息率固定优先股票。大多数优先股票的股息率是固定的，一般意义上的优先股票就是指股息率固定优先股票。

### （二）按是否记载股东姓名划分

按照是否记载股东姓名可以分为记名股票和无记名股票。

#### 1. 记名股票

记名股票是指在股票票面和股份公司的股东名册上记载股东姓名的股票。如果股票持有者转让股票或者改换姓名、名称，就应到公司办理变更手续。我国《公司法》规定，股份有限公司向发起人、国家授权投资的机构、法人发行的股票，应当为记名股票，并应当记载该发起人、机构或者法人的名称，不得另立户名或者以代表人姓名记名。对社会公众发行的股票，可以为记名股票，也可以为无记名股票。发行记名股票的公司，应当置备股东名册，记载下列事项：股东的姓名或者名称及住所，各股东所持股份数，各股东所持股票的编号，各股东取得股份的日期等。

记名股票有如下特点：

(1) 股东权利归属于记名股东。只有记名股东或其正式委托授权的代理人才可以行使股东权。

(2) 认购股票的款项不一定一次缴足。可以一次或分次缴纳出资。我国《公司法》规定，采取发起方式设立股份有限公司的，全体发起人首次出资额不得低于注册资本的20%，其余部分由发起人自公司成立之日起两年内缴足。采取募集方式设立股份有限公司的，发起人认购的股份不得少于公司股份总数的35%。

(3) 转让相对复杂或受限制。记名股票转让要服从规定的转让条件，需要在发行公司办理股票过户登记手续。

(4) 便于挂失，相对安全。我国《公司法》规定：记名股票被盗、遗失或者灭失，股东可以依照民事诉讼法规定的公示催告程序，请求人民法院宣告该股票失效，股东可以向公司申请补发股票。

#### 2. 无记名股票

无记名股是指在股票票面不记载股东姓名，股份公司也无股东名册的股票。与记名股票的差别是在股票的记载方式上。

无记名股票有如下特点：

(1) 股东权利归属股票的持有人。确认无记名股票的股东资格不以特定的姓名记载为根据，而是以持有股票为前提。

(2) 认购股票时要求一次缴足股款。

(3) 转让相对简便。我国《公司法》规定，无记名股票的转让，由股东将该股票交付给受让人后即发生转让的效力。

(4) 安全性较差。无记名股票一旦遗失，原股票持有者便丧失股东权利，且无法挂失。

(三) 按是否在股票票面上标明金额划分

按是否在股票票面上标明金额可以分为有面额股票和无面额股票。

1. 有面额股票

有面额股票是指在股票票面上记载一定金额的股票，记载的金额也称为票面金额、票面价值或股票面值。大多数国家的股票都是有面额股票。我国《公司法》规定，股份有限公司的资本划分为股份，每一股的金额相等。

有面额股票具有如下特点：

(1) 可以明确表示每一股所代表的股权比例。

(2) 为股票发行价格的确定提供依据。我国《公司法》规定股票发行价格可以和票面金额相等，也可以超过票面金额，但不得低于票面金额。这样，有面额股票的票面金额就成为发行价格的最低界限。

2. 无面额股票

无面额股票是指在股票票面上不记载股票面额，只注明它在公司总股本中所占比例的股票。无面额股票也称为比例股票或份额股票。无面额股票的价值随股份公司资产的增减而相应增减。20 世纪早期，美国纽约州最先通过法律，允许发行无面额股票，但目前世界上很多国家(包括中国)的公司法规定不允许发行这种股票。

无面额股票有如下特点：

(1) 发行或转让价格较灵活。转让时不受股票票面金额的影响，而是更注重每股的实际价值。

(2) 便于股票分割。由于无面额股票不受票面金额的约束，发行该股票的公司就能比较容易地进行股票分割。

## 三、股票的价值与价格

(一) 股票的价值

1. 股票的票面价值

股票的票面价值又称面值，在初次发行时有一定参考意义。如果以面值作为发行价，称为平价发行，此时公司发行股票募集的资金等于股本的总和，也等于面值总和。发行价格高于面值称为溢价发行，募集的资金中等于面值总和的部分记入股本账户，超额部分记入资本公积金账户。股票的面值与股票的投资价值没有必然的联系，在计算股东权益时有一定的意义。

### ✲ 知识拓展 4-4

资 本 公 积 金

资本公积金是在公司的生产经营之外由非经营原因产生的资产增值，是非收益转化而形成的所有者权益，由资本、资产本身及其他原因形成的股东权益收入。股份公司的资本公积金，主要来源于股票发行的溢价收入，接受的赠与，资产增值，因合并而接受其他公司资产净额等。其中，股票发行溢价是上市公司最常见、最主要的资本公积金来源。资本公积金是一种准资本或资本的储备形式，在我国，资本公积金主要用来转增资本(或股本)。

（资料来源：《中华人民共和国公司法》）

2．股票的账面价值

股票的账面价值又称股票净值或每股净资产，是每股股票所代表的实际资产的价值。在没有优先股的条件下，每股账面价值是以公司净资产除以发行在外的普通股票的股数求得的。公司的净资产是公司营运的资本基础。在盈利水平相同的前提下，账面价值越高，股票的收益越高，股票就越有投资价值。因此，每股净资产是股票投资价值分析的重要指标，在计算公司的净资产收益率时也有重要的作用。

3．股票的内在价值

股票的内在价值即理论价值，也是股票未来收益的现值。股票的内在价值决定股票的市场价格，股票的市场价格总是围绕着其内在价值波动。

4．股票的清算价值

股票的清算价值是公司清算时每一股份所代表的实际价值。因公司清算时一般要压低价格出售，再加上清算费用，所以大多数公司的实际清算价值低于其账面价值。

### （二）股票的价格

1．股票的理论价格

股票及其他有价证券的理论价格是根据现值理论计算的。现值理论认为，人们之所以愿意购买股票和其他证券，是因为它能够为持有者带来预期收益，因此，它的价值取决于未来收益的大小。可以认为，股票的未来股息收入、资本利得收入是股票的未来收益，亦可称之为期值。股票现值就是股票未来收益的当前价值，即将股票的期值按必要收益率和有效期限折算成今天的价值，也就是人们为了得到股票的未来收益愿意付出的代价。可见，股票及其他有价证券的理论价格就是以一定的必要收益率计算出来的未来收入的现值。

股票的理论价格用公式表示：

$$股票理论价格=\frac{预期股息}{必要收益率}$$

2．股票的市场价格

股票的市场价格一般是指股票在二级市场上买卖的价格。股票的市场价格由股票的价值决定，但同时受许多其他因素的影响。其中，供求关系是最直接的影响因素，其他因素都是通过作用于供求关系而影响股票价格的。

### （三）影响股票价格的因素

1．公司经营状况

股份公司的经营状况是股票价格的基石。从理论上分析，公司经营状况与股票价格成

正比。一般情况下，公司的产品竞争力强，市场需求量大，经营管理团队稳定、经营有方等都会促进股票市场价格的上涨。另外，公司的股本规模、成长性、所属行业、分配政策、增资扩股、股票分割、资产重组、意外灾害等也将影响公司的市场价格。

2. 宏观经济因素

宏观经济增长速度和经济循环周期是影响公司经营状况的重要因素，一般来说，经济增长速度快，经济周期处于增长期，股票市场也会相应走出较长期的上升趋势。反之股票市场将会处于振荡或下降趋势中。值得注意的是，股价一般会提前半年左右反映经济周期的变化，因此被称为经济周期先导性指标。同时，国家的货币政策、财政政策、市场利率、通货膨胀水平、国际收支和汇率水平等都会直接影响公司的经营，进而影响股票市场的走势。

3. 政治因素

政治因素对股票价格的影响很大，往往很难预料。如战争、政权更迭、重大经济政策的出台、社会经济发展规划的制定、重要法规的颁布、国际关系的变化等。

4. 心理因素

心理因素与投资者的经济实力、风险承受能力、专业知识和投资技巧等有非常紧密的联系。股票市场往往有严重的盲从心理，有些投资者盲目追涨杀跌。

5. 制度与交易规则

稳定透明的制度和交易规则，会促进市场的活跃和公平，吸引投资者积极参与，相应的也会影响市场的走势。

6. 市场操纵

利用资金优势、持股优势、信息优势操纵股价是法律法规所禁止的，但巨大的经济利益会促使一部分人想方设法操纵股价，非法牟利。一旦查明，操纵者将受到行政处罚或法律制裁。

## 四、我国现行的特殊股权结构

当前，我国按投资主体的不同性质，将股票划分为国家股、法人股、社会公众股和外资股等不同类型。

1. 国家股

国家股是指由国务院授权的部门或机构持有，或根据国务院决定，由地方人民政府授权的部门或机构持有的股份。

2. 法人股

法人股是指企业法人或具有法人资格的事业单位和社会团体以其依法可支配的资产投入公司形成的股份。法人股股票以法人记名。

3. 社会公众股

社会公众股是指通过募集方式发行股份的公司，向社会公众公开发行的股票。我国《公司法》规定，向社会公众发行的股份，不得少于公司股份总数的 25%。公司股本总额超过人民币 4 亿元的，向社会公开发行股份的比例应在 15%以上。

**4. 外资股**

外资股是指股份公司向外国和我国香港、澳门、台湾地区投资者发行的股票。外资股按上市地域可以分为境内上市外资股和境外上市外资股。

(1) 境内上市外资股。境内上市外资股是指股份有限公司发行的以人民币标明股票面值，以外币认购、买卖，并在我国境内上市的股票。这类股票称为 B 股。

(2) 境外上市外资股。境外上市外资股是指股份有限公司向境外投资者募集并在境外上市的股票，一般采取记名股票形式，以人民币标明面值，以外币认购。在境外上市时，可以采取境外存股证形式或者股票的其他派生形式。境外上市外资股主要由 H 股、N 股、S 股等构成。H 股是指注册地在内地、上市地在香港的外资股，我国在纽约上市的外资股被称为 N 股，在新加坡上市的外资股被称为 S 股，在伦敦上市的外资股被称为 L 股。

**5. 红筹股**

红筹股是指在中国境外注册、在香港上市但主要业务在中国内地或大部分股东权益来自中国内地的股票。早期的红筹股，主要是一些中资公司收购香港的中小型上市公司后重组而形成的。此后出现的红筹股，主要是内地一些省市或中央部委将其在香港的窗口公司改组并在香港上市后形成的。红筹股已经成为内地企业进入国际资本市场筹资的一条重要渠道，但红筹股不属于外资股。

当前，我国已完成股权分置改革，通过非流通股股东和流通股股东之间的利益平衡协商机制，消除了非流通股份转让存在的制度性差异，实现了国有股、法人股的有序上市流通。

## ✲ 知识拓展 4-5

**中国证券市场发展大事**

1984 年 11 月，中国第一股——上海飞乐音响股份公司成立。

1986 年 9 月 26 日，新中国第一家代理和转让股票的证券公司——中国工商银行上海信托投资公司静安证券业务部宣告营业，从此恢复了我国中断了 30 多年的证券交易业务。

1990 年 11 月 26 日，上海证券交易所成立。12 月 19 日正式开业。

1991 年 4 月 11 日，深圳证券交易所成立，7 月 3 日正式营业。

1992 年 2 月 21 日，第一家 B 股上市公司上海真空电子器件股份有限公司首次向境外投资者发行股票。

1992 年 8 月 10 日，深圳发售 1992 年新股认购抽签表，出现百万人争购抽签表的场面，并发生震惊全国的“810 风波”。

1992 年 10 月 12 日，国务院证券委员会中国证监会成立。

1993 年 4 月 22 日，《股票发行与交易管理暂行条例》正式颁布实施。

1993 年 8 月 6 日，上海证券交易所所有上市 A 股均采用集合竞价。

1993 年 8 月 20 日，第一只上市的投资基金淄博基金发行。

1993 年 9 月 30 日，中国宝安集团股份有限公司宣布持有上海延中实业股份有限公司发行在外的普通股超过 5%，由此揭开中国收购上市公司第一页。

1995 年 1 月 1 日，实行 T + 1 交易制度。

1995 年 2 月 23 日，上海国债市场发生著名的“327 风波”，直接导致后来万国证券倒闭。

1995 年 5 月 17 日，中国证监会发出《关于暂停国债期货交易试点的紧急通知》，强制协议平仓，暂停国债期货交易试点。

1998 年 12 月 29 日，酝酿 5 年多的《中华人民共和国证券法》终于获得通过。该法于 1999 年 7 月 1 日起正式实施，它是我国证券市场健康发展的基本大法。

2003 年 10 月 28 日，《中华人民共和国证券投资基金法》获得通过。

2004 年 6 月 25 日，深交所中小板开始上市交易。

2005 年 4 月 29 日，证监会发布股权分置改革启动。

2006 年 9 月 8 日，中国金融期货交易所成立。

2007 年 4 月 15 日，期货业第一大法《期货交易管理条例》正式实施。

2008 年 4 月 23 日，发布《证券公司风险处置条例》和《证券公司监督管理条例》

2009 年 10 月 30 日，创业板正式揭开帷幕，首批 28 只股票同日挂牌，刷新了中国股市多股齐发的历史纪录。

2010 年 4 月 16 日，沪深 300 股指期货开始交易。

2011 年 8 月 15 日，新三板试点扩容方案经修订完善后，已再度上报。

2012 年 2 月 15 日，中国上市公司协会在京成立。

2013 年 12 月 30 日，中国证券登记结算有限责任公司公布了《全国中小企业股份转让系统登记结算业务实施细则》。

2014 年 4 月 10 日，内地及香港证监会发布联合公告，宣布决定原则批准上交所、港交所、中登公司、香港中央结算有限公司开展沪港股票市场交易互联互通机制试点(“沪港通”)。

（资料来源：中国证券网，2014 年 7 月 1 日）

## 五、股票与债券的关系

### （一）股票与债券的相同点

股票与债券都属于有价证券，两者都是筹措资金的手段，两者的收益率相互影响。债券的平均利率和股票的平均收益率会大体保持相对稳定的关系，其差异反映了两者风险程度的差别。

### （二）股票与债券的区别

#### 1．权利不同

债券是债权凭证，反映的是债权债务关系，投资者只能按期获取利息及到期收回本金，无权参与公司的经营决策。而股票是所有权凭证，投资者是公司的股东，有表决权，可以通过参加股东大会选举董事，参与公司重大事项的审议和表决，行使对公司的经营决策权和监督权。

#### 2．发行主体和目的不同

发行债券是公司追加资金的需要，它属于公司的负债，不是资本金。发行股票则是股份公司创办企业和增加资本的需要，筹措的资金列入公司资本。发行债券的经济主体很多，中央政府、地方政府、金融机构、公司企业等都可以发行债券，但能发行股票的经济主体只有股份有限公司。

**3．期限不同**

债券一般有规定的偿还期，是一种有期投资。股票是一种无期投资，或称永久投资。

**4．收益不同**

通常债券可以获得固定的利息，股票要视公司的经营状况和分配政策，股息红利是不固定的。

**5．风险不同**

股票价格受多种因素影响，波动较大，倘若公司破产，获取剩余资产顺序列在债券和优先股之后，所以股票风险较大。债券因其收益相对稳定，风险相对较小。

## ✲知识拓展 4-6

### 德　隆　案

2004 年 4 月，曾经是中国最大的民营企业的德隆轰然倒下。当初被人们称作“股市第一强庄”的德隆系，这个旗下拥有 177 家子公司和 19 家金融机构的巨型企业集团，怎么就会在瞬间瓦解了呢？

德隆起源于 1986 年，大学没有毕业的唐万新在其兄唐万里的 400 元资助之下，创办了“朋友”公司，主营彩色摄影冲印业务。1992 年，新疆德隆开始涉足股市，积累了发展的最初原始资本。1993 年 2 月，唐万新以 500 万元流动资金作为注册资本成立民办集体所有制企业“乌鲁木齐德隆房地产开发公司”，1994 年成立“新疆德隆农业开发公司”，1995 年改为“新疆德隆农牧业发展有限公司”。德隆开始由“虚”转“实”。

1995 年，唐万新带了一些人去加拿大考察，到 1997 年，德隆明确了由投资项目向投资行业转型，由“做企业”转向“做产业”。之后，德隆以新疆德隆国际实业总公司入股“合金股份”、“湘火炬”、“新疆屯河”，以这三家上市公司为平台分别大举进行企业收购，进行行业整合。除此之外还涉足旅游业、矿业、文化产业、种业、林业、水电业等。

2000 年 1 月，唐氏兄弟联合其他自然人共 37 人在上海浦东注册成立“德隆国际投资控股有限公司”，注册资本人民币 2 亿元，控股新疆德隆集团；同年 8 月，更名为“德隆国际战略投资有限公司”；同年 10 月，注册资本增至 5 亿元人民币。德隆国际的成立使得德隆实际产生了分离，德隆国际专注在投资，成为一个类金融的机构投资者，而新疆德隆集团则负责打理下属的企业。与产业扩张同时，德隆的金融业也大面积铺开。

德隆的关联公司共包括四层：首先是作为主要的融资平台的三个上市公司；其次是控股这三个公司的众多的自然人公司；另外，还有通过上市公司，德隆系内部众多的金融机构；再有，就是德隆系的战略协同单位以及众多的浙江地区私募资金。

然而在 2004 年 4 月，德隆系上市公司的股价开始狂跌，在不到一个月的时间内，总共蒸发掉了百亿多元人民币的流通市值，德隆帝国崩溃。不知多少人血本无归倾家荡产。

（资料来源：腾讯财经，2006 年 1 月 12 日）

# 第四节 证券投资基金

## 一、证券投资基金的含义和特点

### (一) 证券投资基金的含义

证券投资基金是指通过公开发售基金份额募集资金，由基金托管人托管，由基金管理人管理和运用资金，以资产组合方式进行证券投资活动的基金。

各国对证券投资基金的称谓不尽相同，如美国称“共同基金”，英国和我国香港地区称“单位信托基金”，日本和我国台湾地区则称“证券投资信托基金”。一般认为，基金起源于英国。

基金业与银行业、证券业、保险业成为现代金融体系的四大支柱。

### (二) 证券投资基金的特点

#### 1. 集合投资

基金的特点是将零散的资金汇集起来，由专业投资机构进行操作，可以享有大额投资在降低成本上的相对优势，从而获得规模效益的好处。

#### 2. 分散风险

利用投资组合降低风险以谋求稳定的收益是基金的另一大特点。通过多元化的投资组合，一方面借助于资金庞大和投资者众多的优势使每个投资者面临的投资风险变小；另一方面又利用不同投资对象之间收益率变化的相关性，达到分散投资风险的目的。

#### 3. 专业理财

将分散的资金集中起来以信托方式交给专业机构进行投资运作，既是证券投资基金的一个重要特点，也是它的一个重要功能。专业机构运用各种技术手段收集、分析各种信息资料，预测金融市场上各个品种的价格变动趋势，制订投资策略和投资组合方案，从而尽可能地避免投资决策失误，提高投资收益。

## 二、证券投资基金的分类

### (一) 按基金的组织形式不同划分

按基金的组织形式不同，基金可分为契约型基金和公司型基金。

#### 1. 契约型基金

契约型基金又称为单位信托基金，将投资者、管理人、托管人三者作为基金的当事人，通过签订基金契约的形式发行受益凭证而设立的一种基金。契约型基金是基于信托原理而组织起来的代理投资方式，通过基金契约来规范三方当事人的行为。基金管理人负责基金的管理操作，基金托管人作为基金资产的名义持有人，负责基金资产的保管和处置，对基金管理人的运作实行监督。

**2．公司型基金**

公司型基金是依据基金公司章程设立，在法律上具有独立法人地位的股份投资。公司型基金以发行股份的方式募集资金，投资者购买基金公司的股份后，以基金持有人的身份成为基金公司的股东，凭其持有的股份依法享有投资收益。公司型基金在组织形式上与股份有限公司类似。

契约型基金和公司型基金都是把投资者分散的资金集中起来，按照基金设立时所规定的投资目标和策略，将基金资产分散投资于约定的金融产品上，获取收益后再分配给投资者的投资方式。但两者也有明显的区别。第一，资金的性质不同。契约型基金的资金是通过发行基金份额筹集起来的信托财产，公司型基金的资金是公司法人的资本。第二，投资者的地位不同。契约型基金的投资者是基金契约的当事人之一，投资者既是基金的委托人，又是基金的受益人。公司型基金的投资者是基金公司的股东，投资者对基金运作的影响较契约型基金的投资者大。第三，基金的营运依据不同。契约型基金依据基金契约营运基金，公司型基金依据基金公司章程营运基金。

### （二）按基金运作方式不同划分

按基金运作方式不同，可分为封闭式基金和开放式基金。

封闭式基金是指经核准基金份额在基金合同期限内固定不变，基金份额可以在依法设立的证券交易场所交易，但基金份额持有人不得申请赎回的基金。

开放式基金是指基金份额不固定，基金份额可以在基金合同约定的时间和场所申购或者赎回的基金。

封闭式基金与开放式基金主要有以下区别：

第一，期限不同。封闭式基金有固定的封闭期，通常在5年以上，一般为10年或15年，经受益人大会通过并经主管机关同意可以适当延长期限；开放式基金没有固定期限，投资者可随时向基金管理人赎回基金单位，若大量赎回甚至会导致基金清盘。

第二，发行规模限制不同。封闭式基金的基金规模是固定的，在封闭期内未经法定程序认可不能增加发行；开放式基金没有发行规模限制，在开放期内投资者可随时申购和赎回。

第三，基金份额交易方式不同。封闭式基金在证券交易所内公开交易。开放式基金一般不上市交易，交易在投资者与基金管理人或其代理人之间进行。

第四，基金份额的交易价格计算标准不同。首次发行价都是按面值加一定百分比的购买费计算，以后的交易计价方式不同。封闭式基金价格受市场及供求关系的影响，常出现溢价或折价现象；开放式基金的交易价格则取决于每一基金份额净资产值的大小，其申购价一般是基金份额净资产值加一定的购买费，赎回价是基金份额净资产值减去一定的赎回费，不直接受市场供求影响。

第五，基金份额资产净值公布的时间不同。封闭式基金一般每周或更长时间公布一次，开放式基金一般在每个交易日连续公布。

第六，投资策略不同。封闭式基金在封闭期内因不可赎回，所以可进行长期投资；开放式基金必须保持基金资产的流动性，因而在投资组合上需保留一部分现金和高流动性的金融工具。

按照基金合同的约定或者基金份额持有人大会的决议，并经国务院证券监督管理机构核准，基金运作方式可以转换，即我们常说的基金封转开。

### （三）按投资标的不同划分

按投资标的不同，基金可分为债券基金、股票基金、货币市场基金等。

**1．债券基金**

债券基金是指以债券为主要投资对象的证券投资基金。适合于稳健型投资者，债券基金的收益受市场利率的影响，当市场利率下调时，其收益会上升。

**2．股票基金**

股票基金是指以上市股票为主要投资对象的证券投资基金。股票基金的投资目标侧重于追求资本利得和长期资本增值，股票基金是最重要的基金品种。

**3．货币市场基金**

货币市场基金是以货币市场工具为投资对象的一种基金，其投资对象期限在 1 年以内，包括银行短期存款、国库券、公司债券、银行承兑票据及商业票据等货币市场工具。货币市场基金的优点是资本安全性高、流动性强、管理费用低。货币市场基金通常被认为是低风险的投资工具。

**4．指数基金**

指数基金是指以目标指数成分股为投资对象的基金，即通过购买一部分或全部的某指数所包含的成分股，来构建指数基金的投资组合，目的就是使这个投资组合的变动趋势尽可能地与该指数一致，以取得与指数大致相同的收益率。如沪深 300 指数基金等。

**5．黄金基金**

黄金基金是指以黄金或其他贵金属及其相关产业或证券为主要投资对象的基金。

**6．衍生证券投资基金**

衍生证券投资基金是指以衍生证券为投资对象的基金，包括期货基金、期权基金、认股权证基金等。这种基金风险较大。

**7．混合基金**

混合基金是指将基金资产按约定比例分别投资于不同风险特征的金融工具的基金。

### （四）按投资目标的不同划分

按投资目标的不同，可分为成长型基金、收入型基金和平衡型基金。

**1．成长型基金**

成长型基金是指将基金投资于预期成长性较高的公司股票，主要追求基金资产的长期增值。成长型基金又可分为稳健成长型基金和积极成长型基金。

**2．收入型基金**

收入型基金主要投资于可带来现金收入的有价证券，以获取当期的最大收入为目的。

收入型基金资产的成长潜力较小，损失本金的风险相对也较低。

3. 平衡型基金

平衡型基金是指将基金分别投资于两种不同风险特征的证券上，以取得收益和风险相对平衡的基金。平衡型基金的特点是风险比较低，缺点是成长的潜力不大。

### （五）交易所交易基金

交易所交易基金是基金的创新产品，是封闭式基金的交易便利性与开放式基金可赎回性相结合的一种新型基金。目前，我国沪深交易所已经分别推出交易型开放式指数基金和上市型开放式基金两种类型。

1. ETF 基金

ETF 是 Exchange Traded Fund 的英文缩写，即“交易型开放式指数证券投资基金”，简称“交易型开放式指数基金”，又称“交易所交易基金”。ETF 基金是以某一特定股价指数为跟踪目标，通过按比例投资于构成该指数的成份股来实现指数化投资的基金。ETF 基金结合了封闭式基金和开放式基金的运作特点，同时为投资者提供了两种不同的交易方式，一方面可以像封闭式基金一样在交易所二级市场进行买卖，另一方面又可以像开放式基金一样申购、赎回。不同的是，它的申购是用一揽子股票换取 ETF 份额，赎回时也是换回一揽子股票而不是现金。投资者在二级市场上买卖 ETF 的基金份额与基金本身不发生直接关系，他们只是在二级市场交换基金份额的所有权。ETF 可以在一级市场和二级市场间进行套利交易，但一般情况下，ETF 基金不存在大的溢价或折价，ETF 还可以采用卖空策略。

2. LOF 基金

LOF 基金，英文全称是“Listed Open-Ended Fund”，汉语称为“上市型开放式基金”。是指通过深圳证券交易所交易系统发行并上市交易的开放式基金。是可以同时在场外市场进行基金份额申购、赎回，在交易所进行基金份额交易，并通过份额转托管机制将场外市场与场内市场有机联系在一起的一种新的基金运作方式。与 ETF 基金相比，LOF 基金不一定采用指数基金模式，同时，申购和赎回均以现金进行。

## 三、证券投资基金与股票、债券的区别

### （一）反映的经济关系不同

股票反映的是所有权关系，债券反映的是债权债务关系，而基金反映的是信托关系，但公司型基金除外。

### （二）所筹集资金的投向不同

股票和债券是直接投资工具，筹集的资金主要投向实业，而基金是间接投资工具，所筹集的资金主要投向有价证券等金融工具。

### （三）风险水平不同

股票因市场波动较大，风险也较大，债券收益稳定，风险也相对较小，基金因其实行

集合投资、专业理财，投资选择灵活多样，从而使基金的投资风险可能小于股票，而投资收效又可能高于债券。

### 知识拓展 4-7

**基金新手如何投资基金**

第一，了解基金的一些基本知识，例如：基金的概念、类别、费用等。应证监会要求目前每个基金公司网站都有一个投资者教育板块。

第二，审视自身风险承受能力。投资者可以通过各个基金公司网站上公布的基金风险能力测试来确定。一般风险评级最少会由低到高分三等级：保守型、稳健型、积极型，有的还达到 5 种，增加比保守型风险承受能力更低的安全型和比积极型风险承受能力更高的进取型。

第三，确定购买基金的类型。基金类型按风险从高到低分为股票型、混合型、债券型、货币型。投资者要根据个人的风险承受能力和投资期限来选择购买。

第四，确定几个候选产品。当你确定了预备投资的基金类型后，可以到第三方评级机构的评级表中调出相应类型的基金进行筛选。应忽略短期的净值波动，主要参考长期收益情况。

第五，最终确定投资产品。可以考虑一下基金公司情况和服务情况。可以考察基金公司的成立时间、股东实力、运作是否规范(近几年有无违规行为出现等)、基金整体业绩表现、基金产品线是否完整、基金经理的稳定性等。

第六，确定购买渠道。可以去银行、券商等代销渠道购买，也可以采取通过网上交易或直接到基金公司直销中心购买。另外还须确定是一次性投资还是定期定额投资，一次性投资比较适合手头有一笔长期闲置资金的客户，定额定投适合有长期投资需要、定期固定收入的客户。

(资料来源：凤凰财经，2010 年 3 月 29 日)

# 第五节　金融衍生工具

## 一、金融衍生工具的含义和特征

### (一) 金融衍生工具的含义

金融衍生工具又称金融衍生产品，是与基础金融产品相对应的一个概念，指建立在基础产品或基础变量之上，其价格取决于基础金融产品价格(或数值)变动的派生金融产品。基础金融产品主要指债券、股票、银行定期存款单等，基础变量则包括利率、各类价格指数甚至天气(温度)指数等。金融衍生工具以基础金融工具为存在前提，其价格也随基础金融产品价格变动而波动。

金融衍生工具主要有金融期货、金融期权及其他一些工具。其中，金融期货包括外汇期货、利率期货、股票期货和股票指数期货四类；金融期权包括现货期权和期货期权两大类。其他金融衍生工具则主要包括可转换债券、认股权证以及备兑凭证等，一般认为这些属于期权的变通形式。

#### （二）金融衍生工具的特征

**1．跨期性**

金融衍生工具是交易双方通过对利率、汇率、股价等因素变动趋势的预测，约定在未来某一时间按照一定条件进行交易或选择是否交易的合约。跨期交易的特点十分突出。

**2．杠杆效应**

金融衍生工具交易一般只需要支付少量的保证金或权利金就可签订远期大额合约或互换不同的金融工具。投资者在收益可能成倍放大的同时，投资风险也成倍放大。

**3．联动性**

金融工具的价格与基础产品或基础变量紧密相连，规则变动。

**4．不确定性和高风险性**

金融工具的交易结果取决于交易者对基础工具(变量)未来价格(数值)的预测和判断的准确程度。基础工具价格的变幻莫测决定了金融衍生工具交易盈亏的不稳定性。同时金融衍生工具还伴随着以下几种风险：信用风险、市场风险、流动性风险、结算风险、运作风险、法律风险等。

### 二、金融期货

#### （一）金融期货的含义和特征

金融期货是以金融工具(或金融变量)为基础工具的期货交易。期货交易是指交易双方在集中的交易所市场以公开竞价方式所进行的期货合约的交易。期货合约是指由交易所统一制定的、规定在将来某一特定的时间和地点交割一定数量标的物的标准化合约。与金融现货相比，金融期货具有以下几方面特征。

**1．交易对象不同**

金融现货交易的对象是股票、债券或其他金融工具等某一具体形态的金融工具。金融期货交易的对象是金融期货合约。

**2．交易目的不同**

现货交易主要是以获得金融现货或筹资、投资为目的。金融期货交易主要目的是套期保值，也可以进行套利、投机活动。

**3．交易价格的含义不同**

金融现货交易形成的是实时的成交价格，金融期货的交易价格是对金融现货未来价格的预期，反映的是金融工具未来的价格。

#### 4．结算方式不同

金融现货交易一般要求在成交后进行全额结算，通常以基础金融工具与货币的转手而结束交易活动。期货交易则实行保证金交易和当日无负债交易，交易者并不需要在成交时进行全额结算，绝大多数的期货合约是通过反向交易对冲平仓的。

### （二）金融期货的种类

按基础工具的不同可划分为外汇期货、利率期货、股票期货、股票指数期货。

#### 1．外汇期货

外汇期货是指以汇率为标的物的期货合约，是金融期货中最先产生的品种，主要用于规避汇率风险。

#### 2．利率期货

利率期货是指以债券类证券为标的物的期货合约。主要是规避利率波动所引起的证券价格变动风险。一般可分为短期利率期货和长期利率期货，前者大多以银行同业拆借市场3 月期利率为标的物，后者大多以 5 年期以上长期债券为标的物。利率期货价格与实际利率成反方向变动，既利率越高，债券期货价格越低；利率越低，债券期货价格越高。

#### 3．股票期货

股票期货是以股票为标的物的期货合约。股票期货具有交易费用低、卖空便利等优点，但并不是所有上市交易的股票均有期货交易，交易所通常会选取流通盘较大、交易比较活跃的股票进行期货交易。

#### 4．股票指数期货

股票指数期货是以股票价格指数为标的物的期货合约。股票指数期货交易的实质，是投资者将其对整个股票市场价格指数的预期风险转移至期货交易的过程，其风险是通过对股票市场价格指数走势持不同判断的投资者的买卖操作来相互抵消的。国际上主要股票指数期货合约有：芝加哥商业交易所的标准·普尔 500 指数期货合约，伦敦国际金融交易所的金融时报 100 种股票指数期货合约，香港期货交易所的恒生指数期货合约等。

2006 年 9 月 8 日，中国金融期货交易所成立。以沪深 300 指数为标的物的沪深 300 指数期货合约，于 2010 年 4 月 16 日起上市交易。

### （三）金融期货的主要交易制度

金融期货交易有一定的交易规则，这些规则是保证期货交易正常进行的前提，主要的交易制度有：保证金制度、现金交割制度、当日无负债结算制度、涨跌停板制度、持仓限额制度、大户持仓报告制度、强行平仓制度和强制减仓制度。

### （四）金融期货的基本功能

金融期货具有四项基本功能，即套期保值功能、价格发现功能、投机功能和套利功能。

#### 1．套期保值功能

套期保值是交易者将期货交易与现货交易结合起来，通过套做期货合约为现货市场上的商品经营进行保值的一种交易行为。主要是指在现货市场和期货市场同时建立品种相当、数量相当、但方向相反的交易，以达到规避价格波动风险的目的。

套期保值的基本做法是：在现货市场买进或卖出某种金融工具的同时，做一笔与现货交易品种、数量、期限相当但方向相反的期货交易，以期在未来某一时间通过期货合约的对冲，以一个市场的盈利来弥补另一个市场的亏损。套期保值的基本类型有两种：一是买入套期保值又称多头套期保值，指持有现货空头(如应付外汇账款)的交易者担心将来现货价格上涨(如外币升值)给自己造成经济损失，于是买入期货合约(建立期货多头)；二是卖出套期保值又称空头套期保值，指持有现货多头(如应收外汇账款)的交易者担心未来现货价格下跌，在期货市场卖出期货合约(建立期货空头)，当现货价格下跌时以期货市场的盈利来弥补现货市场的损失。

#### 2．价格发现功能

价格发现功能是指在一个公开、公平、高效、竞争的期货市场中，通过集中竞价形成市场公认价格的功能。期货价格具有预期性、连续性和权威性的特点，能够比较准确地反映出商品未来价格的变动趋势，这为现货交易的定价提供了参考依据。

#### 3．投机功能

投机者利用对未来期货价格走势的不同预期进行投机交易，正是因为投机者的参与，套期保值者不愿承担的风险才能顺利转移，市场交易的活跃度才大大提高。

#### 4．套利功能

套利也叫价差交易。是指在买入或卖出某种期货合约的同时，卖出或买入相关的另一种合约，并在某个时间同时将两种合约平仓的交易方式。套利是利用不同时间、地区、品种或市场之间的不合理价格差异来谋取低风险利润的一种交易方式。套利的种类很多，主要有跨期套利、跨商品套利、跨市场套利等。

## 三、金融期权

### (一) 金融期权概述

期权又称选择权，是指买方能在未来某特定时间以特定价格买入或卖出一定数量的某种特定商品的权利。期权交易是一种权利的买卖，是期权的买方支付了权利金后，便取得了在未来某特定时间买入或卖出某种特定商品的权利的交易方式。但不承担必须买入或卖出的义务；期权的卖方则在收取了一定数量的期权费后，在一定期限内必须无条件服从买方的选择并履行成交时的约定，即当期权的买方选择行使权利时，卖方必须无条件地履行合约规定的义务，而没有选择的权利。

### (二) 金融期货与金融期权的区别

#### 1．基础资产的范围不同

一般来说，可做期货交易的金融工具都可做期权交易。但可做期权交易的金融工具却未必可做期货交易。实践中，只有期货期权，而没有期权期货。因此，金融期权的基础资产多于金融期货的基础资产。

### 2. 买卖双方的权利与义务不同

金融期货交易双方的权利与义务是对称的，而金融期权交易双方的权利与义务存在着明显的不对称性。期权的买方只有权利而没有义务，而期权的卖方只有义务而没有权利。

### 3. 履约保证不同

金融期货交易双方均需按规定缴纳履约保证金，实行当日无负债结算。金融期权交易中，只有期权出售者，尤其是无担保期权的出售者才需按规定缴纳保证金，以保证其履约的义务。至于期权的购买者，因期权合约未规定其义务，无需缴纳保证金。

### 4. 现金流转不同

金融期货因实行当日无负债结算制度，所以，双方都要保留一定比例的资金。而期权交易只有期权购买者在成交时支付一定的期权费，除了到期履约外，交易双方将不发生任何现金流转。

### 5. 盈亏特点不同

金融期货交易双方无权违约、也无权要求提前交割或推迟交割，只能在到期前的任一时间通过反向交易实现对冲或到期进行交割。而在对冲或到期交割前，价格的变动必然使其中一方盈利而另一方亏损，其盈利或亏损的程度决定于价格变动的幅度。从理论上说，金融期货交易中双方潜在的盈利和亏损都是无限的。

金融期权交易中的盈利和亏损也具有不对称性。理论上说，期权购买者在交易中的潜在亏损是有限的，仅限于他所支付的期权费，而他可能取得的盈利却是无限的；相反，期权出售者在交易中所取得的盈利是有限的，仅限于他所收取的期权费，而他可能遭受的损失却是无限的。

### 6. 套期保值的作用与效果不同

金融期货进行套期保值，在避免价格不利变动造成的损失的同时也必须放弃若价格有利变动可能获得的利益。金融期权进行套期保值，若价格发生不利变动，套期保值者可通过放弃期权来避免损失；若价格发生有利变动，套期保值者又可通过执行期权来保护利益。这样，通过金融期权交易，既可避免价格不利变动造成的损失，又可在相当程度上保住价格有利变动而带来的利益。但是，这并不是说金融期权比金融期货更为有利。如果从保值角度来说，金融期货通常比金融期权更为有效。

## (三) 金融期权的分类

根据不同的分类标准，金融期权可以分为很多类别。

### 1. 按照选择权的性质划分

金融期权可以分为买入期权和卖出期权。买入期权又称看涨期权，指期权的买方具有在约定期限内按协定价格买入一定数量金融工具的权利。卖出期权又称看跌期权，指期权的买方具有在约定期限内按协定价卖出一定数量金融工具的权利。

### 2. 按照履约时间划分

金融期权可以分为欧式期权、美式期权和修正的美式期权。欧式期权只能在到期日执行；美式期权则可在期权到期日或到期日之前的任何一个交易日执行；修正的美式期权也称为百慕大期权或大西洋期权，可以在期权到期日之前的一系列规定的日期执行。

3．按照基础资产的性质划分

金融期权可以分为股票期权、股票指数期权、利率期权、货币期权、金融期货合约期权、互换期权等。

（四）金融期权的价格

金融期权是一种权利的交易。期权的买方为获得期权合约所赋予的权利而向期权的卖方支付的费用就是期权的价格。期权价格由两个部分组成，一是内在价值，二是时间价值。

1．内在价值

内在价值也称履约价值，是期权合约本身所具有的价值，即期权的买方如果立即执行该期权所能获得的收益。内在价值的大小取决于该期权的协定价格与其基础资产市场价格之间的关系。协定价格是指期权的买卖双方在期权成交时约定的，在期权合约被执行时交易双方实际买卖基础资产的价格。根据协定价格与基础资产市场价格的关系，可将期权分为实值期权、虚值期权和平价期权三种类型。

对看涨期权而言，若市场价格高于协定价格为实值期权；市场价格低于协定价格为虚值期权。对看跌期权而言，若市场价格低于协定价格为实值期权；市场价格高于协定价格为虚值期权。市场价格等于协定价格为平价期权。理论上说，实值期权的内在价值为正，虚值期权的内在价值为负，平价期权的内在价值为零。但实际上，无论是看涨期权还是看跌期权，也无论期权基础资产的市场价格处于什么水平，期权的内在价值都必然大于零或等于零，而不可能为一负值。这是因为期权合约赋予买方执行期权与否的选择权，而没有规定相应的义务，当期权的内在价值为负时，买方可以选择放弃期权。

2．时间价值

时间价值是指期权的买方购买期权时实际支付的价格超过该期权内在价值的那部分价值。期权通常以高于内在价值的价格买卖，是因为其预期随着时间的推移价格将向其预期的方向变动。期权的时间价值不易直接计算，一般以期权的实际价格减去内在价值求得。

## ✵知识拓展 4-8

**沪深 300 指数期货合约表**

| 合约标的 | 沪深 300 指数 |
|---|---|
| 合约乘数 | 每点 300 元 |
| 报价单位 | 指数点 |
| 最小变动价位 | 0.2 点 |
| 合约月份 | 当月、下月及随后两个季月 |

| 交易时间 | 上午：9:15—11:30，下午：13:00—15:15 |
|---|---|
| 最后交易日交易时间 | 上午：9:15—11:30，下午：13:00—15:00 |
| 每日价格最大波动限制 | 上一个交易日结算价的 ± 10% |
| 最低交易保证金 | 合约价值的 12% |
| 最后交易日 | 合约到期月份的第三个周五，遇国家法定假日顺延 |
| 交割日期 | 同最后交易日 |
| 交割方式 | 现金交割 |
| 交易代码 | IF |
| 上市交易所 | 中国金融期货交易所 |

(资料来源：中国金融期货交易所)

## ✲ 知识拓展 4-9

### 全球较有影响的乌龙事件

证券投资特别是期货交易一定要认真细致，否则可能造成损失甚至巨大损失。

乌龙事件一。2005 年 12 月 8 日，日本瑞穗金融集团旗下的瑞穗证券称，该公司当天在东京证券交易所创业板市场上市人才服务类公司嘉克姆(J-COM)股票交易过程中，将“以 61 万日元价格抛出一股”的交易指令，错误地输成“以每股 1 日元的价格抛出 61 万股”，由于东京证交所的交易系统设有涨跌停限制，正常情况下，1 日元的股价是不会进入交易报价的。但祸不单行的是，J-COM 公司的股票当日恰巧是首日上市交易，由于没有前一交易日的收盘价，因而涨跌停限制并不起作用，结果促成了这一荒唐交易的顺利完成。随后，虽然瑞穗证券买回了大部分股票，但此交易仍使瑞穗证券损失高达 400 多亿日元(相当于 3.5 亿美元)。

乌龙事件二。2001 年 11 月 30 日，瑞银证券代理在东京证券交易所上市的广告公司电通的股票时，将“1 股 61 万日元出售 16 股”下单成“1 股 16 日元出售 61 万股”。下单错误后，一部分成交，随后 UBS 证券又买回了很多，导致的损失并不是很大。

乌龙事件三。2001 年 12 月 3 日，德意志证券将五十铃汽车“出售 9 万股”下单成“出售 9000 万股”。由于交易时间即将终止，交易没有成立。

乌龙事件四。2001 年，雷曼兄弟(Lehman Brothers)伦敦公司一位资深交易员，竟然将一笔价值 300 万英镑的股票卖单，误敲成 3 亿英镑，令市场立即陷入一片混乱。据外电报道，当日原下跌 70 点的伦敦金融时报指数立刻扩大暴跌至 130 点，整个重大错误仅在短短三四分钟内发生。

乌龙事件五。2002 年 9 月，英国伦敦股市出现史无前例的超级牛市，金融时报 100 指数在两分钟内暴涨了 300 多点，不少眼明手快的投资人抓住了这一飞来横财。同样，这是瑞士信贷第一波士顿(CSFB)证券一名交易员下错买单所致。估计该券商在这两分钟内整整损失了 1 亿英镑。

乌龙事件六。2002 年 8 月初，贝尔斯登证券公司的一位糊涂交易员于大盘收盘前 20

分钟，竟然把一笔价值400万美元的股票卖单误敲成40亿美元。更糟的是，原本当天股市就已经空头弥漫，加上这笔雪上加霜的超级大卖单，让美股市场陷入大崩盘危机。不过，当时该券商当机立断迅速处理，这笔错单所影响的6.22亿美元交易在成交前一刻被取消。据贝尔斯登的说法，这笔单子并未造成实质伤害。

乌龙事件七。2005年6月27日，台湾富邦证券因交易员计算机操作失误，将客户美林证券公司下单买进的80万元错误地输成80亿元，创下台湾证券史上最大的交易“乌龙”。成交的错账金额高达77亿元，造成盘中238种股票瞬间涨停，约2000名投资人在涨停板上将股票抛出，大发横财，富邦证券损失金额约为5.5亿元。

乌龙事件八。美国东部时间2010年5月6日下午，宝洁股价出现异动，价格从59.69美元急跌至39.37美元，五分钟内跌去37%的价格。在五分钟K线图上，宝洁的分钟图上呈现的是不可思议的一根极长下影线的针状图形。随后十多分钟内，高盛、通用电气、花旗、摩根大通、摩根士丹利、美国银行以及福特汽车等美国股市的重量级上市公司无一例外，出现了一模一样不可思议的跳水行情。道指在后市一度重挫998.50点，创下盘中点数跌幅纪录，此低点与当日盘中高点之差高达1010.14点。同样不到二十分钟时间里，标准普尔500成份指数与纳斯达克成分指数出现了同样的奇异行情，一个深V型走势出现在无数全球交易员的电脑屏幕上。直到下午4点收盘以后，市场上才有比较清晰的消息传来：花旗集团的一位交易员在交易宝洁股票时，将卖出1百万股，错误打成了卖出10亿股，造成宝洁股票出现了十年一遇的历史性低价。

（资料来源：根据新华网、金华新闻网等有关资料整理）

## 四、权证

### （一）权证的含义

权证是指由基础证券发行人或其以外的第三人发行的，约定持有人在规定期间内或特定到期日，有权按约定价格向发行人购买或出售标的证券，或以现金结算方式收取结算差价的有价证券。

权证实质反映的是发行人与持有人之间的一种契约关系，投资者向权证发行人支付一定数量的权利金之后，就从发行人那里获取了一个权利。购买证券的权证称为认购权证，出售证券的权证叫做认沽权证。持有人获取的是一个权利而不是责任，其有权决定是否履行契约，而发行者仅有被执行的义务。

### （二）权证的种类

权证根据不同的划分标准有不同的分类。按持有人权利性质不同分为认购权证和认沽权证。认购权证持有人有权按约定价格在特定期限内或到期日向发行人买入标的证券，认沽权证持有人则有权按约定价格卖出标的证券。按权利行使期限分为欧式权证、美式权证、百慕大式权证，与期权相似。按发行人不同可分为股本权证和备兑权证。股本权证一般是上市公司在发行公司债券、优先股股票或配售新股之际同时发行；备兑权证一般是由证券公司等金融机构发行。按基础资产不同分为股权类权证、债权类权证以及其他权证。目前，我国证券市场上均为股权类权证。

### (三) 权证的价值

**1. 权证的内在价值**

权证的内在价值是指持有立即行权可以获得的收益，对于认购权证来说，如果正股价格高于行权价格则为实值权证。认沽权证正好相反。

认股权证内在价值的计算公式为

$$V=(P-E)\cdot N$$

式中：V 为认股权证的内在价值；P 为普通股的市场价格；E 为认股权证的行权价格；N 为行权比例。

**2. 权证的时间价值**

权证的时间价值实质上是权证在到期之前具备获利潜力的价值。代表权证在到期之前给持有人带来收益的可能性。不论权证的内在价值是否小于零，它的市场价格仍可能大于零，因为认股权证本身还有投机价值。只要认股权证没有到期，普通股的价格就仍有超越认股价格的机会，其投机价值就会大于零。

另外，认股权证也有杠杆作用，即认股权证价值的变化幅度大于股价的涨跌幅度，这也是其投机价值的一种表现。

## 五、可转换证券

### (一) 可转换证券的含义

可转换证券是指持有者可以在约定期限内按约定比例或价格将之转换成另一种证券的金融工具。按照发行时证券的性质，可转换证券分为可转换债券和可转换优先股票两种，我国只有可转换债券。可转换债券通常是转换成普通股票，一般都规定有明确的转换比例或转换价格。在转换期内，当股票价格上涨时，可转换债券行使转换权比较有利。

有些可转换债券所附的转股权可以与债券相分离，单独交易，称为可分离交易的可转换债券。

### (二) 可转换债券的特征

**1. 可转换债券是一种附有转股权的债券**

可转换债券在转股前是一种公司债券，体现的是债权债务关系；转股后变成了股票，体现的是所有权关系。

**2. 可转换债券具有双重选择权的特征**

一方面，投资者可自行选择是否转股，并为此承担转债利率较低的机会成本；另一方面，转债发行人拥有是否实施赎回条款的选择权，并为此要支付比没有赎回权的转债更高的利率。

### (三) 可转换债券的价值和价格

由于可转换债券既有债券或优先股的特征，又有转化成普通股的潜在可能，所以在不同的条件下具有不同的价值，主要有转换价值、理论价值及市场价格。

**1. 转换价值**

转换价值是可转换证券实际转换时按转换成普通股的市场价格计算的理论价值。用公式表示：转换价值=股票价格×转换比例。所以当转换比例一定时，股票价格越高，转换价值越大。

**2. 理论价值**

因可转换债券的利率较一般债券低，所以投资者购买可转换债券主要是希望转换成普通股票。因此，可转换债券的理论价值应为未来一系列债息收入与转换价值的现值。

**3. 市场价格**

可转换债券的市场价格以理论价值为基础并受供求关系的影响。当市场价格与转换价值相同时，称为转换平价；当市场价格高于理论价值时，称为转换升水；当市场价格低于转换价值时，称为转换贴水。

## 六、其他金融衍生工具简介

### (一) 存托凭证

**1. 存托凭证的含义**

存托凭证(DR)是指在一国证券市场流通的代表外国公司有价证券的可转让凭证。存托凭证一般代表外国公司股票，有时也代表债券。

1927 年 J. P. 摩根设立了一种美国存托凭证(简称 ADR)，首创存托凭证。

**2. 美国存托凭证的有关业务机构**

(1) 存券银行。存券银行作为 ADR 的发行人和市场中介，为投资者提供所需的一切服务。

(2) 托管银行。托管银行是由存券银行在基础证券发行国选择的银行，它通常是存券银行在当地的分行、附属行或代理行。托管银行负责保管 ADR 所代表的基础证券；根据存券银行的指令领取红利或利息，用于再投资或汇回 ADR 发行国；向存券银行提供当地市场信息。

(3) 中央存托公司。中央存托公司是指美国的证券中央保管和清算机构，负责 ADR 的保管和清算。

**3. 存托凭证的发行和交易**

对股份公司而言，发行存托凭证可避开直接发行股票与债券的法律要求，便于进入外国市场。在美国，发行一级存托凭证无需到美国证券和交易委员会(SEC)登记注册，不受发行地严格的上市要求的限制，也无需按照美国公认会计准则(GAAP)要求进行审计。同时也方便美国投资者以熟悉的投资习惯进行投资。

美国存托凭证可以和其他任何美国证券一样在美国市场上自由交易，通常有以下两种交易形式。

(1) 市场交易。这种交易是指在美国市场的存托凭证持有者之间的相互买卖，在存券银行过户，在存券信托公司清算。

(2) 取消。当客户指示卖出存托凭证而本地市场无买家时，美国的经纪人委托基础证券所在国的经纪人出售基础证券。当美国经纪人接到已经出售的通知时，即把存托凭证交回存券银行，由存券银行取消存托凭证，同时存券银行指示托管银行将相应的基础证券解入当地购入该证券的证券商账户。美国的经纪人负责把外汇按当时的汇价换成美元支付给存托凭证出售者。

#### 4. 存托凭证在中国的发展

存托凭证在我国也取得了较快发展，截止2010年，我国发行存托凭证的企业已达近百家。部分企业因而实现了在我国香港和美国同时上市融资的目的。

### (二) 资产证券化与证券化产品

#### 1. 资产证券化与证券化产品的含义

资产证券化是以特定资产组合或特定现金流为支持，发行可交易证券的一种融资形式。在资产证券化过程中发行的以资产池为基础的证券就称为证券化产品。通过资产证券化，将流动性较低的资产(如银行贷款、应收账款、房地产等)转化为具有较高流动性的可交易证券。

#### 2. 资产证券化的种类与范围

(1) 根据证券化的基础资产不同，可以将资产证券化分为不动产证券化、应收账款证券化、信贷资产证券化、未来收益证券化(如高速公路收费)、债券组合证券化等类别。

(2) 根据资产证券化发起人、发行人和投资者所属地域不同，可将资产证券化分为境内资产证券化和离岸资产证券化。

(3) 根据证券化产品的金融属性不同，可以分为股权型证券化、债权型证券化和混合型证券化。

## 【理论梳理】

(1) 债券是由债券发行者依照法定程序发行的，在约定的时间承担还本付息义务的书面凭证，具有流动性较高、风险较小、收益较稳定等特点。

(2) 股票是一种有价证券，它是股份有限公司在筹集资本时向出资人发行的用以证明投资者的股东身份和权益并据以获取股息和红利的凭证。

(3) 证券投资基金是指通过公开发售基金份额募集资金，由基金托管人托管，由基金管理人管理和运用资金，以资产组合方式进行证券投资活动的基金。

(4) 金融期货是以金融工具(或金融变量)为基础工具的期货交易。期货交易是指交易双方在集中的交易所市场以公开竞价方式所进行的期货合约的交易。

(5) 权证是指由基础证券发行人或其以外的第三人发行的，约定持有人在规定期间内或特定到期日，有权按约定价格向发行人购买或出售标的证券，或以现金结算方式收取结算差价的有价证券。

- 金融工具
  - 金融工具概述
    - 金融工具的特征　收益性、流动性、安全性
    - 金融工具的分类
      - 基本金融工具和衍生金融工具
      - 货币市场金融工具和资本市场金融工具
      - 直接融资金融工具和间接融资金融工具
    - 金融工具创新发展
  - 债券
    - 债券的票面要素　票面价值、到期期限、票面利率、债券发行人名称
    - 债券的分类
      - 实物债券、凭证式债券和记账式债券
      - 单利债券、附息债券、贴现债券、零息债券、累进利率债券和浮动利率债券
      - 政府债券、金融债券和公司债券、国际债券(外国债券、欧洲债券、龙债券)
  - 股票
    - 股票的性质　有价证券、资本证券、要式证券、证权证券、综合权利证券
    - 股票的特征　收益性、流动性、安全性、永久性、参与性
    - 股票的分类
      - 普通股票和优先股票
      - 记名股票和无记名股票
      - 有面额股票和无面额股票
    - 股票的价值与价格
      - 票面价值　账面价值　内在价值　清算价值
      - 理论价格　市场价格
    - 我国现行的特殊股权结构　国家股、法人股、社会公众股和外资股等
    - 股票与债券的区别
      - 权利不同　发行主体和目的不同
      - 期限不同　收益不同　风险不同
  - 证券投资基金
    - 证券投资基金的特点　集合投资、分散风险、专业理财
    - 证券投资基金的分类
      - 契约型基金和公司型基金
      - 封闭式基金和开放式基金
      - 债券基金、股票基金、货币市场基金等
      - 成长型基金、收入型基金和平衡型基金
      - 交易所交易基金　交易型开放式基金和上市型开放式基金
  - 金融衍生工具
    - 金融衍生工具的特征　跨期性、杠杆效应、联动性、不确定性和高风险
    - 金融期货　外汇期货、利率期货、股票期货、股票指数期货
    - 金融期权　看涨期权和看跌期权、欧式期权、美式期权、修正的美式期权
    - 权证　认购权证和认估权证
    - 可转换证券

## 【案例分析】

### 中航油事件

2003 年下半年，中航油公司开始交易石油期权(op-tion)，最初涉及 200 万桶石油，中

航油在交易中获利。

2004 年一季度，油价攀升导致公司潜亏 580 万美元，公司决定延期交割合同，期望油价能回跌，交易量也随之增加。

2004 年二季度，随着油价持续升高，公司的账面亏损额增加到 3000 万美元左右。公司因而决定再延后到 2005 年和 2006 年才交割，交易量再次增加。

2004 年 10 月，油价再创新高，公司此时的交易盘口达 5200 万桶石油，账面亏损再度大增。

10 月 10 日，面对严重资金周转问题的中航油，首次向母公司呈报交易和账面亏损。为了补加交易商追加的保证金，公司已耗尽近 2600 万美元的营运资本，1.2 亿美元银团贷款和 6800 万美元应收账款资金。账面亏损高达 1.8 亿美元，另外已支付 8000 万美元的额外保证金。

10 月 20 日，母公司提前配售 15%的股票，将所得的 1.08 亿美元资金贷款给中航油。

10 月 26 日和 28 日，公司因无法补加一些合同的保证金而遭逼仓，蒙受 1.32 亿美元实际亏损。

11 月 8 日到 25 日，公司的衍生商品合同继续遭逼仓，截至 25 日的实际亏损达 3.81 亿美元。

12 月 1 日，在亏损 5.5 亿美元后，中航油宣布向法庭申请破产保护令。

期货投资具有高收益高风险的特点，因此操作前一定要制定并严格执行风险控制措施，下面几条纪律供大家参考：第一，必须严格止损；第二，时刻关注持仓量；第三，把握到期日效应；第四，坚决不能逆趋势操作；第五，警惕连续大跌大涨；第六，坚决不能捂盘；第七，坚决不能满仓操作。

(资料来源：中国经济网，2008 年 9 月 27 日)

**讨论**：结合案例内容，分析企业如何利用金融衍生品进行风险管理。

## 【知识检测】

1. 流动性的含义。
2. 风险与收益的内涵。
3. 债券的类型及特征。
4. 股票种类与特点。
5. 金融衍生工具的分类及特征。

## 【应用实训】

实训目标：

巩固所学股票投资知识，重点是在投资实践中灵活运用。

实训内容：

分析股票的基本面和技术面，利用投资组合来进行风险管理。

实训要求：

利用股票模拟投资软件，以小组形式进行股票投资，以 10 万模拟资金进行为期一个月的股票模拟投资大赛，并就模拟投资结果进行分析汇报。

# 第五章 金 融 市 场

**【知识目标】**

了解金融市场的概念和发展趋势；了解金融市场的构成要素；理解金融市场的功能；掌握金融市场的各个子市场的概念、功能和交易工具。

**【能力目标】**

对比分析不同金融市场和金融工具的特点；掌握如何选用适当的金融市场业务解决实际投融资问题。

**【案例导读】**

**沪深两市上市公司超过3000家**

2016年12月9日，随着3只新股的正式登陆，A股迎来了属于自己的新时代：上市公司总数突破3000家，A股总市值超过52万亿元，居全球第二位。

1990年，中国股市正式诞生，10年后的2000年9月，迎来第1000只股票。第二个“1000家”诞生于2010年9月。此时的A股已经不再是国有企业“独一份”的局面，越来越多的民营企业在此期间登陆资本市场，A股形成以主板、中小板和创业板共同发展的多元化结构。

2010年至今的6年中，资本市场第三个“千股”提速到来，这一现象反映的是“转型”的大趋势：市场经济加快转型的大环境下，越来越多的新兴产业登陆资本市场。

(资料来源：中国经济网，2017年1月5日)

## 第一节 金融市场概述

### 一、金融市场的概念

金融市场是指以金融产品(金融工具)为交易对象而形成的供求关系及其交易机制的总和。金融工具是指一切代表未来收益或资产合法要求权的凭证。金融工具可以划分为基础性金融工具与衍生性金融工具两大类。前者主要包括债务性金融工具和权益性金融工具；后者主要包括远期合同、期货合约、期权合约和互换合同等。金融市场是金融工具进行交易的有形和无形的“场所”；它反映了金融工具供应者和需求者之间的供求关系；

它包含了金融工具的交易机制，其中最主要的是价格(包括利率、汇率及各种证券的价格)机制。

## 二、金融市场的构成要素

金融市场的构成要素包括主体、客体、交易中介、交易组织形式和金融市场价格。

### (一) 市场主体

参与金融市场交易的当事人是金融市场的主体，包括政府部门、工商企业、居民个人、存款性金融机构、非存款性金融机构、中央银行等。

#### 1. 政府部门

在各国的金融市场上，通常该国的中央政府与地方政府均是资金的需求者，他们主要通过发行财政部债券或地方政府债券来筹集资金，用于基础设施建设，弥补财政预算赤字等。政府部门在一定的时间也可能是资金的供应者，如税款集中收进还没有支出时。另外，不少国家政府也是国际金融市场上的积极参加者，如中东的主要石油出口国家就是金融市场上资金供应的大户，一些发展中国家则是金融市场上的主要资金需求者。不论是发展中国家还是发达国家，政府部门都是金融市场上的经济行为主体之一。

#### 2. 工商企业

在不少国家，国有或私营工商企业是仅次于政府部门的资金需求者，他们既通过市场筹集短期资金从事经营，以提高企业财务杠杆比例和增加盈利；又通过发行股票或中长期债券等方式筹措资金用于扩大经营规模。另外，工商企业也是金融市场上的资金供应者之一。他们在生产经营过程中暂时闲置的资金，为了使其保值或获得盈利，他们也会将其暂时让渡出去，以使资金的运用发挥更大效益。此外，工商企业还是套期保值的主体。

#### 3. 个人

个人一般是金融市场上的主要资金供应者。个人通过在金融市场上购买各种有价证券来进行组合投资，既满足日常的流动性需求，又能获得资金的增值。个人的投资可以是直接购买债券或股票，也可以是通过金融中介机构进行间接投资，如购买证券投资基金，投入保险等，最终向金融市场提供资金。个人有时也有资金需求，但数量一般较小，常常是用于住房、汽车等消费。

#### 4. 存款性金融机构

存款性金融机构是指通过吸收各种存款而获得可利用资金，并将之贷给需要资金的各经济主体及投资于证券等以获取收益的金融机构。它们是金融市场的重要中介，也是套期保值和套利的重要主体。存款性金融机构一般包括如下几类：商业银行、储蓄机构、信用合作社等。

#### 5. 非存款性金融机构

金融市场上另一类重要的参与者就是非存款性金融机构。它们的资金来源和存款性金融机构吸收公众存款不一样，主要是通过发行证券或以契约性的方式聚集社会闲散资金，主要有：保险公司、养老基金、投资银行、证券投资基金等。

**6. 中央银行**

中央银行在金融市场上处于一种特殊的地位，它既是金融市场的行为主体，又是金融市场的监管者。从中央银行参与金融市场的角度来看：首先，作为银行的银行，它充当最后贷款人的角色，从而成为金融市场资金的提供者；其次，中央银行为了执行货币政策，调节货币供应量，通常采取在金融市场上买卖证券的做法，进行公开市场操作，中央银行的公开市场操作不是以盈利为目的，但会影响金融市场上资金的供求及其他经济主体的行为。此外，一些国家的中央银行还接受政府委托，代理政府债券的还本付息；接受外国中央银行的委托，在金融市场买卖证券参与金融市场的活动。

### （二）金融市场的客体

金融市场的交易对象是货币资金，但交易的仅仅是货币资金的使用权，而非所有权，是对货币资金在一定时期内使用权的让渡。货币资金使用权的让渡必须通过金融产品的买卖来实现。也就是说，金融市场交易的客体其实是金融产品(又称信用工具或金融工具)，是一种表示债权关系或所有权关系的凭证，是具有法律效力的契约，一般包括货币头寸、票据、债券、股票、外汇和金融衍生品等。这种金融产品具有规范化的书面格式，广泛的社会可接受性、可转让性和法律效力。无论是银行的存贷款，还是证券市场上的证券交易，均需通过金融产品的交易来实现。各种金融产品代表的是各类金融资产，是货币资金的化身，因此，一个健康完善的金融市场应该向其参与者提供众多的可选择的金融产品，而金融产品的数量、品种和质量则是决定金融市场效率和活力的关键因素。首先，从数量上看，金融市场主体之间的交易必须借助于以货币表示的各种金融产品来实现，否则资金融通就无法实现；其次，从质量上看，一种理想的金融产品必须既满足资金需求，还符合中央银行等金融监管机构的要求。

### （三）金融市场中介

金融市场中介是指在金融市场上充当交易媒介，从事交易或促使交易完成的组织、机构或个人。金融市场中介参与金融市场活动的目的是获取佣金，其本身并非真正的资金供给者或需求者。金融中介大体分为两类：交易中介和服务中介。交易中介通过市场为买卖双方成交撮合，并从中收取佣金，包括银行、有价证券承销人、证券交易经纪人、证券交易所和证券结算公司等。服务中介，这类机构本身不是金融机构，但却是金融市场上不可或缺的，如会计师事务所、律师事务所、投资顾问咨询公司和证券评级机构等。

### （四）交易组织形式

有了市场主体和客体就形成了市场交易的可能性，但要达成交易还需要有一定的组织形式，把交易双方和交易对象结合起来，使交易双方相互联系，实现转让市场客体的目的。纵观各国金融市场，所采用的交易组织形式一般有两种：

**1. 交易所形式**

证券交易所是证券市场交易的固定场所，是证券交易市场的最早形态。证券交易所

只是为交易双方提供一个公开交易的场所，它本身并不参加交易。能进入证券交易所的都是取得交易所会员资格的经纪人和交易商，会员资格的取得历来均有各种严格限制并需缴纳巨额会费。经纪人和交易商的区别在于：前者只能充当证券买者与卖者的中间人，从事代客买卖业务，收入来自佣金；后者则可以直接进行证券买卖，收入来自买卖差价。

交易所内的证券交易是通过竞价成交的。所谓竞价成交，是指在对同一种证券有不止一个买方或卖方时，买方交易员和卖方交易员分别以当时成交价逐步向上或向下报价，当任一买方交易员与任一卖方交易员的报价相等时，则这笔买卖拍板成交。竞价成交后，还须办理交割和过户的手续。交割是指买方付款取货与卖方交货收款的手续。过户手续仅对股票购买人而言，如为记名股票，买者须到发行股票的公司或其委托部门办理过户手续，方可以成为该公司股东。

**2. 场外交易形式**

场外交易是指在证券交易所以外进行的证券交易，是一种分散在各个证券商柜台前进行交易的组织形式，所以，也称为柜台交易形式或店头交易形式。

场外交易的特点是：第一，无集中交易场所，交易通过通信网络进行；第二，以买卖未在交易所登记上市的证券为主；第三，证券交易可以通过交易商或经纪人，也可以由客户直接进行；第四，证券交易由双方协商议定价格，不同于交易所采取的竞价制度。场外交易市场由于具有可以不必公开财务状况、可以直接交易、有利于降低交易成本等特点，因此，自创办以来发展较快。尤其是计算机技术被应用于证券交易后，场外交易市场变得更加繁荣。其实这种交易组织形式现在也很少在柜台前直接进行，而多是借助于电话、电传等现代通信手段达成交易。

### （五）金融市场价格

金融市场价格通常表现为各种金融产品的价格，有时也可以通过利率来反映。一种金融产品的流动性、收益性和风险性等特点决定了其自身的内在价值，从而奠定了这种金融资产的价格基础。此外，金融产品的价格还受供给、需求、其他金融资产价格及交易者的心理预期等众多因素的影响。价格机制在金融市场中发挥着极为关键的作用，是金融市场高效运行的基础。

金融市场的四个要素之间是相互联系、相互影响的。其中，金融市场主体和金融市场客体是构成金融市场最基本的要素，是金融市场形成的基础。金融市场中介和金融市场价格则是伴随金融市场交易产生的，它们也是金融市场中不可或缺的构成要素，对促进金融市场的繁荣和发展具有重要意义。

## 三、金融市场的功能

金融市场作为金融资产交易的场所，从整个经济运行的角度来看，它提供如下几种经济功能。

### （一）资金聚敛功能

金融市场的聚敛功能是指金融市场引导众多分散的小额资金汇聚成为可以投入社会

再生产的资金的集合功能。在这里，金融市场起着资金“蓄水池”的作用。在国民经济四部门中，各部门之间及各部门内部的资金收入和支出在时间上并不总是对称的。这样，一些部门或经济单位在一定的时间内可能存在暂时闲置不用的资金，而另一些部门或经济单位则存在资金缺口。金融市场就提供了两者沟通的渠道，这就是金融市场的资金聚敛功能。

### （二）资本配置功能

金融市场的配置功能表现在三个方面：

(1) 资源的配置。在金融市场中，证券价格的波动，实际上反映着证券背后所隐含的相关信息。投资者可以通过证券交易中所公开公告的信息及证券价格波动所反映出的信息来判断整体经济运行情况以及相关企业、行业的发展前景，从而决定其资金和其他经济资源的投向。

(2) 财富的再分配。在金融市场上的金融资产价格发生波动时，其财富的持有数量也会发生变化，一部分人的财富量随金融资产价格的升高而增加，而另一部分人则由于其持有的金融资产价格下跌，所拥有的财富量也相应减少。

(3) 风险的再分配。利用各种金融工具，较厌恶风险的人可以把风险转嫁给厌恶风险程度较低的人，从而实现风险的再分配。

### （三）金融调节功能

调节功能是指金融市场对宏观经济的调节作用。金融市场一边连着储蓄者，另一边连着投资者，金融市场的运行机制是一种有效的自发调节机制，通过对储蓄者和投资者的影响而发挥作用。一方面，金融市场具有直接调节作用，通过其特有的引导资本形成及合理配置的机制，首先对微观经济部门产生影响，进而影响到宏观经济活动；另一方面，金融市场的存在及发展，为政府实施对宏观经济活动的间接调控创造了条件。金融市场既提供货币政策操作的场所，也提供实施货币政策的决策信息。财政政策的实施也越来越离不开金融市场，政府通过国债的发行及运用等方式对各经济主体的行为加以引导和调节，并提供中央银行进行公开市场操作的手段，也对宏观经济活动产生着巨大的影响。

### （四）经济反映功能

金融市场历来被称为国民经济的“晴雨表”和“气象台”，是公认的国民经济信号系统。这实际上就是金融市场反映功能的写照。第一，由于证券买卖大部分都在证券交易所进行，人们可以随时通过这个有形的市场了解到各种上市证券的交易行情，并据以判断投资机会。在一个有效的市场中证券价格的涨跌实际上反映着其背后企业的经营管理情况及发展前景。此外，一个有组织的市场，一般也要求上市证券公司定期或不定期地公布其经营信息和财务报表，这也有助于人们了解及推断上市公司及相关企业、行业的发展前景。所以，金融市场首先是反映微观经济运行状况的指示器。第二，金融市场交易直接和间接地反映国家货币供应量的变动。货币的紧缩和放松均是通过金融市场进行的，货币政策实施时，金融市场会出现波动表示出紧缩和放松的程度。因此，金融市场所反馈的宏观经济运行方

面的信息，有利于政府部门及时制定和调整宏观经济政策。第三，由于证券交易的需要，金融市场专门有大量专业人员长期从事商情研究和分析，并且他们每日与各类工商业直接接触，能了解企业的发展动态。第四，金融市场有着广泛而及时地收集和传播信息的通信网络，整个世界金融市场已连成一体，四通八达，从而使人们可以及时了解世界经济发展变化情况。

### （五）风险分散功能

金融市场多元化的金融工具为投资者提供了分散风险的可能。也就是说，由于金融工具的可分割性与流动性，金融市场可以为投资者分散风险提供一个合理的机制。通过金融市场投资者可采用各种证券组合方式来分散风险，提高资金的安全性与盈利性，也可利用对冲交易、套期保值交易来规避和分散风险。投资者可选择收益率的相关性很低并由不同发行人发行的金融工具，通过合理的投资组合来分散风险。例如把资金分散投资于不同行业、不同经济地区、不同期限的有价证券，这样可以降低投资于单一金融资产的风险。另外，金融工具的应用使得大额投资分散为小额零散资金，从而将较大的投资风险分由大量投资者共同承担，既使投资者的利益得到保证，同时又便于筹资者融资目标的实现。

## 四、金融市场的发展趋势

### （一）资产证券化

资产证券化是指把流动性较差的资产，如金融机构的一些长期固定利率放款或企业的应收账款等通过商业银行或投资银行的集中及重新组合，以这些资产作抵押来发行证券，实现了相关债权的流动化。资产证券化最早起源于美国。最初是储蓄银行、储蓄贷款协会等机构的住宅抵押贷款的证券化，接着商业银行也纷纷仿效，对其债权实行证券化，以增强资产的流动性和市场性。从 20 世纪 80 年代后期开始，证券化已成为国际金融市场的一个显著特点，传统的以银行为中心的融资借贷活动开始发生了新的变化。当前，西方国家资产的证券化趋势正深入到金融活动的各个方面，不仅是传统银行贷款的证券化，而且经济中以证券形式持有的资产占全部金融资产的比例越来越大。社会资产金融资产化、融资非中介化都是这种趋势的反映。

### （二）金融全球化

金融市场的全球化已成为当今世界的一种重要趋势。20 世纪 70 年代末期以来，西方国家兴起的金融自由化浪潮，使各国政府纷纷放宽对金融业活动的管制。随着外汇、信贷及利率等方面的管制的放松，资本在国际间的流动日渐自由，国际利率开始趋同。目前，国际金融市场正在形成一个密切联系的整体市场，在全球各地的任何一个主要市场上都可以进行相同品种的金融交易，并且由于时差的原因，由伦敦、纽约、东京和新加坡等国际金融中心组成的市场可以实现 24 小时不间断的金融交易，世界上任何一个局部市场的波动都可能马上传递到全球的其他市场上，这就是金融的全球化。

金融体系是一个复杂的整体，金融的全球化意味着资金可以在国际间自由流动，金融交易的币种和范围超越国界。它具体包括以下内容：

**1. 市场交易的国际化**

在金融全球化的背景下，实际上意味着各个金融子市场交易的国际化。在资产证券化的趋势影响下，传统的以国际银行为主的间接信贷市场已让位于直接的证券买卖和发行。而各国间资金的流动必然又涉及各国货币的交易及兑换，这也对外汇市场的全球化提出了要求。

**2. 市场参与者的国际化**

金融市场的全球化还表现为市场参与者的国际化。传统的以大银行和主权国政府为代表的国际金融活动主体正为越来越多样化的国际参与者所代替。大企业、投资银行、保险公司、投资基金、甚至私人投资者也纷纷步入国际金融市场，参与国际投资组合，以分散投资风险并获取高收益。在这个过程中，银行和各种非银行金融机构纷纷向全球各金融中心扩散，代理本国或国外的资金供求者的投资与筹资活动，或直接在金融市场上参与以盈利为目的的交易活动。特别值得一提的是，各国金融机构之间并购重组浪潮风起云涌，各种各样的投资基金在全球金融市场上所取得的空前大发展，都极大地促进了金融市场交易的国际化。

## 知识拓展 5-1

### 人民币正式加入 SDR 篮子 中国金融市场化国际化加速

2016 年 10 月 1 日起，人民币正式纳入国际货币基金组织(IMF)特别提款权(SDR)货币篮子，成为新的 SDR 五种构成货币中唯一的新兴经济体货币。

SDR 是 IMF 于 1969 年创设的一种国际储备资产，用于弥补各成员国官方储备不足。在将于 10 月 1 日生效的新 SDR 货币篮子中，美元所占权重为 41.73%，欧元为 30.93%，人民币为 10.92%，日元为 8.33%，英镑为 8.09%。

中国民生银行首席分析师温彬指出：此次人民币成功“入篮”标志着人民币的国际认可和接受程度提高，是人民币国际化进程中具有里程碑意义的事件。一方面，将促进中国金融的市场化和国际化进程；另一方面，也有利于国际金融体系稳定，为国际贸易和金融发展带来新的机遇。

(资料来源：京华时报，2016 年 10 月 1 日)

### (三) 金融自由化

金融自由化的趋势是指 20 世纪 70 年代中期以来在西方国家，特别是发达国家所出现的一种逐渐放松甚至取消对金融活动的一些管制措施的过程。金融的自由化和金融的证券化、全球化在 20 世纪 90 年代以后，表现得尤其突出，它们相互影响，互为因果，相互促进。金融自由化的主要表现为：减少或取消国与国之间对金融机构活动范围的限制；对外

汇管制的放松或解除；放宽金融机构业务活动范围的限制，允许金融机构之间的业务适当交叉；放宽或取消对银行的利率管制。除了上述内容外，西方各国对金融创新活动的鼓励，对新金融工具交易的支持与放任，实际上也是金融自由化兴起的重要表现。

(四) 金融工程化

金融工程是指以工程思维进入金融领域，综合采用各种工程技术方法(主要有数学建模、数值计算、网络图解、仿真模拟等)设计、开发新型的金融产品，创造性地解决金融问题。这里的新型和创造性指的是金融领域中思想的跃进，对已有观念的重新理解与运用，或者是对已有金融产品进行分解和重新组合。

# 第二节　货币市场

## 一、货币市场的概念及特征

货币市场是指进行短期资金融通的市场，其交易工具是 1 年以及 1 年以内的票据和有价证券。货币市场具有以下特征：第一，货币市场的主要交易品种是短期信用工具，包括政府、银行及企业发行的短期证券，以流动性高、风险性小为特征；第二，货币市场的作用在于调节短期资金的流动性，解决临时性的季节性资金周转的需求；第三，货币市场的主要参与者是机构参与者(商业银行、保险公司、中央银行、政府、工商企业)和专业交易员(证券经纪人、证券交易商等)，具有交易规模大、单位交易成本低、客户数量较少、交易频繁等特点，个人投资者一般通过金融中介机构参与市场活动；第四，货币市场的金融创新和活动都是围绕着最大限度地降低交易风险，增加交易收益性而展开的；第五，货币市场基本上是无形的市场，没有固定的交易场所，而是借助于现代通信设施和计算机网络进行交易。

## 二、货币市场的参与者

货币市场的参与者即货币市场的主体，主体多元化是促使货币市场成熟和完善的一个重要条件。

1. 商业银行

商业银行是货币市场最重要的参与者。商业银行一方面通过投资货币市场工具来投放自身暂时闲置的资金，获得较高的收益；另一方面又发行货币市场工具来融资，以解决自身临时性的资金需求。同业拆借就是商业银行进行短期资金融通的重要工具。其他非商业银行的金融机构主要参与短期国债市场、回购协议市场、商业票据市场和大额可转让存单市场等。

2. 中央银行

中央银行作为货币市场的参与者，主要通过一定的货币政策操作来影响货币市场，进而影响资本市场的资金需求，从而传导货币政策。中央银行参与货币市场有两种方式：间接参与和直接参与。

### 3．大的企业和跨国公司

大的企业和跨国公司也日益成为货币市场的重要参与者。一方面，它们可以通过发行票据来直接融资，以降低融资成本，提高融资效率；另一方面，在短期国债或回购协议等市场上，它们有时也充当投资者。由于这些货币市场交易工具往往具有低风险、高流动性的特点，通过在这些市场的投资，大的企业和跨国公司不仅可以获得更高的收益，还可以保持较高的流动性，提高了它们管理现金的能力，因而它们也越来越多地参与货币市场。从另一方面而言，它们对货币市场的参与也有利于货币市场交易的活跃和合理的货币市场利率的形成。

### 4．非银行金融机构

非银行金融机构包括保险公司、养老基金和各类共同基金，它们参与货币市场的主要目的是希望利用该市场提供风险低、流动性高的金融工具实现最佳的投资组合。它们的共同特点是拥有大量的个人长期资金，希望通过专家式的管理取得高于银行存款但风险性低的收益，因此需要将资产组合调整到一个最佳的位置。它们看中的是这个市场的高流动性及低风险性，而不是盈利性。

### 5．政府

政府参与货币市场的主要目的是筹集资金，以弥补财政赤字及解决财政收支过程中短期资金不足的困难，一般是以资金需求者身份出现。政府主要通过发行各种期限的国债和国库券来筹集资金，其活动主要集中在发行市场。

### 6．专业人员

专业人员是指货币市场上的经纪人、交易商和承销商。他们一般是以证券公司和投资银行的专业交易人员身份出现，接受客户委托进行债券发行与交易，或直接进行交易。他们通过各种交易活动取得佣金收入和价差收入。

## 三、货币市场的分类

### 1．短期政府债券市场

短期政府债券是政府作为债务人，期限在 1 年以内的债务凭证。广义的短期政府债券不仅包括国家财政部门发行的债券，还包括地方政府及政府代理机构所发行的债券；狭义的短期政府债券则仅指国库券，一般所说的短期政府债券市场指的就是国库券市场。短期政府债券独特的优势表现在高信誉、低风险、流动性强、利息免税。正因为短期国债市场具有如此多的优势，使得其成为货币市场不可缺少的无风险投资工具，在货币市场中发挥着重要作用。

## ✵知识拓展 5-2

**地方债两年置换 8 万亿**

截至 2015 年年底，约有 16 个省份实现了债务余额下降，其中包括财政收入增势良好的部分发达省市，如上海、浙江、北京等；也包括极力压缩债务规模的高风险省份，如辽宁、湖南、内蒙古等。

2016年地方债继续放量发行，规模约6.05万亿，较2015年同比增长约60%。加上地方债规范管理元年2015年的3.8万亿地方债，两年地方债发行规模逼近10万亿，包括将近2万亿新增债券和8万亿存量置换债券。

经过两年的规范管理，纳入正轨的地方政府债务，其风险似乎有所下降。财政部反复强调，经过三年左右债务置换后，地方政府举债只有政府债券这一种形式。

业内普遍认为，地方政府债券管理比较规范。但部分地方现存的大量已有债务，融资平台债务以及近年通过PPP、政府购买服务、政府投资基金等变相举债，仍跟地方政府债务有着密切联系。

(资料来源：21世纪经济报道，2017年1月24日)

### 2. 同业拆借市场

同业拆借市场是商业银行等金融机构之间以货币借贷方式从事短期资金融通而形成的市场。该市场的交易对象是金融机构的多余头寸，由短期资金不足的金融机构向短期资金剩余的金融机构拆借，以满足临时性的资金需求。

同业拆借市场最早出现于20世纪初的美国，产生的根本原因是中央银行的存款准备金制度。经过长期的发展，西方各国的同业拆借市场已经发展到了非常成熟的阶段，同业拆借市场成为各国货币市场的重要组成部分，该市场巨额的交易量，十分灵敏的利率变化及与其他货币市场之间的密切关系，使之不仅成为金融机构实施流动性管理的重要手段，也在中央银行货币政策的实施中发挥着核心的作用。

### 3. 商业票据市场

商业票据是一种短期的无担保证券，是由发行人(一般为信誉高、实力雄厚的大公司)为了筹集短期资金或弥补短期资金缺口而在货币市场上向投资者发行并承诺在将来一定时期偿付证券本息的凭证。商业票据市场就是这些公司发行商业票据并进行交易的市场。

### 4. 回购协议市场

回购协议市场是指通过证券回购协议进行短期货币资金借贷所形成的市场。证券回购协议是指证券资产的卖方在卖出一定数量的证券资产的同时与买方签订的在未来某一特定日期按照约定的价格购回所卖证券资产的协议。

从表面上看，证券回购是一种证券买卖，但实际上它是一种以证券为质押品而进行的短期资金融通。证券的卖方以一定数量的证券为抵押进行短期借款，条件是在规定期限内再购回证券，且购回价格高于卖出价格，两者的差额即为借款的利息。

在证券回购协议中，作为标的物的主要是国库券等政府债券或其他有担保债券，也可以是商业票据、大额可转让定期存单等其他货币市场工具。

### 5. 大额可转让定期存单市场

大额可转让定期存单(CDs)是银行发行的有固定面额并可转让流通的存款凭证。它产生于美国，由花旗银行首先推出，是银行业为逃避金融法规约束而创造的金融创新工具。

6. 货币市场共同基金

货币市场共同基金是美国 20 世纪 70 年代以后出现的一种新型投资理财工具。共同基金是将众多的小额投资者的资金集合起来，由专门的经理人进行市场运作，赚取收益后按一定的期限及持有的份额进行分配的一种金融组织形式。而对于主要在货币市场上进行运作的共同基金，则称为货币市场共同基金。

# 第三节　资本市场

## 一、资本市场的概念及特征

资本市场是指资金融通期限在 1 年以上的中长期金融市场。包括 1 年以上的证券市场和中长期银行信贷市场。其基本功能是实现并优化投资与消费的跨时期选择。按市场工具划分，资本市场通常由股票市场、债券市场和投资基金市场构成。

资本市场具有以下特征：第一，资本市场上交易的金融工具期限长，至少在 1 年以上，最长的可达数 10 年；股票则没有偿还期限，可以长期交易；第二，交易的目的主要是为解决长期投资性资金的供求需要，所筹措的资金主要用于补充固定资本，扩大生产能力，如开办新企业，更新改造或扩充厂房设备，国家长期建设性项目的投资；第三，资金借贷量大，以满足长期投资项目的需要；第四，作为交易工具的有价证券与短期金融工具相比，收益较高而流动性差，价格波动幅度大，有一定的风险性和投机性。

## 二、资本市场的构成

资本市场通常由股票市场、债券市场和投资基金市场构成。

### (一) 股票市场

股票市场也称权益市场，是指股票发行和交易的市场。其组织结构可分为一级市场和二级市场。

1. 股票的一级市场

一级市场也称为发行市场，它是指公司直接或通过中介机构向投资者出售新发行的股票。所谓新发行的股票包括初次发行和再发行的股票，前者是公司第一次向投资者出售的原始股，后者是在原始股的基础上增加的新份额。一级市场的整个运作过程通常由咨询与管理、认购与销售两个阶段构成。

2. 股票的二级市场

二级市场也称交易市场，是投资者之间买卖已发行股票的场所。这一市场为股票创造流动性，即能够迅速脱手换取现值。二级市场另一个重要作用是优化控制权的配置从而保证权益合同的有效性。二级市场通常可分为有组织的证券交易所和场外交易市场，但也出现了具有混合特型的第三市场和第四市场。

(1) 证券交易所。证券交易所是由证券管理部门批准的，为证券的集中交易提供固

定场所和有关设施，并制定各项规则以形成公正合理的价格和有条不紊的秩序的正式组织。股票的上市是指赋予某种股票在某个证交所进行交易的资格。各证交所为了提高在本证交所交易股票的质量，都要求各种股票在本证交所交易之前办理申请上市手续，经审查合格后，由股票的发行公司与交易所签订上市协议，缴纳上市费后，才能在本证交所交易。

(2) 场外交易市场。场外交易是相对于证券交易所交易而言的，凡是在证券交易所之外的股票交易活动都可称作场外交易。由于这种交易起先主要是在各证券商的柜台上进行的，因而也称为柜台交易(OTC)。

(3) 第三市场。第三市场是指原来在证交所上市的股票移到场外进行交易而形成的市场，换言之，第三市场交易是既在证交所上市又在场外市场交易的股票，以区别于一般含义的柜台交易。

(4) 第四市场。第四市场是指大机构绕开通常的经纪人，彼此之间利用电子通信网络(ECNs)直接进行的证券交易。这些网络允许会员直接将买卖委托挂在网上，并与其他投资者的委托自动配对成交。由于没有买卖价差，其交易费用非常便宜，而且有些 ECNs 允许用户进行匿名交易，从而满足了一些大机构投资者的需要。

#### (二) 债券市场

债券市场是指债券的发行和流通市场。

**1. 债券的一级市场**

债券的一级市场，即债券的发行市场。债券的发行与股票类似，不同之处主要有发行合同书和债券评级两个方面。同时，由于债券是有期限的，因而其一级市场多了一个偿还环节。

**2. 债券的二级市场**

债券的二级市场与股票类似，也可分为证券交易所、场外交易市场以及第三市场和第四市场几个层次。证券交易所是债券二级市场的重要组成部分，在证券交易所申请上市的债券主要是公司债券，而国债一般不用申请即可上市，享有上市豁免权。然而，上市债券与非上市债券相比，它们在债券总量中所占的比重很小，大多数债券的交易是在场外市场进行的，场外交易市场是债券二级市场的主要形态。

#### (三) 投资基金市场

投资基金是资本市场的一个新的形态，它本质上是股票、债券及其他证券投资的机构化，不仅有利于克服个人分散投资的种种不足，而且成为个人投资者分散投资风险的最佳选择，从而极大地推动了资本市场的发展。

## 第四节　外汇市场与黄金市场

### 一、外汇市场

外汇市场是金融市场的重要组成部分，由于它的存在，资金在国际间的调拨划转得以进行，国际间的债权债务得以清偿，国际资本得以流动，跨越国界的资金借贷融通得以实现。

### （一）外汇市场的含义

所谓外汇市场，是指由各国中央银行、外汇银行、外汇经纪人和客户组成的买卖外汇的交易系统。外汇市场不像商品市场和其他的金融市场那样，一定要设有具体的交易场所，它主要是指外汇供求双方在特定的地区内，通过现代化的电信设备及计算机网络系统来从事外汇买卖的交易活动。

20 世纪 70 年代以后，随着国际货币制度的改革以及现代科学技术的进步，国际外汇市场的发展更加迅猛，新的交易工具和交易方式不断涌现。

### （二）外汇市场的构成

外汇市场由主体和客体构成。外汇市场的主体，即外汇市场的参与者。客体即外汇市场的交易对象，主要是各种可自由交换的外国货币、外币有价证券及支付凭证等。

### （三）外汇市场的参与者

#### 1. 外汇银行

外汇银行又叫外汇指定银行，是指经过本国中央银行批准，可以经营外汇业务的商业银行或其他金融机构。外汇银行可分为三种类型：专营或兼营外汇业务的本国商业银行；在本国的外国商业银行分行及本国与外国的合资银行；其他经营外汇买卖业务的本国金融机构，如信托投资公司、财务公司等。外汇银行是外汇市场上最重要的参与者。

#### 2. 外汇经纪人

外汇经纪人是指介于外汇银行之间、外汇银行和其他外汇市场参加者之间，为买卖双方接洽外汇交易而赚取佣金的中间商。如同外汇银行一样，外汇经纪商也必须经过所在国中央银行的核准方可参与市场。外汇经纪人在外汇市场上的作用主要在于提高外汇交易的效率。

#### 3. 顾客

在外汇市场中，凡是与外汇银行有外汇交易关系的公司或个人，都是外汇银行的客户，他们是外汇市场上的主要供求者，其在外汇市场上的作用和地位，仅次于外汇银行。这类市场的参与者有的为实施某项经济交易而买卖外汇；有的为调整资产结构或利用国际金融市场的不均衡状况而进行外汇交易；还有其他零星的外汇供求者。在上述各种外汇供求者中，最重要的是跨国公司，因为跨国公司的全球经营战略涉及许多种货币的收入和支出，所以它进入外汇市场非常频繁。

#### 4. 中央银行及其他官方机构

外汇市场上另一个重要的参与者是各国的中央银行。这是因为各国的中央银行都持有相当数量的外汇余额作为国际储备的重要构成部分，并承担着维持本国货币金融稳定的职责，所以中央银行经常通过购入或抛出某种国际性货币的方式来对外汇市场进行干预，以便能把本国货币的汇率稳定在一个所希望的水平上从而实现本国货币金融政策的意图。

除了中央银行以外，其他政府机构为了不同的经济目的，有时也进入外汇市场进行交

易，如财政部等。但中央银行是外汇市场上最经常、最重要的官方参与者。

### (四) 外汇市场的类型

根据上述对外汇市场参与者的分类，外汇市场的交易可以分为三种类型，即银行与顾客之间、银行同业之间、银行与中央银行之间的交易。在这些交易中，外汇经纪人往往起着中介作用。

#### 1. 银行与顾客之间的外汇交易

顾客出于各种各样的动机，需要向外汇银行买卖外汇。银行在与顾客的外汇交易中，一方面从顾客手中买入外汇，另一方面又将外汇卖给顾客。实际上是在外汇的最终供给者和最终使用者之间起中介作用，赚取外汇的买卖差价。

#### 2. 银行同业间的外汇交易

银行在每个营业日，根据顾客的需要与其进行外汇交易，结果难免产生各种外汇头寸的多头或空头，统称敞开头寸。多头表示银行该种外汇的购入额大于出售额，空头则表示银行该种外汇的出售额多于购入额。当银行各种外汇头寸处于不平衡时，银行便承担了外汇风险。银行若要回避外汇风险，就需通过银行同业间的交易，“轧平”外汇头寸，即将多头抛出，空头补进，使其所承诺的某种货币的出售数量与购进数量相平衡。此外，银行还出于投机、套利、套期保值等目的从事同业的外汇交易。因此，银行同业间的外汇交易构成了绝大部分的外汇交易，占外汇市场交易总额的90%以上。

银行同业市场是外汇市场供求流量的汇集点，因此它决定着外汇汇率的高低。在外汇市场上，有些实力雄厚的大银行处于“做市商”的地位，由于其雄厚的实力和巨额的经营，因此其报价对市场汇价的形成有很大的影响。

#### 3. 银行与中央银行之间的外汇交易

中央银行为了使外汇市场上自发形成的供求关系所决定的汇率能相对地稳定在某一期望的水平上，可通过其与外汇银行之间的交易对外汇市场进行干预。

如果某种外币兑换本币的汇率低于期望值，中央银行就会向外汇银行购入该种外币，增加市场对该外币需求量，促使银行调高其汇率；反之，如果中央银行认为该外币的汇率偏高，就向银行出售该种外汇的储备，促使其汇率下降。

### (五) 外汇市场的基本交易

外汇市场上的各种交易可按不同的标准划分不同的种类。若按合同的交割期限或交易的形式特征来区分，可分为即期外汇交易和远期外汇交易两大类。

#### 1. 即期外汇交易

即期外汇交易，又称现汇买卖，是交易双方以当时外汇市场的价格成交，并在成交后的两个营业日内办理有关货币收付交割的外汇交易。例如，2017 年 2 月 15 日(星期三)纽约花旗银行和日本东京银行通过电话达成一项外汇买卖业务，花旗银行愿意按 1 美元兑 112.81 日元的汇率卖出 100 万美元，买入 11 281 万日元；而东京银行也愿意按同样的汇率卖出 11 281 万日元，买入 100 万美元。2 月 16 日(星期四)，花旗银行和东京银行分别按照对方的要求，将卖出的货币汇入对方指定的账户内，从而完成这笔交易。即期外汇交易是外汇市场上最常见、最普遍的买卖形式。

2．远期外汇交易

远期外汇交易，又称期汇交易，是指买卖外汇双方先签订合同，规定买卖外汇的数量、汇率和未来交割外汇的时间，到了规定的交割日期买卖双方再按合同规定办理货币收付的外汇交易。在签订合同时，除交纳10%的保证金外，不发生任何资金的转移。

远期交易的期限有1个月、3个月、6个月和1年等几种，其中3个月最为普遍。远期交易很少超过1年，因为期限越长，交易的不确定性越大。

## 知识拓展5-3

### 2016中国外汇市场累计成交20.29万亿美元

中国国家外汇管理局统计数据显示，中国外汇市场2015年全年累计成交17.76万亿美元，2016年已累计成交20.29万亿美元，同比上涨14.2%。

2016年12月，中国外汇市场(不含外币对市场 )总计成交15.56万亿元人民币(等值2.25万亿美元)，按美元计环比下降3.08%，为2016年次高。

其中，银行对客户市场成交3457亿美元，环比增加14.28%；银行间市场成交1.9万亿美元，环比减少5.69%；即期市场成交1.04万亿美元，环比增加11.37%；衍生品市场成交1.21万亿美元，环比减少13.01%。

外管局公布的外汇市场统计口径仅限于人民币对外汇交易，不含外汇之间交易。银行对客户市场采用客户买卖外汇总额，银行间外汇市场采用单边交易量，均为发生额本金。

(资料来源：中金网，2017年1月25日)

## 二、黄金市场

黄金市场是指进行黄金买卖的场所。黄金在很长一段时间里充当着一般等价物的角色。

### (一) 黄金市场的发展历史

早在19世纪初期，世界上就已经出现了较为健全的国际黄金市场。当时处于金本位制时期，西方国家的黄金市场都是自由交易，自由输出或输入。后来，随着金本位制的崩溃，各国政府纷纷实行外汇管制，黄金交易受到很大程度的限制，如规定黄金一般要出售给官方外汇管理机构或指定的银行，至于工业和其他用途的黄金，也需向外汇管理机构或指定的银行购买。但是，国际黄金市场没有因为黄金已不再是货币材料而萎缩。第二次世界大战以后，各国对黄金的管制有所放松，黄金市场得到进一步发展，交易量也明显增多。

### (二) 黄金市场的职能

黄金市场的发展不但为广大投资者增加了一种投资渠道，而且还为中央银行提供了一个新的货币政策操作的工具。

1. 保值增值功能

因为黄金具有很好的保值、增值功能，所以黄金可以作为一种规避风险的工具，这和贮藏货币的功能有些类似。黄金市场的发展为广大投资者增加了一种投资渠道，从而可以在很大程度上分散投资风险。

2. 货币政策功能

黄金市场为中央银行提供了一个新的货币政策操作的工具，也就是说，央行可以通过在黄金市场上买卖黄金来调节国际储备构成以及数量，从而控制货币供给。虽然黄金市场的这个作用是有限的，但是由于其对利率和汇率的敏感性不同于其他手段，因而可以作为货币政策操作的一种对冲工具。随着黄金市场开放程度的逐步加深，它的这个功能也将慢慢显现出来。可以说，通过开放黄金市场来深化金融改革是中国金融市场与国际接轨的一个客观要求。

### （三）黄金市场的主体

从国际经验来看，黄金市场的参与者可分为金商、银行、对冲基金等金融机构，各个法人机构，私人投资者以及在黄金期货交易中有很大作用的经纪公司。

1. 金商

最典型的金商就是伦敦黄金市场上的五大金行，其自身就是一个黄金交易商，由于其与世界上各大金矿和许多金商有广泛的联系，而且其下属的各个公司又与许多商店和黄金顾客有联系，因此，五大金商会根据自身掌握的情况不断报出黄金的买价和卖价。当然，金商要承担金价波动的风险。

2. 银行

银行又可以分两类，一种是仅仅为客户代行买卖和结算，本身并不参加黄金买卖，以苏黎世的三大银行为代表，他们充当生产者和投资者之间的经纪人，在市场上起到中介作用。也有一些做自营业务的，如在新加坡黄金交易所(UOB)里，就有多家自营商会员是银行的。

3. 对冲基金

近年来，国际对冲基金尤其是美国的对冲基金活跃在国际金融市场的各个角落。在黄金市场上，几乎每次大的下跌都与基金公司借入短期黄金在即期黄金市场抛售和在纽约商品交易所黄金期货交易所构筑大量的淡(空)仓有关。一些规模庞大的对冲基金利用与各国政治、工商和金融界千丝万缕的联系往往较先捕捉到经济基本面的变化，利用管理的庞大资金进行买空和卖空从而加速黄金市场价格的变化而从中渔利。

4. 各种法人机构和私人投资者

这里既包括专门出售黄金的公司，如各大金矿、黄金生产商、专门购买黄金消费的黄金制品商、首饰行以及私人购金收藏者等，也包括专门从事黄金买卖业务的投资公司、个人投资者等；种类多样，数量众多。按对市场风险的喜好程度，又可以分为风险厌恶者和风险喜好者：前者希望回避风险，将市场价格波动的风险降低到最低程度，包括黄金生产商、黄金消费者等；后者就是各种对冲基金等投资公司，希望从价格涨跌中获取利益。前者希望对黄金保值，而转嫁风险；后者希望获利而愿意承担市场风险。

5. 经纪公司

经纪公司是专门代理非交易所会员进行黄金交易，并收取佣金的经纪组织。有的交易所将经纪公司称为经纪行。在纽约、芝加哥、香港等黄金市场里，活跃着许多的经纪公司，他们本身并不拥有黄金，只是派场内代表在交易厅里为客户代理黄金买卖，收取客户的佣金。

6. 交易所

从国际经验来看，黄金交易一般都有一个固定的交易场所，目前世界上共有五大黄金交易所，分别是英国伦敦黄金交易所、瑞士苏黎世黄金交易所、新加坡黄金交易所、香港黄金交易所和东京黄金交易所。我国的上海黄金交易所是经国务院批准，由中国人民银行组建，中国唯一的专门从事黄金交易的国家级市场，于 2002 年 10 月成立运营。上海黄金交易所已逐步发展成为中国黄金市场的核心枢纽以及全球重要的黄金、白银等贵金属交易市场。自 2007 年起，金交所连续 9 年位居全球场内黄金现货场所交易量第一。上海黄金交易所实行的是会员制，目前在全球共有会员 250 余家，境内机构客户超过 1 万户，个人投资者 900 余万人。

### （四）中国黄金市场的现状

1. 中国黄金生产和消费量位居世界首位

在中国古代，黄金主要产自黄河下游及相邻地区，在长江流域也有个别产金地。这一时期生产黄金的方法主要是挑拣和采出自然金，对黄金的加工方法主要是锤揲法。到商代、西周时期已有熔铸工艺，如刘家河出土的笄。随着科学技术的发展，中国古代和近代的黄金生产又陆续发展出重力法淘金和岩金开采等。找矿也出现了一些新方法，如认识矿物共生关系，从一条矿脉找寻其他矿脉；按矿物的光泽找矿等。《史记·天官书》记载：“金宝之上皆有光，不可不察”。到了汉代，黄金冶炼技术已有了更加长足的进步，西安上林苑出土的马蹄金和麟趾金经测定含金量高达 97%，而北京怀柔出土的马蹄金纯度已达 99.3%。

我国黄金市场改革起始于 1993 年，这一年国务院 63 号函确立了黄金的市场化方向。2001 年 4 月，当时的中国人民银行行长戴相龙宣布取消黄金“统购统配”的计划管理体制，在上海组建黄金交易所。2002 年 10 月上海黄金交易所开业，标志着中国的黄金行业开始走向市场化。据中国黄金协会统计数据显示，2016 年，我国国内累计生产黄金 453.486 吨，连续 10 年成为全球最大黄金生产国；全国黄金消费量达 975.38 吨，连续 4 年成为世界第一黄金消费国。目前，我国国内的黄金总存量约为 1.6 万吨，包括中央银行的黄金储备和民间拥有的黄金制品。

2. 中国黄金储备量与大国地位不符

随着世界经济和科技技术的快速发展，世界各国的地位、实力及其在世界事务中的作用也在发生着变化。黄金的市场需求及价格变化之所以能够引起世界各国的普遍关注，是因为黄金的地位及其对相关方面的影响仍然是重要的。从世界黄金协会提供的数据看，黄金仍然是国家战略储备的主体。中国人民银行发布数据显示，截至 2017 年 1 月 31 日，中国外汇储备规模为 29 982.04 亿美元，1 月份中国黄金储备仍维持 5924 万盎司，相当于 712.92 亿美元。我国黄金储备不足，已成为人民币国际化的重要短板。

## 知识拓展 5-4

### 世界上主要的国际黄金交易中心

全球主要的国际黄金市场有：伦敦黄金市场、苏黎世黄金市场、纽约黄金市场、香港黄金市场。

1. 伦敦黄金市场

伦敦黄金市场历史悠久，是世界主要现货市场，由 5 家大黄金交易公司组成。二次世界大战前，伦敦是世界上最大的黄金市场，交易的黄金数量巨大，约占全世界经营量的 80%，是世界上唯一可以成吨买黄金的市场。伦敦黄金市场多采用批发交易。该市场现货交易由美元计价，期货交易由英镑计价。

2. 苏黎世黄金市场

苏黎世黄金市场是二次世界大战后发展起来的世界性黄金自由市场。它以瑞士三大银行为中心，联合经营黄金。与伦敦金商不同的是，他们不但充当经纪人，还掌握大量黄金储备进行黄金交易。瑞士是著名的西方各国的资金庇护所，每逢国际政治局势发生动荡或货币金融市场发生波动时，各地大量游资纷纷涌向瑞士，购金保值或从事投机活动。加之瑞士利率低，持有的黄金可以列为现金项目，市场交易没有任何限制，现已发展成为世界最大的黄金现货交易中心。

3. 纽约黄金市场

纽约黄金市场是目前世界上最大的黄金期货市场。每年有 2/3 的黄金期货契约在纽约成交，但交易水分很大，投机活动充斥整个市场。纽约黄金市场的发展历史很短，但发展速度相当快。纽约黄金市场的建立和发展，使得世界黄金市场的格局发生了重大变化：一方面促进了纽约黄金市场的发展；另一方面，纽约黄金期货市场巨大的交易量，使伦敦黄金市场的每日定价制的权威受到影响，有时还不如纽约黄金市场的定价更具适合性。

4. 香港黄金市场

香港黄金市场已有 70 多年的历史。从 20 世纪 60 年代开始，香港黄金市场已发展成为世界主要的黄金交易中心。香港黄金市场的黄金买卖集中在香港金银贸易场进行。由于香港时间凌晨 2 时 30 分至 3 时这段时间正值世界其他黄金市场休市之际，欲进行黄金买卖交易，就必须到香港黄金市场，加之香港黄金市场无外汇管制等客观有利条件，使香港黄金市场迅速发展，现已成为世界四大黄金市场之一。

---

## 【理论梳理】

(1) 金融市场是指以金融工具为交易对象而形成的供求关系及其交易机制的总和。金融市场的构成要素包括主体、客体、交易中介、交易组织形式和金融市场价格。

(2) 货币市场是短期金融市场，主要包括短期政府债券市场、同业拆借市场、商业票据市场、回购协议市场、货币市场共同基金和大额可转让定期存单市场。而资本市场则是中长期金融市场，包括 1 年以上的证券市场和中长期银行信贷市场，通常由股票市场、债券市场和投资基金市场构成。

(3) 外汇市场，是指由各国中央银行、外汇银行、外汇经纪人和客户组成的买卖外汇的交易系统。黄金市场是指进行黄金买卖的场所。

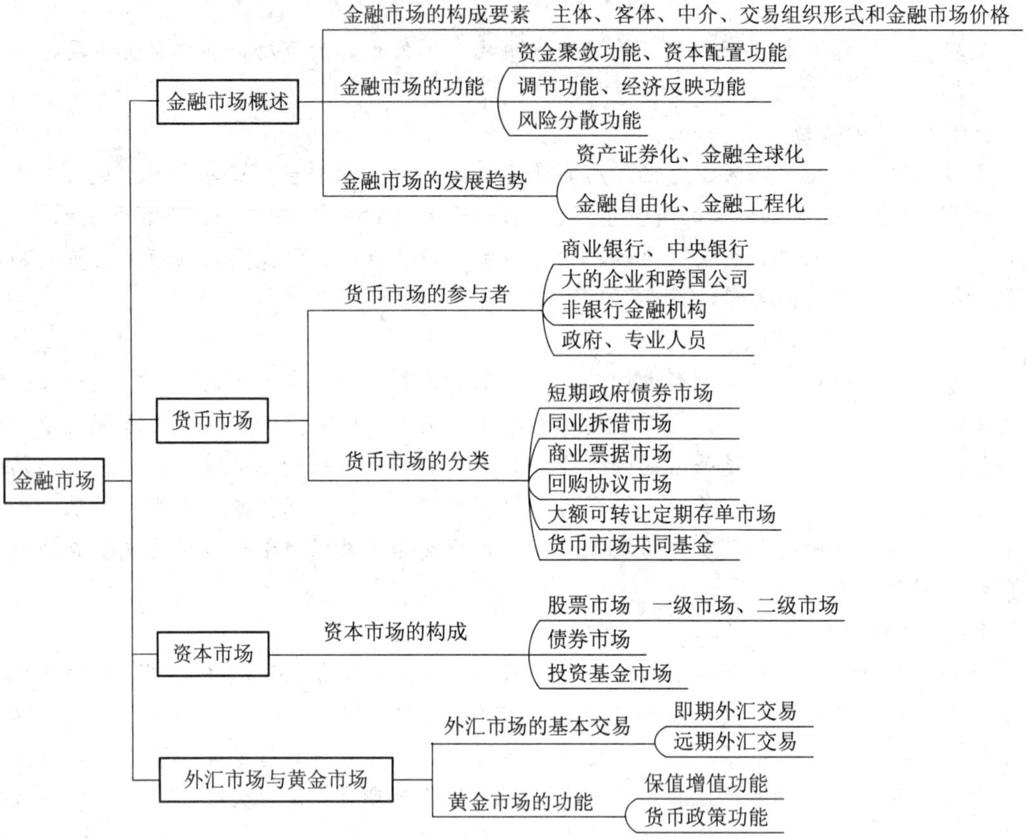

- 金融市场
  - 金融市场概述
    - 金融市场的构成要素　主体、客体、中介、交易组织形式和金融市场价格
    - 金融市场的功能
      - 资金聚敛功能、资本配置功能
      - 调节功能、经济反映功能
      - 风险分散功能
    - 金融市场的发展趋势
      - 资产证券化、金融全球化
      - 金融自由化、金融工程化
  - 货币市场
    - 货币市场的参与者
      - 商业银行、中央银行
      - 大的企业和跨国公司
      - 非银行金融机构
      - 政府、专业人员
    - 货币市场的分类
      - 短期政府债券市场
      - 同业拆借市场
      - 商业票据市场
      - 回购协议市场
      - 大额可转让定期存单市场
      - 货币市场共同基金
  - 资本市场
    - 资本市场的构成
      - 股票市场　一级市场、二级市场
      - 债券市场
      - 投资基金市场
  - 外汇市场与黄金市场
    - 外汇市场的基本交易
      - 即期外汇交易
      - 远期外汇交易
    - 黄金市场的功能
      - 保值增值功能
      - 货币政策功能

## 【案例分析】

### 纳斯达克市场成功案例

纳斯达克证券市场有限公司隶属于全美证券交易商协会(NASD)。该协会是一个自律性的管理机构，在美国证券交易委员会注册，几乎所有的美国证券经纪/交易商都是它的会员。

纳斯达克证券市场创立于 1971 年，1971 年 2 月 8 日正式开始交易，以全美证券交易商协会自动报价系统运作。这是一套电子系统，专门收集和发布在场外交易非上市股票的证券商报价，是全球第一家自动报价证券市场。经过十年持续不断的发展，纳斯达克证券市场建立了上市标准更高的纳斯达克全国市场，并且首先采用同步报导交易情况的经营方式。

1. 纳斯达克证券市场的双轨制

纳斯达克证券市场在上市方面实行双轨制：分别为纳斯达克全国市场和纳斯达克小型资本市场。通常，较具规模的公司证券在纳斯达克全国市场进行交易；而规模较小的新兴公司证券则在小型资本市场进行交易，因为该市场实施的上市规定没有那么严格。但证券

交易委员会对两个市场的监管范围并没有区别。

2. 交易系统

纳斯达克证券市场是一个电子化市场，因此它没有也不需要设置证券交易大厅。然而，这个市场在世界各地一共装置了 40 多万台计算机销售终端(如 Reuters 和 Bloomberg 等)，向世界各个角落的交易商、基金经理和经纪人传送 5000 多种证券的全面报价和最新交易信息。但是，这些销售机并不能直接用于证券交易，既不能在纳斯达克市场为股票造市，也不能受理指令。如果美国以外的证券经纪人/交易商进行交易，一般要通过计算机销售终端取得纳斯达克证券市场的信息，然后用电话通知在美国的全国证券交易商协会会员公司进行有关交易。

3. 做市商

纳斯达克证券市场采用多个做市商制度，它们包括雷曼兄弟、高盛以及摩根士丹利等证券公司，这些公司可随时动用资金买卖纳斯达克证券市场各类上市公司的股票。

证券公司的交易商通过微机工作站进行报价。这些微机工作站都使用纳斯达克证券市场有限公司的专利软件，从而使相互竞争的交易商能够同时参加市场活动。世界各地的其他交易商、经纪人和投资者则可以从计算机终端上看到市场价格和买卖数量的确认报价，所有交易则是根据这些报价进行。为某一股报出买卖价的做市商数目因公司的不同而有所差异。所有公司都必须至少有两名做市商为其股票报价；对于规模甚大、流通性高的股票而言，做市商可多达 45 家；但平均来说，非美国公司股票的做市商数目约为 11 家。

4. 保荐人

在纳斯达克证券市场，做市商既可买卖股票，又可保荐股票，换句话说，他们可对自己担任做市商的公司进行研究，就该公司的股票发表研究报告并提出推荐意见。

5. 交易报告

做市商必须在成交后 90 秒内向全国证券交易商协会当局报告在纳斯达克证券市场上市证券已完成交易的每一笔(整批股)。买卖数量和价格的交易信息随即转发到世界各地的纳斯达克证券市场计算机屏幕和销售终端。这些交易报告的资料作为日后全国证券交易商协会审计的基础。

纳斯达克成功的背后，主要有如下几个方面的原因：独特的市场结构，宽松的上市标准，先进的电子交易系统和严格的风险控制系统，市场国际化进程和不懈地创新。

宽松的上市环境是纳斯达克成功最核心和重要的原因。它与纳斯达克脱胎于柜台交易有关，但主要是因为纳斯达克清醒地认识到当今信息社会的新兴企业具有与传统企业截然不同的特点，技术含量高的企业往往具有惊人的增长潜力。放松上市标准，鼓励和扶植新兴高新技术企业上市，是纳斯达克鲜明的特点，也是其成功的根本所在。

纳斯达克自成立起就利用电子系统进行交易，是世界第一家股票电子交易市场。这种方式非常有利于网上交易的发展，现在美国网上交易已经十分发达和普遍。目前纳斯达克正尝试新的创新，其中最引人注目的是 24 小时交易，它已与澳大利亚在洽谈合作事宜。由此可见纳斯达克充分利用电子交易系统的先进性不断革新交易手段，为保证在下个世纪的竞争中保持领先进行不懈的努力。

纳斯达克的风险控制，其手段和措施已经法制化和程序化。它有两个手段：股票发行监管和交易活动监管。前者对在纳斯达克上市发行活动实行紧密监督，以维护市场秩序和投资者利益。其手段主要通过检查所有在媒体上披露的有关公司股票发行信息，并有权事先得到公司某些重要信息。对违规公司该部门有权责令其停止上市交易活动。交易活动监管是指该系统对所有上市企业的交易活动实行实时监管，以保证交易活动的真实性和秩序化。它通过这种监控系统的自动搜索和分析功能实时监视所有交易活动。对上市公司提供纳斯达克有关交易管理规定和有关法律法规。若发现违规则交有关部门进一步落实处理。

这两种做法和分工并没有其他特别之处，但其手段的先进性和严密性有效地维护了市场秩序和投资者利益。在三十多年的发展中，纳斯达克一直较好地控制了风险，避免了重大事故发生，较好地处理了发展与风险控制的关系。

纳斯达克市场创造了一个新的企业家阶层——风险资本家。纳斯达克把企业家及其创新成果和风险资本家有机地结合起来。有创新思想的创业者先向风险资本家筹集资金，经营一段时间后让成功企业的原始股(IPO)上市。一般来说，这些股票能得到高额回报，足以补偿风险投资者在其他投资上的损失。这样，一个创新科技、风险投资和纳斯达克市场连动获利，彼此促进的资金流动和效益增长方式就出现了。20 世纪 90 年代美国通过风险基金和原始股上市等途径进行的风险投资每年都在 450 亿至 650 亿美元之间，其中纳斯达克吸纳的约占半数。我们几乎在纳斯达克每一个成功的企业后面都能发现风险资本家的身影，风险资本家也在纳斯达克成功地创造了一个个神话。

纳斯达克的成功是信息技术与金融业结合的典范。纳斯达克自创立以来，就没有交易大厅，而是采用电子化交易系统，这保证了市场的公正，所有交易都在井井有条、公平、监管有方和低成本的环境中进行。在网络时代，纳斯达克一直与网络技术保持同步，目前它每年投资 2 亿多美元进行技术设备的升级换代，今后还将逐年增加。1999 年它同美国著名的通信公司微波世界通信公司合作，使用设备“2 号企业网”将电子交易网络的速度和容量扩大一倍，达到日成交 40 亿股的能力，并具有扩充到 80 亿股的潜力。低交易成本，无交易时限，全球化证券市场，即时成交，公开和透明的企业和股价信息等，正是这个高科技的金融帝国一直孜孜不倦追求的目标。

纳斯达克的成功也是美国文化发展的典范。纳斯达克自成立之初就鼓励中小企业上市，口号是公司不分大小，只要公开、诚实就行。但是，纳斯达克也最充分地体现了优胜劣汰的资本竞争原则。这里只允许强者驻足，如果不能做到最好，随时都会被吐故纳新的竞争和不进则退的压力淘汰。财富的乘数倍增效应在这里得到了淋漓尽致的发挥，它使强者的资本超速增值，而弱者则被迅速逐出场外，每年都有相当数量的公司遭遇摘牌而黯然离场。于是，更高、更快、更强、更大自然也就成了网络时代企业的基本生存哲学。

纳斯达克是美国新经济的摇篮，对美国新经济的发展起到巨大的推动作用。它也是美国高新技术企业成长的推进器，打造了微软、英特尔和思科等举世闻名的跨国公司。

但是，随着纳斯达克成为许多经济指标的晴雨表，纳斯达克指数投机味道也越来越浓，股价被炒至完全脱离现实者比比皆是。

投资界举足轻重的人物如格林斯潘等人在不同场合指出，有朝一日纳斯达克指数自高峰大幅回落在意料之中。美国一些经济学家也指出，20 世纪 90 年代美国经济得天独厚，在高科技投资开花结果之余，外资源源流入也是一个极重要因素。但经过历史上最长的一个经济增长期后，外资继续流入的诱因已逐渐减少，相反，以往部分投资获利回吐，并把资金调离美国到其他地区寻找机会的诱因却愈来愈多。如果新一轮资金流向趋势一旦形成，

并无实质因素支持的纳斯达克指数自高位回落超过25%甚至一半也绝不稀奇。

言犹在耳，一度在纳斯达克叱咤风云的数字英雄身价暴跌，纳斯达克也成了许多人的噩梦。它的明天是否会很美？这是值得期待的。

讨论：纳斯达克市场成功经验对我国发展和完善创业板市场有哪些借鉴与启示？

## 【知识检测】

1. 金融市场及其构成要素。
2. 货币市场及其主要特点。
3. 资本市场及其主要特点。
4. 外汇市场的类型及基本交易方式。
5. 世界上主要的国际黄金交易中心。

## 【应用实训】

实训目标：

通过模拟股票交易过程，深入理解股票市场交易的风险性和收益性，提高自己投资的分析判断能力。

实训内容：

根据自己熟悉的领域分析一到两个行业，从行业中独立选出几只股票，在模拟股票操作中买入并观察行情。

实训要求：

模拟股票市场交易，可以结合第四章金融工具的应用实训，写出操作心得，同时注意总结股票模拟操作中遇到的问题并加以分析解决。

# 第六章　金融机构体系

## 【知识目标】

理解金融机构的含义和功能；了解金融机构的类型，了解金融机构的发展趋势；了解金融机构体系的一般构成及其相互联系，理解和掌握西方国家金融机构体系和我国金融机构体系的构成和特点；了解常见的国际金融机构。

## 【能力目标】

掌握金融机构的类型、功能以及金融体系的构成；理解金融体系中各种金融机构之间的联系；运用所学知识，对常见金融机构的功能、基本业务和发展趋势进行简单分析，并对我国金融体系的历史和现状有更深刻的认识。

## 【案例导读】

### 中国银行业的国际化

2015 年 3 月 23 日，中国工商银行加拿大子银行正式开办人民币清算业务，而不久前中国农业银行与丝路基金正式开展合作并办理了首笔业务，农业银行香港分行成为丝路基金第一家境外合作银行。2015 年 3 月初，中国建设银行的伦敦子银行建行(伦敦)获得了人民币境外合格投资者(RQFII)资格，成为首家在欧洲获得牌照的中资机构。2015 年 2 月 26 日，中国银行为国际航空集团旗下的英国航空公司成功做成全球首笔离岸人民币飞机融资业务，总金额达 27.5 亿元，期限 12 年，用于英国航空公司购买两架空客 A380 型飞机。2 月 9 日，中国银行悉尼分行的人民币清算中心正式启动。同时，亚洲基础设施投资银行引起了广泛关注，正吸引着英、德、法等西方国家的加入，显然中国金融的全球影响力正在提升。伴随着企业走出去与人民币国际化进程的推进，“一带一路”等多个国家全球战略的实施，在国际排名节节上升的中国银行业近五年加快了国际化步伐。不仅是国有大型银行已经实行了国际化战略，而且一些中小机构根据自身的特点也开始了国际化探索。根据中国银监会统计，截至 2013 年年底，18 家中资银行业金融机构共在海外 51 个国家和地区设立 1127 家分支机构，总资产已超过 1.2 万亿美元，这些数字仍在上升之中。2014 年，中国银行新设了 8 家海外机构，中国工商银行新设了 9 家机构。

展望未来，中国银行业国际化之路仍然面临许多挑战，同时也面临不少机会。中国经济的下行，银行盈利能力的下降使自身扩张能力可能会受到限制。从全球经济格局来看，全球油价的低迷，经济增长的乏力，汇率的波动，使银行海外业务的风险在增加。从机会方面来看，中国“一带一路”战略，亚投行建立，中非合作，中拉合作等一系列有重点、

全方位国家外交战略的实施，为中国银行业走出去提供了良好的政治环境；人民币国际化的持续推进，以人民币为计值货币的金融产品必将有更大的发展空间。所有这些都考验着中国银行家们的智慧。

(资料来源：和讯网，2015 年 4 月 15 日)

## 第一节　金融机构与金融机构体系

金融机构是指金融市场上，所有从事各类金融活动的经济组织。作为金融市场活动的主体，金融机构既是货币、信用活动与金融市场的参与者和经营者，也是组织者。金融机构在金融活动中处于重要地位，金融产品的创制、发行和交易离不开金融机构。

金融活动是金融市场、金融产品和金融机构的有机整体。在三者中，金融机构作为能动的主体起作用：在金融市场上，交易活动的参与者大多是金融机构，新的金融产品的开发更需要金融机构的参与。随着金融市场的发展和金融产品的创新，金融机构本身也在不断创新和发展。金融机构之间虽然在类型和功能上各异，但联系密切，共同构成金融体系。

### 一、金融机构及其功能

金融通常包括直接和间接两种融资方式。在现代金融中，直接融资领域中金融机构的主要职能是充当投资者和筹资者间的经纪人，如证券公司、证券交易所等；间接融资领域中金融机构的主要职能是作为资金余缺双方进行货币借贷交易的媒介，主要指各种类型的商业银行。正是直接融资和间接融资的发展，推动金融机构的不断发展和功能的不断完善。

#### （一）金融机构的含义

金融机构是介于资金借方和贷方之间的，在金融市场上从事各种金融活动的企事业单位或组织。金融机构有广义和狭义之分：狭义的金融机构仅指那些通过参与或服务金融交易而获取收益的金融企业；广义的金融机构不仅指所有从事金融活动的组织，而且包括金融市场的监管者。本章采用金融机构的广义概念。

金融机构参与金融市场活动，既可以通过金融产品的交易来进行，也可以通过为金融产品交易双方提供金融服务来进行。其中，专门为交易双方提供服务的金融机构，也可以称作金融中介，或金融中介机构。在现代金融中，一方面，在间接融资中，各种满足不同资金使用者资金需求的新的金融产品不断涌现，催生出各种金融机构；另一方面，在直接融资中，随着融资规模的扩大和形式上的创新，和金融产品交易相关的服务也至关重要，从而催生出各种金融中介机构。因此，金融机构的发展是与金融机构的功能密不可分的。

#### （二）金融机构的基本功能

**1. 信用中介职能**

信用中介职能是金融机构作为货币资金的贷出者和借入者的中介而发挥的职能，该职能是金融机构的基本职能。通常做法是，金融机构首先通过负债业务，把社会上的各种闲置货币资金集中起来，然后通过资产业务把这些资金投向需要资金的国民经济各个部门，从而实现资本的融通，同时，金融机构从吸收资金的成本与发放贷款的利息的差额中获取利差收入。

金融机构的信用中介职能，是在不改变资金的所有权的情况下(只改变资金一定期限内的使用权)，实现了资金盈余一方和资金短缺一方之间的融通。因而，最大限度地保障了债权人的资金安全，而且债权人和债务人双方具有明确的权利义务关系。

## ✲ 知识拓展 6-1

### 信用中介职能的其他作用

金融机构的信用中介职能，不仅仅起到桥梁作用，更重要的是其量变引起的质变：第一，信用中介职能把社会上的闲散资金转化为执行生产职能的资金，在不改变社会资金总量的条件下，提高了资金的使用效率，为扩大再生产和促进经济增长提供资金保证；第二，信用中介职能可以把短期资金转化为长期资金，把小额资金转化为大额资金。

(资料来源：江苏大学精品课程，金融理论与实务，课程负责人梁锐)

### 2. 支付中介职能

支付中介职能是指金融机构以工商企业或团体和个人的货币保管者、出纳者和支付代理人的身份，办理与货币运动有关的技术性服务，如转账、结算、汇款等。

金融机构发挥支付中介职能的前提，是客户账户上要有相应数量的存款。也就是说，金融机构通常在客户存款数量的限额内为客户提供支付中介服务，因而支付中介职能作用的发挥受到了限制。尽管如此，支付中介职能也具有很大的积极意义：第一，支付中介职能大大减少了现金的使用，节约了社会流通费，为各种新的支付方式，如网上银行支付等，提供了广阔的发展空间；第二，支付中介职能加速了资金周转，提高了资金使用效率；第三，支付中介职能可以提供有价值的市场信息。

### 3. 信用创造职能

信用创造职能是指金融机构通过存款货币的多次放贷而实现的信用扩张的功能。具体操作是：金融机构得到一笔存款后，只需扣除必要的存款准备金，便可以把剩余的存款再次贷出，在普遍采取转账结算的条件下，贷出的款项又会成为金融机构的另一笔存款，这笔存款，扣除存款准备金后，又会形成第三笔存款，依此类推，最终一笔存款经过金融机构的多次贷出，就可以形成加倍的存款，即实现了信用创造。

金融机构的信用创造职能对金融机构本身，对金融系统，对宏观经济都会产生重要影响。对金融机构，特别是存款类金融机构(如商业银行)来说，信用创造职能增加了金融机构的可贷资金和利息收入；对金融系统来说，信用创造职能增加了资金的使用效率，但同时也增加了潜在的信用风险；对宏观经济来说，在基础货币量不变的情况下，信用创造职能增加了经济体中的货币供给。

4. 金融服务

金融机构联系面广、信息灵通，特别是计算机在业务中的广泛应用，使其具备了为客户提供信息服务的条件。由此，以咨询和决策服务为代表的金融服务应运而生。咨询服务可以减少资金盈余方和资金短缺方的信息和合约成本，决策服务可以通过多样化的投资途径帮助投资者降低风险。此外，金融机构还为企业办理代发工资和支付各项费用业务，以及租赁业务、信托业务等金融服务性业务。

## 知识拓展 6-2

### 金融机构提供的主要服务

(1) 在市场上筹资从而获得货币资金，将其改变并构建成不同种类的更易接受的金融资产，这类业务形成金融机构的负债和资产。这是金融机构的基本功能，行使这一功能的金融机构是最重要的金融机构类型。

(2) 代表客户交易金融资产，提供金融交易的结算服务。

(3) 自营交易金融资产，满足客户对不同金融资产的需求。

(4) 帮助客户创造金融资产，并把这些金融资产出售给其他市场参与者。

(5) 为客户提供投资建议，保管金融资产，管理客户的投资组合。

上述第一种服务涉及金融机构接受存款的功能；第二和第三种服务是金融机构的经纪和交易功能；第四种服务被称为承销功能，提供承销的金融机构一般也提供经纪或交易服务；第五种服务则属于咨询和信托功能。

(资料来源：中国人民银行金融消费权益保护局. 金融知识普及读本[M]. 北京：中国金融出版社，2014.)

## 二、金融机构的基本类型

按照不同的标准，金融机构可以划分为不同的类型。

### (一) 按金融机构的管理地位分类

按金融机构的管理地位不同，可分为金融监管机构与接受监管的金融机构。

金融监管机构是根据法律规定对一国的金融体系进行监督管理的机构。其职责包括按照规定监督管理金融市场；发布有关金融监督管理和业务的命令和规章；监督管理金融机构的合法合规运作等。在我国，中央银行、银行业监督管理委员会、证券业监督管理委员会是主要的金融监管机构。

接受监管的金融机构是指除金融监管机构之外，在金融市场上从事金融产品交易或提供金融服务的金融机构，如商业银行、证券公司和保险公司等。接受监管的金融机构是金融活动的主要承担者。

金融业在国民经济中起重要作用，对国计民生产生重大影响，再加上金融业存在的投机行为会对虚拟经济，进而对实体经济产生潜在风险。因此，金融业受到的监管往往比其他行业严格很多。

### （二）按照是否担负国家政策性融资任务分类

按照是否担负国家政策性融资任务，金融机构可分为政策性金融机构和商业性金融机构。

政策性金融机构是由政府投资设立的，根据政府的决策和意向专门从事政策性金融业务的金融机构。政策性金融机构不以盈利为目的，根据不同分工，服务于特定的领域。在我国，国家开发银行、中国进出口银行和农业发展银行属于政策性银行。

商业性金融机构是按照现代企业制度改造和组建起来的，以盈利为目的的企业性质的金融机构，它们承担了全部商业性金融业务。商业性金融机构根据市场法则，以“安全性、流动性、效益性”为融资准则，恰当合理地安排其资产负债结构，在流动性和安全性允许的前提下实现盈利的最大化。

### （三）按照金融机构业务的特征分类

按照金融机构业务的特征，金融机构可划分为银行金融机构和非银行金融机构，这是国际传统的分类方式。

银行金融机构是以吸收存款的方式吸收资金的金融机构。相应地，银行金融机构的主要业务方式是存款和贷款。

非银行金融机构是以吸收存款以外的其他方式吸收资金的金融机构。相应地，非银行金融机构的业务方式呈现出多样化，如保险公司主要从事保险业务，信托公司主要从事信托业务，租赁公司主要从事租赁业务，证券公司则主要从事投资业务等。

银行金融机构和非银行金融机构之间的区别还体现在：第一，两者在业务中所处的地位不同，银行在其资产和负债业务中，分别充当债权人和债务人，而非银行金融机构则比较复杂，如保险公司主要是作为保险人，信托公司则主要充当受托人，证券公司则多作为代理人和经纪人；第二，在金融领域中发挥的具体职能不同，银行性金融机构主要发挥信用中介职能，而非银行金融机构则根据其业务不同而发挥不同职能，如保险公司主要发挥社会保障职能，信托公司则主要发挥财产事务管理职能等等。

银行性金融机构和非银行性金融机构都是一国金融机构体系的重要组成部分，它们共同为社会提供全面完善的金融服务。银行性金融机构在整个金融机构体系中居主导地位，而非银行性金融机构的存在则丰富了金融业务，充分满足现代经济对金融的多样化需要，因此，非银行金融机构的发展程度是一国金融机构体系是否成熟的重要标志。

### （四）按照是否能够接受公众存款分类

按照是否能够接受公众存款，金融机构可划分为存款性金融机构与非存款性金融机构。

存款性金融机构是指主要通过存款形式向公众举债而获得资金的金融机构，包括银行、城市信用合作社(含联社)、农村信用合作社(含联社)、农村资金互助社和企业集团财务公司等。非存款性金融机构则不得吸收公众的储蓄存款，如保险公司、信托机构、政策性银行和各类证券机构。

## 三、金融机构体系

### (一) 金融机构体系的含义

金融机构体系是指金融机构的构成及其相互联系的统一整体。在市场经济条件下，各国金融体系大多数是以中央银行为核心来进行组织管理的，因而形成了以中央银行为核心，商业银行为主体，各类银行和非银行金融机构并存的金融机构体系。在中国，就形成了以中国人民银行为领导，国有商业银行为主体，政策性银行，保险、信托等非银行金融机构，外资金融机构并存和分工协作的金融机构体系。现实金融活动中，不同类型金融机构，形成金融机构系统，在相互合作中，共同完成某项金融活动(相关内容详见知识拓展 6-3“我国金融机构分类标准”)。

### (二) 金融机构体系的一般构成

金融机构体系的实质是不同类型金融机构的有机结合。现代市场经济国家一般都拥有一个与市场配置资源相适应的，规模庞大、分工精细、种类繁多的金融机构组成的金融机构体系。

为了使各种金融活动有序开展，金融机构的一般构成如下：

#### 1. 金融监管机构

在现代经济中，金融活动的有序进行对防范金融风险至关重要，因此，金融监管机构是金融机构体系首要组成部分。金融监管机构承担着货币发行，金融机构市场准入，以及金融机构市场行为规范等职责。金融监管机构主要包括中央银行、银行业监管机构、证券业监管机构和保险业监管机构。三种金融监管机构在业务上分工明确，共同维护良好的金融秩序。

#### 2. 政策性金融机构

在现代市场经济中，为应对市场失灵，促进经济增长，适时进行经济调控非常必要。借助金融活动，将微观宏观经济政策付诸实践，是各国政府的普遍做法。为此，在金融机构体系中，应当建立政策性金融机构，并通过它们来实施微观宏观经济政策。

#### 3. 商业银行

商业银行是办理各种存款、放款和汇兑业务的银行，且是唯一能接受活期存款的银行。现代银行制度中，中央银行处于核心地位，商业银行居主导地位，其他专业银行仍然有存在和发展的余地。

#### 4. 非银行金融机构

非银行金融机构是以吸收存款以外的其他方式吸收资金，并经营其掌握的资金，从而获利的金融机构。此外，非银行金融机构还包括为金融产品交易双方提供服务的金融中介机构。随着金融业的发展，非银行金融机构在金融系统中的作用越来越大。它们包括：投资银行、证券公司、保险公司、基金公司等。

### (三) 金融机构体系的主要功能及其各构成部分之间的业务关系

金融机构体系，作为金融活动中的能动主体，承担着金融的各项职能。在不同的职能中，不同的金融机构所起的作用不同，但往往绝大多数金融职能的发挥，都是不同金融机构互相合作的结果。金融机构体系的主要职能，以及相应的各构成部分之间的业务关系如下：

**1．保障金融活动有序开展，落实国家宏观经济政策**

金融监管机构和政策性金融机构在该项职能中发挥主要作用。第一，作为金融监管机构的中央银行独家垄断货币发行权，其发行的货币构成最基础的金融工具；第二，金融监管机构制定市场准入和市场交易规则，促使金融活动有序开展；第三，金融监管机构通过货币政策工具调整货币总供给；最后，政策性金融机构，依据国家产业政策，借助金融手段，落实各项财政政策。应该指出，宏观经济政策的落实，也离不开其他金融机构的配合。如在中央银行依靠调整存款准备金率来调整货币供给时，只有各商业银行的绝对执行，最终政策效果才能显现。

**2．实现资金融通**

资金有效、安全地融通是金融活动的最终目的。在资金融通中，商业银行和各类非银行金融机构发挥主要作用。资金融通，可分为间接融资和直接融资。

在间接融资中，商业银行发挥主要作用。简单的间接融资是通过吸收存款，发放贷款，在不改变资金所有权的条件下实现资金融通，在一家商业银行内就可以完成。然而，复杂的间接融资却需要其他金融机构的配合。第一，商业银行要增加可贷资金，就需要创造存款，这就与中央银行的存款准备金率密切相关；第二，商业银行要增加资产的流动性，必要时要把存款证券化之后，再加以出售，如房地产抵押贷款证券化后，成为商业银行融资的重要手段。

在直接融资中，其他金融机构发挥主要作用。直接融资是在资产的所有权和使用权相分离的条件下实现的，资产的所有权以虚拟资产(如股票、有价证券等)的形式可以在不同所有者之间转移，资产的使用权停留在实体经济中，并不发生改变。因此，在直接融资中，将资产进行定价，分割其所有权和使用权，并将资产所有权以有价证券的形式在资本市场上发售，是直接融资的关键环节。在这一环节中，参与者包括投资银行、证券公司、法人投资者(如保险公司、证券公司)等金融机构，当然也包括个人投资者，即俗称的股民。

## ✲ 知识拓展 6-3

**我国金融机构分类标准**

随着社会的发展，金融机构的业务有日益融合的趋势，对金融机构进行严格分类已成难事。

2010 年，中国人民银行发布了《金融机构编码规范》(以下简称《规范》)，从宏观层面统一了中国金融机构分类标准，首次明确了中国金融机构涵盖范围，界定了各类金融机构具体组成，规范了金融机构统计编码方式与方法。

该《规范》对金融机构的分类：

(1) 货币当局：中国人民银行、国家外汇管理局。

(2) 监管当局：中国银行业监督管理委员会、中国证券监督管理委员会、中国保险监督管理委员会。

(3) 银行业存款类金融机构：银行、城市信用合作社(含联社)、农村信用合作社(含联社)、农村资金互助社、财务公司。

(4) 银行业非存款类金融机构：信托公司、金融资产管理公司、金融租赁公司、汽车金融公司、贷款公司、货币经纪公司。

(5) 证券业金融机构：证券公司、证券投资基金管理公司、期货公司、投资咨询公司。

(6) 保险业金融机构：财产保险公司、人身保险公司、再保险公司、保险资产管理公司、保险经纪公司、保险代理公司、保险公估公司、企业年金。

(7) 交易及结算类金融机构：交易所、登记结算类机构。

(8) 金融控股公司：中央金融控股公司、其他金融控股公司。

(9) 新兴金融企业：小额贷款公司、第三方理财公司、综合理财服务公司。

(资料来源：中国人民银行金融消费权益保护局. 金融知识普及读本[M]. 北京：中国金融出版社，2014.)

## 第二节　西方国家的金融机构体系

西方国家的金融机构可概括为银行金融机构与非银行金融机构并存的格局，其中，银行金融机构居支配地位。

西方各国的银行金融机构大体可分为中央银行和存款货币银行这两个构成部分。而非银行金融机构的构成极为庞杂，如投资银行、金融公司、不动产抵押银行、保险公司等。这类金融机构虽然不经营存款货币业务，但在金融活动中承担某个方面的重要角色。

有些非银行金融机构是作为政府政策传递机构发挥作用，因此也被称为政策性银行(或者专业银行)，如开发银行、进出口银行、农业银行等。

总体来说，西方国家的金融机构体系主要包括中央银行、政策性银行、商业银行、非银行金融机构四个主要构成部分。

### (一) 中央银行

中央银行是银行业发展到一定阶段的产物，并随着国家对经济生活干预的日益加强而不断发展和强化。中央银行或者由商业银行演变而成，或者由政府直接设立。如 1656 年成立的瑞典银行和 1694 年成立的英格兰银行，后来分别被政府改组为中央银行。而美国的联邦储备体系和二战后许多发展中国家建立的中央银行是由政府直接成立的。

中央银行是各国金融机构体系的中心和主导环节，对内它代表国家对整个金融体系实行领导和管理，维护金融体系的安全运行，实施宏观金融调控，是统制全国货币金融的最高机构；对外它是一国货币主权的象征。相关内容详见第七章中央银行。

## (二) 政策性银行

政策性银行一般是由政府设立，以贯彻国家产业政策、区域发展政策等为目标的金融机构，盈利目标居次要地位。政策性银行主要依靠财政拨款、发行政策性金融债券等方式获得资金，而且各自有特定的服务领域。政策性银行一般不普遍设立分支机构，其业务通常由商业银行代理。常见的政策性银行有开发银行、进出口银行、农业银行。

### 1. 开发银行

开发银行是专门为社会经济发展中的开发性投资提供中长期贷款的银行。开发性投资具有投资量大、见效慢、周期长、风险大等特点，一般商业银行不愿意承担。如新产业的开发，新经济区的基础建设，以及全国性公共设施的建设等都属于这类投资。由于开发银行多为政府主办，不以盈利为目的，所以往往由开发银行承担这类项目。

开发银行的资金来源主要依靠政府提供，以及通过发行债券、借入资金和吸收存款等方式筹资；资金运用主要是对开发项目提供贷款，参与直接投资或提供债务担保。

## ✵知识拓展 6-4

### 日本开发银行

1951 年 4 月成立的日本开发银行，其资本金全部是政府的，总行设在东京，在全国各大城市有 7 家分行，2 个国内办事处，4 个驻海外办事处。其主要业务有：提供开发性项目资金贷款；为开发所需的资金提供信用担保；向产业开发及尖端技术的研发和大规模工业基地的建设事业投资等。

(资料来源：国家外汇管理局，外汇管理概览(2010).)

### 2. 进出口银行

进出口银行是专门为对外贸易提供结算、信贷等国际金融服务的银行。最早出现的专门从事进出口融资的金融机构是 1919 年成立的英国出口信贷担保局，美国的进出口银行成立于 1934 年。目前大多数国家都建立了进出口银行，但名称各异，如法国称之为对外贸易银行，瑞典称之为出口信贷公司。

这类银行一般都是官方或半官方的金融机构。创建它们的宗旨是为了推动本国的进出口贸易，特别是本国处于优势地位的大额投资产品的出口，加强国际间金融合作，广泛吸引国际资本和搜集国际市场信息。

### 3. 农业银行

农业银行即在政府的指导和资助下，专门为农业、畜牧业、林业和渔业的发展提供金融服务的银行。如美国有联邦土地银行、联邦中期信贷银行、合作社银行，法国有土地信贷银行、农业信贷银行，德国有农业中央银行、土地信用银行、地租银行等，它们一般都是官方或半官方的金融机构。

由于农业部门担保和收益能力低，资本需求期限长且具有季节性，一般金融机构很难满足其融资需求，需要有政府提供指导和资助，设立专门的金融机构为之服务。农业银行的资金来源主要是政府用于农业发展的资金，发行债券，成员存款，出资团体根据有关法规的缴纳款等；资金运用主要是提供低息贷款支持农、牧、渔民创业和发展生产。

### （三）商业银行

商业银行是以经营工商业存、放款为主要业务，并以获取利润为目的的货币经营企业。

商业银行是最早出现的现代金融机构，其主要业务是经营个人储蓄和工商企业存、贷款，并为顾客办理汇兑结算和提供多种服务。通过办理转账结算，商业银行实现了国民经济中的绝大部分货币周转，同时起着创造存款货币的作用。

商业银行的特征如下：第一，商业银行与其他工商企业一样，是以盈利为目的的企业。它也具有从事业务经营所需要的自有资本，依法经营，照章纳税，自负盈亏。第二，商业银行又是不同于一般工商企业的特殊企业，表现于经营对象的差异。工商企业经营的是具有一定使用价值的商品，从事商品生产和流通；而商业银行是以金融资产和金融负债为经营对象，经营的是特殊商品——货币和货币资本，经营内容包括货币收付、借贷以及各种与货币运动有关的或者与之相联系的金融服务。从社会再生产过程看，商业银行的经营，是工商企业经营的条件。同一般工商企业的区别，使商业银行成为一种特殊的企业，即金融企业。第三，商业银行与专业银行相比又有所不同。商业银行的业务更综合，功能更全面，经营一切金融“零售”业务(门市服务)和“批发业务”(大额信贷业务)，为客户提供所有的金融服务。而专业银行只集中经营指定范围内的业务和提供专门服务。随着西方各国金融管制的放松，专业银行的业务经营范围也在不断扩大，但与商业银行相比，仍差距甚远，商业银行在业务经营上具有优势。

### （四）非银行金融机构

非银行金融机构不经营存款货币业务，但是在金融活动中发挥重要作用，如投资银行、基金公司、保险公司、不动产抵押银行、信用合作社。

#### 1. 投资银行

投资银行是专门为工商企业提供证券投融资服务和办理长期信贷业务的银行。投资银行的主要业务包括：对工商企业的股票和债券进行直接投资，提供中长期贷款，为工商企业代办发行或包销股票与债券，参与企业的创建、重组和并购活动，包销本国和外国的政府债券，提供投资和财务咨询服务等。尽管有的国家也允许投资银行接受大额定期存款，但是，投资银行的资金来源主要依靠发行自己的股票和债券。

投资银行与商业银行的划分，与直接融资和间接融资这两种融资体系的区别是紧密相关的。如果说商业银行是间接融资的中介，投资银行则是直接融资的红娘，它通过设计和买卖证券成为资金供求双方的中介机构。

除了传统的证券承销和融资业务外，现代投资银行业务涵盖了证券经纪、证券交易、投资管理、收购兼并、财务顾问、金融创新、衍生工具、项目融资、杠杆租赁等广泛的领域。

### 2. 基金公司

投资基金是指通过发行基金股票或基金受益凭证将众多投资者的资金集中起来，根据既定的最佳投资收益目标和最小风险原则，将其分散投资于各类有价证券或其他金融商品，并将投资收益按基金投资者的基金股份或基金受益凭证份额进行分配的一种投资性金融机构。基金投资属于信托投资，资金运营和管理由基金组织聘请专业的投资经理人或投资管理公司进行。投资基金的主要优点在于投资组合、分散风险、专家理财和规模经济。相关内容详见第四章金融工具的第四节证券投资基金。

### 3. 保险公司

保险公司是世界各国最重要的非银行金融机构。西方国家的保险业十分发达，保险业务渗透到社会生活的方方面面，保险公司也因所设立的保险种类而形式多样，如人寿保险公司、财产保险公司、灾害和事故保险公司、老年和伤残保险公司、信贷保险公司、存款保险公司、再保险公司等。

保险是一种信用补偿方式，保险公司主要依靠投保人缴纳保险费和发行人寿保险单的方式筹集资金，对那些发生意外灾害和事故的投保人予以经济赔偿。由于保险公司的资金来源稳定，其所聚集的大量货币资本成为西方国家金融体系长期资本的重要来源。保险公司筹集的资金，除保留一部分以应付赔偿所需外，其余部分主要投向稳定收入的政府债券、企业债券和股票，以及发放不动产抵押贷款、保单贷款等。

### 4. 不动产抵押银行

不动产抵押银行是专门经营以土地、房屋及其他不动产为抵押的长期贷款的专业银行。它们的资金主要靠发行不动产抵押证券来筹集。法国的房地产信贷银行、德国的私人抵押银行和公营抵押银行等，均属此类。此外，这类银行也收受股票、债券和黄金等作为贷款的抵押品。事实上，商业银行正大量涉足不动产抵押贷款业务。不少抵押银行除经营抵押放款业务外，也经营一般信贷业务。这种兼营、融合发展，呈加强、加速之势。

### 5. 信用合作社

信用合作社是在西方国家普遍存在的一种依据“合作社”理念和规范建立的互助合作性的金融组织。从服务对象上分，信用合作社有农村农民的信用合作社，有城市手工业者等特定范围成员的信用合作社。这类金融机构一般规模不大，它们的资金来源于合作社成员缴纳的股金和吸收存款，贷款主要用于解决其成员的资金需要。

20 世纪 70 年代以后，西方国家金融机构体系获得了迅猛的发展，呈现出以下发展趋势。第一，银行在业务上不断创新，并向综合化方向发展。金融机构、金融业务、金融工具等领域的创新更好地满足了顾客的需要；同时，商业银行业务与投资银行业务的结合促进银行发展为全能型商业银行。第二，跨国银行的建立使银行的发展更趋国际化。各国银行纷纷在国外设立分支机构，成立跨国银行，并从事国际银行业务及开拓境外金融业务。第三，按照《巴塞尔协议》的要求，重组资本结构和经营结构。国际清算银行提出的这套国际金融市场主体行为规范，为绝大多数西方发达国家的银行所遵守。第四，兼并成为现代商业银行调整的一个有效手段。尤其是进入 90 年代以来，西方银行业内部更是不断重组，以适应形势的变化与要求。第五，银行性金融机构与非银行性金融机构正不断融合，形成更为庞大的大型复合型金融机构。随着金融创新不断地发展，市场竞争日益激烈，新技术

广泛应用于金融领域，各种金融机构业务不断交叉、重叠，这使得原有的各种金融机构的差异日趋缩小，相互间的界限越趋模糊，从而呈现出专业经营向多元化综合性经营发展的趋势。

# 第三节　我国的金融机构体系

## 一、我国金融机构体系的建立与演变

我国目前的金融体系是以中央银行为核心，国有商业银行为主体，多种金融机构并存的格局。这一体系的形成，经历了以下几个过程：

### （一）改革开放前的“大一统”模式下的金融体系

改革开放前，我国是一种高度集中的、以行政管理办法为主的、单一的国家银行体系。其特点是：第一，在银行设置上，全国只有中国人民银行一家办理全部银行业务，下设众多分支机构，遍布全国，统揽一切银行信用；第二，人民银行集货币发行和信贷业务于一身，既执行中央银行职能，又兼办普通银行的信贷业务。

这种“大一统”模式下的金融体系，与逐步建立起的高度集中统一的计划经济体制是一致的。金融体系作为整个经济体制的一个重要组成部分，在这期间也随之走向高度集中统一。例如，1954 年 9 月将交通银行改建为中国人民建设银行，其任务是在财政部领导下专门对基本建设的财政拨款进行管理和监督，实际上并不经营存、贷款业务，因而成为财政部下属机构。1949 年接管的中国银行，虽然一直保持独立存在形式，但它只经办中国人民银行所划出的范围极其确定的对外业务，有一段时间则直接成为中国人民银行办理国际金融业务的一个部门。

### （二）1979—1982 年的金融机构体系

改革开放使中国的金融体系发生了深刻的变化，金融机构也迎来了蓬勃发展的春天。这一阶段金融机构体系的典型特点是打破长期存在的中国人民银行一家金融机构的格局，恢复和建立了独立经营的专业银行，构成了多元化银行体系。1979 年 2 月，中国农业银行再次恢复建立；3 月，中国银行从中国人民银行中分设出来，实行完全独立经营；1979 年上半年，中国人民建设银行从财政部分设出来，下半年开始实行基本建设投资拨款改贷款试点，1983 年明确建设银行为全国性金融实体，除执行拨款任务外，大量开展一般银行业务，1996 年改名为中国建设银行。

### （三）1983—1993 年的金融机构体系

1983年起在金融机构方面进行了如下改革：决定中国人民银行专门行使中央银行职能；另设中国工商银行，承办原来中国人民银行负责的全部工商信贷及城镇储蓄业务；增设交通银行等综合性银行，广东发展银行等区域性银行；设立一些非银行金融机构，如中国人民保险公司。

1986年以后，中国又陆续建立了10多家商业银行。1979年河南省驻马店成立第一家城市信用社，1984年以后，全国大中城市相继成立了许多城市信用社，1995年城市信用社改建为城市合作银行，1998年以后又相继改建为城市商业银行。

20世纪90年代初，为了有效地推进中国工商银行、中国农业银行、中国银行、中国建设银行四大国有专业银行的商业化改革，相继建立了多家政策性银行，办理原来由四大专业银行办理的政策性业务。

总的来看，中国在1983—1993年的金融机构体系改革可概括为：第一，建立独立经营、实行企业化管理的专业银行，并在此基础上将其转变为国有商业银行；第二，建立专司金融宏观调控和金融行政管理职能的中央银行体制；第三，在国有商业银行之外，组建其他商业银行，增加非国有的经济成分；第四，组建一批政策性银行，担负政策性融资任务；第五，建立包括信用合作社、保险公司、信托投资公司、证券公司、企业集团财务公司、金融租赁公司、投资基金等在内的诸多非银行金融机构，完善金融机构体系；第六，引进大批外国金融机构，促进中国金融市场的国际化；第七，建立全国统一的证券市场、外汇市场和银行同业拆借市场，组建上海、深圳两家证券交易所，促进直接融资市场的发展。

## 二、我国金融机构体系的构成

### (一) 中国人民银行

中国人民银行是中国金融机构体系的中央银行，作为国务院组成部门，是制定和执行货币政策、维护金融稳定、提供金融服务的宏观调控部门。

1948年12月1日，在河北省石家庄市，由原解放区的三大银行——华北银行、北海银行、西北农民银行合并组建了中国人民银行；1949年9月，中国人民银行纳入政务院的直属单位系列；1984年1月1日，中国人民银行开始专门行使中央银行的职能；1995年3月，全国人民代表大会通过《中华人民共和国中国人民银行法》，首次以国家立法形式确立了中国人民银行作为中央银行的地位，标志着中国中央银行体制走上法制化、规范化的轨道，是中央银行制度建设的重要里程碑。

中国人民银行总行设在北京，并在全国设有众多的分支机构。1997年以前按照中央、省(市)、地(市)、县(市)四级分别设置总分支行，省市及以下分支行的管理实行条块结合，地方政府干预较多。1997年下半年，中央银行体制进行重大改革，撤销省级分行，设置大区分行，实行总行、大区分行、中心支行和县市支行四级管理体制。

中国人民银行分支机构的主要职责是按照总行的授权，负责本辖区的金融监管，不负责为地方经济发展筹集资金。在总行和分支机构之间，银行业务和人事干部实行垂直领导，统一管理，地方政府需保证和监督央行贯彻执行国家的方针政策，但不能干预。国家外汇管理局是中国人民银行代管的国务院直属局，代表国家行使外汇管理职能，其分支机构与同级中国人民银行合署办公。

十届人大一次会议决定将银行监管职能从中国人民银行中分离出来，单独成立中国银行业监督管理委员会(简称“银监会”)，对银行、金融资产管理公司、信托公司以及其他存款类机构实施监督管理。中国人民银行在剥离了监管职能后，作为中央银行在宏观调控体系中的作用会更加突出，将加强制定和执行货币政策的职能，不断完善有关金融机构运行规则和改进对金融业宏观调控政策，更好地发挥中央银行在宏观调控和防范与化解金融风险中的作用。人民银行和银监会将在以后的实践中加强合作，建立密切的联系机制，而这一改革作为新生事物，人民银行、银监会与银行业之间关系还有待重新认识和处理。

中国人民银行职能的相关内容参见第七章中央银行中知识拓展7-3"中国人民银行的主要职责"。

### （二）政策性银行

政策性银行一般是指由政府设立，以贯彻国家产业政策及区域发展政策为目的，不以盈利为目标的金融机构。1994年，中国组建了三家政策性银行——国家开发银行、中国进出口银行和中国农业发展银行。

#### 1. 国家开发银行

国家开发银行成立于1994年3月，直属国务院领导。它着重于贯彻政府政策意图，支持国家进行宏观经济管理，促进社会经济的发展。其主要任务是支持国家基础设施、基础产业、支柱产业、高新技术产业的发展和国家重大项目的建设。针对政府力争解决的各种社会问题，如城镇化、中小企业、三农、县域经济、教育、卫生服务设施和环境保护等，主动提供资金支持，以融资推动市场建设，促进经济社会全面、协调、可持续发展。

2008年12月16日，国家开发银行股份有限公司成立，成为中国第一家由政策银行转型而成的商业银行。

#### 2. 中国进出口银行

中国进出口银行成立于1994年，是直属国务院领导、政府全资拥有的国家政策性银行。中国进出口银行的主要职责是贯彻执行国家产业政策、外经贸政策、金融政策和外交政策，为扩大我国机电产品、成套设备和高新技术产品出口，推动比较有优势的企业开展对外承包工程和境外投资，促进对外关系发展和国际经贸合作，提供政策性金融支持。

中国进出口银行是我国外经贸支持体系的重要力量和金融体系的重要组成部分，是我国机电产品、成套设备、高新技术产品出口和对外承包工程及各类境外投资的政策性融资主渠道，是外国政府贷款的主要转贷行和中国政府援外优惠贷款的承贷行，为促进我国开放型经济的发展发挥着越来越重要的作用。

#### 3. 中国农业发展银行

中国农业发展银行成立于1994年，直属国务院领导。其主要任务是按照国家的法律、法规和方针政策，以国家信用为基础，筹集农业政策性信贷资金，承担国家规定的农业政策性金融业务，代理财政性支农资金的拨付，为农业和农村经济发展服务。中国农业发展银行实行独立核算，自主、保本经营，企业化管理，在业务上接受中国人民银行和中国银行业监督管理委员会的指导和监督。

### （三）商业银行

在所有的金融机构中，商业银行是历史最悠久、资本最雄厚、体系最庞大、业务范围最广、掌握金融资源最多的金融机构，因而对经济生活的影响最大。中国的商业银行可分为国家控股商业银行、股份制商业银行、城市商业银行和外资商业银行。

### 1. 国家控股商业银行

国家控股的商业银行包括中国银行、中国建设银行、中国农业银行和中国工商银行。4家银行最初有明确分工：中国工商银行主要承担城市工商信贷业务；中国农业银行以开办农村信贷业务为主；中国银行主要经营外汇业务；中国建设银行主要承担中长期投资信贷业务。随着金融改革的不断深化，这4家银行的传统分工已被逐步打破。从2003年起，中国建设银行、中国银行、中国工商银行先后进行股份制改造，并引进海外战略投资者，成功实现上市融资。中国农业银行的股份制改革由于横跨国有商业银行和农村金融两个领域，改革的涉及面广，复杂性和难度很高，因此成为最后一家进行股改的国有大型商业银行。2009年1月，中国农业银行股份有限公司成立，并于2010年7月成功上市融资。目前这4家银行的国有股份占绝对多数，属于国家控股的大型商业银行。4家银行采取的都是一级法人的总分行制，分支机构不是独立的法人。

### 2. 股份制商业银行

1987年4月，中国第一家股份制商业银行——交通银行重新组建。交通银行始建于1908年。随后，我国又成立了深圳发展银行、中信银行、中国光大银行、华夏银行、招商银行、广东发展银行、兴业银行、上海浦东银行、中国民生银行、恒丰银行、浙商银行和渤海银行等股份制商业银行。股份制商业银行的股本金大部分来自境内外企业法人投资和公众投资，小部分来自政府投资。

### 3. 城市商业银行

城市商业银行的前身是城市信用合作社，中国原有城市信用合作社5000多家，随着社会经济的发展，有相当多的城市信用合作社已失去合作性质。1995年，国务院决定在城市信用合作社的基础上组建城市商业银行，其服务领域是依照商业银行经营原则为地方经济发展服务，为中小企业服务。近年来，城市商业银行开始突破原有地域限制，到其他城市设置分支机构，拓展发展空间，并陆续引入境外投资者，加快上市融资的步伐。

### 4. 外资商业银行

1979年首家外资金融机构在中国设立代表处，到目前为止，外资银行已成为中国金融体系中一支重要力量和中国引进外资的一条重要渠道。中国的外资商业银行可分为四类：一是外资独资银行，指在中国境内注册，拥有全部外国资本股份的银行；二是中外合资银行，指在中国境内注册，拥有部分外国资本股份的银行；三是外国银行在中国境内的分行；四是外国银行驻华代表机构。外资商业银行进入中国，引进了外国银行的资本和先进的管理经验，也加剧了中国金融业的竞争；既为中国金融业的发展提供了机遇，又提出了挑战。

## ✲ 知识拓展 6-5

### 中国村镇银行资产规模突破万亿元

2017年3月2日，银监会农村金融部副主任马晓光在银行业例行新闻发布会上表示，截至 2016 年年末，全国已组建村镇银行 1519 家，其中 64.5%设在中西部地区，村镇银行资产规模突破万亿元，达到 1.24 万亿元。

村镇银行在激活农村金融市场，健全农村金融体系，支持农村经济发展建设等方面发挥了重要作用，已累计为 352 万农户和小微企业发放贷款 580 万笔，累计发放贷款金额达 3 万亿元。

自 2007 年第一家村镇银行成立以来，我国村镇银行已经走过十年的发展历程。目前村镇银行已覆盖全国 31 个省份的 1213 个县市，县市的覆盖率达到 67%，辽宁、湖北、贵州等 10 个省份已实现全覆盖。

截至 2016 年年底，村镇银行各项贷款余额 7021 亿元，其中农户及小微企业的贷款 6526 亿元，占比达 93%，500 万元以下贷款占比达 80%，户均贷款 41 万元。

村镇银行是民间资本进入银行业的重要渠道之一。据介绍，截至 2016 年年底，民间资本占村镇银行资本总额的比例已达 72%。

马晓光还表示，民间资本的进入，壮大了村镇银行资本实力，提升了村镇银行持续经营以及抵御风险的能力，提高了普惠金融服务的水平，也优化了股权结构，增强了村镇银行公司治理有效性。

(资料来源：经济参考报，2017 年 3 月 3 日)

### (四) 非银行金融机构

改革开放以后，各种金融活动逐渐深入中国的经济生活，随之，中国的非银行金融机构也获得很大发展。目前，中国主要非银行金融机构包括：

#### 1. 保险公司

改革开放以来，保险业务得到迅速恢复和发展。中国人民保险公司率先改革，改建为中国人民保险集团公司，简称中保集团，直接对国务院负责，直接接受中国人民银行的业务领导、监督和管理。中保集团下设中保财产保险有限公司、中保人寿保险有限公司、中保再保险有限公司。1998 年 10 月，中国人民保险集团公司宣告撤销，其下属的三个子公司成为三家独立的国有保险公司——中国财产保险有限公司、中国人寿保险有限公司、中国再保险有限公司。

此外，继中保集团之后，全国性保险公司还有中国太平洋保险公司、中国平安保险公司，这些保险公司大都是属于股份制。与此同时，许多外国保险公司看好中国保险市场的巨大发展潜力，纷纷来华设立分公司及代表处，并积极与中国保险公司组建合资保险公司。

1998 年 11 月中国保险监督管理委员会(简称保监会)成立，并接替中国人民银行，履行对保险公司的监督职能。中国保监会与中国人民银行、中国证监会并列，分别对保险业、银行业和证券业进行监管。

#### 2. 证券公司和投资银行

证券公司是专门从事有价证券发行和买卖等业务的一种证券机构。所谓证券机构，是指从事证券业务的金融机构。根据证券业务的特点，证券机构包括证券公司、证券交易所、证券登记结算公司、证券投资咨询公司、证券评估公司等。

在中国，证券公司不仅可以受托办理证券买卖业务，而且可以从事有价证券的买卖经营。据此，证券公司分为综合类证券公司和经纪类证券公司。按规定，综合类证券公司可以经营证券经纪业务、证券自营业务、证券承销和经证监会核定的其他证券业务；经纪类证券公司只能经营证券经纪业务。

中国《证券法》规定，证券业和银行业、信托业、保险业实行分业经营，分业管理，证券公司与银行信托、保险业机构分别设立。此外还规定，中国的证券公司还可以从事投资银行的各项业务。

在中国，没有专门的投资银行，除了证券公司可以从事投资银行业务以外，下述机构也可以从事投资银行业务：第一，现已并入国家开发银行的中国投资银行；第二，得到许可的中外合资金融公司；第三，中国先后组建的四家国有资产管理公司——信达、华融、长城、东方资产管理公司。其中，四家国有资产管理公司分别负责处置建设银行、工商银行、农业银行和中国银行剥离的1996年以前的不良资产，通过综合运用出售、置换、资产重组、债转股、证券化等方法，对贷款及抵押品进行处置，对债务人提供管理咨询、收购兼并、分立重组、包装上市等方面的服务，对确属资不抵债、需要关闭破产的企业申请破产清算，这实际上也是从事投资银行的业务。

**3. 投资基金和信托投资公司**

(1) 投资基金。

投资基金是通过招募方式汇集资金进行证券投资的公司。证券投资基金的发展有助于维持我国证券市场的增量资金，改善投资者结构，同时有助于推进证券市场管理的市场化，信息披露的规范化，并有利于促进投资理念由短期炒作转向中长期投资。

较为规范的证券投资基金产生于1997年11月《证券投资基金管理暂行办法》出台之后。第一批试点证券投资基金均为封闭式基金。2000年10月，证监会发布《开放式投资基金试点办法》，对开放式基金的公开募集、设立、运作及相关活动作出规定。这标志着我国开放式基金发展的起点。

为了规范对基金的管理，解决我国投资基金发展初期存在的基金发起人比较复杂，基金管理人和托管人比较混乱，基金规模较小而难以进行有效投资组合的问题，中国证监会于1998年8月发布了《关于证券投资基金配售新股有关问题的通知》，1998年9月发布了《关于加强证券投资基金监管有关问题的通知》等，这些法规的出台，意味着我国投资基金开始朝规范化方向发展。

(2) 信托投资公司。

信托投资公司是以受托人身份经营受托资产的金融机构。信托(trust)，从全世界这项业务的发展来看，其基本含义是：接受他人委托，代为管理、经营和处理经济事务的行为。

我国的信托投资公司是在经济体制改革后开始创办起来的。例如，中国国际信托投资公司，创办于1979年，现已发展成为金融、投资、贸易、服务相结合的综合性经济实体。在我国，典型的信托业务尚未完全发展起来，绝大多数信托投资公司，虽以信托为名，但实际是经营一般的商业银行业务；至于投资，我国信托投资公司所从事的则是券商性质的业务活动。

#### 4. 金融资产管理公司

金融资产管理公司顺应了中国经济体制改革的需要，是具有中国特色的金融机构。我国先后建立了华融、长城、东方、信达四家金融资产管理公司。组建金融资产管理公司主要有三个目的：一是收购并管理和处置从工、农、中、建四家国有独资商业银行剥离出来的不良资产，改善他们的资产负债状况，化解潜在的金融风险，提高其国内外资信；二是运用特殊的法律地位和专业化优势，通过建立资产回收责任制和专业化经营，实现不良贷款价值回收最大化，以最大限度保全资产，减少损失；三是通过金融资产管理，对符合条件的企业实施债权转股权，支持国有大中型亏损企业摆脱困境，并按照现代企业制度的要求转换经营机制，建立规范的法人治理结构。

#### 5. 企业集团财务公司

企业集团财务公司是由金融业与工商企业相互结合建立的金融股份有限公司。财务公司主要由企业集团内部各成员单位入股成立，并向社会募集中长期资金，其宗旨和任务是为本企业集团内部各成员单位提供融资服务，以支持企业的技术进步与发展。主要业务有：人民币存贷款投资业务，信托和融资性租赁业务，发行和代理发行有价证券等。

在我国，财务公司一般不得在企业集团外部吸收存款，业务上受中国人民银行领导和管理，行政上则隶属于各企业集团。

当代西方的财务公司一般以消费信贷、企业融资、财务和投资咨询等业务为主。我国第一家企业集团财务公司于 1984 年在深圳经济特区建立。据中国银监会的数据显示，截至 2015 年年末，我国共有企业集团财务公司 224 家。

#### 6. 金融租赁公司

金融租赁公司是主要办理租赁业务的专业金融机构。

我国金融租赁公司的业务范围有几个方面。第一，融资租赁业务，包括承办国内外各种机电设备、交通运输工具、仪器仪表等动产及其附带的先进技术的融资租赁业务、转租业务以及对出租资产残值的销售处理业务；不动产租赁业务；国内服务性租赁业务；与租赁有关的产品的进出口业务；担任租赁业务的资信调查、咨询服务；对所属联营公司、营业部、代理部进行经济担保等。第二，吸收人民币资金，包括财政部门委托投资、企业主管部门委托投资或贷款的信托资金；保险机构的劳保基金；科研单位的科研基金；各种学会、基金会的基金等。第三，办理经中国人民银行批准的人民币债券发行业务。第四，办理外汇业务，包括境内外外币信托存款；境内外外币借款；在国内外发行或代理发行有价证券、外汇担保业务等。第五，办理经中国人民银行、国家外汇管理局、外经贸部批准的其他业务。

## 三、现阶段我国与西方金融机构体系的比较

现阶段的中国金融机构体系与西方国家相比，既有相同点，又有不同点。其相同点主要表现在：第一，都设立有中央银行及中央金融监管机构；第二，金融机构的主体都是商业银行和专业银行；第三，非银行金融机构都比较庞杂；第四，金融机构的设置不是固定不变的，而是随着金融体制的变革不断进行调整的。其不同点主要表现在：第一，中国人

民银行隶属于政府，独立性较小，制定和执行货币政策都要服从于政府的经济发展目标；第二，中国的金融机构以国有制为主体，即使是股份制的金融机构，实际上也是以国有产权为主体；第三，中国商业银行总数不多，且有待规范，这使得中国商业银行的职能未得到充分发挥；第四，政策性银行的地位突出，但政策性金融业务(包括四大国有商业银行承担的)的运作机制仍然没有完全摆脱资金“大锅饭”体制的弊端；第五，中国商业银行与投资银行仍然实行严格的分业经营，而西方国家商业银行都在向全能银行方向发展。

# 第四节　国际金融机构

## 一、国际金融机构的形成与发展

进行国际金融活动的政府间国际金融机构，其发端可以追溯到1930年5月在瑞士巴塞尔成立的国际清算银行。

第二次世界大战后建立了布雷顿森林国际货币体系，并相应地建立了几个全球性国际金融机构，作为实施这一国际货币体系的组织保证，主要是国际货币基金组织、世界银行。

从1957年到70年代，欧洲、亚洲、非洲、拉丁美洲、中东等地区的国家先后建立起区域性的国际金融机构，如泛美开发银行、亚洲开发银行、非洲开发银行和阿拉伯货币基金组织等。

国际金融机构在发展世界经济和区域经济方面发挥了积极作用。其一，组织商讨国际经济和金融领域中的重大事件，协调各国间的行动；其二，提供短期资金，缓解国际收支逆差，稳定汇率；其三，提供长期资金，促进许多国家的经济发展。不过，这些机构的领导权大都被西方国家控制，发展中国家的呼声和建议往往得不到应有的重视和反映。

## 二、全球性国际金融机构

### (一) 国际货币基金组织

1944年7月，联合国赞助的财经会议于美国的布雷顿森林市举行。7月22日，各国在会议上签订了成立国际货币基金组织的协议。协议的条款于1945年12月27日付诸实行，1946年5月国际货币基金组织(International Monetary Fund，简称IMF)正式成立。

国际货币基金组织的资金来源于各成员国认缴的份额。成员享有提款权，即按所缴份额的一定比例借用外汇。1969年又创设“特别提款权”的货币(记账)单位，以缓解某些成员的国际收入逆差。特别提款权(Special Drawing Right，简称SDR)是IMF为了解决成员国储备资产不足于1969年创设并分配给各成员国的一种账面资产。

国际货币基金组织成员国的投票权由他们缴纳的基金份额决定。基金份额的计算单位原为美元，1969年后改为特别提款权。国际货币基金组织的一切活动几乎都与基金份额有关。美国在国际货币基金组织中是缴纳份额最大的国家，拥有20%左右的投票权，而最小的会员国只有不到1%的投票权，所以美国在国际货币基金组织的活动中始终起着决定性的

作用。对于特别重大的问题，如果美国反对，就可能无法通过。

国际货币基金组织的宗旨是：

(1) 促进国际货币合作，为国际货币问题的磋商和协作提供方法。

(2) 通过国际贸易的扩大和平衡发展，把促进和保持成员国的就业和生产资源的发展及实际收入的高水平，作为经济政策的首要目标。

(3) 稳定国际汇率，在成员国之间保持有秩序的汇价安排，避免竞争性的汇价贬值。

(4) 协助成员国建立经常性交易的多边支付制度，消除妨碍世界贸易的外汇管制。

(5) 在有适当保证的条件下，基金组织向成员国临时提供普通资金，使其有信心利用此机会纠正国际收支的失调，而不采取危害本国或国际繁荣的措施。

(6) 按照以上目的，缩短成员国国际收支不平衡的时间，减轻不平衡的程度等。

### (二) 世界银行集团

世界银行是世界银行集团的简称，由国际复兴开发银行、国际开发协会、国际金融公司、多边投资担保机构和国际投资争端解决中心五个成员机构组成，1945 年成立并于 1946 年 6 月开始营业。凡是参加世界银行的国家首先必须是国际货币基金组织的成员国。世界银行总部设在美国首都华盛顿，有员工 10000 多人，分布在全世界有 120 多个办事处。狭义的世界银行仅指国际复兴开发银行和国际开发协会。

国际复兴开发银行成立于 1945 年，向中等收入国家政府和信誉良好的低收入国家政府提供贷款。

国际金融公司成立于 1956 年，是专注于私营部门的全球最大发展机构。通过投融资、动员国际金融市场资金以及为企业和政府提供咨询服务，帮助发展中国家实现可持续增长。

国际开发协会成立于 1960 年，向最贫困国家的政府提供无息贷款(也称信贷)和赠款。

多边投资担保机构成立于 1988 年，目的是促进发展中国家的外国直接投资，以支持经济增长，减少贫困和改善人民生活。通过向投资者和贷款方提供政治风险担保履行其使命。

国际投资争端解决中心成立于 1966 年，提供针对国际投资争端的调解和仲裁机制。

## 三、区域性国际金融机构

目前，区域性国际金融机构比较典型的代表有亚洲开发银行、国际清算银行、美洲开发银行、欧洲投资银行、欧洲复兴开发银行、非洲开发银行及加勒比开发银行等。

本书以亚洲开发银行、泛美开发银行集团、非洲开发银行、亚洲基础设施投资银行为代表进行介绍。

### (一) 亚洲开发银行

亚洲开发银行(Asian Development Bank，简称 ADB)是面向亚太地区的区域性政府间的金融开发机构。它是根据联合国亚洲及太平洋社会委员会专家小组会建议，并经 1963 年 12 月在马尼拉举行的第一次亚洲经济合作部长级会议决定，于 1966 年 11 月正式建立的，总部设在菲律宾首都马尼拉。

亚洲开发银行的宗旨是：向其会员国或地区成员提供货款和技术援助；帮助协调会员国或地区成员在经济、贸易和发展方面的政策；同联合国及其专门机构进行合作，以促进亚洲地区的经济发展。

### (二) 泛美开发银行集团

泛美开发银行集团(Inter-American Development Bank Group)成立于 1959 年，包括泛美开发银行、泛美投资公司和多边投资基金 3 个机构，总部设在美国首都华盛顿，是世界上历史最久、规模最大的地区性政府间开发金融机构。其宗旨是促进拉美及加勒比地区经济和社会的发展。

### (三) 非洲开发银行

非洲开发银行(African Development Bank，简称 ADB)于 1964 年成立，是非洲地区最大的地区性政府间开发金融机构，其宗旨为促进非洲的社会及经济发展。非洲开发银行的资金主要来自成员国的认缴。其主要业务是向成员国提供贷款(包括普通贷款和特别贷款)，以发展公用事业、农业、工业项目以及交通运输项目等。中国于 1985 年 5 月 10 日正式加入非洲开发银行。

### (四) 亚洲基础设施投资银行

亚洲基础设施投资银行(Asian Infrastructure Investment Bank，简称亚投行，AIIB)，是一个政府间性质的亚洲区域多边开发机构，重点支持基础设施建设，法定资本 1000 亿美元，总部设在北京，金立群为首任行长。2014 年 10 月 24 日，包括中国、印度、新加坡等在内 21 个首批意向创始成员国的财长和授权代表在北京签约，共同决定成立亚洲基础设施投资银行。截至 2015 年 4 月 15 日，经现有意向创始成员国同意，瑞典、以色列、南非、阿塞拜疆、冰岛、葡萄牙、波兰正式成为亚洲基础设施投资银行意向创始成员国，亚投行意向创始成员国全部确定，为 57 个。2015 年 6 月 29 日，亚投行“基本大法”《亚洲基础设施投资银行协定》在北京举行签署仪式，中国成第一大股东；2015 年 12 月 25 日，《亚洲基础设施投资银行协定》正式生效，亚投行宣告成立。亚投行的治理结构分理事会、董事会、管理层三层。理事会是最高决策机构，每个成员国在亚投行有正副理事各一名。董事会有 12 名董事，其中域内 9 名，域外 3 名。管理层由行长和 5 位副行长组成。

---

## 【理论梳理】

(1) 资金融通在很大程度上都要经由各种金融机构办理，各种金融机构既是货币、信用活动与市场的参加者和经营者，也是组织者，他们在金融活动中处于重要地位。

(2) 金融机构体系的一般构成包括金融监管机构、政策性金融机构、商业银行和非银行金融机构，其中，非银行金融机构在现代经济中，特别是在直接融资中，发挥越来越重要的作用。

(3) 西方国家的金融机构体系主要包括中央银行、政策性银行、商业银行、非银行金融机构四个主要构成部分。

(4) 我国的金融体系逐渐形成以中央银行为核心，国有商业银行为主体，政策性金融与商业性金融相分离，多种金融机构并存的统一、开放、有序竞争的体系。

(5) 国际金融机构在组织商讨国际经济和金融领域中的重大事件，在提供短期资金、缓解国际收支逆差、稳定汇率以及协调各国间的行动方面发挥了积极作用。

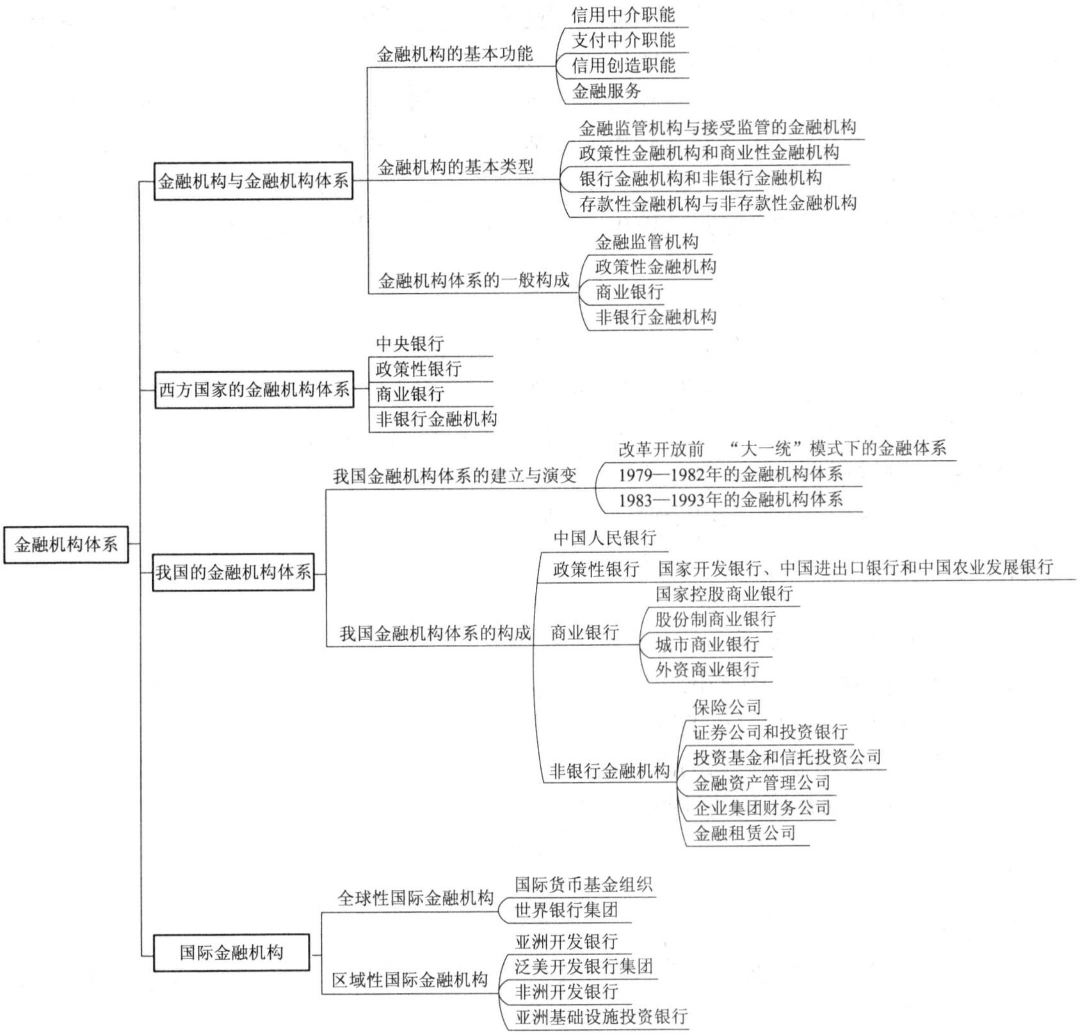

- 金融机构体系
  - 金融机构与金融机构体系
    - 金融机构的基本功能
      - 信用中介职能
      - 支付中介职能
      - 信用创造职能
      - 金融服务
    - 金融机构的基本类型
      - 金融监管机构与接受监管的金融机构
      - 政策性金融机构和商业性金融机构
      - 银行金融机构和非银行金融机构
      - 存款性金融机构与非存款性金融机构
    - 金融机构体系的一般构成
      - 金融监管机构
      - 政策性金融机构
      - 商业银行
      - 非银行金融机构
  - 西方国家的金融机构体系
    - 中央银行
    - 政策性银行
    - 商业银行
    - 非银行金融机构
  - 我国的金融机构体系
    - 我国金融机构体系的建立与演变
      - 改革开放前　“大一统”模式下的金融体系
      - 1979—1982年的金融机构体系
      - 1983—1993年的金融机构体系
    - 我国金融机构体系的构成
      - 中国人民银行
      - 政策性银行　国家开发银行、中国进出口银行和中国农业发展银行
      - 商业银行
        - 国家控股商业银行
        - 股份制商业银行
        - 城市商业银行
        - 外资商业银行
      - 非银行金融机构
        - 保险公司
        - 证券公司和投资银行
        - 投资基金和信托投资公司
        - 金融资产管理公司
        - 企业集团财务公司
        - 金融租赁公司
  - 国际金融机构
    - 全球性国际金融机构
      - 国际货币基金组织
      - 世界银行集团
    - 区域性国际金融机构
      - 亚洲开发银行
      - 泛美开发银行集团
      - 非洲开发银行
      - 亚洲基础设施投资银行

## 【案例分析】

### 电子银行让人欢喜让人忧

黄女士在一家银行申请了两张储蓄卡，一张是普通卡，一张是理财卡，并同时开通了两张卡的电话银行和网上银行服务。黄女士在淘宝上开有一家网店，为了自己的资

金安全，黄女士一直使用普通卡作为淘宝交易资金往来的账户，并一直保持账户上无大额存款。

2011 年 5 月，一个男子通过网上与黄女士联系表示要购买几千元商品，并称其无法支付，要求黄女士将卡号发至其手机上。黄女士发出短信后，该男子回电称已汇款，但黄女士几次登录网上银行查询均未收到汇款。男子打电话告诉黄女士一个座机号码，让其通过该座机号码查询。黄女士两次按照该座机电话语音提示步骤输入普通卡的账号、取款密码和电话银行密码进行查询，仍未查到汇款。过了几天，黄女士再次拨打该男子电话时被提示该号码已暂停服务，黄女士未采取任何措施。

2011 年 7 月，黄女士发现理财卡账户里的几万元款项被转走，于是向公安机关报案，同时起诉银行。她认为自己虽然将普通卡的密码泄露给犯罪嫌疑人，但未透露过理财卡信息，银行存在未告知其电子银行的业务操作内容和账户联动特征的过错，导致自己在不了解风险的前提下开通了两个账户的电子银行，故银行对其理财卡上款项被盗应当承担返还义务。

银行答辩称，客户与银行之间存在储蓄存款合同关系，双方明确约定密码是银行用以识别客户身份的重要依据，凭密码办理账户交易受到法律保护，黄女士名下理财卡账户交易是凭密码办理的，符合双方的约定和法律规定；黄女士账户损失的直接原因是其自身未尽到谨慎保管密码的义务，银行已经履行合同义务，对黄女士的损失不负有任何责任。

本案在审理过程中，双方自行和解。

**讨论**：应从哪些方面防范电子银行的风险？

## 【知识检测】

1. 金融机构的基本职能。
2. 西方国家金融机构体系的构成。
3. 政策性银行与其他银行的区别。
4. 银行与非银行金融机构的区别。
5. 我国非银行金融机构的种类。

## 【应用实训】

实训目标：

了解我国商业银行的业务类型，分析其在整个金融活动中承担的职能以及在金融机构体系中的业务联系。

实训内容：

针对众多的商业银行，学生自行查阅资料。然后完成以下任务：

1. 对该类金融机构进行简单的业务描述。
2. 分析该类金融机构在金融机构体系中的作用，以及与其他金融机构之间的联系。
3. 选取该类金融机构的某项业务案例，利用所学知识，进行简单分析。

实训要求：

该实训采取“查阅资料—分析资料—写出调查分析报告—课堂讨论”的形式进行。学生分组共同完成。

# 第七章　中央银行

【知识目标】

了解中央银行产生的原因；了解中央银行制度的类型；理解中央银行的职能；理解货币政策目标及其工具。

【能力目标】

掌握中央银行业务活动的原则；掌握中央银行的职能和主要业务；掌握货币政策目标及其工具；分析货币政策的特点及效应；掌握货币政策的运用。

【案例导读】

中国人民银行决定，自2016年1月8日起，下调金融机构人民币贷款和存款基准利率，以进一步降低社会融资成本。其中，金融机构一年期贷款基准利率下调0.25个百分点至4.35%；一年期存款基准利率下调0.25个百分点至1.5%；其他各档次贷款及存款基准利率及人民银行对金融机构贷款利率相应调整；个人住房公积金贷款利率保持不变。同时，对商业银行和农村合作金融机构等不再设置存款利率浮动上限，并抓紧完善利率的市场化形成和调控机制，加强央行对利率体系的调控和监督指导，提高货币政策传导效率。

自同日起，下调金融机构人民币存款准备金率0.5个百分点，以保持银行体系流动性合理充裕，引导货币信贷平稳适度增长。同时，为加大金融支持“三农”和小微企业的正向激励，对符合标准的金融机构额外降低存款准备金率0.5个百分点。

(资料来源：中国人民银行，2016年1月7日)

## 第一节　中央银行的产生与发展

### 一、中央银行产生的原因

中央银行是信用制度和银行业普遍发展的特定产物，现已有300多年的历史。中央银行作为现代金融体系的核心和金融机构及金融市场的管理者，其产生主要有以下几方面的原因。

### 1. 统一银行券发行的需要

在18世纪及19世纪初，银行的存款业务尚未得到广泛的发展，商业银行普遍利用银行券的发行来增加资金扩大业务。过于分散的银行券发行制度随着经济的发展暴露出很多缺陷。一方面，许多银行分散地发行银行券不能保证货币流通的稳定性。为数众多的小银行信用能力薄弱，它们所发行的银行券不能保证随时兑现，尤其是在信用危机时期，从而使货币流通陷入相当混乱的状态。另一方面，小银行信用活动范围存在着地域局限，它们所发行的银行券只能在有限地区内流通，无法满足商品经济发展对统一大市场的需要。经济的发展在客观上需要有一个实力雄厚、全国范围内信誉卓著的银行承担全国范围内银行券的发行。其实，在资本主义发展过程中，已经出现了一些大银行，这些银行所发行的银行券在流通中排挤着小银行的银行券。随后，国家便以法令形式限制或取消了一般银行的银行券发行权，而把发行权集中于中央银行。

### 2. 统一全国票据交换及清算的需要

随着信用经济的发展，银行数量不断增加，银行业务不断扩大，银行间的债权债务关系愈来愈多，而且日趋复杂。由单个银行自行当日清算已相当困难，而票据交换及清算若不能得到及时、合理处置，将会直接影响资金和经济的正常运行。一般来说，企业间的支付由银行来完成，而银行间的支付就需要一家银行的银行来为之提供服务。所以，这在客观上需要建立一个全国统一的清算机构。

### 3. 为商业银行提供必要的资金支持，充当其“最后贷款人”的需要

银行业是一个对流动性要求很高的行业。商业银行在其经营活动中，由于受经济周期波动的影响，有时会不可避免地陷入资金周转困境，到期债务不能及时支付，甚至发生挤兑现象。这种情况既不利于经济的发展，也不利于社会的稳定。因而客观上需要一个部门向商业银行提供资金支持，充当其最后贷款人。而中央银行发挥最后贷款人作用的前提是，它必须集中商业银行的存款准备金。在中央银行产生之前，各个商业银行都是自己保留准备金，以防周转不灵的情况出现。但是，单个商业银行的实力有限，即使它的准备率很高，也难以抵御可能的清偿危机。况且，过高的准备率也会影响商业银行利润目标的实现。所以，客观上需要一个统一的机构作为商业银行的后盾，在其出现资金周转困难时给予必要的资金支持，避免出现大量的银行破产现象。而中央银行建立后，可以通过集中商业银行的准备金和提供最后贷款来保证银行体系的稳定。

### 4. 对金融业进行监督管理的需要

随着经济的不断发展，银行业的竞争也日趋激烈，虽然高收益、高风险是一种内在的约束机制，但是在竞争中银行的破产损失有相当部分还是由全社会共同承担的。对高额利润的追逐推动着银行从事高风险的业务，从而加大了银行破产的可能性，而银行的破产比普通的企业破产会引起更大的社会经济震动和破坏。因此，客观上政府也需要一个专门机构从事对金融业的监督管理及协调工作。

### 5. 满足政府融资的需要

银行是一个古老的行业，现代的银行业起源于文艺复兴时期的意大利。当时这些银行的主要贷款对象是商人和一些挥霍无度的王公贵族。政府职能的强化增加了开支，再加上

战争及自然灾害频发，使得政府财政入不敷出。17 世纪末，英国国王威廉三世执政时，国家财政陷入困境，需要大量举债，由英格兰银行向政府贷款 120 万英镑。从此，英格兰银行成为政府的融资者和国库的代理人，成为历史上第一家具有“政府的银行”职能的银行。19 世纪末以前，各国的中央银行几乎都是以解决政府资金问题为目的而建立的，如美国的第一国民银行和第二国民银行、法国的法兰西银行、日本的日本银行等。

上述建立中央银行的客观要求并非是同时产生的，中央银行的发展是一个渐进的过程。中央银行是在实践中逐渐成长起来的，事实上直到今天中央银行的发展也尚未停止，随着经济的不断发展，中央银行的功能势必会日趋完善。

## 二、中央银行的形成与发展过程

纵观世界各国中央银行的形成，大致有两种主要途径：一是由私人或国有商业银行逐渐演变而来，比如英国的英格兰银行即为此类。一些老牌资本主义国家中央银行多以这种方式形成。二是成立之时就开始履行中央银行职责，20 世纪以后建立的中央银行多是这种形式。

一般认为，中央银行的形成与发展过程，大致经历了三个阶段。

### （一）中央银行的萌芽期

这一阶段是从 17 世纪中叶到 1843 年，是中央银行的萌芽期。1668 年瑞典的克里斯银行由一家私人资本创建的银行被改组为瑞典国家银行，它是现代中央银行的萌芽，但是此时的瑞典银行并未独占发行权，所以还称不上是真正的中央银行。

### （二）中央银行逐步发展时期

这一阶段是从 1844 年到 20 世纪 30 年代，是中央银行逐步发展完善时期。标志着这一时期开始的是 1844 年英国国会通过的《皮尔条例》，赋予了英格兰银行独家垄断货币发行权的地位，使其成为第一家真正意义上的中央银行。实际上成立于 1694 年的英格兰银行是全世界最早的私人股份银行，1844 年的银行法使其成为货币发行的银行。随着英格兰银行地位的提高，许多商业银行把自己的现金准备的一部分存入英格兰银行，商业银行之间的债权债务就可以通过英格兰银行划拨。1854 年，英格兰银行成为英国银行的票据交换中心，1872 年它开始向资金周转困难的其他商业银行提供资金支持，充当“最后贷款人”的角色，并同时具有了全国性金融管理机构的色彩，至此建立起了英国的中央银行体系。

由于英格兰银行的成功，其他国家也纷纷仿效英国建立了自己的中央银行制度。成立于 1800 年的法兰西银行于 1848 年垄断了全法国的货币发行权，并于 19 世纪 70 年代完成了向中央银行的过渡。德国于 1875 年将普鲁士银行改为国家银行，并于 20 世纪初独享货币发行权。美国的中央银行制度建立较晚，1913 年 12 月美国国会通过了《联邦储备条例》，正式成立联邦储备体系，美国历史上第一次建立了中央银行制度。在此期间，世界上约有 29 家中央银行相继成立，大部分在欧洲，显然和欧洲经济发展较快有关，这进一步说明了中央银行的建立是经济发展的需要，而且这一时期的中央银行大都是由普通银行逐步发展演变而来的。

第一次世界大战后，面对世界性的金融恐慌和严重的通货膨胀，为了稳定金融，1920年在布鲁塞尔召开的国际金融会议上决定，所有尚未成立中央银行的国家，都应尽快建立中央银行，以共同维持国际货币体制和经济稳定。此后，几乎所有独立的国家，都先后成立了中央银行，由此推动了又一次中央银行成立的高潮。

### （三）中央银行制度的强化与完善阶段

这一阶段是指二战后至今，一方面一批经济较落后的国家摆脱了殖民统治获得独立，纷纷建立了本国的中央银行；另一方面随着国家干预经济的加强，各国政府利用中央银行推行金融政策，中央银行的管理职能进一步强化，不仅管理金融机构和金融市场，还参与一国宏观经济的调控，各国纷纷加强了对中央银行的控制，许多国家的中央银行都先后实行了国有化。1945 年 12 月，法国公布法令，将法兰西银行收归国有，原股东的股票，换成政府债券。1946 年英国政府宣布英格兰银行收归国有，英国财政部将股份全部收购。同时，中央银行不再从事普通商业银行业务，维持货币金融稳定是中央银行的主要职责。中央银行进入了一个新的发展阶段。

另外，关于中央银行独立性的争论由来已久。追求绝对的独立性不应成为中央银行的目标，相反，加强中央银行同有关各方的协调与合作是维持货币稳定与宏观经济内外均衡的前提。从独立走向合作，是中央银行发展的必然趋势。

## 三、中央银行制度的类型

中央银行制度的类型是指中央银行制度存在的形式，由于各国的社会制度、历史传统、文化背景及经济发展水平各不相同，所以中央银行的存在形式呈现出很大的差异。综观全球的中央银行制度类型，可以归纳为以下四种：单一制中央银行、复合制中央银行、跨国中央银行和准中央银行。

### （一）单一型中央银行制度

单一型中央银行制是指国家单独建立中央银行机构，使之全面行使中央银行职能的制度。它又分为一元式中央银行制度和二元式中央银行制度。

#### 1．一元式中央银行制度

这种体制是由总、分行组成的高度集中的中央银行制，即一个国家只设立一家统一的中央银行，并使其行使中央银行的权力和履行中央银行的全部职责。总行拥有绝对的权利，地方一级中央银行只是执行机构，不拥有独立的权利。这种体制的特点是权力集中统一、决策高效、职能完善、组织结构完整统一等。目前世界上绝大多数国家的中央银行都实行这种体制，1984 年以后的中国人民银行也采取这种体制。

#### 2．二元式中央银行制度

这种体制是指在一国建立中央和地方两级相对独立的中央银行机构。中央一级机构是最高权力或管理机构，地方级机构也有一定的独立权力，中央和地方两极机构按照规定分别行使职权。中央一级机构负责制定和执行全国的金融政策，管理和协调下一级中央银行

履行其职能。地方一级机构在上一级机构领导下相对独立地行使中央银行职能，地方一级中央银行在涉及本地区的金融政策方面享有发言权。这实际上是一种联邦制的中央银行制度，属于这种制度的国家有美国、德国等。例如美国的联邦储备体系就是将全国划分为12个联邦储备区，每个区设立一家联邦储备银行为该地区的中央银行。它们在各自辖区的一些重要城市设立分行，它们有自己的理事会，有权发行联邦储备券，并根据本地区实际执行中央银行的特殊信用业务。在各联邦储备银行之上设联邦储备委员会，制定全国的货币信用政策，对各联邦储备银行进行领导和管理。同时，在联邦储备体系内还设立联邦公开市场委员会和联邦顾问委员会等平行的管理机构。联邦储备委员会是整个体系的最高决策机构，相当于美国的中央银行总行，直接对美国国会负责。

### (二) 复合型中央银行制度

复合型中央银行制是指一国不单独设立专门行使中央银行职能的中央银行机构，而是由一家大银行集中行使中央银行的职能和商业银行职能。这种中央银行制度主要存在于苏联和东欧等国家，我国的中国人民银行在1983年以前也属于这种形式。

### (三) 跨国型中央银行制度

跨国中央银行是指由参与某一货币联盟的所有成员国联合设立机构，在成员国内部统一行使中央银行职能的中央银行制度。第二次世界大战后，一些地域相邻的欠发达国家为谋求共同发展组成了货币联盟，并在货币联盟内建立由成员国共同参与的中央银行。这种中央银行在货币联盟成员国内发行共同的货币，制定统一的金融政策，以推进联盟内各成员国的经济发展和货币稳定。跨国中央银行制度建立的宗旨是推进联盟各国货币经济的发展，共同抑制和避免通货膨胀。目前跨国中央银行制度主要有西非货币联盟的中央银行、中非货币联盟的中非国家银行、东加勒比海货币管理局以及欧洲中央银行。以前的跨国中央银行是在欠发达国家建立，但是欧洲中央银行的建立打破了这种局面，1998年7月欧洲中央银行正式成立。欧洲中央银行是第一次在发达国家之间建立跨国的中央银行。欧洲中央银行的成立和欧元的启动，标志着现代中央银行制度又有了新的内容并进入了一个新的阶段。

### (四) 准中央银行制度

准中央银行制度是指某些国家或地区只设置类似中央银行的机构，由政府授权某个或几个商业银行来行使部分中央银行职能的制度。新加坡和我国的香港特别行政区就是采用的这种制度。在新加坡，政府设有金融管理局、货币委员会(常设机构为货币局)、投资局和中央公积金局等政府管理机构，共同行使金融管理和中央银行职能。在香港特别行政区，过去长时期没有一个统一的金融管理机构，中央银行的职能由政府、同业公会和商业银行分别承担。1993年4月1日，香港成立了金融管理局，它集中了货币政策、金融监管及支付体系管理等中央银行的基本职能。但与其他中央银行不同的是一些中央银行的职能依然由别的机构分担，例如发行钞票的职能由渣打银行、汇丰银行和中国银行共同承担；银行间的票据结算由汇丰银行完成；政府银行的职能也一直是由商业银行执行。除香港、新加坡外，马尔代夫、斐济、利比里亚、莱索托、伯利兹等国也实行类似的准中央银行制度。

## 第二节　中央银行的性质与职能

### 一、中央银行的性质

中央银行代表国家管理金融机构，制定和执行金融方针政策，享有国家法律赋予的货币发行的权力和其他权力。中央银行的性质一般表述为：中央银行是国家赋予其制定和执行货币政策，对国民经济进行宏观调控和管理监督的特殊的金融机构。

#### （一）中央银行是管理金融事业的国家机关

中央银行的本质是管理金融事业的国家机关。虽然早期中央银行的股份大多为私人持有，但第二次世界大战后，各国中央银行的私人股份先后转化为国有，有些新建的中央银行如中国人民银行，一开始就由政府出资，即使继续维持私有或公私合营的中央银行，也都加强了国家的控制。因此，各国的中央银行实质上是国家机构的一部分。

中央银行虽然是国家机关的组成部门，但又明显不同于一般的国家机关。这是因为中央银行不是单凭行政权力行使其职能，而是通过运用经济、法律和行政等多种手段，对商业银行和其他金融机构进行引导和管理，以达到整个国民经济的宏观调节和控制。中央银行的管理职责大都寓于金融业务的经营过程之中，如通过对利率、汇率、存款准备金率的控制，引导和影响银行存贷款业务、外汇业务和公开市场的有价证券交易等业务而实现的。因此，中央银行的管理职能在很大程度上是建立在它所拥有的经济手段的基础上，这是区别于一般行政权力机构的本质特征。

#### （二）中央银行是特殊的金融机构

中央银行作为金融机构，是不同于商业银行、投资银行、保险公司、信托公司、租赁公司等各种金融企业的特殊金融机构。中央银行的特殊性主要表现在以下三个方面。

**1．地位的特殊性**

中央银行是国家宏观金融和经济调控的主体，是一国金融管理的最高权力机构，处于一个国家金融体系的中心环节。它是国家货币政策的体现者，是国家干预经济生活的重要工具，是政府在金融领域的代理，也是在国家控制下的一个职能机构。中央银行可以根据国家经济发展的情况，相应地制定和执行货币政策，控制货币供应总量，并调节信贷的投向和流量，把国家宏观经济决策和宏观经济调节的信息，向各银行和金融机构以及国民经济的各部门、各单位传递。

**2．业务的特殊性**

中央银行作为特殊的金融机构，不以盈利为目的，一般不经营商业银行和其他金融机构的普通金融业务，不与商业银行等金融机构争夺利润。商业银行和其他金融机构的业务经营对象是工商企业及其他单位、城乡居民个人等，而中央银行一般情况下不与这些对象

发生直接的业务联系。中央银行通常只与政府和商业银行等金融机构发生业务往来。中央银行虽然也吸收存款，但吸收存款的目的不同于商业银行等金融机构，不是为了扩大信贷业务规模，而是为了在全国范围内有效地调控信贷规模，调节货币流通。即中央银行以金融调控为己任，以稳定货币、促进经济发展为宗旨。

中央银行享有发行货币的特权，而这是商业银行和一般的行政管理部门所不具备的。正因为如此，中央银行不能与商业银行和其他金融机构处于平等的地位，也不能与商业银行等金融机构开展平等的竞争。虽然中央银行在业务活动中也会取得利润，但盈利不是目的。如果中央银行以盈利为目的，将会与商业银行等金融企业处于不平等地位。

#### 3. 管理的特殊性

中央银行行使管理职能时，是以银行的身份出现的，而不仅仅是一个行政管理机构。中央银行不是单凭行政权力行使其职能，而是通过行政、经济和法律的手段，如利率、汇率、存款准备金等。而且，中央银行在行使管理职能时，是以金融管理者的身份出现，执行控制货币发行和调节信用的职能，从而最终达到稳定金融的目的。

## 二、中央银行的职能

中央银行的职能，从不同的角度可以有多种归纳分类。

### （一）按照中央银行承担的任务来划分

按照中央银行承担的任务不同中央银行的职能可分为发行的银行、银行的银行和政府的银行。

#### 1. 中央银行是发行的银行

发行的银行是指中央银行独占货币发行权，统一全国的货币发行。从中央银行产生和发展的历史来看，垄断货币发行权是中央银行的特权，也是其区别于商业银行的主要标志。货币发行直接影响国民经济，货币发行多少直接关系到币值及经济的稳定，中央银行虽然垄断了货币发行权，但不能随意发行货币，应与经济发展的要求相适应。中央银行独占货币发行权，是中央银行控制全社会货币供应量的基础，通过对货币供应量的控制，实现对宏观经济的控制。在中央银行行使货币发行权的过程中，为维持货币的信用，各国一般都制定了货币发行准备制度。在当代，中央银行发行货币，一般采行“十足准备制”，需要有金银、合格票据、外汇、有价证券等当作发行准备，以避免过度发行造成通货膨胀。

### ✲知识拓展 7-1

**数字货币**

在数字支付时代，真正的数字货币距离我们越来越近。相比传统货币而言，数字货币优势明显，推进数字货币将是一个技术和宏观政策互动和平衡的过程。所谓的“数字货币”，是指当前法定货币的一种新载体。在数字货币时代，政府可以直接向个人账户注入流动性，无须借助商业银行。数字货币几乎可以即时结算，从而优化流动性，减少被繁杂结算流程套牢的资本和抵押品，并可大大降低交易对手风险。由于数字法定货币采用完全数字化的形式，监管机构可以更加清晰地了解和追踪资金在经济体中的具体流向，而这正是传统货币所不具备的。当然，数字货币与比特币等虚拟货币有根本区别。数字货币是国家发行的法定货币，所以将其定义为国家发行的数字法币更为明确。

(资料来源：经济参考报，2017年3月6日)

### 2. 中央银行是银行的银行

中央银行的业务对象一般限于银行、其他金融机构和政府机构，它不经营一般商业银行业务，不与企业或居民直接发生关系，因此，中央银行被称为银行的银行。其主要表现有以下几方面：

(1) 集中保管商业银行的存款准备金。根据法律的规定，商业银行吸收存款时必须按照一定比例向中央银行缴纳存款准备金，其目的在于：一方面保证存款者的存款安全，保证存款机构有足够的清偿能力，以备客户提现，同时，也避免金融机构因流动性不足发生信用危机；另一方面商业银行存款准备金的缴纳也是中央银行通过各种手段控制货币量，从而控制宏观经济的基础。

(2) 作为商业银行的“最后贷款人”。由于商业银行经营的特殊性，一家商业银行会因为流动性不足而陷入破产的边缘。金融领域又是一个只求锦上添花，不求雪中送炭的行业，其他的普通金融机构出于安全性的考虑和从自身经济利益出发，也往往不愿伸出援助之手。此时，就需要中央银行从社会利益的角度向商业银行提供贷款，因为商业银行的倒闭，在一些特殊情况下可能引发“多米诺骨牌”效应，导致全社会的恐慌，从而引发经济危机。所以，我们把中央银行称为商业银行的最后贷款人。具体的操作是，商业银行需要补充资金时，可以将其持有的票据向中央银行请求再贴现，或以有价证券作为抵押申请贷款。

(3) 组织全国商业银行之间的清算。各商业银行在中央银行开设自己的账户，并在央行拥有存款。这样随着经济交往的日趋频繁，银行之间的债权债务关系日趋紧密。银行收付的票据则可通过其在中央银行的存款账户划拨款项，办理结算，从而清算彼此间的债权债务关系。这一方面节约了资金的使用，减少了清算的费用，解决了单个银行资金清算面临的困难；另一方面，也有利于中央银行通过清算系统，对商业银行体系的业务经营进行全面且及时地了解、监督和控制，强化了中央银行对整个银行体系的监督职能。

### 3. 中央银行是政府的银行

中央银行是政府的银行是指中央银行经理国家金库业务，向政府提供信用，贯彻执行国家金融政策，监督金融机构，代表国家参加国际金融活动，并管理国家的黄金和外汇储备。具体职责如下：

(1) 代理国库。国家财政收支一般不专设机构，而交由中央银行代理。政府的收入与支出均通过财政部在中央银行开立的各种账户进行。就这一点来讲，中央银行充当国库出纳的角色。

(2) 代理国债的发行。政府公债的发行及公债的还本付息等事宜常由中央银行代理。

(3) 对政府提供信贷。中央银行作为政府的银行，负有为政府融通资金，解决政府临时资金需要的义务。这种资金支持主要通过两种方式进行：一是直接向政府提供贷款；二是中央银行购买政府公债，既可以在一级市场直接购买，资金直接形成财政收入，也可以在二级市场间接购买，资金间接地流向财政。从 20 世纪 90 年代各国中央银行的发展来看，由于财政赤字长期化，政府如果利用中央银行的信贷弥补自己的支出，货币的发行就可能演变为财政发行，从而使货币发行过多，超过宏观经济需要，引发通货膨胀。所以，许多国家为了稳定货币，对中央银行直接向政府提供贷款都进行了限制，主要限于短期贷款，解决政府临时性的资金需要。

(4) 代表政府管理金融活动，制定并监督执行有关金融管理法规。中央银行是金融机构和金融市场的最高管理当局，负责监督和管理各金融机构和境内金融市场的业务活动。

(5) 保管政府的外汇和黄金储备，进行外汇、黄金的买卖和管理。

(6) 代表政府制定和执行货币政策。作为政府的银行，中央银行不以盈利为目的，不受某个经济利益集团的控制，处于一个比较超脱的地位。这样就可以较好地保证一国的各种金融货币政策的制定和实施符合国家的利益。

(7) 代表政府参加国际金融活动，进行国际金融事务的协调、磋商。在国际金融事务中，各国政府往往授权中央银行作为本国的代表，参加国际金融组织，参与国际金融重大决策，积极促进国际金融领域里的合作与发展。

### (二) 按照中央银行的性质来划分

按照中央银行的性质不同，中央银行的职能可分为服务职能、监管职能和调控职能。

#### 1．服务职能

中央银行作为一个银行，首先是以一个银行的身份提供金融服务。它的服务对象不是一般工商企业和个人，而是政府、商业银行和非银行金融机构以及整个社会公众。

(1) 为政府服务的主要内容是：代理国家财政金库，执行国家预算出纳业务，代理政府发行和销售政府债券并办理还本付息事宜。

(2) 为商业银行和非银行金融机构服务的主要内容是：为商业银行、金融机构保管准备金，为商业银行、金融机构相互之间的债务关系办理转账结算和提供清算服务。

(3) 为社会公众服务的主要内容是：依法发行国家货币并维护货币的信誉和货币币值的稳定；通过货币政策、信用政策，影响商业银行、金融机构的行为和活动，使之配合，适应国民经济的需要。

#### 2．监管职能

中央银行的监管职能，主要是指中央银行的金融行政管理。从各国金融监管的实践来看，监管体制可分为四类：分业经营且分业监管，如法国和中国；分业经营而混业监管，如韩国；混业经营而分业监管，如美国和香港地区；混业经营且混业监管，如英国和日本等。是否由中央银行担当监管重任也有不同情形：有中央银行仍负责全面监管的；有中央银行只负责对银行业监管的；也有在中央银行外另设机构，专司所有金融监管的。

完整的金融监管是一个连续、循环的过程，它由市场准入监管、日常运营监管、风险控制、风险处置以及市场退出等相关要素和环节组成。

(1) 市场准入监管。市场准入是中央银行对新设金融机构进行的限制性管理。中央银行对新设金融机构是否核准主要是考虑几方面因素。一是经济发展的需要。中央银行要考虑当地经济发展和金融竞争的需要，征询金融同业和工商业的意见。二是新设金融机构的资本数量，是否达到中央银行所规定的最低资本数量。三是对新设金融机构法人及主要从业人员的要求，以保证营业后机构的健康稳定运行。同时，监管当局还对设立金融分支机构和金融机构的合并规定了相应的标准和采用的原则。

(2) 日常运营监管。对金融机构的业务日常运营监管，主要是通过监管当局(如中央银行)的非现场监管和现场检查，以及借助会计(审计)师事务所进行的外部审计，及时发现、识别、评价和纠正金融机构的业务运营风险。这是监管当局日常监管的主要内容，包括非现场监管和现场检查。

中央银行根据各金融机构的性质分别核定其业务范围或限制其进入某些活动领域。如我国目前禁止商业银行从事投资银行业务等。

(3) 风险控制。风险分散既是银行的经营战略，也是金融监管的重要内容。贷款集中风险是中央银行进行风险控制的主要方面，其内容包括严格控制大额贷款和集中控制行业或部门贷款等。此外，由于金融结构的不断变化，金融工具的不断创新，表外业务领域的逐渐扩大，新的风险形式不断产生。为此，中央银行应密切注意新的风险对金融机构稳定性的影响，对被监管机构所存在风险的性质、特征、严重程度及发展趋势，作出的及时、客观、全面的判断和评价，研究风险控制措施。

(4) 风险处置。金融监管当局要针对金融机构所存在的不同风险及风险的严重程度及时采取相应措施加以处置，处置方式包括纠正、救助和市场退出。

另外，金融监管还包括对流动性、资本充足率与风险损失准备的一定要求。

20 世纪 80 年代以前，大多数国家的中央银行是对金融业或银行的监管的唯一主体。现在，中央银行作为金融监管的唯一主体，已无法适应新的金融格局。这是因为银行在金融体系中的传统作用正受到挑战，金融市场在经济发展中的作用越来越大，于是许多国家通过另设监管机构来监管越来越多的非银行金融机构，如银监会、证监会、保监会等。另外，在监管的目的、内容、方法、标准、力度等方面，各国都有各自的一些特点，但总的趋势是中央银行监管职能趋于强化、全面。

### 3. 调控职能

中央银行通过货币发行，通过制定货币政策来履行调控经济的职能，中央银行发行货币，有权对发行货币的规模、结构进行适度的控制，这样为中央银行履行调控职能奠定了基础。中央银行可以根据社会发展需要，结合国家的发展政策和宏观经济的走势制定有针对性的货币调控方案。中央银行在履行调控职能的时候，通常使用存款保证金、再贴现、公开市场业务以及其他一些货币政策工具。

## ✲ 知识拓展 7-2

### 美联储上调联邦基金利率 时隔一年再次加息

2016 年 12 月 14 日，美国联邦储备委员会宣布将联邦基金利率目标区间上调 25 个基

点，即 0.5%至 0.75%的水平，符合市场普遍预期，这是美联储时隔一年后再度加息。

美联储当天在结束本年度最后一次货币政策例会后发表声明说，11 月份以来的经济指标显示美国就业市场继续走强，家庭消费温和上升，整体经济活动保持温和扩张的步伐，但企业固定资产投资疲软。声明指出，自今年年初以来美国通胀水平上升，但仍低于美联储 2 %的长期目标，多数调查指标显示美国长期通胀预期近几个月来基本保持稳定。

美联储预计，随着逐步调整货币政策，美国经济将继续温和扩张，就业市场将进一步改善，通胀水平也将在中期内回升到 2%的目标，美国经济前景面临的近期风险大致平衡。美联储表示将继续密切关注通胀指标及全球经济和金融形势。

美联储于 2015 年 12 月启动近十年来首次加息，开始缓慢的货币政策正常化进程。2015 年年底多数美联储官员曾预计 2016 年将加息 4 次，但 2016 年初全球金融市场大幅波动，6 月份英国“脱欧”公投等因素给全球经济和美国经济增添了不确定性，令谨慎行事的美联储多次推迟加息时机。

(资料来源：新华社，2016 年 12 月 15 日)

## 三、中央银行的经营原则

中央银行在开展业务时，与商业银行有着截然不同的经营原则。

### (一) 不以盈利为目的

盈利是商业银行从事业务活动的主要目标。但是，中央银行的特殊性质和特殊地位决定其必须以稳定宏观经济，稳定全国金融和稳定币值为己任，一切业务活动都要为这一基本任务服务。所以，中央银行是非盈利性机构，不能以盈利为目的。

### (二) 不经营商业银行业务

中央银行在金融活动中拥有各种特权，享有其他金融机构不能享有的待遇。因此，中央银行不能经营商业银行业务，也不与商业银行争利。如果允许中央银行从事商业银行的业务，势必与商业银行发生竞争，在竞争中中央银行处于绝对优势的地位，这不仅极为不合理，而且中央银行也就丧失了自己的威信，就不可能完成宏观金融调控的任务。

### (三) 保证资产的流动性和安全性

中央银行的资产主要是再贷款、再贴现和政府债券。中央银行开展资产业务的目的，一是向商业银行提供短期周转资金，弥补其流动性不足；二是调节货币供应量，稳定和促进经济发展。这就决定了中央银行不能将其资金占用在投资期限长、风险大的资产上，而必须保证资产的流动性和安全性。

### (四) 管理权相对独立

中央银行从事业务活动时，独立行使法律赋予自己的权力，不受各方面的干扰。但管理权的相对独立，并不是中央银行可以完全摆脱政府，背离国家的货币政策，而是避免政府在财政上过多地依赖中央银行，使中央银行处于比较超然的地位，以利于中央银行和政府以及社会各界相互配合、相互制约，共同促进国家经济的顺利发展。

## 知识拓展 7-3

### 中国人民银行的主要职责

1. 拟订金融业改革和发展战略规划，承担综合研究并协调解决金融运行中的重大问题、促进金融业协调健康发展的责任，参与评估重大金融并购活动对国家金融安全的影响并提出政策建议，促进金融业有序开放。

2. 起草有关法律和行政法规草案，完善有关金融机构运行规则，发布与履行职责有关的命令和规章。

3. 依法制定和执行货币政策；制定和实施宏观信贷指导政策。

4. 完善金融宏观调控体系，负责防范、化解系统性金融风险，维护国家金融稳定与安全。

5. 负责制定和实施人民币汇率政策，不断完善汇率形成机制，维护国际收支平衡，实施外汇管理，负责对国际金融市场的跟踪监测和风险预警，监测和管理跨境资本流动，持有、管理和经营国家外汇储备和黄金储备。

6. 监督管理银行间同业拆借市场、银行间债券市场、银行间票据市场、银行间外汇市场和黄金市场及上述市场的有关衍生产品交易。

7. 负责会同金融监管部门制定金融控股公司的监管规则和交叉性金融业务的标准、规范，负责金融控股公司和交叉性金融工具的监测。

8. 承担最后贷款人的责任，负责对因化解金融风险而使用中央银行资金机构的行为进行检查监督。

9. 制定和组织实施金融业综合统计制度，负责数据汇总和宏观经济分析与预测，统一编制全国金融统计数据、报表，并按国家有关规定予以公布。

10. 组织制定金融业信息化发展规划，负责金融标准化的组织管理协调工作，指导金融业信息安全工作。

11. 发行人民币，管理人民币流通。

12. 制定全国支付体系发展规划，统筹协调全国支付体系建设，会同有关部门制定支付结算规则，负责全国支付、清算系统的正常运行。

13. 经理国库。

14. 承担全国反洗钱工作的组织协调和监督管理的责任，负责涉嫌洗钱及恐怖活动的资金监测。

15. 管理征信业，推动建立社会信用体系。

16. 从事与中国人民银行业务有关的国际金融活动。

17. 按照有关规定从事金融业务活动。

18. 承办国务院交办的其他事项。

（资料来源：中国人民银行网，http://www.pbc.gov.cn）

# 第三节　货币政策

## 一、货币政策目标

货币政策是中央银行为实现其特定的经济目标而采用的各种控制和调节货币供应量和利率的方针和措施的总称。中央银行通过对货币政策的制定和执行来实现对宏观经济的调控。其主要货币政策目标为充分就业、物价稳定、经济增长、国际收支平衡。

### (一) 充分就业

充分就业是指包含劳动在内的一切生产要素都以愿意接受的价格参与生产活动的状态。充分就业是社会经济生活中的最大问题，充分就业并不是所有的劳动者都有工作，而是维持一定的社会允许并接受的自然失业率。因为一定的失业率是市场机制正常运行的客观需要，在充分就业的状态下，有可能存在失业。厂商调整生产规模，客观上也要求必须有个劳动力的“蓄水池”。当然，这个失业率不能太高，必须控制在社会允许的范围内，并能被社会所接受。一方面，严重的失业意味着生产资源的闲置和浪费，同时也意味着产出的损失；另一方面，严重的失业是一种社会灾难，必将导致严重的社会不公平，进而危及社会的稳定。因而，充分就业才成为经济政策的首要目标。与充分就业相对应的失业率称为自然失业率，西方国家的多数学者认为 5%以下的失业率即为充分就业。

### (二) 物价稳定

物价稳定是指商品价格的总水平稳定。商品价格总水平一般用价格指数来表示。价格指数主要有消费物价指数(CPI)、生产价格指数(PPI)和国内生产总值折算指数(GDP 折算数)三种。价格稳定不是指每种商品价格的固定不变，也不是指价格总水平的固定不变，而是价格总水平的相对稳定，表现为价格指数的相对稳定。经济增长，不发生一点通货膨胀是不可能的。物价稳定主要是能够维持一个低而稳定并能为社会所接受的、对经济不会产生不利影响的通货膨胀率。一般说来，通货膨胀率与经济增长率有一定正相关的关系，但过高的通货膨胀对社会经济生活的危害也是极其严重的，必须将其控制在社会所能接受的范围之内，年度之间也不应有大起大落的现象发生。只有这样，才有利于社会安定，对经济才不会产生不利的影响。

### (三) 经济增长

经济增长是指一定时期内经济的持续均衡增长，即在一个时期内经济社会所生产的人均产量或者人均收入的持续增长。它既包括维持一个高经济增长率，又包括培育一个经济持续增长的能力。经济增长是要国民经济有一个适度的增长率，这是社会进步和人民生活水平不断提高的前提条件。但是增长率过高，超出社会各方面的承受能力，将会打乱社会正常秩序，扭曲经济结构，破坏经济平衡，导致严重的通货膨胀。所以经济增长率要适度，既能满足社会发展的需要，又与生产要素供给和技术进步的条件相适应。宏观经济调控就是要使经济增长速度保持在一个合理的水平上，既要努力提高速度，又要防止增长过快，更要避免大幅度的波动。因此，经济增长的目标就是要在结构优化和效益提高的基础上保持经济持续、快速、稳定增长。一般认为，经济增长与充分就业目标是一致的。

### （四）国际收支平衡

国际收支平衡是指一国或地区既无国际收支赤字又无国际收支盈余，进出口相等而形成的平衡状态。一国的国际收支状况不仅能够反映这个国家的对外经济交往情况，也可以反映出该国经济的稳定程度。国际收支体现一国或地区在一定时期内与世界各国全部经济往来的货币收支活动，国际收支长期逆差会影响本国货币的稳定与安全，国际收支长期顺差也会影响本国货币的稳定与经济发展。由于国际收支无论是顺差还是逆差都会对国内经济发展带来不利的影响，这就要求国际收支既无赤字又无盈余，即国际收支平衡。随着经济全球化程度的不断提高，国际收支状况对我国经济运行影响日益重要，如何保持国际收支基本平衡，避免国际收支长期失衡是我国最近一个时期面临的重要挑战。

事实上，货币政策目标之间存在着矛盾，要求决策者必须对四个目标进行慎重权衡。要实现充分就业，就要运用扩张性的货币政策，致使货币供给量增加，引起通货膨胀而使物价失去稳定；实现充分就业，国民收入必须增加，在边际进口倾向既定的情况下，进口将随之增加，引起国际收支状况恶化。充分就业与经济增长虽有一致的一面，但也有矛盾，因为经济增长中的技术进步能够引起资本对劳动的替代，相对缩小劳动的需求，致使部分技术水平低的工人失业；经济增长与物价稳定也有矛盾，只要经济增长，通货膨胀将难以避免。通货膨胀还会影响出口，增加进口，破坏国际收支平衡。所以要么确定重点政策目标，要么对这些政策目标进行协调。一般货币主义经济学家比较注重物价稳定。此外，不同时期国家对货币政策目标也有不同的偏重。例如美国在 20 世纪 50 年代偏重于充分就业与物价稳定，在 20 世纪 60 年代偏重于充分就业与经济增长，在 20 世纪 70 年代后则强调物价稳定和四个目标兼顾。《中国人民银行法》 明确规定，我国的货币政策目标是保持货币币值稳定，并以此促进经济增长。

## 二、货币政策工具

中央银行对货币和信用的调节政策有两大类：一类是从收缩和放松两个方向调整银行体系的准备金，进而改变货币乘数和货币供给量，这就是一般货币信用管理，它影响货币信用的总量，属于宏观性措施；另一类是用各种方式干预信贷市场资金配置，有目的地调整某些经济部门的货币信贷供应量，从而引起货币结构变化，这就是选择性信贷管理，属于微观性措施。所以，中央银行的货币政策工具可分为一般性货币政策工具和选择性货币政策工具。

### （一）一般性的货币政策工具

一般性的货币政策工具包括改变法定准备金率、调整再贴现政策和公开市场业务三种，它们通常被称为“三大法宝”。

### 1. 法定准备金率

法定准备金率是指中央银行规定的商业银行的存款准备金比率。它是为确保存款人的权益，能够及时、足额地提款而规定的。存款准备金率政策则是指中央银行在法律所赋予的权力范围内，通过调整商业银行缴存中央银行的存款准备金比率，以改变货币乘数，控制商业银行的信用创造能力，间接地控制社会货币供应量的活动。确立法定准备金率可以限制商业银行的贷款扩张，保障银行的信誉，避免因挤提存款造成的银行倒闭风险。但是，中央银行规定法定准备金率的意义不仅仅在于提高商业银行的保险程度，它更为重要的作用还在于通过这一制度能够调节货币的供给量。中央银行变动准备金率可以通过对准备金的影响来调节货币供给量与利息率。如果需要扩大货币供给量，只要降低法定准备金率，各个银行就会产生超额准备金，从而通过银行创造货币的机制扩大存款货币；反之，如果需要减少货币供给量，只要提高法定准备金率，各个银行就得通过收回贷款或变卖证券增加准备金，从而缩小存款货币。另外，根据货币乘数原理，中央银行规定的法定准备金比率越低，货币乘数就越大，银行创造货币的能力也就越大；反之，法定准备金比率越高，货币乘数就越小，银行减少的贷款就会越多。也就是说，如果中央银行降低准备金率，就会增加货币供给量，降低利息率；如果中央银行提高准备金率，就会减少货币供给量，提高利息率。由于改变法定准备金比率作用程度过于强烈，它会引起政策上过大和过分突然的变化，因此，应谨慎使用。中国人民银行 2008 年上半年上调 5 次存款准备金率，在美国金融危机蔓延、全球金融动荡的背景下，下半年则下调 4 次。2010 年中国人民银行曾 6 次上调存款准备金率，达到 18.5%，创 20 余年历史新高。

### 2. 再贴现政策

票据持有人将未到期的商业票据卖给商业银行以获得短期贷款，称为贴现。而商业银行或其他金融机构在资金不足时，将已贴现过的未到期的商业票据再出售给中央银行从而获得中央银行的贷款，称为再贴现，这是中央银行向商业银行提供资金的一种方式。中央银行在贴现过程中向商业银行收取的利息率就称为再贴现率。再贴现政策就是中央银行对商业银行用持有的未到期票据向中央银行融资所作的政策规定，一般包括再贴现率的调整和再贴现的资格条件两方面内容。它不仅会影响商业银行的筹资成本，限制商业银行的信用扩张，而且可以按照国家产业政策的要求，有选择地对不同种类的票据进行融资，促进结构调整。

再贴现最大的优点在于中央银行可利用它来充当“最后贷款人”的角色，通过再贴现率的变动和再贴现资格条件的规定来达到既调节货币供应量又调节信贷结构的效果。但也有如下几项主要缺陷。第一，中央银行缺乏主动权。再贴现率调整以后，其效果如何取决于商业银行的反应。因此，从调控货币供应量上看，再贴现政策并不是一个理想的工具。第二，其“告示效应”是相对的，即存在出现负面效应的可能。第三，再贴现率调整的灵活性和伸缩性有限。由于再贴现率的调整主要通过利率的变化来发挥作用，而利率的经常波动不利于商业银行和社会公众形成正常的心理预期，不利于经济的正常运行。在 20 世纪 30 年代大危机以前，再贴现政策曾是中央银行的主要政策工具，但随着金融工具的多样化和融资成本的不断下降，这一政策已经成为一种较为次要的工具。

### 3. 公开市场业务

公开市场业务就是指中央银行在金融市场上买进或卖出有价债券以调节货币供给量。

中央银行既可以同商业银行进行有价债券的买卖活动，也可以同企业和个人发生债券的买卖关系。中央银行在公开市场上购进有价债券，付出的是货币，实际上就是向市场投放货币，增加货币供给量；中央银行在市场上出售有价证券，收进的是货币，实际上就是回笼货币，使货币供给量减少。公开市场业务是一种灵活而有效地调节货币量，进而影响利息率的工具。因此，政府可以根据不同的经济形势，采用不同的措施，买进或卖出有价债券，就能起到调节货币供给量的作用，从而影响经济的发展。这是比较温和的，因此，它成为中央银行稳定经济的最重要的也是最常用的货币政策工具。

公开市场业务作为中央银行最重要的货币政策之一，其优点在于：第一，中央银行可以通过买卖政府债券把银行准备金控制在自己期望的规模内；第二，中央银行可以根据不同情况和需要，随时主动出击，利用该政策工具时中央银行是主动调整而非被动接受；第三，公开市场业务可以按较小规模操作，如果需要甚至可以按非常小的步骤进行，这使中央银行可以准确地调整银行存款准备金；第四，中央银行可以根据金融市场的信息不断调整其业务，万一经济形势发生变化，能迅速作反向调节，以纠正其在货币政策执行过程中的错误。

### ✲ 知识拓展 7-4

**货币政策工具创新**

近年来，中国人民银行注重于完善流动性供给机制，建立政策利率体系和拓展宏观审慎政策框架，对于货币政策工具中的法定准备金率、公开市场操作、中央银行借贷便利和预期管理等都分别进行了创新。

1. 短期流动性调节工具

短期流动性调节工具(Short-term Liquidity Operations，SLO)是中国人民银行在2013年年初创设的新政策工具，作为公开市场常规操作的必要补充，通常在非公开市场例行交易日操作，以7天期内短期回购为主。中国人民银行根据货币调控需要，综合考虑银行体系流动性供求状况、货币市场利率水平等因素，灵活决定操作时机、操作规模及期限品种等。

2. 常备借贷便利

常备借贷便利(Standing Lending Facility，SLF)是中国人民银行在2013年年初创设的中央银行借贷便利类工具，用以满足金融机构短期的临时性流动性需求。SLF期限以隔夜和7天为主。中国人民银行根据需要适时调整SLF利率水平，探索常备借贷便利利率发挥货币市场利率走廊上限的功能。2014年，中国人民银行在10省(市)试点分支行常备借贷便利操作，2015年，在全国范围推广分支行常备借贷便利操作。分支行常备借贷便利试点以来，货币市场利率波动明显减小。

3. 中期借贷便利

中期借贷便利(Medium-term Lending Facility，MLF)于2014年9月创设，是提供中期基础货币的中央银行借贷便利类工具。MLF发挥中期政策利率作用，通过调节向金融机构中期融资的成本影响其贷款利率，促进降低社会融资成本，同时引导金融向符合国家政策导向的实体经济部门提供资金支持。

4. 抵押补充贷款

为支持国家开发银行加大对棚户区改造重点项目的信贷支持力度，2014 年 4 月，中国人民银行创设抵押补充贷款(Pledged Supplemental Lending，PSL)，为开发性金融支持棚户区改造提供长期稳定、成本适当的资金来源。PSL 是中央银行借贷便利类工具。为适时发挥价格杠杆的作用，以及适应存贷款基准利率的调整，中国人民银行多次降低 PSL 利率，以引导国家开发银行降低棚户区改造贷款利率，加大对棚户区改造的支持力度，促进降低社会融资成本。2016 年将 PSL 的机构范围扩展至中国进出口银行和中国农业发展银行，将支持领域扩展至重大水利工程贷款、人民币“走出去”项目贷款等。

5. 定向降准

定向降准政策通过建立促进信贷结构优化的正向激励机制，引导商业银行把增量中的更高比例和收回再贷中的更高比例投向“三农”和小微企业领域。中国人民银行多次实施“定向降准”，在不大幅增加贷款总量的同时，使“三农”和小微企业获得了更多信贷资源。

6. 加强预期管理

中国人民银行近年来注重通过及时有效的公众沟通引导公众预期。一是多渠道发声。开通央行微博和央行微信，当政策变化时，及时通过人民银行网站、微博、微信等渠道发布声明。二是逐步提高货币政策操作透明度。按月公布 SLF、MLF、PSL 操作的数量和利率信息。“收盘汇率 + 一篮子货币汇率变化”的人民币兑美元汇率中间价形成机制有序运行，汇率政策的规则性、透明度和市场化水平进一步提高，保持了外汇市场预期总体稳定。三是加强与金融机构、经济学家、社会公众的沟通，合理引导预期。

另外，货币政策工具创新还有调整再贷款分类，完善央行抵押品管理框架，完善宏观审慎政策框架等。以上各类创新相互配合，促进形成更加市场化的货币政策工具体系，实现了多重目的。

(资料来源：孙国峰. 货币政策工具的创新[J]. 中国金融，2017(4).)

### (二) 选择性货币政策工具

随着中央银行宏观调控作用的增强，货币政策工具也趋向多样化。除上述调节货币总量的三大工具在操作内容和技术上更加完备之外，还增加了对某些特殊领域的信用活动加以调节和影响的一系列措施。这些措施一般都是有选择地使用，故称之为“选择性货币政策工具”，以便与传统的“一般性政策工具”相区别。

选择性货币政策工具主要有间接信用控制工具和直接信用控制工具。

#### 1. 间接信用控制工具

这类工具的特点是作用过程是间接的，要通过市场供求关系或资产组合的调整途径才能实现。

(1) 消费者信用控制。消费者信用控制是指中央银行对不动产以外的各种耐用消费品的销售融资予以控制。在消费信用膨胀和通货膨胀时期，中央银行采取消费信用控制，能起到抑制消费需求和物价上涨的作用。

(2) 证券市场信用控制。证券市场信用控制是指中央银行对有关证券交易的各种贷款进行限制，目的在于抑制过度的投机。比如规定一定比例的证券保证金率，并随时根据证

券市场的状况加以调整。

(3) 不动产信用控制。不动产信用控制是指中央银行对金融机构在房地产方面放款的限制性措施，以抑制房地产投机。如对金融机构的房地产贷款规定最高限额、最长期限及首次付款和分摊还款的最低金额等。

(4) 优惠利率。优惠利率是中央银行对国家重点发展的经济部门或产业，如出口工业、农业等，所采取的鼓励性措施。优惠利率不只是大多数发展中国家采用，发达国家也普遍采用。

(5) 预缴进口保证金。预缴进口保证金是指中央银行要求进口商预缴相当于进口商品总值一定比例的存款，以抑制进口过快增长。预缴进口保证金多为国际收支经常出现赤字的国家所采用。

### 2. 直接信用控制工具

直接信用控制是以行政命令或其他方式，直接对金融机构尤其是商业银行的信用活动进行控制。其主要手段包括规定利率限额及信用配额、规定金融机构的流动性比率、直接干预和道义劝告等。

(1) 利率限额。规定利率限额主要是规定贷款利率下限和存款利率上限，这是最常见的手段之一，其目的是为了防止金融机构为谋求高利而进行风险存贷或过度竞争。在自由化程度很高的美国，这一手段曾长期使用。

(2) 信用配额。信用配额是指中央银行根据市场资金供求状况及客观经济需要，分别对各个商业银行的信用规模或贷款规模加以分配，限制其最高数量。在多数发展中国家，这一手段经常被采用。

(3) 规定金融机构流动性比率。规定金融机构流动性比率也是限制商业银行等金融机构信用扩张的主要措施，是保证金融机构安全的手段。流动性比率是指流动性资产对总资产的比例，一般说来，流动性比率与收益率成反比。为保持中央银行规定的流动性比率，商业银行必须采取缩减长期放款、扩大短期放款和增加应付提现的流动性资产等措施。

(4) 直接干预。直接干预是中央银行直接对商业银行的信贷业务、放款范围等加以干预，如对业务经营不当的商业银行拒绝再贴现或实行高于一般利率的惩罚性利率，以及对银行吸收存款的范围加以干涉等。

(5) 道义劝告。道义劝告是指中央银行利用自己的地位和声望，对商业银行和金融机构经常以发出书面通告、指示或口头通知，甚至与金融机构负责人面谈等形式向商业银行通报行情，劝其遵守金融法规，自动采取相应措施，配合中央银行货币政策的实施。

---

## 【理论梳理】

(1) 中央银行产生的原因包括：统一银行券发行的需要；统一全国票据交换及清算的需要；为商业银行提供必要的资金支持，充当其“最后贷款人”的需要；对金融业进行监督管理的需要以及满足政府融资的需要。中央银行制度的类型主要有四种，即单一制中央银行、复合制中央银行、跨国中央银行和准中央银行。

(2) 中央银行的职能，从不同的角度可以有多种归纳分类。若按照承担的任务来划分，中央银行的职能可分为发行的银行、政府的银行和银行的银行。若按照性质来划分，中央

银行的职能可分为服务职能、监管职能和调控职能。

(3) 中央银行在开展业务时，与商业银行有着截然不同的经营原则，即不以盈利为目的；不经营商业银行业务；保证资产的流动性和安全性；管理权相对独立。

(4) 中央银行通过对货币政策的制定和执行来实现对宏观经济的调控。其主要货币政策目标为充分就业、物价稳定、经济增长和国际收支平衡。中央银行的货币政策工具可分为一般性货币政策工具和选择性货币政策工具。一般性的货币政策工具包括改变法定准备金率、调整再贴现政策和公开市场业务，它们被称为“三大法宝”。而选择性货币政策工具主要包括间接信用控制工具和直接信用控制工具。

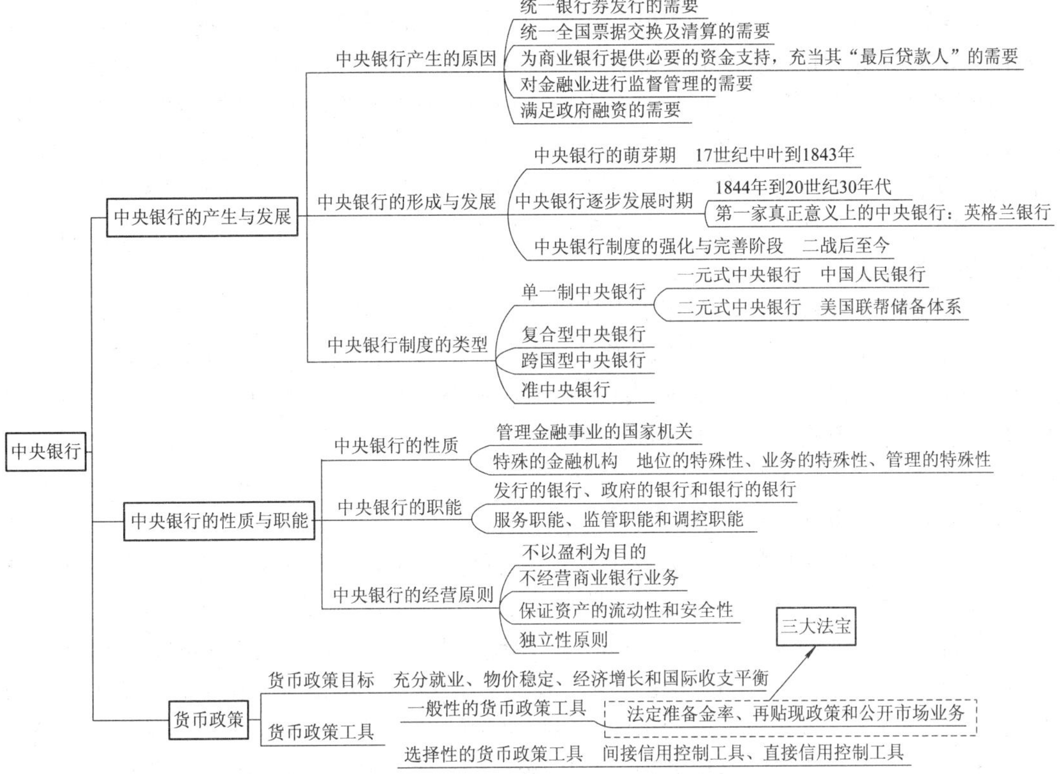


## 【案例分析】

### 2017年货币政策应对思路

2017年，中国人民银行将认真贯彻落实中央经济工作会议精神，按照党中央、国务院的战略部署，在稳中求进的经济工作总基调下实施好稳健中性的货币政策，促进稳增长、促改革、调结构、惠民生、抑泡沫、防风险等重点工作的开展。“稳”主要体现在：货币信贷总量要稳，适应货币供应方式新变化，调节好货币闸门，维护流动性基本稳定；金融体系要稳，促进国际收支基本平衡和人民币汇率在合理均衡水平上的基本稳定，着力防控资产泡沫，提高和改进监管能力，守住不发生系统性金融风险的底线。在稳的前提下要努力实现关键领域有所“进”，进一步提高金融服务实体经济的质量和效益，防止“脱实向虚”，着力解决金融与实体经济的失衡；进一步深化金融改革，努力畅通货币政策传导渠道和机制，提升金融资源的配置效率。具体来看，应着重做好以下几方面工作。

一要保持总量稳定，综合运用价量工具和宏观审慎政策加强预调微调，调节好货币闸门。近年来，货币供应方式发生了很大变化。从基础货币看，以往主要通过外汇占款渠道被动投放现转为央行主动供给；从广义货币看，以往主要通过信贷投放、外汇占款等方式供给，随着外汇渠道发生变化，证券投资以及同业渠道供给的货币明显增多，需要适应货币供应方式的变化，密切关注国内外形势变化对流动性的可能冲击，从量、价两个方面灵活运用多种货币政策工具组合，维护流动性基本稳定。近年来我国金融创新明显加快，金融产品和融资渠道更加复杂多元，出现了不少形式上区别于传统信贷融资，但实质上相似的新融资渠道和融资模式，要调节好货币闸门，需要更准确地监测和把握全社会的实际融资状况，更有针对性地加强调控。要组织实施好宏观审慎评估(MPA)，将表外理财业务纳入宏观审慎评估，不断创造条件把更多金融活动和商业银行资产扩张行为纳入宏观审慎管理，这有利于引导金融机构更为审慎经营，促进货币信贷和社会融资规模合理增长。继续关注地方政府债务置换等因素对货币信贷和融资条件的影响。要在总量上体现稳健中性的要求，为经济增长创造基本稳定的货币环境，也为促进金融体系健康发展，防范金融风险提供必要的条件。

二是优化信贷结构，适当发挥货币信贷政策的结构引导作用。继续加强支农再贷款、支小再贷款、再贴现、抵押补充贷款管理，完善政策效果评估，健全正向激励机制，引导金融机构扩大对国民经济重点领域、薄弱环节和社会事业的信贷投放。加大扶贫再贷款支持力度，创新管理方式，为助推脱贫攻坚提供有力金融支持。进一步完善信贷资产质押和央行内部评级试点的相关管理制度，适时扩大试点范围，增加中小金融机构的合格抵押品。继续发挥定向降准持续考核及农业银行“三农金融事业部”差别化存款准备金率的信号和结构引导作用。需要注意的是，货币政策主要是总量政策，结构引导功能是边际的和辅助性的，要注意避免过量使用结构性工具导致总量偏多等问题。

三是深化各项金融改革，疏通货币政策传导机制，提高金融运行效率和金融服务实体经济的能力。当前金融市场和金融创新的快速发展，利率在调节资金供求和经济主体行为中的作用更加明显，对加快推进货币政策调控框架转型，进一步健全利率传导机制提出了更高要求。我国货币政策的价格型调控和传导效率还有待增强，尤其是对信贷市场的传导还不够顺畅。要进一步深入推进利率市场化改革，督促金融机构增强自主合理定价能力和风险管理水平，着力培育市场基准利率和收益率曲线，增强中央银行利率调控能力。进一步完善利率走廊，提高常备借贷便利操作效率，有效发挥利率走廊上限作用。要进一步完善人民币汇率形成机制，增强人民币汇率弹性，保持人民币汇率在合理均衡水平上的基本稳定。前一段时间人民币汇率贬值预期有所增强，主要是受到美元加息预期强化、特朗普胜选带来不确定性等阶段性因素的影响，也与海外资产配置加快等因素有关。我国经济仍将保持中高速增长，国际竞争力依然较强，货物贸易顺差维持高位，外汇储备充裕，人民币正式加入 SDR 货币篮子以及金融市场进一步对外开放平衡跨境资本流动的效应将逐步显现，这些基本面因素将继续支持人民币作为稳定的强势货币。同时，还应进一步完善针对资本流动的宏观审慎政策框架，对资本流动进行逆周期调节，防止出现大的货币错配和由“羊群效应”所导致的资本大规模流动对实体经济形成冲击。

四是切实做好防范化解金融风险工作，守住不发生系统性风险的底线。中央经济工作会议指出，要把防控金融风险放在更加重要的位置。实现总量稳定、结构优化，才能在宏观上助力防范风险。要进一步完善宏观审慎政策框架，加强逆周期流动性管理，引导广义信贷合理增长，特别要防止机构“带病扩张”，消除风险产生和积累的条件。要防止资金“脱实向虚”“以钱炒钱”以及不合理的加杠杆行为，对使用央行资金的机构要加强投向方面的引导和监督，引导资金支持实体经济。要提高预期管理能力，尤其要发挥好基础性金融资产价格也就是利率和汇率管理调整预期的作用，既要让价格更大程度上由市场来决定，也要防止利率、汇率出现过大波动和预期发散，以维护金融市场的基本稳定。在处置金融风险的同时抓紧在现有框架下把解决风险的制度建立起来，进一步深入研究金融监管体制改革，提高金融监管的针对性和有效性，优化完善金融风险防范和处置的各项制度安排。

(资料来源：张晓慧. 货币政策回顾与展望[J]. 中国金融，2017(3))

**讨论：**结合案例内容，分析 2017 年我国货币政策总体保持稳健中性的原因及影响。

## 【知识检测】

1. 中央银行产生的原因。
2. 中央银行的制度类型。
3. 中央银行的性质。
4. 中央银行的职能。
5. 三大货币政策工具及其运用。

## 【应用实训】

实训目标：

模拟中央银行的资金清算业务。

实训内容：

通过模拟中央银行资金清算过程，使学生对该业务有具体的感性认识，加强对该业务的理解。

实训要求：

1. 将学生进行分组，每组成员 5～9 人。确定中央银行组和各商业银行的总行组、分行组。

2. 同城票据交换清算过程的设计及具体模拟；异地跨行清算过程的设计及具体模拟。

3. 各组总结同城、异地跨行清算的特点，分析其过程。教师总结中央银行资金清算的过程及作用。

# 第八章 商业银行

【知识目标】

熟悉商业银行的类型和组织结构；了解商业银行的产生、发展以及现代商业银行的发展趋势。

【能力目标】

掌握商业银行的基本概念、性质与职能，掌握商业银行的基本业务、经营原则、风险管理。

【案例导读】

### 花旗银行

花旗银行(Citibank，N.A.，中文名“花旗”源于上海市民对该行的习惯性称呼)是花旗集团旗下的一家零售银行，其主要前身是1812年6月16日成立的“纽约城市银行”(City Bank of New York)。经过近两个世纪的发展、并购，花旗银行已经成为美国最大的银行之一，也是一家在全球近一百五十个国家及地区设有分支机构的国际大银行，总部位于纽约市公园大道399号。2012年9月19日，花旗银行(中国)有限公司在上海宣布其在中国的信用卡业务正式运作。

花旗银行，作为唯一一家推行全球业务战略的银行，为近100个国家的跨国或跨区及当地的企业客户服务。主要的业务范围包括：电子银行业务、信用卡业务、私人银行业务、新兴市场业务、企业银行业务、跨国公司业务等。

2009年1月12日摩根士丹利和花旗宣布成立新合资公司“摩根士丹利美邦公司”，它将成为全球最大的证券经纪公司，拥有20,390位营业员，管理1.7兆美元客户资产。花旗将以美邦证券100%的股权，澳洲美邦以及在英国提供私人投资管理服务的Quilter的股权和27亿美元现金(不含花旗私人银行)，日本的Nikko Cordial证券，取得“摩根士丹利美邦公司”49%的股份。花旗出售美邦后，帐面获利58亿美元。据美邦网页简介，美邦在全球有764个办事处，拥有900万美国客户，共有14 133个理财顾问，为客户提供各项理财服务，包括个人理财和资产管理等服务，2013年，管理客户资产高达1.323万亿美元(约10.3万亿港元)。摩根士丹利将以旗下全球财富管理事业100%的股权取得“摩根士丹利美邦公司”51%的股权。在第3年后，摩根士丹利和花旗都有权购买或出售在新公司中的股份，但花旗至少在5年内都会持有相当大的股权。

花旗银行1902年进入中国，是第一家挂着美国国旗的外资银行。目前，花旗银行(中

国)在上海、北京、广州、深圳、成都、天津、杭州、大连、重庆、贵阳、南京、长沙和无锡等 13 个城市共设有 48 家银行网点。花旗银行是中国最具有全球性的外资银行。花旗银行在中国主要为跨国公司、合资企业、本地企业和个人提供广泛而多样的金融服务。

(资料来源：江苏大学精品课程，金融理论与实务，课程负责人梁锐)

# 第一节　商业银行概述

商业银行是商品货币经济发展的产物，它的产生和发展是与商品经济的发展紧密相连的。商业银行在现代商品经济中发挥着巨大的作用，并且由最初简单的货币经营业逐渐演变发展成为现代有“金融百货公司”“金融超市”之称的全能银行。

## 一、商业银行的产生与发展

### (一) 商业银行的产生

人们公认的早期银行的萌芽起源于文艺复兴时期的意大利。最初的银行家均为祖居在意大利北部伦巴第的犹太人，他们为躲避战乱，迁移到英伦三岛，以兑换、保管贵重物品及汇兑等为业。在市场上人各一凳，据以经营货币兑换业务。倘若有人遇到资金周转不灵，无力支付债务，就会招致债主们群起捣碎其长凳，兑换商的信用也即宣告破碎。

在英国，早期的银行业是通过金匠业发展而来的。17 世纪中叶，英国的金匠业极为发达，人们为了防止金银被盗，将金银委托给金匠保存。当时金匠业不仅代人保管金银，签发保管凭条，还可按顾客书面要求，将金银划拨给第三者。金匠业还利用自有资本发放贷款，以获取利息。同时，金匠们签发的凭条可代替现金流通于市面，称为“金匠券”，开创了近代银行券的先河。这样，英国早期银行就在金匠业的基础上产生了。

这种早期的银行业虽已具备了银行的本质特征，但它仅仅是现代银行的原始发展阶段。此时，银行业的放款对象主要是政府和封建贵族，银行业的放款带有明显的高利贷性质，其提供的信用还不利于社会再生产过程。

### (二) 现代商业银行的发展

现代商业银行的最初形式是资本主义商业银行，它是资本主义生产方式的产物。早期银行的贷款对象主要是政府等一批特权阶层而非工商业，新兴的资产阶级工商业无法得到足够的信用支持，而资本主义生产方式产生与发展的一个重要前提是要有大量的为组织资本主义生产所必需的货币资本。因此，新兴的资产阶级迫切需要建立和发展资本主义银行。

资本主义商业银行的产生基本上通过两种途径。一是旧的高利贷性质的银行逐渐适应新的经济条件，演变为资本主义银行。在西欧，由金匠业演化而来的旧式银行，主要是通过这一途径缓慢地转化为资本主义银行的。二是新兴的资产阶级按照资本主义原则组织的股份制银行，这一途径在英国表现得尤其明显。1694 年，英国建立了历史上第一家资本主义股份制的商业银行——英格兰银行。它的出现，宣告了高利贷性质的银行业在社会信用

领域垄断地位的结束，标志着资本主义现代银行制度开始形成以及商业银行的产生。英格兰银行是现代商业银行的鼻祖。继英格兰银行之后，欧洲各资本主义国家都相继成立了商业银行。从此，现代商业银行体系在世界范围内开始普及。

### （三）中国银行业的产生和发展

与西方的银行相比，中国的银行产生较晚。中国关于银钱业的记载，较早的出现于南北朝时的寺庙典当业。到了唐代，出现了类似汇票的"飞钱"，这是我国最早的汇兑业务。明清以后，当铺是中国主要的信用机构。明末，一些较大的经营银钱兑换业的钱铺发展成为银庄。银庄产生初期，除兑换银钱外，还从事放贷。到了清代，才逐渐开办存款、汇兑业务，但最终在清政府的限制和外国银行的压迫下走向衰落。

我国近代银行业是在 19 世纪中叶外国资本主义银行入侵之后才兴起的。最早来到中国的外国银行是英商东方银行，随后各资本主义国家纷纷来华设立银行。在华外国银行虽给中国国民经济带来巨大破坏，但在客观上也对我国银行业的发展起了一定的刺激作用。为了摆脱外国银行的支配，清政府于 1897 年在上海成立了中国通商银行，标志着中国现代银行的产生。此后，浙江兴业银行、交通银行相继产生。根据英国《银行家》杂志(The Banker)公布的 2016 年全球 1000 家大银行排行榜，共有 119 家中资银行入围，其中 17 家中资银行跻身前 100 名，而中国工商银行以 2744.32 亿美元的一级资本已连续四年蝉联榜首。

## 二、商业银行的性质

商业银行是以追求最大利润为经营目标，以多种金融资产和金融负债为经营对象，提供多功能、综合性服务的金融企业。其性质具体体现在以下几个方面：

### （一）商业银行具有一般企业的特征

商业银行与一般企业一样，拥有业务经营所需要的自有资本，依法经营，照章纳税，实行自主经营，自担风险，自负盈亏，自我约束；具有独立的法人资格，拥有独立的财产、名称、组织机构和场所。商业银行的经营目标是追求利润最大化，获取最大利润既是其经营与发展的基本前提，也是其发展的内在动力。

### （二）商业银行是一种特殊的企业

商业银行不是一般企业，因为一般企业经营的对象是具有一定使用价值的商品，而商业银行经营的对象是特殊商品——货币，商业银行是经营货币资金的金融企业，是一种特殊的企业。这种特殊性表现在以下四个方面：第一，商业银行经营的内容特殊；第二，商业银行与一般工商企业的关系特殊；第三，商业银行对社会的影响特殊；第四，国家对商业银行的管理特殊。

### （三）商业银行是一种特殊的金融企业

商业银行不仅不同于一般工商企业，与其他金融机构相比，也存在很大差异，表现在：

### 1. 与中央银行比较

商业银行面向工商企业、公众、政府以及其他金融机构，商业银行从事的金融业务的主要目的是盈利。而中央银行是只向政府和金融机构提供服务的具有银行特征的政府机关。中央银行具有创造基础货币的功能，不从事金融零售业务，从事金融业务的目的也不是盈利。

### 2. 与其他金融机构比较

商业银行提供的金融服务更全面，更广范。其他金融机构，如政策性银行、保险公司、证券公司、信托公司等都属于特种金融机构，只能提供一个方面或几个方面的金融服务，而商业银行则是“万能银行”或者“金融百货公司”，业务范围比其他金融机构要广泛很多。

## 三、商业银行的职能

商业银行是以利润为最终经营目标的，这是由商业银行的企业特性所决定的。商业银行与一般企业相比，除了经营对象和业务内容不同外，其他都是相同的。

由于商业银行的业务广泛，功能齐全，因此，商业银行与专业银行、投资银行、储蓄银行、保险公司等金融企业有所不同，商业银行具备了其他金融机构所不具备的职能。

### 1. 信用中介

信用中介职能是商业银行最基本、最能反映其经营活动特征的职能。具体而言，商业银行的信用中介职能反映在以下三个方面：第一，变小额资本为大额资本；第二，变闲置资本为职能资本；第三，变短期资金为长期资金。这一职能的实质是通过银行的负债业务，把社会上各种闲散货币集中到银行里来，再通过资产业务，把它投向经济各部门。

商业银行作为货币资本的贷出者与借入者的中间人，通过实现资本的融通，从吸收资金的成本与发放贷款的利息的差额以及投资收益的差额中获取利差收入，形成银行利润。商业银行通过信用中介的职能实现资本盈余和短缺之间的融通，但这并不改变货币资本的所有权，改变的只是货币资本的使用权。

### 2. 支付中介

支付中介主要是指商业银行为商品交易的货币结算提供一种付款机制。借助支付中介职能，商业银行成了工商企业、政府、家庭和个人的货币保管人及出纳人和支付代理人，商业银行因此成为社会经济活动的出纳中心和支付中心。由于商业银行所提供的转账结算、支付汇兑等服务主要是面向其存贷款客户的，因此，支付中介职能的发挥又反过来促进了商业银行存贷款业务的扩大，从而促进银行信用中介职能的更好发挥。

支付中介职能从逻辑上先于信用中介职能，最早产生于货币经营时期。货币经营者在货币保管和办理支付中积聚了大量货币，为使货币增值发放贷款，于是，产生了信用中介职能。但支付职能的发展也有赖于信用中介职能，因为只有在客户保存一定存款余额的基础上，才能办理支付；当存款余额不足时，客户会要求银行贷款，而贷款又转化为新的客户存款，又需办理支付。支付中介职能和信用中介职能是相互联系、相互促进的，两者互动构成银行信贷资本的整体运动。

商业银行发挥支付中介职能有两个主要作用：第一，节约社会流通费用；第二，扩大银行的资金来源，降低银行的筹资成本。

**3．信用创造**

商业银行的信用创造职能，是在支付中介和信用中介职能的基础上产生的。

信用创造职能是指商业银行通过吸收活期存款、发放贷款以及从事投资业务衍生出更多存款货币，从而扩大社会货币供给量。长期以来，商业银行是各种金融机构中唯一能吸收活期存款，开设支票存款账户的机构，在此基础上产生了转账和支票流通。商业银行通过自己的信贷活动创造和收缩活期存款，如果没有足够的贷款需求，存款贷不出去，就谈不上创造，所以有贷款才派生存款；相反，如果归还贷款，就会相应地收缩派生存款。收缩程度与派生程度相一致。因此，对商业银行来说，吸收存款在其经营中占有十分重要的地位。

商业银行发挥信用创造职能的作用主要有：第一，通过创造存款货币等流通手段和支付手段，既可以节约现金使用，减少社会流通费用，又能满足社会经济发展对流通手段和支付手段的需要；第二，通过增加或减少存款货币等流通工具和支付手段的供应，可以调节社会货币流通规模，进而影响与调节国民经济活动。

**4．金融服务**

随着经济的发展，银行间的业务竞争也日益激烈，银行由于联系面广，信息比较灵通，特别是电子计算机在银行业务中的广泛应用，使其具备了为客户提供信息服务的条件。为了提供多方面的金融服务，各商业银行不断开拓服务领域，通过金融服务业务的发展，进一步促进资产负债业务的扩大，并把资产负债业务与金融服务结合起来，开拓新的业务领域。在现代经济生活中，金融服务已成为商业银行的重要职能。

**5．调节经济职能**

调节经济是指商业银行通过其信用中介活动，调剂社会各部门的资金短缺，同时在央行货币政策和其他国家宏观政策的指引下，实现经济结构、消费比例投资、产业结构等方面的调整。商业银行也可以通过其在国际市场上的融资活动调节本国的国际收支状况。

商业银行因其广泛的职能，对整个社会经济活动的影响十分显著，在整个金融体系乃至国民经济中占据重要地位。随着全球经济的一体化发展，现在的商业银行已经凸显了职能多元化的发展趋势。

## 四、商业银行的发展模式和组织制度

### （一）商业银行的发展模式

**1．以英国为代表的传统模式**

这种模式的商业银行的主要业务集中于短期的自偿性贷款。银行通过贴现票据发放短期、周期性贷款，一旦票据到期或承销完成，贷款就可以自动收回。它与商业活动和企业产销紧密联系，期限短、流动性强，贷款安全性高，银行利润稳定；但是银行业务的局限性较大。

**2．以德国为代表的综合模式**

这种模式的商业银行除了提供短期商业性贷款以外，还提供长期贷款，并且可以直接投资或者承销企业股票和债券，参与企业的决策和发展，为企业提供财务支持和咨询服务。该模式有利于商业银行全方位开展业务，但风险性较大，对银行的经营管理提出更高的要求。

### (二) 商业银行的组织制度

因各国商业银行发展历史和发展模式的不同，以及国际政治、经济等多方面因素的影响，世界各国商业银行的组织形式主要有以下几种类型。

#### 1. 单一银行制

单一银行制也称单元制、单元银行制，即商业银行只有一个独立的银行机构，不设立分支机构。目前实行这种制度的国家主要是美国，因为美国是一个崇尚自由的国家，实行这种制度可以从一定程度上限制垄断，提倡自由竞争，但近年来有些放松，有向分支行制转化的倾向。

(1) 单一银行制的优点包括：

① 可以限制银行间的吞并和金融垄断，缓和竞争的激烈程度，减缓银行业务集中的进程。

② 有利于协调银行与地方政府间的关系，使银行经营更适合本地区的发展需要。

③ 银行的自主性较强，灵活性较大。

④ 管理层次少，中央银行的调控传导快，有利于实现中央银行的货币政策。

(2) 单一银行制的局限性体现在：

① 由于限制了竞争，不利于银行的发展和经营效率的提高。

② 单一银行制与经济的外向型发展相矛盾，人为地限制了资本的流动。

③ 单一银行制的金融创新不如其他类型的银行。

④ 经营范围受到地域的限制，难以在大范围内调配资金，风险抵御能力相对较弱。

#### 2. 总分行制

总分行制也称分支行制，即商业银行除银行总部外在同一地区或不同地区甚至国外设立分支机构，从而形成以总行为中心的庞大的银行网络。这类银行的总部一般设在经济发达、通信便捷的大城市，总行对下属分支机构进行统一管理和指挥。目前世界上绝大多数国家都普遍实行这一制度，如西欧各国、俄罗斯、日本及中国等。

总分行制的特点是银行分支机构众多，分布广，规模巨大，形成一个银行网络。

(1) 总分行制在经营管理方面具有以下优点：

① 可以增强资金的流动性，提高银行的安全性。银行可以利用众多的分支机构更好地吸收存款，充分有效地利用货币资本；同时由于放款分散，因而可以降低放款的平均风险，带来总体回报率的提高，又可以在较大范围内调剂资金，增强资金流动性。

② 减少非营利性资产的占用。

③ 有利于银行扩大资本总额和经营规模。

④ 可以为客户提供更多便利的金融服务，特别是银行的国外分支机构，能够满足客户开拓国际市场的需求。

⑤ 实行总分行制的国家，一般银行总行的数目较少，但规模较大。国家在进行金融调控时，只要取得这些银行的积极配合就可以得到很好的效果，从而降低国家宏观调控的难度。

(2) 总分行制的缺点主要表现在：

① 容易形成一国之内几家超大规模的银行操控、左右市场的局面，导致金融垄断的发生。

② 银行规模过大，层次较多，管理困难。

③ 分支机构人员的调动、轮换等会使银行失去与其客户的联系。

④ 由于实行总分行制银行的分支行受当地经济影响较小，因而分支行机构的管理人员并不十分关心当地经济的发展。

但总体来说，总分行制具有其他银行体制所无法比拟的优点，更能适应现代经济发展的需要，从而成为当今商业银行的主要组织形式。

#### 3. 集团银行制

集团银行制又称为银行控股公司制，是指某一集团成立股权公司，再由该公司控制和收购两家以上银行股票的银行制度。这种股权公司既可以由非银行的大企业组建，即企业集团控制某一银行的主业股份；也可以由大银行组建，即大银行直接控制一个控股公司。持股公司所拥有的银行在法律上是独立的，保持其自身的董事会，对股东负责，接受管理机构的监督。

#### 4. 连锁银行制

连锁银行制也称联合制，是由某一个人或某一集团购买若干银行的多数股票，从而达到控制这些银行的目的。这些银行的法律地位仍然是独立的，但实际上其业务和经营政策因控股而被某一个人或某一集团所控制，且其业务和经营管理由这个人或这个集团决策控制。连锁银行制一般是围绕一个州或一个地区的大银行组织起来的，几个银行的董事会由一批人组成，以这种组织中的大银行为中心，形成集团内部的各种联合。

连锁银行制与集团银行制的区别在于，连锁银行制没有股权公司的存在形式，无需成立控股公司。但是，连锁银行制的作用和集团银行制一样，都是为了在连锁的范围内发挥分行的作用，弥补单一银行制的不足，规避法律对设置分支机构的限制。这种体制盛行于美国的中西部地区，但没有集团银行制普遍。

## 第二节　商业银行的主要业务

商业银行经营的业务种类繁多，随着信息化和金融混业经营的发展，金融产品和金融服务的种类将越来越多。因此，一些大型商业银行被形象地称为“金融百货公司”。从资金的吸收借入到具体运用，商业银行的业务大体上可分为负债业务、资产业务、中间业务三大类。

### 一、负债业务

负债业务是商业银行筹集资金并借以形成资金来源的业务。商业银行的资金来源分为自有资本和外来资金两部分，外来资金包括存款及借入资金。负债业务是商业银行资产业务、中间业务和表外业务的基础。

#### （一）自有资本

自有资本是商业银行自身所拥有的资金，是商业银行所有者的权益，包括实收资本、

资本公积、盈余公积和未分配利润。

1. 实收资本

实收资本是商业银行投资者实际投入到商业银行经营活动中的各种财产物资，即商业银行所有者对商业银行的原始投入。实收资本反映了资金的本身属性，表明了商业银行所有者对商业银行应负担的义务和享有的权利。实收资本依据所有者主体不同，可以划分为国家投资、单位投资、个人投资，与注册资本相一致。注册资本是商业银行设立时在工商行政管理部门登记的资本。我国《商业银行法》规定，商业银行的注册资本最低限额为10亿元人民币。

2. 资本公积

资本公积是商业银行在非经营业务中发生的资产增值。它包含一些属资本属性，但不列入实收资本的项目，主要有商业银行在筹集资金中的资本溢价、股票溢价、法定资产重估增值以及接受捐赠的资产价值等。

资本溢价是指商业银行设立时实际收到投资者投入的资金总额超过其注册资本的部分。股票溢价是指股票发行价格超过其面值的部分。有些国家法律规定，商业银行在开始营业时，必须拥有至少等于股金总额20%的资本公积。

3. 盈余公积

盈余公积是商业银行按照有关规定，从税后利润中提取的公积金，它既可以用于弥补亏损，又可转增资本。根据我国金融企业会计制度的规定，商业银行应在税后利润中提取10%作为盈余公积，当盈余公积达到注册资本的50%时可不再提取。

4. 未分配利润

未分配利润是商业银行在经过各种形式的利润分配后剩余的利润。这部分利润尚存于商业银行中，是银行增加自有资本的重要方法，特别是那些难以进入股市筹资的银行。在经济发展缓慢，资金紧张，所得税税率较高时，商业银行往往选择这种方法增加自有资本。

自有资本是商业银行可独立运用的最可靠、最稳定的资金来源。虽然自有资本一般只占银行资金来源的极小比重，但它却起着极为重要的作用。它不仅是银行存在和发展的先决条件，而且是客户存款免遭偶然损失的保障，同时，它还是银行正常经营的保障和衡量银行实力的重要标准。

（二）存款

存款是商业银行最主要的资金来源，一般占总资金来源的70%以上，因此吸收存款成为商业银行最重要的负债业务。根据不同的标准，可以将存款划分为不同的种类。通常商业银行的存款按其性质和支取方式划分为活期存款、定期存款和储蓄存款3种类型。

1. 活期存款

活期存款是指存款客户可以随时提取和支付的存款。存入这种存款账户的资金主要适用于交易和支付用途的款项。这种存款在支用时，一般使用支票，因而又有支票存款之称。企业、个人、政府机关、金融机构都能在银行开立活期存款账户。开立这种存款账户的目的是为了通过银行进行各种支付结算。由于支付频繁，银行提供服务要付出较高费用，所以一般不对存户支付利息。虽然活期存款时存时取，流动性很强，但存取错综交替之中总会在银行形成一笔相对稳定、数量可观的余额，这是银行用于贷款的重要资金来源。

对于银行来说，活期存款具有以下作用：运用活期存款的稳定余额发放贷款，能有效提高银行的盈利水平；通过活期存款的货币支付手段和流通手段职能，提高银行的信用创造能力；活期存款还是商业银行扩大信用、联系客户的重要渠道。

**2. 定期存款**

定期存款是银行与存款人双方在存款时事先约定期限、利率，到期后支取本息的存款。是银行最重要的信贷资金源。定期存款一般要在到期日凭银行签发的定期存单来提取，银行根据到期的存单计算应付本息，如果持有到期存单的存户要求续存，银行则另外签发新的存单。

对于客户来说，存款的期限越长，利率越高，收益比活期存款要高。对于银行来说，定期存款具有较强的稳定性，营业成本较低，商业银行为此持有的存款准备金也相应较低，定期存款的资金利用率高于活期存款。

**3. 储蓄存款**

储蓄存款主要是针对居民个人积蓄货币和取得利息收入之需而开办的一种存款业务。它可以进一步分为活期和定期两类。这种存款通常由银行发给存户存折，以作为存款和取款的凭证，一般不能签发支票，支用时只能提取现金或先转入活期存款账户。储蓄存款的储户通常限于个人和非营利组织，近年来，也有逐渐放宽到允许某些企业、公司开立储蓄账户的。储蓄存款定期居多，但无论定期、活期，均支付利息，只是利率高低有所区别。

## 知识拓展 8-1

### 通知存款和协定存款

通知存款是指客户在银行存入一定金额以上的款项，当有需要支取时，提前通知银行，分提前一天通知和提前七天通知两个品种，银行据以计付利息，此业务品种适用于个人或对公客户，个人客户起存点为 5 万元，对公客户起存点为 50 万元。通知存款适用于尚未确定支付款项时间的客户，可以比活期存款获取更高的收益。

协定存款是指对公客户与银行签订协定存款合同，双方商定对公客户保留一定金额的存款以应付日常结算，此部分按普通活期利率计付利息，超过定额金额的那部分存款按协定存款利率计付利息。协定存款功能等同活期存款，但收益要高出活期存款近 2 倍，一般银行只会跟有大额存款的客户做协定存款。个人存款不适用。

(资料来源：中国人民银行金融消费权益保护局. 金融知识普及读本[M]. 北京：中国金融出版社，2014.)

### (三) 借入资金

借入资金是商业银行一种持久地增加资金来源的手段。相对于存款而言是一种主动性负债。商业银行的借入资金主要包括中央银行借款、银行同业借款、国际货币市场借款、发行金融债券等。

### 1. 向中央银行借款

中央银行作为商业银行最后的贷款人，商业银行在资金不足时，可以向中央银行借款。借款的目的是为了缓解自身资金不足的境况，而不是用来赚取利润。向中央银行借款主要有两种形式：

(1) 再贴现。再贴现即商业银行把自己办理贴现业务所买进的未到期商业票据再转卖给中央银行，以获取现款。

(2) 再贷款。再贷款指商业银行以自己持有的合格票据、银行承兑汇票等有价证券作为抵押向中央银行取得贷款，多为解决其季节性或临时性的资金需要，具有临时融通、短期周转的性质。

### 2. 向银行同业借款

银行同业借款是指银行之间或商业银行与其他金融机构之间发生的短期资金融通活动，银行同业借款主要包括下列几种类型：

(1) 同业拆借。同业拆借是商业银行之间的短期资金融通活动。商业银行在每天营业终了或在票据交换结算结束时，总会出现有的银行头寸不足、有的银行头寸多余的情况。为了实现资金平衡，保持资金正常周转，头寸不足的银行就需从头寸多余的银行临时拆入资金轧平头寸并支付利息；而头寸多余的银行也愿意将暂时盈余的资金拆出以取得利息，这样就发生了银行同业拆借活动。同业拆借具有期限短、数额大、利率适中等特点。目前，许多大银行都把拆入资金作为一项经常性的资金来源。

(2) 抵押、质押贷款。商业银行在资金紧张、周转不畅的情况下，也通过抵押、质押的方式向其他金融机构取得资金。作为抵押、质押的资产大部分是客户的担保资产。

(3) 转贴现借款。当银行资金发生周转困难时，将通过办理贴现买进的未到期票据交给其他商业银行或贴现机构，要求给予转贴现以获得资金。

(4) 国际货币市场借款。第二次世界大战以后，特别是近二三十年来，商业银行尤其是大的商业银行在国际货币市场上广泛地通过办理定期存款，发行大额定期存单，出售商业票据以及发行债券等筹集资金。

(5) 发行金融债券。发行金融债券是指商业银行经批准，通过向社会公众推销债务凭证的方式筹集资金的业务。它通常具有可及时、足额筹集资金且资金稳定程度高等特点。

(6) 回购协议。指商业银行将其持有的某些资产，如国库券、政府债券等，暂时出售给其他金融机构、政府或企业，并约定在今后某一特定日期，以特定价格再购回其所出售资产的一种协议。

在我国，根据《商业银行法》的规定，借款业务一般可分为两大类：一类是商业银行发行金融债券或到境外借款；另一类是同业拆借。

## 二、资产业务

对商业银行而言，资产的功能主要有：银行的资产是商业银行获得收入的主要来源；资产的规模是衡量一家商业银行实力和地位的重要标志；资产质量是银行前景的重要预测指标；资产管理不善是导致银行倒闭、破产的重要原因。

商业银行的资产业务即是运用资金的业务。商业银行通过负债业务获得的资金，除缴纳法定存款准备金和备足超额存款准备金外，其余部分主要以贷款和投资的方式使用。商业银行的资产业务主要包括现金资产、贷款、证券投资等。

### （一）现金资产

商业银行的现金资产由库存现金、法定准备金、在中央银行存款、存放同业资金和在途资金等项目组成。现金资产是银行全部资产中最富流动性的部分，是银行随时可用来支付客户现金需要的资产。但现金资产又是资产中的非盈利或微利资产，故各国商业银行都尽可能将其占用量降到必需的最低水平。

#### 1．库存现金

库存现金是指商业银行保存在金库中的现钞和硬币。库存现金主要是银行用来应付客户提取现金和应付银行本身的日常零星开支。从经营的角度讲，库存现金不宜太多，库存现金的经营原则就是保持适度的规模。

#### 2．在中央银行存款

在中央银行存款是指商业银行存放在中央银行的资金，也称为存款准备金。商业银行在中央银行开立的存款账户，是用于银行的支票清算、资金转账等的基本存款账户。商业银行由于同业拆借、回购、向中央银行借款等业务而出现的资金划转以及库存现金的增减等，均需通过这个账户进行。它包括两部分，法定存款准备金和超额准备金。

#### 3．法定存款准备金

法定存款准备金是指商业银行依据法定存款准备金制度，对吸收的存款按照中央银行规定的准备金比率缴存中央银行的准备金。目前，法定存款准备金已经作为中央银行调节信用规模的一种政策手段，具有强制性，正常情况下一般不得动用。

#### 4．存放同业存款

存放同业存款也称为在其他商业银行的存款，是指商业银行存放在代理行和相关银行的存款。其目的是为了便利同业之间的票据清算和代理收付以及委托代理行提供服务的需要。同业间开立的存款账户一般为活期账户，这部分款项是可以随时支用的，故视同现金资产。

#### 5．在途资金

在途资金也称托收未达款或托收中的现金。商业银行在为客户办理票据支付清算的过程中，会产生需要向其他付款银行托收但尚未收妥的款项，是一笔他行占用的资金，在途时间较短，收妥后即成为存放同业存款。因此，托收中现金是在银行之间票据支付清算过程中自然形成的，它也属于非盈利性资产，银行一般将其视为现金资产。

### （二）贷款业务

贷款是银行将其吸收的资金，按照一定的利率贷给客户并约期归还的业务。贷款是商业银行的传统核心业务，也是商业银行最主要的盈利性资产，是商业银行实现利润最大化目标的主要手段。

按照不同的标准，贷款可以分为不同的种类。

### 1．按贷款期限分类

按贷款期限分类，商业银行贷款可分为短期贷款和中长期贷款。

(1) 短期贷款。短期贷款是指期限在1年以内(含1年)的各项贷款。短期贷款是为满足工商企业在生产经营中临时性、季节性的资金需求，保证工商企业生产经营活动的正常进行而发放的贷款，主要包括周转性流动资金贷款、临时贷款、活存透支贷款、通知放款、结算贷款、科技开发贷款、农副产品收购贷款和票据贴现等。

(2) 中长期贷款。中期贷款是指期限在1年以上、5年以内(含5年)的各项贷款；长期贷款是指期限在5年以上的各项贷款。企业向银行借入中长期贷款，大部分都是用于固定资产的更新、改造和进行项目投资。这种贷款具有期限长、数额大、未来收益不固定的特点，因此比短期贷款风险大。中长期贷款主要包括项目贷款、银团贷款和杠杆收购贷款等。

### 2．按贷款的保障条件分类

按贷款的保障条件分类，商业银行贷款可分为信用贷款、担保贷款和票据贴现。

(1) 信用贷款。信用贷款是指银行完全凭借客户的信誉无需提供抵押物和第三者保证而发放的贷款。

(2) 担保贷款。担保贷款是指要有一定的财产或信用作还款保证的贷款。根据还款保证的不同，具体分为抵押贷款、质押贷款和保证贷款。

抵押贷款是指按规定的抵押方式以借款人或第三者的财产作为抵押发放的贷款：质押贷款是指按规定的质押方式以借款人或第三者的动产或权利作为质物发放的贷款；保证贷款是指按规定的保证方式以第三人承诺在借款人不能偿还贷款时，按约定承担一般保证责任或连带责任而发放的贷款。

(3) 票据贴现。票据贴现是指银行应客户要求以现金或活期存款买进客户持有的、未到期的商业票据的方式而发放的贷款。票据贴现实际上是一种以票据为担保而对持票人发放的特殊贷款。票据贴现的期限一般都比较短，是一种短期贷款。

票据贴现实行预扣利息，票据到期后银行可向票据载明的付款人收取款项。由于票据管理严格，承兑人信誉良好，因而这种贷款的安全性和流动性都比较好。

### 3．按贷款的对象分类

按贷款的对象分类，商业银行贷款可分为工业贷款、商业贷款、农业贷款、科技贷款和消费贷款。

### 4．按贷款的用途分类

按贷款的用途分类，商业银行贷款可分为流动资金贷款和固定资金贷款。

### 5．按贷款的偿还方式分类

按贷款的偿还方式分类，商业银行贷款可分为一次性偿还贷款和分期偿还贷款。

### 6．按贷款的质量或风险程度分类

按照贷款质量或风险程度分类，商业银行贷款可分为正常贷款、关注贷款、次级贷款、可疑贷款和损失贷款。

(1) 正常贷款。正常贷款是指借款人经营状况和财务状况完全正常，一直能正常还本付息，商业银行对借款人偿还贷款有充分的把握，不存在任何影响贷款本息及时、全额偿还的不利因素，没有理由怀疑贷款会受到损失。

(2) 关注贷款。关注贷款是指贷款人目前还能正常偿还贷款本息，但潜在的问题如果继续发展下去将会影响贷款的偿还。具体包括：企业的产品市场占有率下降或者银行对其已经失去了有效控制，贷款被挪用等。关注贷款的贷款损失概率不超过5%。

(3) 次级贷款。次级贷款是指银行很可能不能够顺利地收回贷款本金和利息。具体包括：借款人的正常经营收入已不足以保证偿还本息，借款人需要通过出售、变卖资产或对外融资，乃至执行抵押担保来还款；借款人已经对其他的贷款人违约；借款人采用隐瞒事实等不正当手段套取贷款等。次级贷款的贷款损失概率为30%～50%。

(4) 可疑贷款。这类贷款具备次级贷款的所有特征，但程度更严重，肯定要发生一定损失，只是因为存在借款人重组、兼并、抵押物处理和诉讼未决等待定因素，损失金额还不能确定。具体包括：借款人处于停产或半停产状态，基建项目处于停建或缓建状态，银行已经诉诸法律要求收回贷款，企业借改制之机乘机逃脱银行债务等。可疑贷款的贷款损失概率为50%～70%。

(5) 损失贷款。这类贷款全部或大部分已经发生损失，银行已经没有意义把它作为资产继续在账面上保留。具体包括：借款人已经破产或形同破产，借款人不能偿还贷款并且贷款没有担保，借款人受到重大的自然灾害和意外事故。损失贷款的贷款损失概率为95%～100%。

**7. 按银行发放贷款的自主程度分类**

按发放贷款的自主程度分类，银行贷款可分为自营贷款、委托贷款和特定贷款。

(1) 自营贷款。自营贷款是指银行以合法的方式筹集的资金自主发放的贷款。这类贷款风险及贷款本金和利息的回收责任都由银行自己承担，是商业银行最主要的贷款方式。

(2) 委托贷款。委托贷款是指由政府部门、企事业单位及个人等委托人提供资金，由银行(受托人)根据委托人确定的贷款对象、用途、金额、期限、利率等代为发放，监督使用并协助收回的贷款。对这类贷款银行不承担风险，通常只收取委托人付给的手续费。

(3) 特定贷款。特定贷款在我国是指经国务院批准并对可能造成的损失确定相应的补救措施后，由国有独资商业银行负责发放的贷款。这类贷款由于事先已经确定了风险损失的补偿，因此银行也不承担风险。

一般将正常贷款和关注贷款统称为正常贷款，而将次级、可疑和损失类贷款合称为不良贷款。具体贷款业务的步骤是：借款人申请和银行受理→贷款调查和初审→对借款客户的信用等级评估→联合评审和审批→签订借款合同→贷款发放→贷后检查→贷款归还。

### (三) 证券投资

证券投资是商业银行重要的收入来源，也是商业银行一种重要的资产形式。除实行全能银行制的国家外，多数国家禁止商业银行持有工商企业的股票。我国现行的《商业银行法》规定，不允许商业银行从事股票投资，所以我国商业银行主要投资各种债券。

(1) 政府债券。政府债券即国债，是由国家为筹集财政资金而发行的债券，具体是指政府向投资者出具的、承诺在一定时期支付利息和到期偿还本金的债权债务凭证。我国的国债专指财政部代表中央政府发行的国家公债，由国家财政信誉作担保，信誉度非常高，

历来有“金边债券”之称。

(2) 中央银行债券。中央银行债券是中央银行为调节商业银行超额存款准备金而向商业银行发行的短期债务凭证，其期限最短 3 个月，最长 3 年。中国人民银行发行票据的目的不是筹资，而是通过公开市场操作调解金融体系的流动性，是一种重要的货币政策手段。

(3) 金融债券。金融债券是银行等金融机构作为筹资主体发行的一种有价证券，是表明债务、债权关系的一种凭证，金融机构需按约定利率定期支付利息并到期偿还本金。

金融机构发行债券时可以灵活规定期限，为了一些长期投资项目，可以发行期限较长的债券。因此，发行金融债券可以使金融机构筹措到稳定且期限灵活的资金，有利于优化资产结构，扩大长期投资业务。

## 三、中间业务

中间业务是指银行不需动用自己的资金，代理客户承办支付和其他委托事项而收取手续费的业务。主要包括以下内容。

### (一) 结算业务

银行的结算业务是指银行通过使用各种结算工具，清偿单位与单位之间由于商品交易、劳务供应所引起的债权债务关系，办理由于利息收支、资金调拨等经济活动引起的货币收付的业务。按结算方式不同，可以分为同城结算与异地结算两种。

(1) 同城结算。同城结算是指收款人与付款人在同一城市或地区的结算，主要通过支票进行结算，如收付双方不在同一银行开户，则结算要经过票据交换所进行。商业银行大量也是最主要的同城结算方式是支票结算。近年来，随着结算方式的改革和电子计算机的引入，又出现了一些新的同城结算方式，如支票结算、账单支票与划拨制度、票据交换所自动转账系统、直接贷记转账和直接借记转账等。

(2) 异地结算。异地结算是指收款人和付款人不在同一地区的结算。商业银行在异地结算中主要采用汇款结算、托收结算、信用证结算和电子资金划拨系统等多种结算方式。

### (二) 代理业务

代理业务是服务与监督相结合的金融信托业务。它是商业银行接受单位或个人的委托，以代理人的身份代办客户指定的经济事项的业务。目前，商业银行办理的代理业务主要有代理收付款、代理资金融通、代理资产保管、代理资金清算和代理发行有价证券等业务。

(1) 代理收付款业务。代理收付款业务是商业银行利用自身的结算优势，接受单位或个人的委托，代理收付指定款项的业务，其范围较广，有代收管理费、养路费、环保费、水费、电费、煤气费，代付货款、租金、运费等。

(2) 代理融通业务。代理融通业务是商业银行代理客户收取应收账款，并向其融通资金的业务。代理应收账款与融通资金是相互依存、相互制约的关系。

(3) 代理保管业务。代理保管业务是指商业银行代客保管各种贵重物品、有价证券和出租保险箱的业务。一般有露封保管、密封保管和出租保管 3 种形式。银行利用自身现有资源开办此项业务，从中收取保管费增加盈利。保管费的收取标准因保管物品价值的不同而有别。

(4) 代理资金清算业务。代理资金清算业务是指商业银行利用自身发达的资金清算系统，代理其他金融机构办理异地资金汇划和清算的委托代理业务。委托代理关系的建立需要代理方(行)与委托方签订委托代理协议，在协议中明确规定委托、代理双方的权利和义务。

(5) 代理发行有价证券。代理发行有价证券是指商业银行接受政府或公司的委托，代理销售公债、公司债、股票等有价证券，从中收取手续费的一种代理业务。

#### (三) 咨询顾问类业务

咨询顾问类业务是指商业银行依靠自身在信息、人才、设备、信誉等方面的优势，收集和整理有关信息，并通过对这些信息以及银行和客户资金运动的记录和分析，形成系统的资料和方案，提供给客户，以满足其业务经营管理和发展需要的中间服务活动。具体包括：

(1) 企业信息咨询业务。它包括项目评估、企业信用等级评估、验证企业注册资金、资信证明等。

(2) 资产管理顾问业务。它是指为机构投资者或个人投资者提供全面的资产管理服务。

(3) 财务顾问业务。它是指大型建设项目财务顾问和企业并购顾问业务。

(4) 现金管理业务。它是指商业银行协助企业科学合理地管理现金账户头寸及活期存款余额，以达到提高资金流动性和使用效益的目的。

#### (四) 银行卡业务

银行卡是由经授权的商业银行向社会发行的具有消费信用、转账结算、存取现金等全部或部分功能的信用支付工具。银行卡业务的分类方式一般包括以下几类：依据清偿方式不同，银行卡业务可分为贷记卡业务、准贷记卡业务和借记卡业务；依据结算的币种不同，银行卡业务可分为人民币卡业务和外币卡业务；依据流通范围不同，银行卡业务还可分为国际卡业务和地区卡业务。

### 四、表外业务

表外业务是指那些未列入资产负债表，但同表内资产业务和负债业务关系密切，并在一定条件下会转为表内资产业务和负债业务的经营活动。表外业务主要包括担保类业务、承诺类业务和金融衍生业务等。开展表外业务时，银行需承担一定程度的风险。

#### (一) 担保类业务

担保类业务指商业银行为客户的债务清偿能力提供担保，承担客户违约风险的业务。其主要包括：

(1) 承兑汇票。承兑汇票指由收款人或付款人(或承兑申请人)签发，并由承兑申请人向开户银行申请，经银行审查同意承兑的商业汇票。

(2) 开具备用信用证。开具备用信用证指开证行应借款人要求，以放款人作为信用证的收益人而开具的一种特殊信用证，以保证在借款人破产或不能及时履行义务的情况下，由开证行向收益人及时支付本利。

(3) 开具各类银行保函，包括投标保函、承包保函、还款担保函、借款保函等。

### (二) 承诺类业务

承诺类业务是指商业银行在未来某一日期按照事前约定的条件向客户提供约定信用的业务，主要指贷款承诺，包括可撤销承诺和不可撤销承诺两种。

可撤销承诺附有客户在取得贷款前必须履行的特定条款，在银行承诺期内，客户如没有履行条款，则银行可撤销该项承诺。可撤销承诺包括透支额度等。

不可撤销承诺是指银行不经客户允许不得随意取消的贷款承诺，具有法律约束力，包括备用信用额度、回购协议、票据发行便利等。

### (三) 金融衍生业务

金融衍生业务指商业银行为满足客户保值或自身风险管理等方面的需要，利用各种金融工具进行的资金交易活动，主要包括远期合约、期货合约、期权合约、金融互换等。

# 第三节　商业银行的经营管理

## 一、商业银行的经营管理原则

在长期的经营实践中，商业银行的管理者们形成了三条基本的银行管理原则，即盈利性、安全性和流动性原则，简称“三性”原则。

### (一) 安全性原则

安全性原则是指商业银行在经营过程中，应努力避免各种不确定因素对它的影响，保证商业银行自身资产和客户资产的安全，保证商业银行的稳健经营和发展。

影响银行经营安全的主要因素有：

(1) 信用风险：借贷双方产生借贷行为后，借款方不能按时归还贷款方的本息而使贷款方遭受损失的可能性。

(2) 利率风险：因金融市场上利率的变动使商业银行在筹集或运用资金时可能遭受到的损失。

(3) 汇率风险：由于汇率的变动而使商业银行所持有的资产和负债的实际价值发生变动可能带来的损失。

(4) 流动性风险：银行不能到期支付债务或满足临时提取存款的需求而使银行蒙受信誉损失或经济损失，甚至存在被挤兑和倒闭的可能性。

(5) 政策风险：国家政策的变化对商业银行的资金投放规模及投向、经营策略等的影响。

商业银行在经营过程中要做到合理安排资产负债规模和机构，采取多种措施，防范经营风险。

### (二) 流动性原则

流动性原则是指商业银行能够随时满足客户提现和贷款需求的支付能力，包括资产的流动性和负债的流动性。资产的流动性是指资产在不受损失的情况下迅速变现的能力。负债的流动性是指银行能以较低的成本随时获得所需资金的能力。

银行保持流动性的主要途径有：

(1) 建立分层次的准备资产制度。准备资产主要指银行持有的现金资产和短期有价证券。具体包括一级准备和二级准备。一级准备又称现金准备，包括商业银行库存现金和在中央银行的存款及同业存款等。它们是货币性最强的部分，是商业银行为满足流动性需要的第一道防线，属于非盈利性资产。二级准备是指商业银行拥有的短期证券、短期票据，这些资产既能保持一定的盈利，又能随时或在短期内变现；其特点是期限短，质量高，销售快，是应付流动性风险的第二道防线。

(2) 实施负债管理。实施负债管理是指以增加负债的形式从市场上借入资金来满足流动性需要，包括向中央银行借款，发行大额可转让存单，同业拆借，利用国际货币市场融资等形式。

(3) 统筹规划银行的流动性需求与流动性供给。

### (三) 盈利性原则

盈利性原则是指商业银行经营获取利润的要求。追求盈利、实现利润最大化是商业银行的经营目标。银行作为经济实体，必须具有承担风险的能力。一方面，银行作为社会信用活动的主要组织者和承担者，应以提高社会经济效益为目标；另一方面，银行是典型的负债经营机构，其业务活动建立在社会信用的基础上，而银行的盈利是影响银行信誉的重要因素。

提高银行盈利性的途径有：

(1) 扩大资产规模，合理安排资产结构，在保持银行资产流动性的前提下，尽可能减少非盈利资产，增加盈利资产所占的比重。

(2) 比较多种筹资方式、筹资渠道，降低吸收资金的成本。

(3) 充分利用自身所拥有的各项资源，积极开展中间业务和表外业务，同时提高工作效率，降低管理费用和营业成本的支出。

商业银行经营管理三原则之间既统一又矛盾，盈利性是核心，安全性是基础，流动性是保证。一般说来流动性与安全性成正比；流动性越强，风险越小，安全就越有保障。然而，流动性、安全性与盈利性成反比；流动性越高，安全性越好，银行盈利水平反而会越低，反之则相反。所以，商业银行要在保证安全性和流动性的前提下，追求最大限度的利润。安全性是经营的前提，流动性是实现安全的必要手段，盈利性是商业银行经营的目标。商业银行在经营管理实践过程中对安全性、流动性和盈利性要不断地进行均衡协调。

当然，三性都高的资产是很少的，银行经营管理的主要内容就是寻求资产安全性、流动性和盈利性三者之间的最佳平衡，统筹兼顾，协调安排，实现三者的最佳组合。

## 二、商业银行经营管理理论

商业银行自产生以来，其经营管理理论随着经济、金融环境的变化而不断演变，大致经历了资产管理理论、负债管理理论和资产负债综合管理理论三个阶段。

### (一) 资产管理理论

资产管理理论是最早出现的系统指导银行经营管理的重要理论，产生于资本主义自由竞争阶段，是注重银行资产安全性和流动性的经营管理理论，在 20 世纪 60 年代以前一直盛行。该理论认为商业银行的利润主要来源于资产业务，银行能够主动加以管理的也是资产业务，而负债主要反映客户的意愿，银行处于被动地位。因此，银行经营管理的重点是资产业务，要致力于通过资产结构的合理安排，求得安全性、流动性和盈利性的协调统一。

总体来说，资产管理理论的发展依次经历了以下四个阶段：

#### 1. 商业贷款理论

该理论认为银行资金来源主要是吸收流动性很强的活期存款，为满足客户兑现的要求，商业银行必须保持资产的高流动性才能避免因流动性不足而给银行带来经营风险。银行的贷款应以真实的、有商品买卖内容的票据为担保发放，在借款人出售商品取得货款后就能按期收回贷款。一般认为这一做法最符合银行资产流动性原则的要求，具有自偿性。

商业贷款理论的不足表现为：忽视了经济发展对贷款的多样化需求；短期自偿性贷款也并非绝对安全，如果在经济发生严重危机时，银行仍坚持借款人按期偿还贷款，可能造成借款人因无力还款而破产；没有认识到活期存款的相对稳定性。

#### 2. 资产转移理论

资产转移理论是关于保持商业银行资产流动性的理论，20 世纪初在美国银行界颇为流行。该理论认为商业银行能保持其资产的流动性，关键在于它持有的资产能不能随时在市场上变成现金。只要银行手中持有的第二准备金(政府债券和其他短期债券)能在市场上变成现金，银行资产就有较大的流动性。

这种理论是第二次世界大战以后发展起来的，它与短期证券市场的发展有密切关系。高度市场化的有价证券，特别是短期国库券，为银行提供了新的流动性资产，也为这一理论的应用和推广奠定了基础。这种理论的应用使得银行找到了保持资金流动性的新方法，减轻了短期贷款保持流动性的压力，增加了长期贷款，也使银行减少了不能带来利润的现金资产，通过证券投资增加了银行的收益。但是这种理论也有一定局限性，证券价格受市场波动影响较大，资金短缺时，银行难以在不承担损失的前提下顺利出售证券，不可能完全解决银行资产流动性问题。

#### 3. 预期收入理论

该理论认为只要资金需要者经营活动正常，其未来经营收入和现金流量可以预先估算出来，并以此为基础制订出分期还款计划，银行就可以筹措资金发放中长期贷款。无论贷款期限长短，只要借款人具有可靠的预期收入，资产的流动性就可得到保证。这种理论强调的是借款人是否确有用于还款的预期收入，而不是贷款能否自偿，担保品能否及时变现。

基于这一理论，银行可以发放中长期设备贷款、个人消费贷款、房屋抵押贷款、设备租赁贷款等，使银行贷款结构发生变化，成为支持经济增长的重要因素。

预期收入理论比前两种理论前进了一大步，它深化了对贷款清偿的认识，没有固守商业性贷款理论只重视流动性的教条。它在以盈利性为前提的情况下，开辟了多种资产业务，不仅增强了商业银行自身竞争实力，而且为整个社会经济的发展扩大了资金来源。

但是预期收入理论也存在一定的缺陷，主要是其把预期收入作为资产经营的标准，而预期收入却是难以把握、不好预测的。由于客观经济条件变化或突发事件，导致借款人未来收入的情况往往与银行预期有一定差距，有时甚至相距甚远。这种情形在长期贷款中表现尤为突出。因此，按这种理论来操作会增加银行的信贷风险。

**4．超货币供给理论**

这一理论产生于20世纪60年代末。该理论认为随着货币形式的多样化，不仅商业银行能够利用贷款方式提供货币，其他许许多多的非银行金融机构也可以提供货币，金融竞争加剧。这就要求银行管理改变观念，不仅单纯提供货币，还应该提供各方面的服务。根据这种理论，银行在发放贷款和购买证券提供货币的同时，还应积极开展投资咨询、项目评估、市场调查、委托代理等多种服务，使银行资产管理更加深化。该理论的缺陷是在广泛扩展业务之后，银行增加了经营的风险，如果处理不当容易遭受损失。

随着金融市场的发展以及整个金融环境的改变，商业银行针对资产管理方法的缺点日益凸显，这就要求商业银行创新经营管理理论和方法。

### (二) 负债管理理论

负债管理理论产生于20世纪60年代初期。它认为商业银行在保持流动性方面，没有必要完全依赖于建立分层次的流动性储备资产，银行一旦需要周转资金，可以向外举债，只要能进入市场并且通过竞价获得资金，就可以大胆放款争取高盈利，即银行可以通过创造新的负债来满足其流动性需要。该理论认为，银行对于负债并非完全被动、无能为力的，而是可以也应该采取主动到市场争取资金，扩大负债；有了更多的负债即资金来源，才能有更多的资金用于投资，获得更多的投资盈利。

负债管理在当时被认为是银行业的重要革新，对20世纪六七十年代银行业的发展产生了巨大影响。负债管理理论的产生，是银行经营理论的一大发展。主要表现在：为银行经营管理提供了新的方法和理论；为扩大银行信贷规模，增加贷款投放创造了条件；为银行适应新变化，提高竞争力提供了理论指导。

总体来说，负债管理理论的发展依次经历了以下三个阶段。

**1．存款理论**

存款理论的基本观点是：存款是商业银行最主要的资金来源，是其资产业务的基础；银行在吸收存款过程中是被动的，为保证银行经营的安全性和稳定性，银行的资金运用必须以其吸收存款沉淀的余额为限；存款应当支付利息，作为对存款者放弃流动性的报酬，付出的利息构成银行的成本。

这一理论的主要特征是它的稳健性和保守性，强调应按照存款的流动性来组织贷款，将安全性原则摆在首位，反对盲目存款和贷款，反对冒险谋取利润。存款理论的缺陷在于

它没有认识到银行在扩大存款或其他负债方面的能动性，也没有认识到负债结构、资产结构以及资产负债综合关系的改善，对于保证银行资产的流动性及提高银行盈利性等方面的作用。

#### 2. 购买理论

购买理论是继存款理论之后出现的另一种负债理论，它对存款理论进行了否定。其基本观点认为，商业银行对存款不是消极被动的，而是可以主动出击，购买外界资金。除一般公众外，同业金融机构、中央银行、国际货币市场及财政机构等，都可以视为购买对象。商业银行购买资金的基本目的是为了增强其流动性。商业银行吸收资金的适宜时机是在通货膨胀的情况下，此时，实际利率较低甚至为负数；或实物投资不景气而金融资产投资较为繁荣，可通过刺激信贷规模以弥补利差下降的银行利润。

购买理论产生于西方发达国家经济滞胀年代，它对于促进商业银行更加主动地吸收资金，刺激信用扩张和经济增长，以及增强商业银行的竞争能力，具有积极的意义。其缺陷在于助长了商业银行片面扩大负债，加重了债务危机，导致银行业的恶性竞争，加重经济通货膨胀的负担。

#### 3. 销售理论

销售理论产生于 20 世纪 80 年代，其基本观点是：银行是金融产品的制造企业，银行负债管理的中心任务就是迎合顾客的需要，努力推销金融产品，扩大商业银行的资金来源和收益水平。该理论是金融改革和金融创新的产物，它给银行负债管理注入现代企业的营销观念，即围绕客户的需要来设计资产类或负债类产品及金融服务，并通过不断改善金融产品的销售方式来完善服务。它反映了 20 世纪 80 年代以来金融业和非金融业相互竞争和渗透的情况，标志着金融机构正朝着多元化和综合化方向发展。

负债管理理论相对于资产管理理论是一大发展，但其本身也是一种不完善的理论，随着时间的推移和理论创新的发展，新的银行管理理论和方法——资产负债综合管理逐渐形成。

### （三）资产负债综合管理理论

从 20 世纪 70 年代中期起，由于市场利率大幅度上升，计算机技术飞速发展，更高层次的系统管理理论——资产负债综合管理理论随之产生，并在银行业占据了支配地位。资产负债综合管理理论并不是对资产管理理论和负债管理理论的简单否定，而是吸收了这两种管理理论的合理内核，并对其进行了发展和深化。该理论认为，商业银行单靠资产管理或负债管理都难以真正实现安全性、流动性和盈利性的均衡，只有从资产和负债两方面入手，统筹兼顾、共同调整、协调安排，全方位、多层次进行管理，才能达到经营总目标的要求，真正实现“三性”的均衡。

资产负债综合管理所追求的目标是财富最大化，或者说预期净值极大化。由于银行的净值是其资产与负债的差额，所以资产负债综合管理就必须兼顾银行的资产与负债，强调资产与负债两者之间的整体规划与搭配协调，通过资产结构与负债结构共同调整和资产、负债两方面的统一协调管理，保持资金的高度流动性，从而在市场利率波动的情况下，实现利润最大化的经营目标，使银行经营管理更为科学。

## 三、商业银行风险管理

### （一）商业银行风险管理的概念

商业银行风险管理是指商业银行在筹集和经营资金的过程中，对商业银行风险进行识别、衡量和分析，并在此基础上有效地控制和处置风险，用最低成本来实现最大安全保障的科学方法。

### （二）商业银行风险管理的意义

商业银行的风险管理，无论是对于商业银行经营管理的微观要求，还是对于整个社会经济的宏观要求，都有着十分重要的实践意义。

**1．商业银行风险管理能增强金融体系的安全性**

商业银行是金融体系的主体，商业银行经营管理得当，能对经济发展起到重要的促进作用；相反，如果商业银行经营管理不善，不仅不利于经济发展，而且个别银行经营管理不善甚至倒闭会波及其他银行，影响社会公众对整个金融体系的信心，严重的还会酿成金融风波甚至经济危机。

**2．商业银行风险管理能增强商业银行的竞争能力**

银行竞争优势包括资金优势、人才优势、技术优势和管理优势，其中管理优势非常重要。银行风险管理是银行经营管理的主要内容之一，银行风险管理通过回避、分散、转移、控制风险，能将风险给银行造成的损失降低到最低限度，增加银行的收益，从而提高银行的信誉和安全性，促进银行经营管理水平的提高，最终增强银行的竞争能力。

**3．商业银行风险管理能促进商业银行的国际化经营**

《巴塞尔协议》要求国际银行的资本充足率不低于8%，并且其中核心资本充足率不低于4%。《巴塞尔协议》这一国际性文件已被国际银行界普遍接受，资本充足率这一综合性指标已成为任何一家银行进行国际化经营必须遵循的一条基本准则。在资本充足率中，风险资产总额处于分母位置，通过减少分母来实现资本充足率的要求被称为“分母决策”，而要实施“分母决策”，就必须加强银行资产的风险管理。通过对资产风险的识别、估价、控制和处置，降低资产风险，从而降低风险资产总额，达到提高资本充足率的目的，最终将促进银行的国际化经营。

### （三）商业银行风险管理的目标

商业银行风险管理的目标是通过处置和控制风险，防止和减少损失，使商业银行的正常经营活动获得最大的安全保障。具体地讲，它包括两方面的内容：一是在风险损失产生以前，为了保障其自身经营的安全，商业银行通过有效的风险管理，以最低的损失控制费用来获取控制风险的最佳效果；二是在风险损失产生之后，为了尽快地弥补损失，商业银行通过采取各种补救措施，使银行不致因各种风险的产生而危及其生存，最终确保盈利目标的顺利实现。

（四）商业银行风险管理的技术

要实施风险控制，就必须采用风险管理技术。风险管理技术也就是风险管理的方法和措施，可分为控制型技术和财务型技术两大类。前者是为避免、消除和减少意外事故的发生，限制已发生损失继续扩大的一切措施，重点在于改变引起意外事故和扩大损失的各种条件；后者是在实施控制型技术后，对无法控制的风险所作的财务安排。具体来说，风险管理技术主要有风险抑制、风险转嫁、风险组合、风险自留和保险等。各种风险管理技术相互配合、相互补充，达到控制和处理风险的目的。

## ✲ 知识拓展 8-2

### “七不准”、“四公开”

根据中国银监会《关于整治银行业金融机构不规范经营的通知》(银监发〔2012〕3 号)精神，开展以“规范贷款行为、科学合理收费”为主题的不规范经营问题专项治理活动，全面贯彻贷款业务“七不准”和服务收费“四公开”的规定。现将“七不准”和“四公开”的内容公告如下：

贷款业务“七不准”

1. 不得以贷转存。银行信贷业务要坚持实贷实付和受托支付原则，将贷款资金足额直接支付给借款人的交易对手，不得强制设定条款或协商约定将部分贷款转为存款。

2. 不得存贷挂钩。银行业金融机构贷款业务和存款业务应严格分离，不得以存款作为审批和发放贷款的前提条件。

3. 不得以贷收费。银行业金融机构不得借发放贷款或以其他方式提供融资之机，要求客户接受不合理中间业务或其他金融服务而收取费用。

4. 不得浮利分费。银行业金融机构要遵循利费分离原则，严格区分收息和收费业务，不得将利息分解为费用收取，严禁变相提高利率。

5. 不得借贷搭售。银行业金融机构不得在发放贷款或以其他方式提供融资时强制捆绑和搭售理财、保险、基金等金融产品。

6. 不得一浮到顶。银行业金融机构的贷款定价应充分反映资金成本、风险成本和管理成本，不得笼统将贷款利率上浮至最高限额。

7. 不得转嫁成本。银行业金融机构应依法承担贷款业务及其他服务中产生的尽职调查、押品评估等相关成本，不得将经营成本以费用形式转嫁给客户。

### 服务收费“四公开”

1. 坚持合规收费原则，实行收费项目公开。
2. 坚持以质定价原则，实行服务质价公开。
3. 坚持公开透明原则，实行效用功能公开。
4. 坚持减费让利原则，实行优惠政策公开。

(资料来源：中国人民银行金融消费权益保护局. 金融知识普及读本[M]. 北京：中国金融出版社，2014.)

## 四、商业银行的其他管理

### （一）资本管理

商业银行资本是其股东为赚取利润而投入的资本和保留在银行中的收益。过高或过低的资本量对银行经营管理都不利。资本量太小，首先会影响银行信誉，稍有不慎即易引发客户的挤兑，危及银行的生存；其次，银行只能采取保守的经营战略，如必须多保持高流动性、低收益的资产以规避风险，不利于同业竞争和争夺市场份额。资本量太大，由于增加资本的成本高于借入负债，不利于发挥财务杠杆的边际效应；而且对银行股东来说，资本数额过高，每股税后平均收益必然降低，从而损害股东利益。

因此，商业银行资本管理的主要任务是确立资本的结构与资本的适度水平。目前，在国际上比较具有权威性的、受到各国认同并共同遵守的标准就是《巴塞尔协议》。《巴塞尔协议》于 1988 年 7 月达成，该协议以资本充足率或资本适宜度来衡量一家银行的资本与资产负债规模是否相适应。具体包括三方面内容：资本及构成、风险资产权数的规定和标准化比率。

### （二）财务管理

财务管理作为现代商业银行经营管理的核心，是对银行资金筹集、运作、分配，并对与之相关的成本、费用、质量、收益等指标，进行计划、组织、调节和控制等工作的总称。商业银行财务管理的目标是在注重稳健经营和提高资产质量基础上实现利润最大化。

商业银行财务管理涉及银行的每一项价值运动，是与商业银行业务管理紧密相关的，因此，认识银行财务管理的内容应该与全行业务管理相结合，具体包括财务预算管理、筹资管理(资本金和负债管理)、资产管理(盈利资产和非盈利资产管理)、成本管理(筹资成本和业务费用的管理)、利润和利润分配管理(股利管理)、财务报告与财务评价等方面的内容。

### （三）内部控制

商业银行的内部控制是商业银行在经营过程中，为实现经营目标，防范风险，保证资金安全和会计数据准确、真实，对内部机构、职能部门及工作人员的经营活动和业务行为，进行规范、控制而采取的相应措施和手段。

随着经济的发展，银行间竞争日益加剧，作为经营货币资金这一特殊行业的商业银行更加注重确保资金的安全及金融资产的完整，而金融风险的不断加大且更加复杂化，也促使银行对自身的内部控制日益重视。从商业银行经营管理的实践看，有效的内部控制既能从管理层次上围绕既定目标降低经营风险，又能从操作层次上查错防弊，堵塞漏洞。因此，实施内部控制，使其成为风险防范的第一道屏障已成为商业银行的重要管理内容。

### （四）人力资源管理

人力资源管理是对商业银行人力资源在取得、培训、保持和利用等方面，进行计划、组织、指挥和控制等活动。它是在兼顾银行员工、银行以及社会三方面利益的基础上，为获得必要数量和质量的人才，并充分发挥其潜能而设计的一整套业务。当前，经济的发展

速度是突飞猛进的，市场竞争的焦点已经由过去对资源、资金的竞争转为对人才的竞争。因此，银行的人力资源管理是否成功，关系到银行经营的成败。对于一家商业银行来说，有一批高素质的人才，是银行得以在竞争中立于不败之地的重要保证之一。

### （五）信息管理

随着信息时代的到来，信息在银行的经营决策、管理行为中所起的作用越来越大，对银行信息的管理也就成为商业银行经营管理的重要内容。银行信息是指与银行经营有关的，反映客观经济事物特征并经过加工整理的消息、数据、知识的总称。例如，关于金融市场价格的涨跌，供求状况，客户资金使用情况，货币的投放与回笼情况，对外贸易现状，其他银行的业务情报，最新的经济政策及最新经营管理理论等，都在银行信息范畴之内。银行信息的交流功能、预测功能和咨询功能决定了它在现代银行管理中的重要地位。随着先进的科学技术的使用，各国银行的经济信息网络无不向着更科学、更完善的方向发展。

## 【理论梳理】

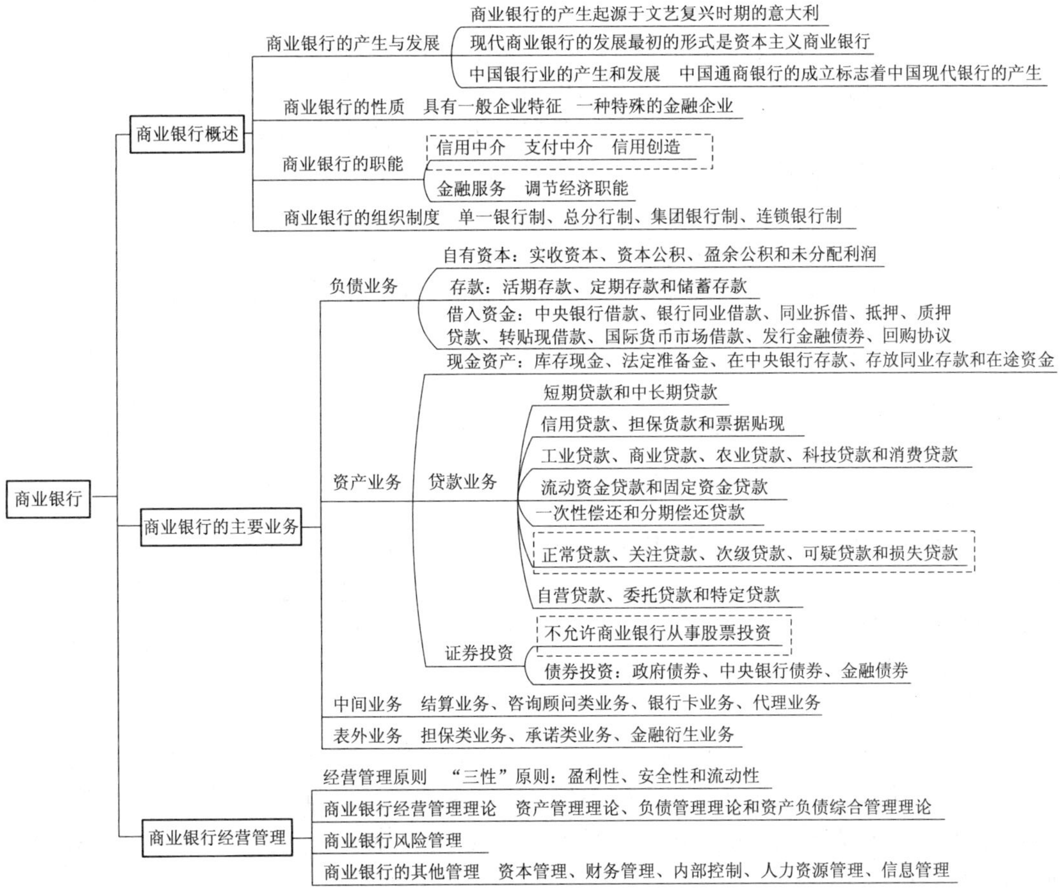

- 商业银行
  - 商业银行概述
    - 商业银行的产生与发展
      - 商业银行的产生起源于文艺复兴时期的意大利
      - 现代商业银行的发展最初的形式是资本主义商业银行
      - 中国银行业的产生和发展　中国通商银行的成立标志着中国现代银行的产生
    - 商业银行的性质　具有一般企业特征　一种特殊的金融企业
    - 商业银行的职能
      - 信用中介　支付中介　信用创造
      - 金融服务　调节经济职能
    - 商业银行的组织制度　单一银行制、总分行制、集团银行制、连锁银行制
  - 商业银行的主要业务
    - 负债业务
      - 自有资本：实收资本、资本公积、盈余公积和未分配利润
      - 存款：活期存款、定期存款和储蓄存款
      - 借入资金：中央银行借款、银行同业借款、同业拆借、抵押、质押贷款、转贴现借款、国际货币市场借款、发行金融债券、回购协议
    - 资产业务
      - 现金资产：库存现金、法定准备金、在中央银行存款、存放同业存款和在途资金
      - 贷款业务
        - 短期贷款和中长期贷款
        - 信用贷款、担保贷款和票据贴现
        - 工业贷款、商业贷款、农业贷款、科技贷款和消费贷款
        - 流动资金贷款和固定资金贷款
        - 一次性偿还和分期偿还贷款
        - 正常贷款、关注贷款、次级贷款、可疑贷款和损失贷款
        - 自营贷款、委托贷款和特定贷款
      - 证券投资
        - 不允许商业银行从事股票投资
        - 债券投资：政府债券、中央银行债券、金融债券
    - 中间业务　结算业务、咨询顾问类业务、银行卡业务、代理业务
    - 表外业务　担保类业务、承诺类业务、金融衍生业务
  - 商业银行经营管理
    - 经营管理原则　“三性”原则：盈利性、安全性和流动性
    - 商业银行经营管理理论　资产管理理论、负债管理理论和资产负债综合管理理论
    - 商业银行风险管理
    - 商业银行的其他管理　资本管理、财务管理、内部控制、人力资源管理、信息管理

（1）商业银行在整个金融机构体系中是数量最多、资产份额所占比例最大的一类金融

机构，以吸收存款、发放贷款和办理结算为主要业务，在国民经济中发挥着信用中介、支付中介、信用创造、金融服务和调节经济等功能。

(2) 商业银行的主要业务可分为负债业务、资产业务、中间业务和表外业务四大类。商业银行的经营管理原则，即“三性”原则，指盈利性、安全性和流动性。三者需要统筹兼顾，协调安排，实现三者的最佳组合

(3) 商业银行经营管理理论大致经历了资产管理理论、负债管理理论和资产负债综合管理理论三个阶段。为今天商业银行的优化管理提供了重要的理论基础。

## 【案例分析】

### 海南发展银行倒闭

海南发展银行(以下简称海发行)于 1995 年在合并 5 家信托公司的基础上组建。这 5 家公司在 1993 年以前的海南房地产热中，已有大量资金积压在房地产上。从诞生之初，海发行就被赋予了化解金融风险的重任。之后，海发行又引入北方工业公司、中远集团等 40 余家岛外股东，筹集资金 10.7 亿元，由海南省人民政府控股。注册资本 16.77 亿元的海发行一开始就背负了 44 亿元的债务。

但在当时普遍采用高息揽存的情况下，海发行迅速扩张。1997 年年底，海发行的资金规模发展到 106 亿元。就在当年，由城市信用社引发的海南金融问题第一次大规模显现。同年 5 月，海口人民城市信用社主任陈琪作案潜逃，这一事件导致储户恐慌并出现集中提款现象。随后，支付危机波及全省十几家城市信用社。

1997 年 12 月兼并 28 家城市信用社的行动，被认为是海发行关闭的导火索。有种说法是，当时海南省有关部门为挽救这些城市信用社，不顾股东大会的强烈反对执意要求海发行实施兼并，将 28 家资不抵债的城市信用社收入旗下，并托管了 5 家被关闭的城市信用社。接管的城市信用社总资产为 137 亿元，总负债却为 142 亿元，而资产又几乎全是无人问津的房产。

接管之后，那些原以为取款无望的储户很快在海发行营业部的门口排起了长队，这成为当时海南的热门话题。由各种传闻引发的恐慌很快演变成挤兑风潮，海发行只能依靠人民银行再贷款艰难度日。

1998 年 3 月 22 日，中国人民银行在陆续给海发行提供了 40 亿元的再贷款后，决定不再给予资金支持。此时，海发行已无法清偿债务。其后，据说海南省政府也动用了 7 亿元资金企图挽回局面，但已是无力回天。1998 年 6 月 21 日，为了防止支付危机进一步蔓延，国务院及中国人民银行决定，关闭海发行，同时指定中国工商银行托管海发行的债权、债务。

海发行的关闭引起了强烈反响。新加坡、香港、澳门、台湾等国家和地区的报纸在事件发生的第二天就刊出了这条消息，国内报纸也陆续刊出了中国人民银行宣布关闭海南发展银行的消息，这表明银行的倒闭与一般企业的破产不一样，它涉及的单位和人更多，影响更大。

关闭海发行后，海南的 11 家信托投资公司停业整顿，仅有的 1 家城市信用社也于 2002

年进入停业整顿。渣打银行和日本住友银行也于2002年撤出海南，而随着四大国有商业银行风险控制的逐步加强，这些银行的海南省级分行的贷款权限仅为5000万元，比很多其他地方市一级分行的权限还小。

海南缺少融资，这是不争的事实，特别中小企业，2004年度，海口中小企业银行贷款新增额只有1.42亿元，仅占海口各银行对外贷款总额的0.2%。当时海南有中小企业20余万家，但每年能够办理贷款证并通过年审的只有4000余家，占全部中小企业总数的1/50。从银行贷不到钱，于是大家只好另谋出路，一位开典当行的朋友形容："借钱的人真多，刚融到一百万，不到一天就全贷出去了。"相对于这些对资金十分饥渴的中小企业而言，电力、石化、海航等集团融资的难度倒并不是很大。

挽救海发行仅有愿望是不够的，最终的决定权还取决于银监会的态度。从2004年初中国(海南)改革发展研究院上报复活海发行方案至今已两年有余，而海发行被关闭到现在也已有八年，资源早已流失殆尽，此时复活海发行无异于重建一家新银行，加之海南整体经济环境仍不尽如人意，银监会必定顾虑重重。

讨论：海南发展银行倒闭的根本原因和直接原因分别是什么？

## 【知识检测】

1. 商业银行的职能。
2. 商业银行的主要资产业务。
3. 商业银行的经营原则及其相互关系。
4. 商业银行的经营风险。

## 【应用实训】

实训目标：

掌握商业银行风险管理的主要内容。

实训内容：

根据所学商业银行相关知识，分析身边商业银行的经营风险，包含的主要内容及其对风险管理的技术措施。

实训要求：

可以自选一家商业银行为例，指出该银行在运行过程中可能出现的经营风险，并提出解决该风险的技术措施，实训小组成员人数以10人为佳。撰写实训分析报告，字数不少于1200字。

# 第九章　通货膨胀和通货紧缩

【知识目标】

理解通货膨胀和通货紧缩的含义；了解通货膨胀和通货紧缩的类型。

【能力目标】

掌握通货膨胀和通货紧缩对经济的效应；掌握通货膨胀和通货紧缩的成因及相应治理措施。

【案例导读】

20 世纪 20 年代的德国正经历着一场历史上最为严重的通货膨胀。1923 年初，1 马克能兑换 2.38 美元；而到夏天的时候，1 美元兑能换 4 万亿马克，早上能买一栋房子的钱，傍晚只能买一个面包。在 1923 年，德国街头的一些儿童用大捆大捆的纸币马克玩堆积木的游戏；一位妇人用手推车载着满满一车的马克，一个小偷趁她不注意，掀翻那一车纸币，推着手推车狂奔而逃；一位家庭主妇正在煮饭，她宁愿不去买煤，而是烧那些可以用来买煤的纸币。到了发工资的时候，人们领到工资就以百米冲刺的速度跑到商店，跑得稍微慢一点，东西就涨一大截。看到这些，我们也许会认为这仅仅是在德国的特殊现象，其实，类似的现象在很多国家都发生过，我国经历过解放前物价飞涨的居民就有过深切的体验，他们曾经提着一篮子的钱去买菜。

(资料来源：比尔李，向咏怡.大滞胀[M]. 北京：北京邮电大学出版社，2014.)

## 第一节　通货膨胀的一般理论

### 一、通货膨胀概述

#### (一) 通货膨胀的概念

通货膨胀是一个古老的经济问题，自从信用货币产生以来，它就经常困扰着各国的经济运行。近几十年来，通货膨胀日益普遍，已经成为一个重大的国际性经济现象。究竟什么是通货膨胀？各国的经济学家有着不同的看法，莫衷一是。但是所有表述的共同点都是把通货膨胀与物价总水平的持续上涨直接联系在一起。在我国的经济理论著作和货币银行学教科书中，一般对通货膨胀的含义表述为：通货膨胀是指由于货币供应过多而引起货币贬值、物价上涨的货币现象。

### （二）理解通货膨胀要注意的问题

对于通货膨胀含义的理解，应注意以下几点：

**1. 通货膨胀是一种货币现象**

从纯粹的经济理论来看，在任何一种货币制度下，只要货币供应量超过了经济生活中的客观需要量，就会导致货币贬值，物价上涨，出现通货膨胀。只是在不同的货币制度条件下，货币职能发挥的不同，出现通货膨胀的可能性也就有所不同。

在传统的实物货币制度下也会发生通货膨胀。生活在南太平洋美拉尼西亚群岛的土著居民用狗牙作为货币，正常情况下一颗狗牙可以交换 100 个椰子，当地青年娶一个新娘需要几十个狗牙作为聘礼。后来由于白人骗子从外地运入大量的狗牙以骗取土著居民的各种东西，导致狗牙货币贬值，一个狗牙只能交换到 40 个椰子，很多青年娶妻发生困难。

在金属货币制度下，由于金属货币具有内在价值，可以发挥贮藏手段职能，当流通中的金属货币过多时，这部分多余的金属货币就会自发地退出流通转为贮藏，因而可以自动调节流通中的货币量，一般不会发生通货膨胀。需要注意的是这种贮藏职能的发挥只是一种事后调节，并不能预防金属货币的贬值。因此并不是说在金属货币制度下就不会发生通货膨胀。16 世纪的欧洲由于新航路的开辟从美洲、非洲掠夺了大量的黄金和白银，西班牙国内的黄金在 1521—1600 年的近 80 年内增加了 20 多万公斤，白银增加了约 1800 万公斤，葡萄牙在 16 世纪国内的黄金也增加了 27 万多公斤。黄金白银的大量流入导致当时的欧洲国家国内黄金白银价格大幅度下降，物价飞涨。历史上被称为新航路开辟后欧洲的“价格革命”。

在纸币制度下，由于一方面在技术上提供了无限供给纸币的可能性，并且可以通过国家权力强制这些货币进入流通，而另一方面纸币作为一种价值符号，本身没有内在价值，进入流通的纸币不会通过贮藏方式退出流通，不具有自动调节货币流通量的功能。这就产生了货币供应量的无限性与货币容纳量的有限性之间的矛盾，其结果必然导致货币贬值，物价上涨，引发通货膨胀。因此，理论界一般把通货膨胀与纸币流通联系起来，把通货膨胀看成是纸币流通的特有现象。当然，这也并不是说纸币流通必然会发生通货膨胀。只要保持纸币流通量与其需要量基本一致，一般就不会发生通货膨胀。

同时通货膨胀作为一种货币经济现象，与社会制度并无内在的必然联系。

**2. 通货膨胀的标志是物价总水平的上升**

事实上，通货膨胀的货币供应过多是相对于它所媒介的商品、劳务而言的。按照经济学的解释，在完全开放的市场经济条件下，只要流通中货币所代表的价值量与商品、劳务的价值量相等，就不会发生通货膨胀。相对于商品而言，一旦货币流通量多了，就会导致用货币表示的商品价值量大小——价格发生变化，变大了，即商品价格的上升；反之亦然。需要注意的是，货币流通量发生了变化有的时候也并不一定导致商品价格的变化。如果政府当局采取物价管制、补贴和商品配给等措施，即使货币流通量增加，公开的商品价格也不会上升，而是通过买方抢购、卖方惜售、有价无市、黑市猖獗、以物易物等扭曲现象反映出来。在我国改革开放前的一段时期内的凭票供应货物就是一种典型的隐蔽型通货膨胀。

通货膨胀状态下的物价上涨是指物价总水平的变化，是各类商品和劳务价格汇总在一起的平均数，或者称为“一般物价水平”。货币的币值是指对一般商品和劳务的购买力，而不是与某一类或者某一部类的商品和劳务相对应。某一类或某一部类的商品或劳务价格的上涨并不能说明发生了通货膨胀。只要货币总量和商品劳务价格总量的适应关系没有变化，即使个别商品或者劳务价格上涨使得价格结构发生变化，但是货币币值不会变化，物价总水平也就不变。

通货膨胀状态下的物价上涨是指物价的变动要持续一定的时间。经济生活中的季节性、暂时性或偶然性的价格上升不能视为通货膨胀。通货膨胀下的价格变动应该是一个过程，在这个过程中物价具有上涨的基本倾向，并持续一定的时间。所以一般情况下通货膨胀以年为时间单位来考察。

通货膨胀状态下的物价上涨是指物价的变动要超过一定的幅度。不能将经济生活中的物价些许波动就视为通货膨胀。通常会以一定的数量指标来考察物价的上涨率，目前大多数学者比较认同的观点是年物价上涨率在3%～5%。

#### 3. 通货膨胀的根本原因是货币供应过多

通常认为货币供应过多是指货币的实际流通量超过了经济生活中对于货币的客观需要量。但是并不表示说只要货币供应过多就一定会导致通货膨胀。一方面货币供应上升并不一定导致物价的相应上升，另一方面货币供应过多在导致物价上涨上具有明显的时滞性和模糊性。

#### 4. 通货膨胀的结果必然导致货币价值的下降

但是对于确定货币贬值的含义在信用货币制度条件下是有难度的。通常的理解是指单位货币的购买力下降或者指单位货币所代表的金币价值量下降。

## 二、通货膨胀的类型

通货膨胀按照不同的标准和方法，从不同角度进行分类，一般包括以下几种类型。

#### 1. 公开型的通货膨胀和隐蔽型的通货膨胀

根据通货膨胀的表现形态，可以把它分为公开型的通货膨胀和隐蔽型的通货膨胀。公开型通货膨胀是指在价格完全放开，价格对供求反应灵敏的条件下，通过价格指数的变动反映出来的通货膨胀，它的前提条件是市场经济的完善。隐蔽型通货膨胀则是指在价格受到政府严格管制的条件下，物价保持表面的稳定，社会的供求矛盾通过非价格的形式反映出来的通货膨胀类型。这些非价格的形式就像我国在20世纪60至70年代表现的那样，如黑市交易、凭证购买、有价无货、降低质量等。

#### 2. 爬行式、奔跑式和恶性通货膨胀

按照发生通货膨胀的严重程度，可以把通货膨胀通俗地分为爬行式、奔跑式和恶性通货膨胀等。所谓爬行式通货膨胀，一般是指物价上涨率在10%以下的通货膨胀，这种类型的通货膨胀通常不会引起经济生活的严重失序，经济能够正常地运行。奔跑式通货膨胀，是指年通货膨胀率达到两位数甚至三位数的通货膨胀，一般来说，这种通货膨胀会严重影响经济的发展，人们对货币失去信心，经济生活的秩序被打破。恶性通货膨胀是指物价持续地、猛烈地上升，月通货膨胀率在两位数以上，在这种情况下，货币成为烫手的物品，人们拼命想把手中的货币花出去，因为它每一分钟都在贬值，经济行将瘫痪。

按照这种方法划分的类型，由于没有统一的标准，而且经济形势也在不断变化，因此，

不同的经济学家有不同的看法。

3. 需求拉上型、成本推动型、供求混合型、结构失调型、体制转轨型

按照通货膨胀发生的原因，可以把通货膨胀分为需求拉上型、成本推动型、供求混合型、结构失调型、体制转轨型等。这种分类，实际上是对已经存在的通货膨胀，从其产生的原因来划分的，有关它们的涵义在后面的部分我们将作详细的讨论。

4. 预期性通货膨胀和非预期性通货膨胀

按照对通货膨胀的预期不同，可以把它分为预期性通货膨胀和非预期性通货膨胀。预期性通货膨胀是指通货膨胀的发生及其程度已经被社会经济主体所预计，从而采取了防范措施的一种类型。因此，这种通货膨胀对经济一般不会产生实质性的影响。非预期性通货膨胀是指未被经济主体所预见的物价上涨现象，它会对经济和社会产生实质性影响。这种划分的作用在于考察通货膨胀的效应。

另外，按照一些相关标准，还可以把通货膨胀划分为许多类型，例如，按照政府作用及态度的不同，可以分为主动性和被动性通货膨胀，按照是否与外界有联系，可以分为内生性和外生性通货膨胀等。

## 三、通货膨胀的测度

通货膨胀的严重程度是通过通货膨胀率这一指标来衡量的。

通货膨胀率通常以消费物价指数、批发物价指数和国民生产总值的平减指数来确定。

1. 消费物价指数

消费物价指数又称零售物价指数，它是根据家庭消费的代表性商品和劳务的价格变动状况而编制的，反映与人们生活直接相关的衣、食、住、行以及健康、教育等商品和劳务价格的变动情况。该指标的优点是，资料容易搜集，便于及时公布，能够迅速反映公众生活费用的变化，由于它与人们的生活密切相关，所以深受关注。但它也有很大的缺点，包括的范围较窄，不能反映各种资本品及中间品的价格变化。图 9-1 是我国一段时期的居民消费物价指数变动情况。

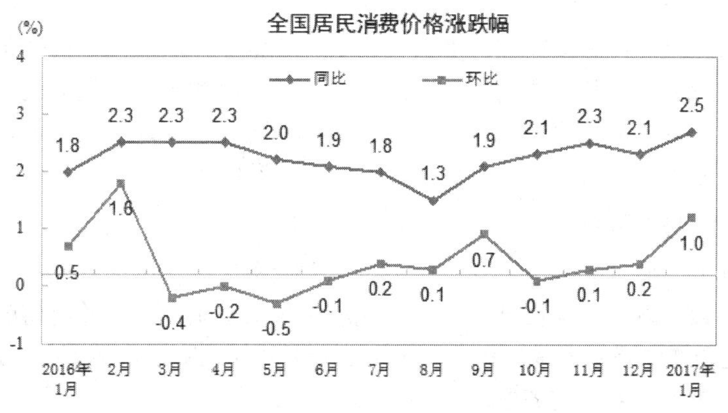


图 9-1　全国居民消费价格变动情况(2016 年 1 月—2017 年 1 月)

(资料来源：根据北青网，2017 年 2 月 24 日有关资料整理)

2．生产物价指数

生产物价指数，又称批发物价指数，它是根据批发价格编制的指数。它包括生产资料和消费品在内的全部商品批发价格，但劳务价格不包括在内。它基本能准确反映商品流通的物价变化情况。但是它的波动幅度常小于零售物价的波动幅度，导致价格信号失真，使用它判断总供给和总需求的对比关系会不太准确。

3．国民生产总值平减指数

国民生产总值平减指数是按当年价格计算的国民生产总值与按不变价格计算的国民生产总值的比率。

它的优点是包括范围广，既包括消费资料，也包括生产资料；既包括有形商品也包括无形商品(劳务)，能准确反映物价总体水平的变动情况。缺点是资料难搜集，多数国家每年只统计一次，不能迅速反映通货膨胀的程度和动向；国民生产总值包括与居民生活并无直接联系的生产资料和出口商品，它不能准确反映对居民生活的影响。

中国现行的物价指数主要有商品零售价格指数、居民消费价格指数、固定资产价格指数、进出口商品价格指数、农产品收购价格指数、工业品出厂价格指数和建筑业产值价格指数等。

## 第二节　通货膨胀的社会经济效应

### 一、通货膨胀与经济增长

关于通货膨胀对经济的影响问题，经济学界存在着激烈的争论，主要观点大致可分为以下三种：通货膨胀可以促进经济发展的促进论；通货膨胀会损害经济发展的促推论和通货膨胀不影响经济发展的中性论。

#### (一) 通货膨胀促进论

1．凯恩斯的“半通货膨胀”论

凯恩斯认为如果货币数量增加，那么在实现充分就业前后所产生的效果是不同的。在经济达到充分就业之前，货币量增加可以带动有效需求增加。即在充分就业之前，增加货币既可提高单位成本，又可增加产量。而当经济实现充分就业之后，增加货币量就产生了显著的通货膨胀效应，使物价总体水平上升，但产量没增加。

2．新古典学派的促进论

这一学派认为，通货膨胀通过强制储蓄，扩大投资来实现增加就业和促进经济增长，当政府财政入不敷出时，常常借助于财政透支解决收入来源。如果政府将膨胀性的收入用于实际投资，就会增加资本形成，而只要私人投资不降低或降低数额不小于政府新增数额，就能提高社会总投资并促进经济增长。

3．收入在政府与私人部门的再分配与通货膨胀促进论

该观点认为，当发生通货膨胀时，政府占收入的比率增加，社会的储蓄率提高，有利

于经济增长。这种有利影响主要表现在三方面：首先，通过降低资本来增加产出系数；其次通货膨胀可以改变投资结构；最后通货膨胀可以促进对外贸易的发展。

总之，促进论认为，通货膨胀是政府的一项政策，政府可以获得直接利益，获利大小完全取决于政府调控经济水平的高低。

### （二）通货膨胀促退论

促退论与促进论观点恰恰相反。促退论者认为通货膨胀会导致低效率并进而损害增长。其理由为：第一，在通货膨胀条件下，持有货币会遭受购买力下降的损失，为此，企业和居民都会尽力把现金转化为实物资产或增加目前的消费，致使社会储蓄率下降，从而使投资率下降和经济增长率下降；第二，在持续性通货膨胀过程中，市场价格机制将遭受严重破坏，企业和居民面对不断变化的价格将感到无所适从，甚至作出错误的决策，出现资源错误配置现象，从而影响经济增长；第三，许多国家实行累进税。在发生通货膨胀时，企业和个人将因为名义收入的提高而承担较高的税赋，这会影响生产的积极性，从而不利于经济增长；第四，如果通货膨胀超过一定时间，企业和居民便会产生预期，造成物价与生产成本的螺旋式上升，形成恶性通货膨胀，并有可能导致经济的崩溃。

### （三）通货膨胀中性论

中性论者认为，由于公众预期，在一段时间内他们会对物价上涨作出合理的行为调整，从而使通货膨胀各种效益的作用相互抵消，因此通货膨胀对产出和经济增长既不会促进，也不会损害。

我国大部分经济学家认为，通货膨胀对经济的促进作用只是在开始阶段的极短时间内，而且需具备一定的条件。就长期来看，通货膨胀对经济只有危害，而没有促进作用。

**1．经济增长效应**

即通货膨胀对经济增长具有正的效应。由于经济处于有效需求不足且实际经济增长低于潜在经济增长的状态，可以通过通货膨胀，增加投资，提高货币供给刺激有效需求，促进经济增长。

**2．所得分配效应**

通货膨胀时期，名义货币收入和实际货币收入之间产生差距。只有剔除物价影响，才能看出人们实际收入的变化。由物价上涨所造成的所得再分配，就是通货膨胀的所得分配效应。

**3．资源配置效应**

由于通货膨胀的影响，资源会在不同的主体间转移，使得主体的金融资产和实物资产的量发生变化，导致资源的重新分配。一般来说，小额存款人和债券持有人最易受通货膨胀的打击。

## 二、通货膨胀的强制储蓄效应

这里所说的储蓄，是指用于投资的货币积累。这种积累的来源主要有家庭、企业和政府。在正常情况下，这三个部分的储蓄有各自的形成规律。家庭的储蓄由收入剔除消费支出构成；企业储蓄由用于扩张生产的利润和折旧基金构成；政府储蓄从来源上说则比较特殊。如果政府用增加税收的办法来筹资搞生产性投资，那么，这部分储蓄是从其他部门的储蓄中挤出的，因而全社会的储蓄总量并不增加。如若政府向中央银行借债，从而造成直接或间接增发货币，这种筹措建设资金的办法就会强制增加全社会的储蓄总量，结果将是物价上涨。在公众名义收入不变的条件下，按原来的模式和数量进行的消费和储蓄，两者的实际额均减少，而其减少部分大体相当于政府运用通货膨胀强制储蓄的部分。

上面的分析是基于这样的假定，即经济已达到充分就业水准，因此，用扩张货币的政策来强制储蓄会引起物价总水平的上涨。在实际经济运行中，可能尚未达到充分就业水平，实际 GDP 大大低于潜在 GDP，生产要素大量闲置。这时政府运用财政政策或货币政策来扩张有效需求，虽然也是一种强制储蓄，但并不会引发持续的物价上涨。

## 三、通货膨胀的收入分配效应

在通货膨胀时期，人们的名义货币收入与实际货币收入之间会产生差距；只有剔除物价的影响，才能看出人们的实际收入的变化。由于社会各阶层收入来源极不相同，因此，在物价总水平上涨时，有些人的收入水平会下降，有些人的收入水平却反而会提高。这种由物价上涨造成的收入再分配，就是通货膨胀的收入分配效应。

在发达工业国家，大多数人是依靠工资或薪金生活的，工资收入差不多就是他们的全部收入。在物价持续上涨的时期，工资劳动者的收入只有每隔一段时间作一定幅度的调整，使之与物价上涨保持大体相同的比率，才能保证其实际收入水平不下降。但这种通货膨胀条件下的定期工资调整，只有依靠强大的工会力量才能做到。否则工资的增长常会落后于物价上涨，这是一种较普遍的现象。货币工资的增长相对于物价上涨的滞后时间越长，通货膨胀损失相应越大。此外，从利息和租金取得收入的人受到的损害也会比较严重。

但与此同时，只要存在着工资对于物价的调整滞后，企业的利润就会增加，那些从利润分取收入的人就能得到好处。

## 四、通货膨胀的资产结构调整效应

资产结构调整效应也称财富分配效应。一个家庭的财富或资产由两部分构成：实物资产和金融资产。许多家庭同时还有负债，如汽车抵押贷款、房屋抵押贷款和银行消费贷款等。因此，一个家庭的财产净值是它的资产价值与债务价值之差。

在通货膨胀环境下，实物资产的货币大体随通货膨胀率的变动而相应升降。有的货币值增长的幅度高于通货膨胀率，有的则低于通货膨胀率；同一种实物资产，在不同条件下，其货币值的升降，较之通货膨胀率也有时高时低的情况。金融资产则比较复杂。在其中占相当大份额的股票，它的行市是可变的，在通货膨胀之下呈上升趋势。但影响股市的因素极多，所以股票绝非通货膨胀中稳妥的保值资产形式，虽然有些股票在通货膨胀中使其持有者获得大大超出保值的收益。至于货币债权债务的各种金融资产，其共同特征是确定的货币金额，这样的名义货币金额并不会随通货膨胀是否存在而变化。显然，物价上涨，实际的货币额减少；物价下跌，实际的货币额增多。在这一领域中，防止通货膨胀损失的方

法，通常是提高利息率或采用浮动利率。但在严重的通货膨胀下，这样的措施往往难以弥补损失。所以一般说来，通货膨胀有利于债务人而不利于债权人。

一般来说，小额存款人和债券持有人最易受通货膨胀的打击。至于大的债权人，不仅可以采取各种措施避免通货膨胀带来的损失，而且往往他们同时又是大的债务人，因而可享有通货膨胀带来的巨大好处。

### 五、社会经济危机效应

当物价总水平的持续上涨超过一定界限从而形成恶性通货膨胀时，就有可能引发社会经济危机。

恶性通货膨胀会使正常的生产经营难以进行——物价飞涨时，产品销售收入往往不足以补进必要的原材料；在物价迅速上涨的过程中，地区之间上涨幅度不均衡是必然现象，这就会造成原有商路的破坏，流通秩序的紊乱；迅速上涨的物价，使债务的实际价值下降，如果利息率的调整难以弥补由物价上涨所造成的货币债权损失，正常信用关系也会极度萎缩。恶性通货膨胀只是投机盛行的温床，而投机是经济肌体的严重腐蚀剂。

恶性通货膨胀会引起突发性的抢购商品和挤兑银行的风潮。它所造成的收入再分配和人民生活水准的急剧下降则会导致冲突加剧。这一切的后果往往是政治的动荡。

最严重的恶性通货膨胀会危及货币流通本身：纸币流通制度不能维持；金银贵金属会重新成为流通、支付的手段；经济不发达则会迅速向经济的实物化倒退。

## 第三节　通货膨胀的成因与治理

### 一、通货膨胀的成因

#### (一) 西方经济学家的通货膨胀成因分析

通货膨胀一般表现为物价总体水平的上升，它以货币的超量供应为前提条件，而货币的超量供应是经济运行存在问题的综合反映。

通货膨胀成因的理论观点：

**1. 需求拉上型通货膨胀**

需求拉上型通货膨胀也称为需求型通货膨胀，指的是源于总需求膨胀而形成的通货膨胀。对于引起总需求过大的原因又有两种解释：其一是凯恩斯学派的解释，强调实际因素对总需求的影响；其二是货币主义学派的解释，强调货币因素对总需求的影响。

凯恩斯学派的通货膨胀理论为需求决定论，强调引发通货膨胀的是总需求，而不是货币量。凯恩斯学派认为，当经济还没有达到充分就业状态时，总需求增加的部分不会使一般物价水平上升，而只能促进就业增加和产出增加。当经济达到充分就业后，因为产出已经达到了最大化，货币量增加或货币流通速度加快而形成的过度需求，就会拉动物价水平和货币数量同比例上升，从而产生“真正的通货膨胀”。而货币派则强调货币供给对通货膨胀的决定作用，认为是货币过多导致总需求大于总供给，从而引发一般物价水平的上涨。

货币主义学派认为通货膨胀完全是一种货币现象，货币总量相对于物品总量的不断增大是引发通货膨胀的唯一因素。也就是说，通货膨胀是由于货币发行量大于需求量而引起的。在现实中，只有政府才有发行货币的权力，因此正是政府过量地发行货币才引发了通货膨胀。比如，在某些税制不健全的国家，政府为了负担开支，就会加大纸币地发行量来实现暗中征税，此外，为满足教育、基础设施、国防开支，甚至支援灾民的需要，政府也会加大货币的发行量。

2. 成本推进型通货膨胀

后凯恩斯学派用“成本推进”来解释通货膨胀，认为是因为上游产品成本和工资率的过度上升而引起的通货膨胀。有的认为是工资推动型通货膨胀，即由于强大的工会力量迫使厂商提高了工资，而工资的增长率高于劳动生产率的提高，就导致了生产成本的提高，进而导致了物价上涨，在物价上涨后，工会又进一步要求提高工资，这又对物价产生压力，因而称为“工资—物价螺旋”。在这里货币工资率的上升引起通货膨胀是有条件的，这个条件就是货币工资率的增长超过边际劳动生产率的增长。还有的认为是利润推动通货膨胀，也就是说，在不完全竞争市场上，垄断企业凭借自己的垄断地位提高价格来实现利润的增长，当这种行为的作用大到一定程度时就会引发通货膨胀。

3. 结构型通货膨胀

在总需求和总供给大体处于平衡状态时，因为经济结构方面的因素引起的物价持续上涨，生产结构的变化导致总供求失衡或导致部分供求失衡而引发的通货膨胀。在现代的社会经济结构中，资源不容易从生产率低的行业转到生产率高的行业，从趋向衰败的行业转向新兴行业。但生产率低而衰落的和生产率高而新兴的行业在工资和价格问题上都要求公平，并且都向高标准看齐，结果引起物价总水平的普遍持续上涨。

结构性引发的通货膨胀主要有三个类型。一是需求结构转型通货膨胀。在总需求不变的情况下，某个部门的一部分需求转移到其他部门，但劳动生产力及其他生产要素却没有得到同步及时的转移，需求增加的部门，工资和产品价格就上涨，而需求减少的部门，产品价格由于攀比而趋于上涨，从而引起一般物价水平的上涨。二是部门差异型通货膨胀。这种类型基于把社会经济划分为工业部门和服务部门的基础上。工业部门劳动生产率及其增长率都高于服务部门，但两大部门的货币工资在增长速度上趋向于一致，使得服务业的货币工资增长率高于劳动生产率的增长速度，从而导致物价水平上涨。三是小国开放经济的通货膨胀。这种结构性通货膨胀的观点认为，在开放经济中的“小国”是世界市场上价格接受者，其经济可分为开放经济部门和非开放经济部门。当世界市场的价格上涨时，开放经济部门的产品价格会随之上涨，使得其工资相应上涨，而在同时，非开放经济部门的工资也会向开放经济部门看齐，从而引起非开放经济部门的生产成本上升，产品价格提高，最后导致“小国”全面的物价上涨，发生通货膨胀。

4. 供求混合型通货膨胀

就是把供求两方面的因素综合起来，由需求拉上、成本推动共同引发的通货膨胀。对于需求拉上引发的通货膨胀，如果没有需求的相应增长，由供应因素引起的通货膨胀就不会持久，因为在工资率增长而需求不增加的情况下，价格就会提高而生产下降。在现实经济生活中，纯粹定义上的需求拉上型、成本推动型通货膨胀都不可能持续地进行，最终的

演化结果是复杂的混合型。从动态特征看，这种通货膨胀有“螺旋式”和“直线式”两种类型。“螺旋式”先由供给因素引起通货膨胀，进而引起总需求上升，最后演化为混合型通货膨胀；“直线式”先由需求因素引起通货膨胀，进而引起成本上升，形成供求混合型通货膨胀。

#### 5．预期理论

从通货膨胀对于社会分配的经济效益来分析，如果通货膨胀率是稳定的，人们完全可以预期，那么各种名义工资、利率等都可以根据通货膨胀率来调整，从而使实际的变量如实际工资、利率等不变，这种可预期的通货膨胀给人们带来的影响仅仅是减少人们对货币的持有量。然而在大多数情况下，我们对通货膨胀并不能做到完全预期，这就会对经济产生一系列的影响。

### （二）我国理论界对通货膨胀的成因认识

结合我国通货膨胀的具体实践，其成因一般表现在如下几方面：

#### 1．财政赤字型

弥补财政赤字的方法，一是向中央银行贷款，二是发行公债。

如果向中央银行贷款，就会造成中央银行增加货币供给，引起市场货币供给量增加，会导致通货膨胀；发行公债，如果向中央银行推销，或以公债为抵押向中央银行贷款，中央银行向政府发放贷款，通过财政支出，转变为商业银行存款，再通过商业银行贷款，数倍扩大货币供应量。而财政支出多为非生产性的，不会增加产品和商品流通数量。

因而为解决财政赤字增发的货币，必然使货币供给量过多，最终导致通货膨胀。

#### 2．信用膨胀型

商业信用是以商业票据为工具的，商业票据经过背书可以流通转让，代替货币起交换媒介作用，相当于增加了货币供给量，减少了货币需求量。

商业信用和一部分消费信用是由企业提供的，但企业之所以能提供商业信用和消费信用，是因为得到了银行提供的信用。

银行信用向工商业提供的贷款必然要转为存款，而且转换的存款数量数倍扩张，这就直接扩大了货币供应量。

商业信用、消费信用、银行信用的膨胀，一方面减少了流通中对货币的需要量，另一方面增加了流通中的货币供给量，因此，信用膨胀即信贷规模的扩大，如果超过了流通、生产的需要，必然出现通货膨胀。

#### 3．体制型

经济发展速度过快，积累基金规模过大，建设规模超过了工农业生产所能承担的能力，或消费基金规模过大，超过了消费资料的供应能力，商品供不应求。这就是由建设投资而投放到市场上的货币与生产资料的供应不相适应，由工资、奖金等渠道投放到市场上的货币与消费资料的供应不相适应，使货币供应量超过货币需求量，出现通货膨胀。

一国重工业发展速度过快，超过了轻工业和农业所能承担的能力，使重、农、轻比例失调，引起市场商品供不应求，物价上涨，出现通货膨胀。

比如，韩国在工业化过程中，在20世纪70年代发生的通货膨胀。我国从20世纪50年代起，数度出现的通货膨胀，均源于经济过热和产业结构不合理。

### 4. 国际传播型

国际通货膨胀一般有四个传导途径。

(1) 价格途径。在汇率不变的情况下，一国发生通货膨胀，使本国商品价格上涨，会刺激国外商品大量流入，而商品出口国在商品供应减少的同时，由于出口的增加导致了货币供给增加，必然使商品价格上升，导致该国发生通货膨胀。但问题是如果汇率随着通货膨胀的发生而下跌，那么还会发生价格传导的通货膨胀吗？

(2) 需求途径。在汇率不变的情况下，一国发生通货膨胀，会诱导其他国家向该国出口商品。如果商品出口国，由于出口需求增加，而资源已达到充分利用，生产量不能增加时，会导致社会总需求大于社会总供给，货币供给大于货币需求，产生通货膨胀。

(3) 国际收支途径。在汇率不变的情况下，一国出现通货膨胀，由于刺激本国商品进口，导致该国国际收支逆差，商品出口国由于出口增加，导致该国国际收支顺差。顺差国由于外汇收入增加，为收兑外汇，导致向流通领域注入大量的本国货币，使货币供给超过货币需求，产生通货膨胀。

(4) 示范作用途径。国际性的物价上涨，使一些尚不存在通货膨胀的国家的企业预期本国物价也会上涨，为避免损失，提前将物价上涨的因素计入成本，抬高物价，或囤积居奇，引起本国物价总水平上涨。

### 5. 混合型

对于混合性通货膨胀的生成可以用扩展的菲利普斯曲线作出解释。主流经济学对菲利普斯曲线的解释是建立在加成理论的基础上的。按照加成理论，企业的产品定价原则是在平均成本的基础上加一定百分比的利润。从宏观经济的角度来说，工资和原料成本的增加必然会导致供给型通货膨胀。需求因素对价格的影响是通过劳动力市场的松紧程度来影响工资的变动。需求增加时，厂商将会扩大对劳动力的需求，在劳动力供给不变的情况下，对劳动力需求的增加将会使劳动力需求曲线右移，工资上升，进而影响物价的变动。

## ✲ 知识拓展 9-1

#### 2016年我国CPI同比上涨2.0%，涨幅高于2015年

2017年1月10日，我国2016年经济运行的首个主要经济数据——CPI(居民消费价格指数)出炉。国家统计局发布，2016年我国全年CPI同比上涨2.0%，总体温和，涨幅比2015年扩大了0.6个百分点，与2014年持平。

数据显示，2016年全年CPI同比上涨2.0%，其中食品类上涨4.6%，非食品类上涨1.4%。食品中，鲜菜上涨11.7%，猪肉上涨16.9%，蛋类、奶类、鲜果类则分别下跌了3.2%、0.1%和2.6%。

另据发布，2016年12月份，CPI环比上涨0.2%，同比上涨2.1%。当月CPI特点为居民消费价格环比微涨，同比涨幅略有回落。12月CPI同比涨幅比上月回落0.2个百分点，主要是由于对比基数相对较高的影响。食品价格同比上涨2.4%，涨幅比上月回落1.6个百

分点；非食品价格同比上涨2.0%，涨幅比上月上升0.2个百分点。其中，12月鲜菜价格涨幅由上月的15.8%回落至2.6%，对CPI的影响减少了0.3个百分点，是同比涨幅回落的主要原因。

数据还显示，12月份，PPI(工业生产者出厂价格)环比上涨1.6%，同比上涨5.5%，环比、同比涨幅均扩大。PPI环比涨幅扩大的原因，一是受汇率波动等多因素影响，进口大宗商品价格上涨，推升了部分工业品出厂价格；二是工业生产和市场需求稳定增长，去产能、去库存政策的效果显现，供需关系逐步改善。2016年全年，PPI同比下降1.4%，降幅比2015年减少了3.8个百分点。

2016年我国居民消费价格运行总体平稳，全年各月同比涨幅基本在2%左右小幅波动。CPI同比涨幅从1月份的1.8%开始，2至4月份连续3个月处于2.3%的全年高位，此后逐步回落到8月份1.3%的全年低位，再逐步回升到11月的2.3%，12月同比涨幅再次略有回落。

虽然2016年CPI 2.0%的涨幅比2015年的1.4%高，但仍处于近几年来的低位，与2014年持平，也实现了年初预期的控制在3%左右的目标。近期的市场分析多数认为，当前CPI的走势总体温和，2017年物价将保持基本稳定，通货膨胀的压力不会明显上升，CPI涨幅控制在合理的水平。

(资料来源：金羊网，2017年1月10日)

## 二、通货膨胀的治理对策

### (一) 紧缩的财政政策

#### 1. 紧缩财政政策的含义

紧缩财政政策是指通过增加财政收入或减少财政支出以抑制社会总需求增长的政策。由于增收减支的结果集中表现为财政结余，回此，紧缩性财政政策也称盈余性财政政策。

#### 2. 紧缩财政政策的内容

紧缩财政政策的基本内容是增加税收和减少政府支出。

增加税收的通常做法是提高税率和增加税种，这样可以压缩企业和个人支配的货币收入，增加财政收入，减少财政赤字或财政向中央银行的借款量。压缩财政支出的办法是削减财政投资的公共工程项目，减少各种社会救济和补贴，使财政收支平衡。

### (二) 紧缩的货币政策

#### 1. 紧缩货币政策的含义

紧缩性的货币政策是通过削减货币供应的增长率来降低总需求水平，在这种政策下，取得信贷较为困难，利息率也随之提高。因此，在通货膨胀较严重时，采用紧缩性的货币政策较合适。

#### 2. 紧缩货币政策的内容

为把过度的需求压下来，各国货币当局采取的紧缩货币政策手段主要有：第一，通过公开市场业务出售政府债券，以相应减少货币存量；第二，提高法定存款准备率，以缩小货币乘数；第三，提高再贴现率，影响商业银行的借款成本和市场利率，抑制货币需求，增加货币供给，达到减少货币流通之目的；第四，控制政府向银行的借款额度，适当减少或控制国际收支净收入，以控制基础货币的投放等。通过以上手段，保证货币供应量增长率与经济增长率相适应。

### (三) 收入紧缩政策

紧缩性收入政策是对付成本推进型通货膨胀的有效方法。贯彻紧缩性收入政策可采取两种方式。一是温和办法，即政府采取“协商恳谈”或“道德规劝”，劝说工会降低工资要求，限制企业提高商品价格。二是强硬措施，即政府制定法令冻结工资和物价，或把工资和物价增长率固定在一定水平上，严禁哄抬物价和乱涨价。20 世纪 60 年代和 70 年代初，西欧、日本和美国都采取过这种政策。

### (四) 供给政策

发展生产，增加有效供给，是稳定币值、消除通货膨胀的根本出路。供应学派认为，通货膨胀和经济波动都是由产品供应不足引起的，因此，只要刺激生产，增加有效供给，就会遏制通货膨胀。改善供给的一般措施有：

**1. 降低税率，促进生产发展**

20 世纪 80 年代初期，美国在治理通货膨胀时，里根政府采取了压缩需求的同时，3 年内减低所得税 16%。此外，还可以提高机器设备的折旧率，以刺激投资，促进生产发展，增加有效供给。

**2. 实行有松有紧、区别对待的信贷政策**

在压缩总需求的同时，货币当局实行产业倾斜政策。比如，对国民经济中的“瓶颈”部门、事关国计民生的主要产业和产品，实行比较优惠的信贷政策；而对那些产品积压、投入多、产出少的产业或产品，实行紧缩信用。这样做的目的，使产业结构、产品结构得到优化，社会资源得到合理配置，货币流通状况得到根本好转。

**3. 发展对外贸易，改善供给情况**

通过对外贸易，不但可以调节供给总量，而且可以改善供给结构。当国内供求矛盾比较尖锐时，可动用黄金外汇储备进口商品，增加供给总量。当国内市场上某种商品供给过多，而另一些商品供不应求时，通过进出口贸易，可以调节供给结构。

### (五) 指数联动政策

指数联动政策指将收入水平、利率水平同物价水平的变动直接挂钩，以抵消通货膨胀的影响。指数化的范围包括工资、政府债券和其他货币性收入。其实施办法是把各种收入同物价指数挂钩，使各种收入随物价指数而调整。这样会收到两个功效：一是借此剥夺政府从通货膨胀中新获得的收入，打消其制造通货膨胀的动机；二是可以借此抵消或缓解物价波动对个人收入水平的影响，克服分配不公，避免出现抢购商品、贮物保值等加剧通货膨胀的行为。

20世纪20年代，比利时等国家就实行过收入指数化政策。20世纪60年代，美国也曾全面实行过此种制度。对收入指数化方案，也有许多否定意见。一是全面实行收入指数化会遇到很高的技术性要求，因此，任何政府都难以实施包罗万象的指数化政策；二是收入指数化会造成工资、物价的螺旋上升，进一步加剧通货膨胀。

### （六）单一规则

单一规则是由弗里德曼提出的货币政策，它又被称为“简单规则”。所谓单一规则货币政策，即排除利息率、信贷流量、自由准备金等因素，而以一定的货币存量为唯一支配因素的货币政策，公开宣布长期采用一个固定不变的货币供应增长率。

以弗里德曼为代表的现代货币主义认为，通货膨胀的发生是有一个过程的，医治通货膨胀同样需要一个过程。因为经济政策的制定、实施到产生效果之间存在一系列步骤，而其中每一个步骤都需要一定时间才能完成，这就使经济政策具有滞后性。通货膨胀作为一种货币现象，要抑制通货膨胀，就要控制货币的供应量或降低货币供应增长率。然而，由于政策的滞后性，短期内物价变动与货币数量变动之间的关系不明显。所以，弗里德曼主张应使货币供应量每年按固定的比例增长，其中固定的比例等于实际国民收入增长率加上通货膨胀率。这就是弗里德曼的“保持货币稳定增长”政策。这样就不会引起物价的急剧而大幅度的变动，而只带来物价缓慢而长期的变动，后者不会影响经济的稳定发展。弗里德曼强调，要坚持金融紧缩政策的勇气和耐性，才能最终医治通货膨胀，如果紧缩政策一出现副作用，政府就立即作出反应，加快通货量的增长，就会引发又一轮更高的通货膨胀。另外，弗里德曼认为，在医治通货膨胀过程中，许多政策是不可取的，如物价、工资管制，加强政府对企业的干预等，这些都带来了越来越高的政府支出和迅速增长的通货量，这些政策既阻碍了经济增长和提高了失业率，又提高了通货膨胀率。

弗里德曼认为，货币供给的变动和物价水平的变动存在着正相关关系，通货膨胀主要是一种货币现象，是由于货币供给量比产量增长更快造成的，而货币供给量的过快增长是政府造成的。通货膨胀不利于经济的稳定增长，只要政府将货币供给量增长率控制在生产增长率以下的一个固定水平，就可以避免通货膨胀的发生；治理通货膨胀是要付出代价的，并且需要一个相当长的时期才能见效。

## ✯ 知识拓展9-2

### 经济学家称当前宏观调控最紧迫任务是治理通胀

2010年4月6日，新华网推出“加快经济发展方式转变”系列访谈，第一场是著名经济学家辜胜阻谈“加快经济发展方式转变”。

治理当前的通货膨胀，需要内外并举，双管齐下，两只“拳头”出击。

一方面，我国要增强宏观调控的主动性、有效性和针对性，应对不同环境下的外部冲击，缓解外部输入型通胀的压力。要充分利用G20国际平台积极推动国际货币体系改革，实现全球经济再平衡，避免一些国家以邻为壑引起国际金融振荡。要增强我国在国际市场上对能源商品、基础原材料、大宗农产品的谈判能力和定价话语权，扩大国际影响力。要严格防范跨境资本流动带来的金融风险，加大对超速资本流动性环境的治理力度，创新流动性管理工具，减缓热钱流入所引起的通货膨胀压力。要探索如何利用高额的外汇储备支持企业海外拓展，实现“藏汇于国”到“藏汇于民”“藏汇于企”的转变，既解决企业海外投资融资难的问题，又减轻“外汇占款”所引起的通胀压力。

另一方面，要有针对性地采取多项措施，从需求管理和供给管理两方面双管齐下，缓解国内物价上涨的多重压力，提升政府治理通胀的能力。要全面认识货币政策、汇率政策和资本流动三者的内在联系，统筹处理银行利率调整与汇率改革间的关系，在引导国内资本合理流动的同时，也要防止国外短期投机资本大量流入引起的流动性过剩风险。对人民币汇率形成机制、收入分配制度、资源能源价格机制等改革要采取渐进方式，减缓叠加效应。要引导企业转型和产业升级，增强消化高成本的能力，防止生产成本的大幅上升所造成的物价过快上升。当前，要拓宽民间投资渠道，引导大量富余的社会资本和新增信贷流向实体经济，缓解潜在的通胀压力。政府要合理引导通货膨胀的心理预期，防止搭车涨价和乱收费推高通货膨胀，避免物价高涨引起经济剧烈振荡和心理恐慌。

(资料来源：新华网，2010年11月13日)

# 第四节 通货紧缩

## 一、通货紧缩的含义及判断标准

### (一) 通货紧缩的含义

与通货膨胀的含义一样，迄今为止，对通货紧缩的确定定义也没有统一。西方经济学的教材中往往只是在解释通货膨胀时附带通货紧缩。美国经济学家斯蒂格利茨在其编写的《经济学》中指出：“通货紧缩表示价格水平的稳定下降”。

通货紧缩从本质上说是一种货币现象，它在实体经济中的根源是总需求对总供给的偏离，或现实经济增长率对潜在经济增长率的偏离。当总需求持续小于总供给，或现实经济增长率持续地低于潜在经济增长率时，则会出现通货紧缩。

通货紧缩的特征表现为物价水平的持续与普遍下跌。这个物价水平，严格说来应用包括资产(如股票、债券和房地产)及商品、服务在内的广义价格指数来表示，但碍于统计上的局限，一般在国内用全国零售物价上涨率，在国外用消费物价指数(CPI)来描述。如果全国零售物价上涨率在零值以下，且持续时间超过6个月，就可以界定为典型的通货紧缩。

通货紧缩同时也是一种实体经济现象。它通常与经济衰退相伴相随，表现为投资机会相对减少和投资的边际收益下降，由此造成银行信用紧缩，货币供应量增长速度持续下降，信贷增长乏力，消费和投资需求减少，企业普遍开工不足，非自愿失业增加，收入增长速度持续放慢，市场普遍低迷。

### (二) 通货紧缩的判断

经济学者普遍认为，当消费者物价指数(CPI)连跌两季，即表示已出现为通货紧缩。通

货紧缩就是物价、工资、利率、粮食、能源等价格统统不能停顿地持续下跌，而且全部处于供过于求的状况。

在经济实践中，判断某个时期的物价下跌是否是通货紧缩，一看通货膨胀率是否由正转变为负，二看这种下降的持续是否超过了一定时限。

## 二、通货紧缩的类型

### (一) 按紧缩程度划分为相对通货紧缩和绝对通货紧缩

#### 1．相对通货紧缩

相对通货紧缩指物价上涨率在零值以上，同时处于适合一国经济发展和充分就业的物价区间以下。例如，如果把物价水平年增长3%～9%看成是适合于经济发展的，那么，0～3%的物价年上涨率所对应的通货状态，就是通货紧缩。在这种状态下，物价水平虽然还有一些正增长，但它已经低于适合一国经济发展和充分就业的物价水平，因而使一国经济失去了正常发展所必需的动态平衡，通货处于不足的状态。

#### 2．绝对通货紧缩

绝对通货紧缩指物价水平在零值以下，即物价负增长。这种状态极易造成一国经济衰退乃至萧条，因而绝对通货紧缩又可分为两个子状态：衰退式通货紧缩和萧条式通货紧缩。

(1) 衰退式通货紧缩是指物价较长时间的负增长，但负增长的幅度不大，已经或足以对一国经济造成一定的影响，使之处于衰退的绝对通货紧缩状态。

(2) 萧条式通货紧缩是指物价较长时间的负增长，负增长的幅度较大，已经和足以给一国经济造成较大的损害，使之步入萧条的绝对通货紧缩状态。

### (二) 按产生机理划分为需求不足型通货紧缩和供给过剩型通货紧缩

#### 1．需求不足型通货紧缩

总需求不足使得正常的供给显得相对过剩，由此引发的通货紧缩称为需求不足型通货紧缩。因为在开放经济条件下，总需求AD由消费C、投资I、政府购买G、净出口(X-M)构成，即$AD = C + I + G + (X - M)$，所以需求不足可以由消费抑制、投资抑制、政府购买抑制和国外需求抑制等多重原因引起。

#### 2．供给过剩型通货紧缩

由于技术创新和生产效率的提高，会出现供给的相对过剩。这种状态并非指社会物质产品极大丰富，超出了人们的需求，而是指面对消费升级，产品供给未能及时跟上，出现了产品断层，某个层次的产品供给能力过剩了，而新产品的开发、升级换代正处于试验阶段。产业结构的调整也需要一个过程，而这一过程同样可能造成通货紧缩的局面。

## 三、通货紧缩的成因

同通货膨胀一样，通货紧缩的成因是比较复杂的，往往是多方面因素合力促成的。

(一) 货币因素

通货紧缩和通货膨胀从本质上说都是货币现象，在货币供应量超过货币需求量时，过多的货币追逐有限数量的商品，其结果是物价上扬；当货币供应量不能满足货币需求量时，过多的商品会追逐数量有限的货币，其结果只能是物价水平下降。

现实经济是信用货币经济，货币供给偏紧或不足的原因主要是货币政策方面的。在实行反通货膨胀政策时，货币当局一般会采取压缩社会总需求的紧缩政策，包括实施限制性财政政策以抑制财政总支出，紧缩性的货币政策以控制信用规模及限制货币工资与价格的政策，这些政策的实施一方面有利于控制总需求的过度膨胀，另一方面由于从紧的货币政策、财政政策有一定的惯性，投资和消费的缩减有可能形成社会需求的过分萎缩，使市场出现疲软。若在经济高速增长时期为防止经济过热实行偏紧的货币、财政政策，而在经济增长已经趋缓时未能及时调整原有政策，那么，通货紧缩的消极影响就很难避免。例如 20 世纪 30 年代经济大危机时期，美国联邦储备委员会在应该采取扩张性货币政策的时候却采用了紧缩性货币政策，结果造成货币供给量大幅度下降，信贷总量急剧萎缩，使美国的经济危机大大加剧，1929—1933 年，美国的一般物价水平下降了 22.58%。

(二) 有效需求不足

通货紧缩在实体经济中的根源是总需求对总供给的偏离，当总需求持续小于总供给，或现实经济增长率持续低于潜在经济增长率时，则会出现通货紧缩。社会总需求各构成部分的大幅度减少都有可能形成通货紧缩。

(1) 消费需求不足。生产结构与消费结构不吻合，预期收入增长率的下降，预期支出的增加和未来经济形势的预期看淡，都会导致边际消费倾向下降和边际储蓄倾向上升从而造成消费需求不足。

(2) 投资需求不足。实际利率上升和预期边际资本收益下降都可能造成投资不足。在当期边际资本收益率较低时，企业对未来的边际资本收益率的预期也会较低，因而投资的动力不足，造成投资需求不足。在这种情况下，各种投资品的价格会下降，进而影响到消费品，当物价水平整体下降后，即使名义利率不变，实际利率也会因为物价水平的下降而上升，从而进一步抑制投资需求。

(3) 政府支出减少。根据凯恩斯的需求管理分析，在居民消费需求和私人投资需求不足时，通过扩张性货币政策来刺激居民消费需求和私人投资需求的效果是有限的。因此通过扩张性财政政策，直接增加政府支出来带动有效需求的增加是重要的政策措施。但是在很多时候，由于社会经济的变化，政府支出也可能从原来较高的水平降下来。如果政府支出减少的这一部分能够被居民消费需求、私人投资需求或出口增加弥补，则不会出现有效需求的下降；反之，在其他需求不变的情况下，就有可能出现因政府支出减少而造成有效需求下降的现象，严重时甚至引起通货紧缩。

(4) 出口减少。出口需求是总需求的构成部分之一，对于出口导向型经济的国家，出口减少将直接造成对本国产品需求的减少，使本国的生产出现供大于求的矛盾，进而造成某些出口产品价格下降，其影响进一步扩散，就有可能导致一般物价水平大幅下降。

(三) 生产能力过剩

无论是绝对过剩还是相对过剩，其必然结果就是产品面临市场需求不足。只要这个市场是竞争性的市场，产品的价格就会下降。有些企业就会被迫减产或裁减职工，这又必然导致企业投资和居民消费减退，反过来又加剧了市场需求不足，加大了物价下跌的压力；当经济中的大多数产业部门都出现了生产能力过剩时，在竞争条件下，一般物价水平的下降是不可避免的。

## 四、通货紧缩的治理

通货紧缩对于一国经济会产生多方面的影响，从以上通货紧缩的社会经济效应可以看到，通货紧缩的危害不亚于通货膨胀，因此当通货紧缩发生时，必须积极寻找有效的治理途径。

通货紧缩成因的多样性决定了通货紧缩治理手段的多样性。一般说来，治理通货紧缩有以下三种措施。

(一) 扩张性的财政政策和货币政策

1．扩张性的财政政策

扩张性的财政政策意味着增加政府支出，以弥补私人部门投资的不足。在通货紧缩时期，财政政策在刺激社会总需求方面的作用更为直接，其效果也更为显著。1998 年，面对我国有效需求不足的宏观经济形势，政府增发了 1000 亿元国债，用于基础设施建设，这对于刺激经济增长，在诸多不利因素的影响下实现 GNP 年增长 7.8%的目标起到了重要作用。

2．扩张性的货币政策

扩张性的货币政策指通过货币供给量的增加刺激有效需求的增加。短期来看，货币政策的效应比较迟缓，其效应还要看企业和居民的需求状况，但从长期经济增长而言，扩张性货币政策有明显的“启动”效应。

(二) 生产结构调整

无论是扩张性的财政政策还是扩张性的货币政策，其作用都是有限的。对于因生产能力过剩等长期因素造成的通货紧缩，要从根本上解决问题，就必然进行生产结构的调整，以推进产业结构和产业组织结构的调整。

就产业结构的调整来说，主要是推进产业结构的升级，培育新的经济增长点，同时形成新的消费热点。产业组织结构的调整也是在中长期内治理通货紧缩的有效手段。在生产能力过剩时，很多行业会出现恶性竞争，为了争夺市场，会不断出现价格战，行业利润率不断下降，如果价格战能够在较短的时间里使一些企业退出市场，或者在行业内部出现较大范围的兼并与重组，即产业组织结构进行调整，则在调整后的产业组织结构中，恶性市场竞争会被有效制止，因恶性竞争带来的物价水平大幅度下降的情况可能避免。

### (三) 加强金融监管、完善金融风险防范措施

通货紧缩的根本原因是实力经济方面的原因，现代经济社会的货币化程度不断加深，如果金融制度运行出了问题，导致全社会的信用危机甚至信用崩溃，则通货紧缩就会伴随着全国的经济衰退。为了防患于未然，金融部门要建立健全金融风险的防范制度，以避免大规模的系统性风险的出现。大致说来，旨在治理和防范通货紧缩的金融制度建设包括：建立银行内部风险防范机制，建立存款保险制度，使信贷供给结构和信贷需求结构相吻合。

## 【理论梳理】

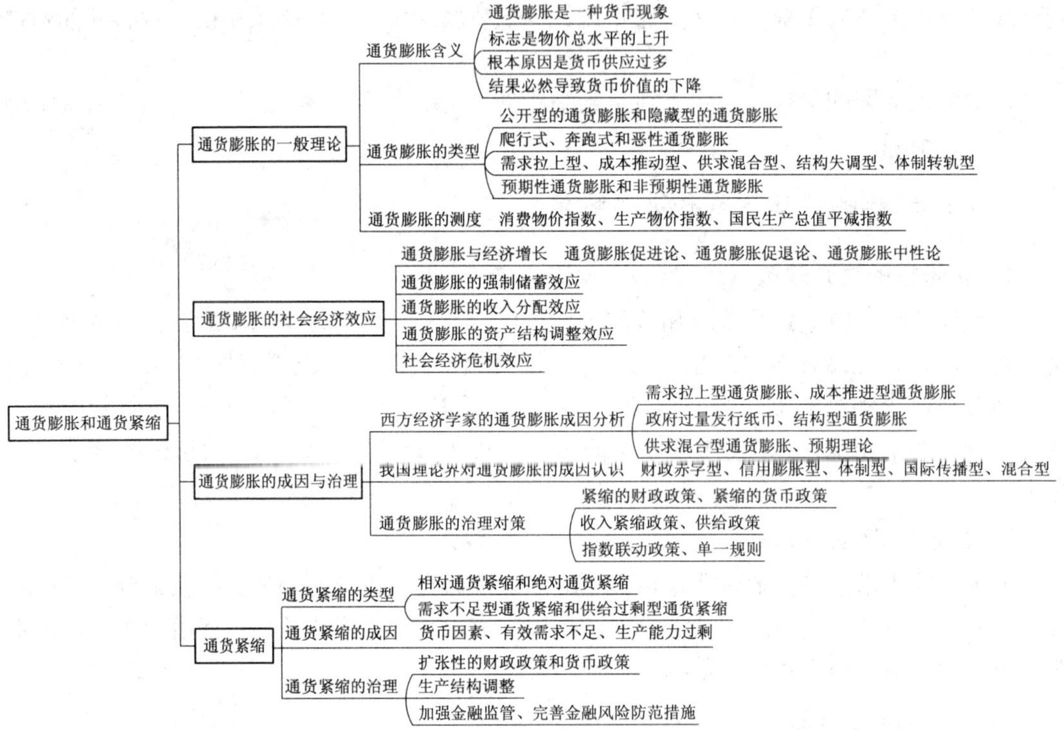


(1) 通货膨胀是指由于货币供应过多而引起货币贬值、物价上涨的货币现象。根据通货膨胀的表现形态，可以把它分为公开型和隐蔽型的通货膨胀；按照发生通货膨胀的严重程度，可分为爬行式、奔跑式和恶性通货膨胀等；按照通货膨胀发生的原因，可分为需求拉上型、成本推动型、供求混合型、结构失调型、体制转轨型等。

(2) 通货膨胀对经济的影响主要观点大致可分为三种：通货膨胀可以促进经济发展的促进论；通货膨胀会损害经济发展的促退论和通货膨胀不影响经济发展的中性论。通货膨胀的治理对策有紧缩的货币政策、紧缩的财政政策、收入紧缩政策、供给政策、指数联动政策、单一规则。

(3) 通货紧缩就是物价、工资、利率、粮食、能源等统统价格不能停顿地持续下跌，而且全部处于供过于求的状况。通货紧缩按紧缩程度划分为相对通货紧缩和绝对通货紧缩，

按产生机理划分为需求不足型通货紧缩和供给过剩型通货紧缩。通货紧缩的成因包括货币因素、有效需求不足、生产能力过剩。治理通货紧缩的措施有扩张性的财政政策和货币政策、生产结构调整、加强金融监管、完善金融风险防范措施等。

## 【案例分析】

### 周小川：中国必须警惕通缩风险

2015年2月中国居民消费价格指数(CPI)同比上涨1.4%，工业生产者出厂价格指数(PPI)同比下降4.8%，连续36个月为负且跌幅扩大，创下2009年10月以来新低。

2015年3月29日，中国人民银行行长周小川在2015博鳌亚洲论坛上表示，中国的货币政策还是常规的货币政策，还是要依靠一系列的包括物价机制、定量的政策工具结合在一起，用一些常规的方法来实施货币政策。但中国必须警惕通货紧缩风险。他认为，下一步中国会非常谨慎地关注全球经济走势，包括通货膨胀在下降，大宗商品价格在下跌等，中国经济增长也在有所放缓。他说："中国的通货膨胀也是在下降，因此我们必须要警惕地看通货膨胀趋势是不是会继续持续下去，是不是会出现通货紧缩的情况。"周小川提到，中国的货币政策将根据自己的经济情况进行判断，包括根据结构调整、经济进入新常态的状态来进行判断。而不是说国际上别的国家怎么做，中国就感到有压力。

周小川称："经济形势总是不断变化的，在国际形势下，特别是触及商品的情况下。如果说通货膨胀继续向下走，经济仍旧不景气的话，货币政策当然主要还是根据国内经济来进行判断，仍旧有余地。"他进一步解释，这个余地不一定需要采用数量宽松，因为中国既有价格方面调整的余地，也有数量方面调整的余地。中国的利率并不是在零下界的区间里面，所以可以运用综合手段来调节经济。周小川提到，中国央行最近也实施了一系列的定量和物价的机制，以及政策工具来为市场注入流动性，但政策效果也就是资源分配的效果需要一定时间才能实现。他表示，一方面中国鼓励一些新兴企业，尤其是互联网的创业企业、高科技行业的发展，现在很多企业都非常期盼着在资本市场上实现融资，尤其是中小企业。但同时老的行业、传统产业依然还是占据银行借款很大一部分，以及资本市场非常大的融资比例。因此要逐步地让这些企业从资本市场和银行体系当中不占据过多的资源，这都要经历一个时期。另一方面要支持中国经济的结构性调整，但是有一些传统行业可能会出很大麻烦和难题。需要允许这些行业平稳地做一些自身的调整，有一些行业甚至要从市场上退出。

(资料来源：中金网，2015年3月29日)

讨论：结合案例内容，讨论如何治理通货膨胀。

## 【知识检测】

1. 通货膨胀的含义及类型。
2. 通货膨胀的主要经济效应。
3. 通货膨胀的治理对策。
4. 通货紧缩的含义与分类。

5. 通货紧缩的治理措施。

## 【应用实训】

实训目标：

理解通货膨胀和通货紧缩现象，训练学生综合分析能力和表达能力。

实训内容：

1. 货币供应量增加或减少对经济的影响分析(课下完成)。
2. 以通货膨胀或通货紧缩为主题进行相关的讨论。

实训要求：

1. 以小组为单位，4～6 人一组，分工合作，上网收集我国通货膨胀或通货紧缩方面的资料。
2. 确定本组的基本观点，准备辩论资料。
3. 进行多视角辩论。

# 第十章　国际金融

**【知识目标】**

理解外汇与汇率的含义；了解汇率的分类、汇率制度；熟悉国际收支平衡表的基本内容；理解影响国际收支的因素；理解国际储备的构成和作用。

**【能力目标】**

掌握利用远期外汇交易规避汇率风险的方法；能够分析近年来中国外汇储备变动的原因；掌握调节国际收支失衡的方法以及国际储备适度管理的内容。

**【案例导读】**

### 中信泰富“澳元门”事件

在香港，“红色资本家”荣毅仁之子荣智健掌管的中信泰富被戏称为“紫筹股”。之所以有这个奇怪的称谓，是因为中信泰富连年业绩优良，被视为蓝筹股，而同时由于其背靠中信集团，又被看做红筹公司，红色配上蓝色，自然就是紫色。但恰恰是这个被认为最安全的公司，在2008年年底爆出了惊天亏损的新闻。荣智健也因此辞去了中信泰富集团主席职务。

事件源于2006年3月，中信泰富买下西澳两个分别拥有10亿吨磁铁矿资源开采权的公司。项目原计划总投资42亿美元，2009年上半年投产。由于公司需要以澳元购买设备和供应品，为了对冲外汇波动风险，从2007年起，中信泰富开始购买澳元的累计外汇期权合约。在2007年8月到2008年8月间，中信泰富与花旗银行等12家银行签订了数十份外汇合约，由于澳元合约占最大比重，因此此次投资事件也被业界戏称为“澳元门”事件。

然而事实却是，2008年正值美国次贷危机引发的金融风暴肆虐全球，澳大利亚在此次金融风暴中根本无法独善其身。9月和10月，澳大利亚中央银行——澳洲联储连续两次降息，澳元大幅跳水，持续贬值，跌幅超过30%。虽然在2008年9月初，中信泰富察觉到合约的风险所在，中止了部分合约，实时损失8亿港元。但中信泰富手上还有大量未中止的合约，按照当时澳元兑美元的汇率计算，账面损失高达147亿港元。2008年10月20日，中信泰富披露，其签订的若干杠杆式外汇买卖合约导致已变现及未变现亏损总额为155亿港元。10月22日，香港证监会对中信泰富展开调查。10月23日，中信泰富股价持续暴跌，荣智健星夜飞往北京求援，这个习惯了胜利的荣家后代，这一次，栽倒在外汇交易上。

中信泰富的“澳元”风波以董事会主席荣智健辞职、中信集团注资划上了句号。随后中信泰富西澳磁铁矿项目屡屡延期，不断烧钱，而截至2012年底，中信泰富在该项目上的投资成本已从6年前的42亿美元飙升至78亿美元，导致企业深陷泥潭，难以自拔。

# 第一节　外汇与汇率

## 一、外汇的含义

外汇具有双重含义，有动态和静态之分。

外汇的静态概念，是指以外国货币表示的、为各国普遍接受的、可用于国际间债权债务结算的各种支付手段，例如，外国货币、外币存款、外币有价证券(政府公债、国库券、公司债券、股票等)、外币支付凭证(票据、银行存款凭证、邮政储蓄凭证等)。外汇必须具备三个特点：可支付性(必须是以外国货币表示的资产)、可获得性(必须是在国外能够得到补偿的债权)和可换性(必须是可以自由兑换为其他支付手段的外币资产)。

中国 2008 年修正颁布的《外汇管理条例》规定：“外汇，是指下列以外币表示的可以用作国际清偿的支付手段和资产。(1) 外币现钞，包括纸币、铸币；(2) 外币支付凭证或者支付工具，包括票据、银行存款凭证、银行卡等；(3) 外币有价证券，包括债券、股票等；(4) 特别提款权；(5) 其他外汇资产。”

外汇的动态概念，是指货币在各国间的流动，以及把一个国家的货币兑换成另一个国家的货币，借以清偿国际间债权、债务关系的一种专门性的经营活动。它是国际间汇兑的简称。

## 二、汇率及其标价法

### (一) 汇率的概念

汇率亦称外汇行市或汇价，是一国货币兑换另一国货币的比率，即以一种货币表示另一种货币的价格。由于世界各国货币的名称不同，币值不一，所以不同货币之间进行兑换需要一个兑换比率，即汇率。简要地说，汇率就是用一个单位的某种货币兑换等值的另一种货币的数量。

例如，一件价值 100 元人民币的商品，在国际市场上的价格是 12.12 美元，也就是说 100 元人民币 = 12.12 美元，那么美元兑人民币汇率即为 8.25。如果这件商品在国际市场上的价格是 11.76 美元，100 元人民币相当于 11.76 美元的价值，也就是说人民币贬值，美元升值了，美元兑人民币的汇率上涨到 8.50；反之，如果这件商品在国际市场上的价格是 12.5 美元，即美元汇率跌到 8.00，表示美元贬值，人民币升值了。

### (二) 汇率产生的基础

汇率的产生源于国际贸易过程中不同货币的相互兑换，进(出)口商们在贸易中支付(收取)另一种货币，他们需要将自己支付(收取)的货币兑换成本国货币，那么不同货币之间兑换的价格即为汇率。各国货币之所以可以兑换，能够形成相互之间的比价关系，原因在于它们都代表着一定的价值量，这就是决定汇率的基础。不同的货币制度下，货币代表的价值量有所不同。

在金本位制度下，黄金为本位货币，两国货币之间的兑换比率，即汇率，可以根据它们

各自的含金量来确定，因此在金本位制度下，决定汇率的基础是货币的含金量。例如，在实行金本位制度时，英国规定 1 英镑的重量为 123.274 47 格令，成色为 22 开金，即含金量为 113.0016 格令纯金；美国规定 1 美元的重量为 25.8 格令，成色为千分之九百，即含金量为 23.22 格令纯金。根据两种货币的含金量对比，1 英镑 = 4.8665 美元，汇率就以此为基础上下波动。

在纸币制度下，各国发行纸币作为金属货币的代表，并且参照过去的做法，以法令规定纸币的含金量，称为金平价，金平价便成为决定两国汇率的基础。但是纸币不能兑换成黄金，因此，纸币的法定含金量往往形同虚设。所以在实行官方汇率的国家，由国家货币当局规定汇率，一切外汇交易都必须按照这一汇率进行。在实行市场汇率的国家，汇率随外汇市场上货币的供求关系变化而变化。汇率对国际收支、国民收入等皆有影响。

### （三）汇率的标价方法

确定两种不同货币之间的比价，首先要确定用哪个国家的货币作为标准。由于确定的标准不同，便产生了几种不同的汇率标价方法。

#### 1．直接标价法

直接标价法又叫应付标价法，是以一定单位(如 1、100、1000、10 000)的外国货币为标准来计算应付出多少单位本国货币。就相当于计算购买一定单位外币应付多少本币，所以也叫应付标价法。在国际外汇市场上，包括中国在内的世界上绝大多数国家目前都采用直接标价法。如日元兑美元汇率为 119.05，即 1 美元兑 119.05 日元。

在直接标价法下，若一定单位的外币折合的本币数额多于前期，则说明外币币值上升或本币币值下跌，叫做外汇汇率上升；反之，如果用比原来少的本币即能兑换到同一数额的外币，这说明外币币值下跌或本币币值上升，叫做外汇汇率下跌，即外币的价值与汇率的涨跌成正比。直接标价法与商品的买卖常识相似，例如美元的直接标价法就是把美元外汇作为买卖的商品，以美元为 1 单位，且单位是不变的，而作为货币一方的人民币，是变化的。一般商品的买卖也是这样，500 元买进一件衣服，550 元把它卖出去，赚了 50 元，商品没变，而货币却增加了。

#### 2．间接标价法

间接标价法又称应收标价法。它是以一定单位(如 1、100、1000、10 000)的本国货币为标准，来计算应收若干单位的外汇货币。在国际外汇市场上，欧元、英镑、澳元等均为间接标价法。如欧元兑美元汇率为 0.9705，即 1 欧元兑 0.9705 美元。在间接标价法中，本国货币的数额保持不变，外国货币的数额随着本国货币币值的变化而变化。如果一定数额的本币能兑换的外币数额比前期少，这表明外币币值上升，本币币值下降，即外汇汇率下跌；反之，如果一定数额的本币能兑换的外币数额比前期多，则说明外币币值下降，本币币值上升，即外汇汇率上升；即外汇的价值和汇率的升跌成反比。因此，间接标价法与直接标价法相反。

#### 3．美元标价法

美元标价法又称纽约标价法，是指在纽约国际金融市场上，除对英镑用直接标价法外，对其他国货币采用间接标价法的标价方法。美元标价法由美国在 1978 年 9 月 1 日制定并执行，目前是国际金融市场上通行的标价法。

### （四）汇率的分类

从不同角度，按照不同的原则，可以对汇率进行分类。下面介绍几种常用的汇率分类。

**1. 按国际货币制度的演变划分**

按国际货币制度的演变可划分为固定汇率和浮动汇率。

(1) 固定汇率。固定汇率是指由政府制定和公布，并只能在一定幅度内波动的汇率。

(2) 浮动汇率。浮动汇率是指由市场供求关系决定的汇率。一国货币市场原则上没有维持汇率水平的义务，但必要时可进行干预。

**2. 按制定汇率的方法划分**

按制定汇率的方法可划分为基本汇率和套算汇率。

(1) 基本汇率。各国在制定汇率时必须选择某一国货币作为主要对比对象，这种货币称之为关键货币。根据本国货币与关键货币实际价值的对比，制定出兑换的汇率，这个汇率就是基本汇率。一般美元是国际支付中使用较多的货币，各国都把美元当做制定汇率的主要货币，常把兑美元的汇率作为基本汇率。

(2) 套算汇率。套算汇率是指各国按照基本汇率套算出的直接反映其他货币之间价值比率的汇率。表 10-1 反映的是各国货币与人民币之间的汇率，如果需要了解人民币以外的其他货币之间的汇率，就需要通过计算获得。例如计算欧元与日元之间的汇率，由表 10-1 可知：

$$100\text{ 欧元} = 730.89\text{ 人民币}$$

$$100\text{ 日元} = 6.0423\text{ 人民币}$$

因此，

$$1\text{ 人民币} = \frac{100}{6.0423}\text{ 日元} = \frac{100}{730.89}\text{ 欧元}$$

$$1\text{ 欧元} = \frac{730.89}{6.0423} = 120.9622\text{ 日元}$$

**表 10-1　中国银行外汇牌价表**

| 货币名称 | 现汇买入价 | 现钞买入价 | 现汇卖出价 | 现钞卖出价 | 中行折算价 |
|---|---|---|---|---|---|
| 瑞士法郎 | 684.94 | 663.81 | 689.76 | 689.76 | 686.59 |
| 澳大利亚元 | 526.71 | 510.31 | 530.41 | 530.41 | 526.75 |
| 欧元 | 729.31 | 706.59 | 734.43 | 734.43 | 730.89 |
| 英镑 | 854.69 | 828.07 | 860.69 | 860.69 | 854.87 |
| 港币 | 88.19 | 87.49 | 88.53 | 88.53 | 88.22 |
| 日元 | 6.0244 | 5.8368 | 6.0667 | 6.0667 | 6.0423 |
| 韩国元 | 0.5961 | 0.5752 | 0.6009 | 0.6227 | 0.5993 |
| 美元 | 684.56 | 678.94 | 687.3 | 687.3 | 684.56 |

（资料来源：中国银行，2017 年 2 月 18 日，外汇行情表）

### 3. 从银行买卖外汇的角度划分

从银行买卖外汇的角度可划分为买入汇率、卖出汇率和中间汇率。

(1) 买入汇率。买入汇率也称买入价，即银行向同业或客户买入外汇时所使用的汇率。采用直接标价法时，外币折合本币数较少的那个汇率是买入价，采用间接标价法时则相反。

(2) 卖出汇率。卖出汇率也称卖出价，即银行向同业或客户卖出外汇时所使用的汇率。采用直接标价法时，外币折合本币数较多的那个汇率是卖出价，采用间接标价法时则相反。

买入与卖出之间有个差价，这个差价是银行经营外汇的收益，一般为 1%～5%。银行同业之间买卖外汇时使用的买入汇率和卖出汇率也称同业买卖汇率，实际上就是外汇市场买卖价。

(3) 中间汇率。中间汇率是买入价与卖出价的平均数。新闻报纸报导汇率消息时常用中间汇率，套算汇率也用有关货币的中间汇率套算得出。

### 4. 按银行外汇付汇方式划分

按银行外汇付汇方式可划分为电汇汇率、信汇汇率和票汇汇率。

(1) 电汇汇率。电汇汇率是经营外汇业务的本国银行在卖出外汇后，即以电报委托其国外分支机构或代理行付款给收款人所使用的一种汇率。由于电汇付款快，银行无法占用客户资金头寸，同时，国际间的电报费用较高，所以电汇汇率较一般汇率高。但是电汇调拨资金速度快，有利于加速国际资金周转，因此电汇在外汇交易中占有极大的比重。

(2) 信汇汇率。信汇汇率是银行开具付款委托书，用信函方式通过邮局寄给付款地银行转付收款人所使用的一种汇率。由于付款委托书的邮递需要一定的时间，银行在这段时间内可以占用客户的资金，因此，信汇汇率比电汇汇率低。

(3) 票汇汇率。票汇汇率是指银行在卖出外汇时，开立一张由其国外分支机构或代理行付款的汇票交给汇款人，由其自带或寄往国外取款所使用的汇率。由于票汇从卖出外汇到支付外汇有一段间隔时间，银行可以在这段时间内占用客户的头寸，所以票汇汇率一般比电汇汇率低。票汇有短期票汇和长期票汇之分，其汇率也不同。由于银行能更长时间运用客户资金，所以长期票汇汇率较短期票汇汇率低。

### 5. 按外汇交易交割期限划分

按外汇交易交割期限可划分为即期汇率和远期汇率。

(1) 即期汇率。即期汇率也叫现汇汇率，是指买卖外汇双方成交当天或两天以内进行交割的汇率。

(2) 远期汇率。远期汇率是指在未来一定时期进行交割，而事先由买卖双方签订合同、达成协议的汇率。到了交割日期，由协议双方按预订的汇率、金额进行钱汇两清。远期外汇买卖是一种预约性交易，是由外汇购买者对外汇资金需要的时间不同，以及为了避免外汇汇率变动风险而引起的。远期外汇的汇率与即期汇率相比是有差额的，这种差额叫远期差价，有升水、贴水、平价三种情况，升水是表示远期汇率比即期汇率贵，贴水则表示远期汇率比即期汇率便宜，平价表示两者相等。例如美元兑人民币的即期汇率为 1:6.8822，若某银行三个月远期美元汇率为 6.9536，则表示美元远期升水；若三个月远期美元汇率为 6.7923，则表示美元远期贴水。

## 知识拓展 10-1

### 远期汇率的报价方法

远期汇率的报价方法通常有两种：

1. 直接报价法。直接报价法是直截了当地报出远期交易的汇率。它直接表示远期汇率，无需根据即期汇率和升水、贴水来折算远期汇率。如中国银行三个月英镑与人民币的报价为 8.4446/8.5760，表示银行愿意以 8.4446 人民币的价格买入三个月远期英镑，以 8.5760 人民币的价格卖出三个月远期英镑。直接报价方法既可以采用直接标价法，也可以采用间接标价法。它的优点是可以使人们对远期汇率一目了然，缺点是不能显示远期汇率与即期汇率之间的关系。

2. 点数报价法。点数报价法也称为即期汇率加升水、贴水、平价，是指以即期汇率和升水、贴水的点数报出远期汇率的方法。远期汇率报价大数在前，小数在后表示远期贴水，小数在前，大数在后表示远期升水。

在直接标价下：远期汇率 = 即期汇率 + 升水数( − 贴水数)

在间接标价下：远期汇率 = 即期汇率 − 升水数( + 贴水数)

如美元与人民币即期汇率为 6.8676/6.9355，某银行三个月远期美元报价为 200 ~ 210，则三个月远期美元与人民币汇率为 6.8876/6.9565。

(资料来源：陈雨露. 国际金融(第五版)[M]. 北京：中国人民大学出版社，2015.)

### 6．按对外汇管理的宽严划分

按对外汇管理的宽严可划分为官方汇率和市场汇率。

(1) 官方汇率。官方汇率是指国家机构公布的汇率。官方汇率又可分为单一汇率和多重汇率。多重汇率是一国政府对本国货币规定的一种以上的对外汇率，是外汇管制的一种特殊形式。其目的在于奖励出口限制进口，限制资本的流入或流出，以改善国际收支状况。

(2) 市场汇率。市场汇率是指在自由外汇市场上买卖外汇的实际汇率。在外汇管理较松的国家，官方宣布的汇率往往只起中心汇率作用，实际外汇交易则按市场汇率进行。

### 7．按银行营业时间划分

按银行营业时间可划分为开盘汇率和收盘汇率。

(1) 开盘汇率。开盘汇率又叫开盘价，是外汇银行在一个营业日刚开始营业时进行外汇买卖使用的汇率。

(2) 收盘汇率。收盘汇率又称收盘价，是外汇银行在一个营业日的外汇交易终了时使用的汇率。

## 三、汇率的决定因素

一国经济实力的变化与宏观经济政策的选择，是决定汇率长期发展趋势的根本原因。在现实经济活动中，主要有以下一些因素影响汇率的变动。

### (一) 国际收支状况

国际收支状况是决定汇率趋势的主导因素。国际收支是指一国对外经济活动中的各种收支的总和。一般情况下，国际收支逆差表明外汇供不应求。在浮动汇率制下，市场供求决定汇率的变动，因此国际收支逆差将引起本币贬值，外币升值，即外汇汇率上升。反之，国际收支顺差则引起外汇汇率下降。要注意的是，一般情况下，国际收支变动决定汇率的中长期走势。

### (二) 国民收入

一般来说，国民收入增加，促使消费水平提高，对本币的需求也相应增加。如果货币供给不变，对本币的额外需求将提高本币价值，造成外汇贬值。当然，国民收入的变动引起汇率是贬或升，要取决于国民收入变动的原因。如果国民收入是因增加商品供给而提高，则在一个较长时间内该国货币的购买力得以加强，外汇汇率就会下跌。如果国民收入因扩大政府开支或扩大总需求而提高，在供给不变的情况下，超额的需求必然要通过扩大进口来满足，这就使外汇需求增加，外汇汇率就会上涨。

### (三) 通货膨胀率

通货膨胀率的高低是影响汇率变化的基础。如果一国的货币发行过多，流通中的货币量超过了商品流通过程中的实际需求，就会造成通货膨胀。通货膨胀使一国的货币在国内购买力下降，使货币对内贬值，在其他条件不变的情况下，货币对内贬值，必然引起对外贬值。因为汇率是两国币值的对比，发行货币过多的国家，其单位货币所代表的价值量减少，因此在该国货币折算成外国货币时，就要付出比原来多的该国货币。

通货膨胀率的变动，将改变人们对货币的交易需求量以及对债券收益、外币价值的预期。通货膨胀造成国内物价上涨，在汇率不变的情况下，出口亏损，进口有利。在外汇市场上，外国货币需求增加，本国货币需求减少，从而引起外汇汇率上升，本国货币对外贬值。相反，如果一国通货膨胀率降低，外汇汇率一般会下跌。

### (四) 货币供给

货币供给是决定货币价值、货币购买力的首要因素。如果本国货币供给减少，则本币由于稀少而更有价值。通常货币供给减少与银根紧缩、信贷紧缩相伴而行，从而造成总需求、产量和就业下降，商品价格也下降，本币价值提高，外汇汇率将相应地下跌。如果货币供给增加，超额货币则以通货膨胀的形式表现出来，本国商品价格上涨，购买力下降，这将会促进相对低廉的外国商品大量进口，外汇汇率上涨。

### (五) 财政收入

一国的财政收支状况对国际收支有很大影响。财政赤字扩大，将增加总需求，常常导致国际收支逆差及通货膨胀加剧，结果本币购买力下降，外汇需求增加，进而推动汇率上涨。当然，如果财政赤字扩大，在货币政策方面应辅之以严格控制货币量、提高利率的举措，反而会吸引外资流入，使本币升值，外汇汇率下跌。

（六）利率

利率在一定条件下对汇率的短期影响很大。利率对汇率的影响是通过不同国家的利率差异引起资金特别是短期资金的流动而起作用的。在一般情况下，如果两国利率差异大于两国远期、即期汇率差异，资金便会由利率较低的国家流向利率较高的国家，从而有利于利率较高国家的国际收支。要注意的是，利率水平对汇率虽有一定的影响，但从决定汇率升降趋势的基本因素看，其作用是有限的，它只是在一定的条件下，对汇率的变动起暂时的影响。

（七）各国汇率政策和对市场的干预

各国汇率政策和对市场的干预，在一定程度上影响汇率的变动。在浮动汇率制下，各国央行都尽力协调各国间的货币政策和汇率政策，力图通过影响外汇市场中的供求关系来达到支持本国货币稳定的目的，中央银行影响外汇市场的主要手段是：调整本国的货币政策，通过利率变动影响汇率；直接干预外汇市场；对资本流动实行外汇管制。

（八）政治与突发因素

由于资本首先具有追求安全的特性，因此，政治与突发性因素对外汇市场的影响是直接和迅速的，包括政局的稳定性，政策的连续性，政府的外交政策以及战争、经济制裁和自然灾害等。另外，西方国家大选也会对外汇市场产生影响。政治与突发事件因其突发性及临时性，使市场难以预测，故容易对市场构成冲击波，一旦市场对消息作出反应并将其消化后，原有消息的影响力就大为削弱。

## ✲知识拓展 10-2

### “法国版 911”如何影响全球经济

外汇市场的政治风险主要有政局不稳引起经济政策变化、国有化措施等。从具体形式来看，有大选、战争、政变、边界冲突等。萎靡多时的欧洲经济刚刚见到一丝复苏的微光，“法国版 911”又给其当头一棒。2015 年 11 月 13 日，法国巴黎市中心发生多起枪击爆炸事件，造成超过 150 人死亡，200 多人受伤。此次发生在国际大都会巴黎的恐怖袭击事件由于性质之恶劣，涉及面之广泛，被类比为“巴黎 911 事件”。在恶性事件发生之后，短期内全球资本市场将如何反应？经济学家及分析师预计，避险情绪升温将使得欧洲经济承压，资本市场或首当其冲，欧洲央行甚至可能考虑更宽松的货币政策。

第一上海首席策略师叶尚志先生表示：“巴黎恐怖袭击将影响市场对全球经济复苏的信心，尤其是昨日公布的欧元区第三季度 GDP 增长低于预期，这将加剧欧美股市短期波动。与此同时，欧央行加推量化宽松政策的可能性进一步增加，欧元承压，大宗商品持续受压。”民生证券研究院执行院长管清友称，“法国版 911”是个大事件，国际局势和世界经济因此或发生大改变，大国联合反恐，局部战争或扩大。欧洲经济或再次陷入谷底，航空、旅游行业首当其冲，避险情绪上升，资产或遭抛售。

恐怖袭击事件带来的一个直接影响就是资金流向发生变化。在以往全球政治和经济动荡时，全球投资者通常会将资产转向相对稳定且具流通性的美元、美债和美国的绩优股。2001年“911”事件发生后，国际资本开始流入经济发展相对较快、社会稳定、对外政策相对温和的国家和地区，比如欧洲等。这一次，巴黎的暴恐事件恰巧发生在美联储即将加息的关口。目前市场普遍预计美联储将在下月宣布加息，美元继续走强已有预期，“巴黎恐怖袭击会是推升美元的催化剂，而欧元则面临较大压力。”叶尚志表示，“短期而言，全球资金流向将以避险为主，尤其会关注主要货币汇率波动所带来的潜在风险。但中长期影响，仍有待观察。”

大宗商品市场同样值得关注。纽约“911”事件发生后，石油、黄金、有色金属等商品价格曾迅速上涨。巴黎恐袭当天，伦敦布兰特原油期货升至每桶31.15美元，上升3.2美元，达到2014年12月以来最高水平。但几天后，这些战略商品的价格基本恢复稳定，石油价格已回落到事件发生前的水平。当时的恐怖事件没有影响全球原油供应，油价上涨完全是由于恐怖袭击情况不明朗和心理恐慌造成的。

波动率上升是2015年全球市场最重要的变化，VIX指数数度达到危机水平，而暴恐事件无疑会加剧全球市场的避险情绪，美元、美债、黄金等避险资产可能出现同涨的局面，而新兴市场等风险资产或遭到抛售。具体来说，欧洲经济短暂的复苏或因此夭折，欧央行加大宽松政策(降息＋QE)、欧元贬值是必然趋势，叠加美联储加息预期的催化，势必导致美元指数继续强势，美元、美债同涨的避险模式将会开启。对大宗商品来说，在美元升值、全球经济疲弱、中国经济轻资产化的背景下，熊市还看不到终点，但作为避险资产的黄金或有短暂的交易性机会。

### (九) 投机活动与市场心理预期

自1973年实行浮动汇率制以来，外汇市场的投机活动越演越烈，投机者往往拥有雄厚的实力，可以在外汇市场上推波助澜，使汇率的变动远远偏离其均衡水平。投机者常利用市场顺势对某一币种发动攻击，攻势之强，使各国央行甚至西方七国央行联手干预外汇市场也难以阻挡。过度的投机活动加剧了外汇市场的动荡，阻碍了正常的外汇交易，歪曲了外汇供求关系。

另外，外汇市场的参与者和研究者，包括经济学家、金融专家和技术分析员、资金交易员等每天致力于汇市走势的研究，他们对市场的判断和对市场交易人员心理的影响以及交易者自身对市场走势的预测都是影响汇率短期波动的重要因素。当市场预计某种货币趋跌时，交易者会大量抛售该货币，造成该货币汇率下浮的事实；反之，当人们预计某种货币趋于坚挺时，又会大量买进该种货币，使其汇率上扬。由于公众预期具有投机性和分散性的特点，加剧了汇率短期波动的振荡。

## ✲知识拓展 10-3

### 西方汇率决定理论

西方汇率决定理论主要有国际借贷说、购买力平价说、汇兑心理说、货币分析说和金融资产说，他们分别从不同的角度对汇率的决定因素进行了分析。

1. 国际借贷说

国际借贷说是英国经济学家葛逊在1861年提出的，他以金本位制度为背景，较为完善地阐述了汇率与国际收支的关系。他认为，汇率的变化是由外汇的供给与需求引起的，而外汇的供求主要源于国际借贷。国际借贷可分为流动借贷和固定借贷。流动借贷是指已经进入实际支付阶段的借贷，固定借贷是尚未进入实际支付阶段的借贷。只有流动借贷才会影响外汇的供求。在一国进入实际支付阶段的流动借贷中，如果债权大于债务，外汇的供给就会大于外汇的需求，引起本币升值、外币贬值。相反，如果一定时期内进入实际支付阶段的债务大于债权，外汇的需求就会大于外汇的供给，最终导致本币贬值、外币升值。

2. 购买力平价说

购买力平价说是20世纪20年代初瑞典经济学家卡塞尔率先提出的。其理论的基本思想是：人们需要外币是因为外币在其发行国国内具有购买力，相应地人们需要本币也是因为本币在本国国内具有购买力。因此两国货币汇率的决定基础应是两国货币所代表的购买力之比。购买力平价理论是最有影响的汇率理论，由于它是从货币基本功能的角度分析货币的交换比率，合乎逻辑，表达简洁，在计算均衡汇率和分析汇率水平时被广泛应用，我国的换汇成本说就是购买力平价说的实际应用。

3. 汇兑心理说

汇兑心理说是1927年由法国巴黎大学教授艾伯特·阿夫塔里昂根据边际效用价值论的思想提出的。他认为，汇率取决于外汇的供给与需求，但个人之所以需要外汇不是因为外汇本身具有购买力，而是由于个人对国外商品和劳务的某种欲望。这种欲望又是由个人的主观评价决定的，外汇就如同商品一样，对各人有不同的边际效用。因此，决定外汇供求进而决定汇率最重要的因素是人们对外汇的心理判断与预测。

4. 货币分析说

货币分析说认为汇率变动是由货币市场失衡引发的，引发货币市场失衡有各种因素：国内外货币供给的变化，国内外利率水平的变化以及国内外实际国民收入水平的变化等等，这些因素通过对各国物价水平的影响而最终决定汇率水平。货币分析说最突出的贡献是它对浮动汇率制下现实汇率的超调现象进行了全面的理论概括。

5. 金融资产说

金融资产说阐述了金融资产的供求对汇率的决定性影响，认为一国居民可持有三种资产，即本国货币、本国债券和外国债券，其总额应等于本国所拥有的资产总量。当各种资产供给量发生变动，或者居民对各种资产的需求量发生变动时，原有的资产组合平衡就被打破，这时居民就会对现有资产组合进行调整使其符合自己的意愿持有量，达到新的资产市场均衡。在对国内外资产持有量进行调整的过程中，本国资产与外国资产之间的替换就会引起外汇供求量的变化，从而带来外汇汇率的变化。

## 四、汇率变动对经济的影响

汇率是受到其他宏观经济因素影响的，同时，汇率作为一个宏观经济变量，其变动又对宏观经济产生广泛而复杂的影响。汇率变动对经济的影响表现在以下几个方面。

(一) 对进出口贸易的影响

一般地说，本币汇率下降，即本币对外的币值贬低，能起到促进出口、抑制进口的作用；若本币汇率上升，即本币对外的币值上升，则有利于进口，不利于出口。当然，汇率变化可能给予进出口的影响，必须有一个伴随的条件，即进出口需求有价格弹性，进出口商品价格的变动对进出口商品的需求会有所影响。如果进出口需求对汇率和商品价格变动的反应灵敏，即需求弹性大，那么，一国汇率下降和相应降低出口商品价格，可以有效刺激出口数量；而由于进口商品国内价格上涨，则可以有效抑制对进口商品的需求，从而减少进口数量。通常认为，如果出口商品需求弹性与进口商品需求弹性之和大于 1，则汇率下降可以改善一国的贸易收支状况。就出口商品来说，还有一个出口供给弹性的问题，即汇率下降后出口商品量能否增加，还要受商品供给扩大的可能程度所制约。

(二) 对资本流动的影响

汇率对资本输出和输入，尤其是短期资本流动有一定的影响。如果一国货币汇率下跌，该国国内资金持有者和国外投资者为减少汇率变化带来的损失，就会倾向于把本国货币兑换成汇率较高的货币；同时，外国投资者则因持有本国货币使得资产价值下降而抽走在该国的投资。因此，汇率变化不仅会导致资金外流，还会使国内投资规模缩减，吸引外资的能力降低，从而恶化国际收支，影响一国经济的发展。一国货币汇率上升对短期资本流动的影响则相反。

由于长期资本的流动主要是经济投资，以风险和权衡为决策核心；因此，汇率变动对长期资本流动影响较小。

(三) 对各国国际储备和国际债券的影响

一方面，汇率变化通过影响国际贸易及国际资本流动，引起一国国际储备规模增减波动；另一方面，汇率波动所引起的风险，使得一国管理其国际储备的难度大为提高，因为汇率升降会增加或减少一国外汇储存量的实际价值以及对外的实际债务负担。

(四) 对国内物价水平的影响

汇率变动通过影响出口商品价格从而直接或间接影响国内的物价水平。通常，本币汇率上升，国内物价水平下降；本币汇率下降，国内物价水平上升。另外，汇率变动通过影响一国的进出口状况及资本流出或流入，也对该国的经济增长与就业、国际利息水平等产生影响。总之，汇率变动对国际国内的影响是多层次、多角度的。由于不同国际、不同时期的经济条件的差异，汇率变动对经济的影响是有差别的，而且在许多时候，由于诸多因素的综合作用，汇率对经济的影响是无法确定的。

## ✲ 知识拓展 10-4

### 汇率剥削学说

青年学者刘周在“资本时代最大的资本”一文中，指出了现行国际汇率机制中包含的剥削，揭开了隐藏在国际汇率机制中的剥削秘密。该文认为，现行国际汇率机制，是现行不平等国际经济贸易秩序的重要组成部分，是一种有利于“少数剥削全世界的国家”的汇率机制。举例来说，以1美元兑换人民币7.5元计算。一个美国人拥有8000美元，这在美国是比较平常的事情，但是，这个美国人拿着这8000美元到中国来兑换成人民币就是60000元人民币。而在中国物价极低而美国物价极高的条件下，用60000元人民币在中国购买的实物比8000美元在美国所能购买的实物的价值不知要超出多少倍，也就是说，这个美国人拿着8000美元到中国来，用不着生产，用不着劳动，用不着冒任何投资的风险，这8000美元就实现了成倍的资本增值，实现了成倍的资本利润。这部分增值出来的利润是从哪里来的呢？它是靠无偿占有中国人民的血汗来实现的。中国与美国的关系如此，世界上一切发展中国家与西方发达国家的关系也基本如此，即发展中国家物价低而且货币汇率也低，发达国家物价高而且货币汇率也高(日本的情况有所不同，日元汇价率低，但是日本的物价极高，因此欧美国家的人到了日本也倍感无钱)。但是，欧美国家的人到了中国这样的发展中国家就感到自己非常有钱，因为一方面他们携带的本国货币可以换到成倍的所往国货币，另一方面所往国的物价又比本国物价低得可怕。所以他们在本国只可以买到一根火柴的钱到了发展中国家便可以买到一盒火柴，甚至更多。这就是这个时代的基本现实。所以，现行国际货币汇率机制是一种极其反动的汇率机制，它是西方发达国家剥削广大发展中国家的一种极具隐蔽性的工具。它所能存在的真正基础是国际间的强权关系，它的基本内容是由殖民地时代的殖民掠夺关系决定并逐步演变而来的。它与不平等国际经济贸易秩序中的其他部分共同成为发达国家对发展中国家和平掠夺的工具，而这种所谓的和平掠夺则是殖民地时代武装掠夺的继续。真正平等的汇率机制，基本上应该以各国的物价指数作为主要的基础指标。因为物价较低即说明其货币包含的实物量较多，因此其汇价也相对地应该较高；而物价较高则说明其货币包含的实物量较少，因而其汇价也相对地应该较低。这是再明白不过的道理。

(资料来源：财经信息报，2010年5月13日)

## 五、汇率制度

汇率制度又称汇率安排，是各国普遍采用的确定本国货币与其他货币汇率的体系。是各国或国际社会对于确定、维持、调整与管理汇率的原则，方法，方式和机构等所作出的系统规定。汇率制度对各国汇率的决定有重大影响。

### (一) 汇率制度的分类

#### 1. 固定汇率制

固定汇率制是指以本位货币本身或法定含金量为确定汇率的基准，汇率比较稳定的一种汇率制度。在不同的货币制度下具有不同的固定汇率制度。

#### 2. 浮动汇率制

浮动汇率制是指一国不规定本币与外币的黄金平价和汇率上下波动的界限，货币当局也不再承担维持汇率波动界限的义务，汇率随外汇市场供求关系变化而自由上下浮动的一

种汇率制度。该制度在历史上早就存在过，但真正流行是1972年以美元为中心的布雷顿森林体系崩溃以后。

3．可调整的钉住汇率制度

可调整的钉住汇率制度是指政府预先确定，公开承诺，并用干预市场的方法得到的本国货币与某种(或某些)主要外币的法定平价和允许汇率上下波动的幅度，但是可以定期地调整法定的平价，以利用货币的贬值或升值来校正国际收支的不平衡，这是根据布雷顿森林体系建立的一种国际汇率制度。

4．有管理的浮动汇率

有管理的浮动汇率指汇率的长期走势不受政府管理的影响而由市场供求关系所决定，但汇率的短期波动受到货币当局干预的影响。

### (二) 国际货币制度

为适应国际贸易与国际支付需要，各国政府对货币在国际范围发挥世界货币职能所确定的原则，采取的措施和建立的组织机构，统称为国际货币制度。它主要包括汇率制度、国际储备资产以及国际收支调节机制等内容，其中国际储备资产是国际货币制的基础，汇率制度是国际货币制度的核心。不同历史时期，国际货币制度有所不同，主流的国际货币制度主要有以下几种。

1．国际金本位制

历史上第一个国际货币制度是国际金本位制，金本位制是以一定重量和成色的黄金为本位货币，并建立起流通中各种货币与黄金间固定兑换关系的货币制度。其特点是：银行券可自由兑换金币，金币可自由铸造，黄金可自由输出输入，货币储备全部使用黄金，国际结算使用黄金等。

2．布雷顿森林体系

布雷顿森林体系是二战后为重塑世界货币体系而建立的一种人为的国际货币制度，其核心内容是实行双挂钩的汇率制度，即美元与黄金挂钩，各国货币与美元挂钩。可参阅本书第二章的知识拓展2-6“布雷顿森林体系与牙买加体系”。

3．牙买加体系

牙买加体系是20世纪70年代布雷顿森林体系崩溃后，形成的新的国际货币体系，其核心思想是：汇率制度安排多样化，黄金非货币化，国际储备多元化，国际收支调节机制多样化。可参阅第二章的知识拓展2-6“布雷顿森林体系与牙买加体系”。

## ✲ 知识拓展10-5

**人民币汇率制度的演变**

1949年至今，人民币汇率经历了由官定汇率到市场决定，从固定汇率制度到有管理的浮动汇率制度的演变。

1. 计划经济时期的人民币汇制度(1949—1978 年)

1949 年 1 月 18 日，中国人民银行开始在天津公布人民币汇率。此后，上海、广州在中央统一管理下以天津汇率为标准，根据当地物价状况，公布各自的汇率。计划经济时期人民币汇率在一个较长的历史时期内实行固定汇率安排，一直钉住一揽子货币。

2. 转轨经济时期的人民币汇率制度(1979—1993 年)

(1) 实行贸易内部结算价和对外公布汇率的双重汇率制度。1981—1984 年期间，人民币官方汇率实行了贸易内部结算价和非贸易公开牌价的双重汇率制度。1985 年 1 月 1 日取消内部结算价，重新实行单一汇率，汇率为 1 美元折合 2.8 元人民币。这是人民币汇率的第一次并轨。

(2) 根据内外物价变化调整官方汇率。1985—1990 年期间，我国根据国内物价的变化，多次调整汇率至 1990 年 11 月 17 日的 1 美元折合 5.22 人民币。

(3) 实行官方汇率和外汇调剂市场汇率并存的汇率制度。1980 年起全国各地开始陆续实行外汇调剂制度，设立外汇调剂中心，开办外汇调剂公开市场业务，形成了官方汇率和调剂市场汇率并存的局面。从 1991 年 4 月 9 日起我国实行汇率有管理的浮动，1993 年底调至 1 美元折合 5.8 元人民币。

3. 社会主义市场经济时期的人民币汇率制度(1994 年至今)

(1) 自 1994 年 1 月 1 日，人民币官方汇率与(外汇调剂)市场汇率并轨，实行银行结售汇制，建立全国统一的银行间外汇市场，实行以市场供求为基础的单一汇率。这是人民币汇率的第二次并轨。

(2) 1997 年东南亚爆发金融风暴，中国为维护地区经济与金融稳定，以大国负责任的姿态，保持人民币汇率坚挺，从而也使中国的汇率实质上形成钉住美元的固定汇率。

(3) 2005 年 7 月 21 日央行发布公告完善人民币汇率形成机制改革。经国务院批准，自 2005 年 7 月 21 日起，我国开始实行以市场供求为基础、参考一揽子货币进行调节、有管理的浮动汇率制度。人民币汇率不再钉住单一美元，从而形成更富弹性的人民币汇率机制。

## 第二节　国 际 收 支

### 一、国际收支与国际收支平衡表

#### (一) 国际收支的定义

国际收支分为狭义的国际收支和广义的国际收支。狭义的国际收支指一国在一定时期(通常为 1 年)内对外收入和支出的总额。广义的国际收支不仅包括外汇收支，还包括一定时期的经济交易。它表现为：第一，国际收支是一个流量概念；第二，它所反映的内容是经济交易，包括商品和劳务的买卖，物物交换，金融资产之间的交换，无偿的单向商品和劳务的转移，无偿的单向金融资产的转移；第三，它记载的经济交易是居民与非居民之间发生的。

### (二) 国际收支平衡表

国际收支平衡表是指根据经济分析的需要，将国际收支按照复式记账原理和特定账户分类编制出来的一种统计报表。它集中反映了一国国际收支的结构和总体状况。编制国际收支平衡表时，需要对各个项目进行归类，分成若干个账户，并按照需要进行排列，即所谓的账户分类。国际货币基金组织出版的《国际收支和国际投资头寸手册》(国际收支手册第六版)提供了国际收支平衡表的账户分类标准，即分为经常账户，资本和金融账户两类，各国可以根据本国具体情况对其进行必要的调整。

#### 1. 经常账户

经常账户记录实际资源的流动，包括货物和服务、收益、经常转移等三项。

(1) 货物和服务。货物是指通过海关的进出口货物，以海关的进出口统计资料为基础，货物所有权发生变化被记录下来，进出口均采用离岸价格(FOB)计价。服务包括运输、旅游、通信、建筑、保险、金融服务、计算机和信息服务、专有权使用费和特许费、各种商业服务、个人文化娱乐服务以及政府服务等。

(2) 收益。收益包括职工报酬和投资收益两类。职工报酬是指本国居民在国外工作(1 年以内)而得到并汇回的收入以及支付外籍员工(1 年以内)的工资福利。投资收益包括直接投资项下的利润利息收支和再投资收益、证券投资收益(股息、利息等)和其他投资收益(利息)。

(3) 经常转移。经常转移主要包括侨汇、无偿捐赠和赔偿等项目，包括实物和资金形式。

#### 2. 资本和金融账户

资本和金融账户记录资本在国际间的流动，包括资本账户和金融账户。

(1) 资本账户。资本账户包括资本转移和非生产、非金融资产交易。资本转移主要包括固定资产转移、债务减免、移民转移和投资捐赠等。非生产、非金融资产交易是指不是生产出来的有形资产(土地和地下资源)和有形资产(专利、版权、商标和经销权等)的所有权转移。

(2) 金融账户。金融账户记录的是一经济体对外资产负债变更的交易，包括直接投资、证券投资、其他投资和储备资产等四类。

① 直接投资。直接投资是投资者以获取在本国以外经营企业的有效发言权为目的的投资。

② 证券投资。证券投资包括股本证券和债务证券两大类投资形式。债务证券又可以细分为中长期债券、货币市场工具和其他衍生金融工具。

③ 其他投资。其他投资是指直接投资和证券投资以外的所有金融交易，分为贸易信贷、贷款、货币和存款、其他资产负债四项。

④ 储备资产。储备资产是指中央银行等货币当局拥有的对外资产，包括货币黄金、外汇、特别提款权和在国际货币基金组织的储备头寸。

此外，国际收支平衡表还设置了净误差和遗漏一项。净误差和遗漏是基于会计上的需要，在国际收支平衡表中借贷双方出现不平衡时，设置的用以抵消统计偏差的项目。

我国国际收支平衡表是在国际货币基金组织《国际收支和国际投资头寸手册》基础上

编织而成的，如表 10-2 所示。

**表 10-2　2016 年中国国际收支平衡表(初步数)**

单位：亿美元

| 项　目 | 贷方 | 借方 | 差额 |
|---|---|---|---|
| 1. 经常账户 | 25,247 | −23,143 | 2,104 |
| 1.A　货物和服务 | 22,712 | −20,283 | 2,429 |
| 1.A.a　货物 | 19,891 | −15,039 | 4,852 |
| 1.A.b　服务 | 2,821 | −5,245 | −2,423 |
| 1.A.b.1　加工服务 | 185 | −2 | 184 |
| 1.A.b.2　维护和维修服务 | 52 | −20 | 32 |
| 1.A.b.3　运输 | 338 | −738 | −400 |
| 1.A.b.4　旅行 | 1,182 | −3,412 | −2,231 |
| 1.A.b.5　建设 | 126 | −85 | 41 |
| 1.A.b.6　保险和养老金服务 | 41 | −117 | −76 |
| 1.A.b.7　金融服务 | 32 | −19 | 13 |
| 1.A.b.8　知识产权使用费 | 11 | −239 | −228 |
| 1.A.b.9　电信、计算机和信息服务 | 254 | −127 | 127 |
| 1.A.b.10　其他商业服务 | 580 | −433 | 147 |
| 1.A.b.11　个人、文化和娱乐服务 | 7 | −21 | −14 |
| 1.A.b.12　别处未提及的政府服务 | 12 | −32 | −20 |
| 1.B　初次收入 | 2,224 | −2,487 | −263 |
| 1.C　二次收入 | 312 | −373 | −62 |
| 2. 资本和金融账户 | | | −470 |
| 2.1　资本账户 | 3 | −7 | −3 |
| 2.2　金融账户 | | | −467 |
| 2.2.1　非储备性质的金融账户 | | | −4,903 |
| 其中：2.2.2.1　直接投资 | | | −585 |
| 2.2.2.1.1　直接投资资产 | | | −2,112 |
| 2.2.2.1.2　直接投资负债 | | | 1,527 |
| 2.2.2　储备资产 | | | 4,436 |
| 2.2.2.1　货币黄金 | | | 0 |
| 2.2.2.2　特别提款权 | | | 3 |
| 2.2.2.3　在国际货币基金组织的储备头寸 | | | -54 |
| 2.2.2.4　外汇储备 | | | 4,487 |
| 2.2.2.5　其他储备 | | | 0 |
| 3. 净误差与遗漏 | | | −1,633 |

* 本表计数采用四舍五入原则。

(资料来源：国家外汇管理局)

## 二、国际收支失衡及其调节

### (一) 国际收支失衡的含义

国际收支失衡是指一国与他国之间出现经常项目和长期资本项目的自主性交易所产生的借方金额与贷方金额不相等的现象，包括经常性收支和资本收支的结构不平衡，周期性不平衡，货币性不平衡及偶发性不平衡等。其中若收入大于支出应有盈余，则称为顺差；反之，则为逆差。

### (二) 国际性收支失衡的原因及分类

国际收支不平衡是绝对的、经常的，而平衡则是相对的、偶然的。按其原因进行分类可分为以下几种。

**1. 周期性不平衡**

周期性不平衡指由于国际间各国所处的发展阶段不同而造成的不平衡。经济周期一般包括四个阶段，即危机—萧条—复苏—繁荣。当一国处于繁荣阶段，而贸易伙伴国处于衰退阶段，易造成本国的贸易收支赤字。由于各国经济都会经历繁荣和衰退的交替，都有周期性，两国的国际收支也会交替地出现顺差和逆差。只要经济周期不太长，程度不太深，这种失衡就是短期的、较轻微的。

**2. 结构性不平衡**

结构性不平衡指由于国际市场对本国的出口和进口的需求条件发生变化，本国贸易结构无法进行调整所导致的国际收支不平衡。当本国产品的供需结构不能满足国际市场产品供需结构的变化时，如不考虑资本项目，将会导致本国国际收支的长期不均衡。

**3. 货币性不平衡**

货币性不平衡指由于一国的价格水平、成本、汇率、利率等货币性因素而造成的国际收支不平衡。如一个国家货币发行不当或由其他因素引起物价上涨，生产成本上升，本国产品竞争力下降，导致出口下降，进口上升；或者利率下降导致资本外流增加，内流减少，使一国国际收支处于逆差状态。

**4. 收入性不平衡**

收入性不平衡指由于一国国民收入相对快速增长，导致进口增长超过出口增长而引起的国际收支失衡。各国处于经济周期的不同阶段和不同的经济增长率会导致收入水平不同，进而影响进出口需求。如一国的经济增长率相对较高，人们收入较高，进口需求增加，则国际收支会产生逆差。

**5. 季节性和偶然性不平衡**

季节性和偶然性不平衡指由于季节变化或突发事件所造成的国际收支不平衡。如由于气候原因造成一国粮食减产而导致出口减少，进口增加。

## (三) 国际收支失衡对经济的影响

### 1．国际收支逆差的影响

一国的国际收支出现逆差，一般会引起本国货币汇率下浮；如逆差严重，则会使本币汇率急剧下跌。该国货币当局如不愿接受这样的后果，就要对外汇市场进行干预，即抛售外汇和买进本国货币。这一方面会消耗外汇储备，甚至会造成外汇储备的枯竭，从而严重削弱其对外支付能力；另一方面则会形成国内的货币紧缩形势，促使利率水平上升，影响本国经济的增长，从而导致失业的增加和国民收入增长率的相对或绝对下降。

从国际收支逆差形成的具体原因来说，如果是贸易收支逆差所致，将会造成国内失业的增加。如资本流出大于资本流入所致，则会造成国内资金的紧张，从而影响经济增长。

### 2．国际收支顺差的影响

一国的国际收支出现顺差，固然可以增加其外汇储备，加强其对外支付能力，但也会产生如下的不利影响：

(1) 一般会使本国货币汇率上升，而不利于其出口贸易的发展，从而加重国内的失业问题。

(2) 顺差固然可以加大国内的黄金和外汇储备，但也会使本国货币供应量增长，从而加重通货膨胀。

(3) 一国的国际收支发生顺差，意味着有关国家国际收支发生逆差，易引起对方采取报复性措施，将加剧国际摩擦。

(4) 对于发展中国家来说，国际收支顺差往往是由于出口过多所形成的贸易收支顺差，这意味着国内可供使用资源的减少，因而不利于发展中国家经济的发展。国际收支的经济影响见图 10-1。

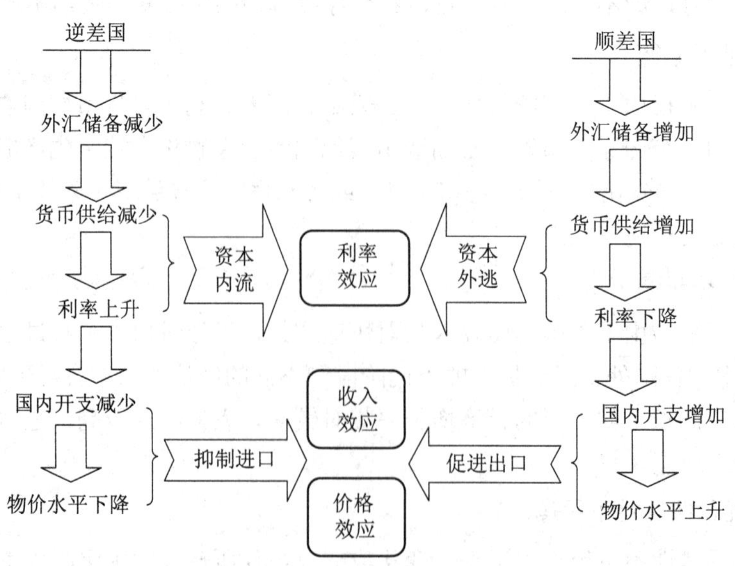


图 10-1　国际收支效应

### （四）国际收支失衡的调节

各国政府可以选择的国际收支调节手段包括财政政策、货币政策、汇率政策、直接管制等措施。这些政策措施不仅会改变国际收支，而且会给国民经济带来其他影响。各国政府根据本国的国情采取不同措施对国际收支进行调节。

#### 1. 财政政策

财政政策通常作为调节国内经济的手段。由于总需求变动可以改变国民收入、物价和利率，启动国际收支的收入和货币调节机制，所以财政政策成为调节国际收支的手段。

当一国出现国际收支顺差时，政府可以通过扩张性财政政策促使国际收支平衡。首先，减税或增加政府支出通过税收乘数或政府支出乘数成倍地提高国民收入，由于边际进口倾向的存在，导致进口相应增加。其次，需求带动的收入增长通常伴随着物价水平上升，后者具有刺激进口、抑制出口的作用。此外，在收入和物价上升的过程中利率有可能上升，后者会刺激资本流入。一般说来，扩张性财政政策对贸易收支的影响超过它对资本项目收支的影响，因此它有助于一国在国际收支顺差的情况下恢复国际收支平衡。

反之，当一国出现国际收支逆差时，政府可以通过紧缩性财政政策促使国际收支平衡。首先，增税或减少政府支出可以减少国民收入，从而相应地压缩进口。其次，抑制总需求会降低通货膨胀率或使物价水平下降，从而有利于出口并抑制进口。当然，紧缩性财政政策可能促使利率下降和刺激资本流出。但是，政府一般是在充分就业和高通货膨胀情况下推行紧缩性财政政策，因此它的基本作用方向是减少国际收支逆差。

#### 2. 货币政策

货币政策指政府一般通过改变再贴现率，改变法定准备率和进行公开市场业务来调整货币供应量。由于货币供应量变动可以改变利率、物价和国民收入，所以货币政策成为国际收支调节手段。

再贴现率决定着市场贴现率和利率。当一国出现国际收支逆差时，中央银行可以通过提高再贴现率，推动市场利率上升，促使国际收支平衡。首先，该国利率水平上升会吸引资本流入或抑制资本流出，导致资本项目出现顺差。其次，利率水平上升会压抑投资和消费需求，限制物价上升和收入增长，从而可以促进出口和减少进口。当一国出现国际收支顺差时，中央银行可以通过调低再贴现率促使国际收支平衡。

法定准备率是法律所规定的准备金与存款的比例。在一般情况下，商业银行很少持有超额准备金，所以法定准备率决定着信用货币的规模。政府改变法定准备率一般是为了调节国内经济，同时该措施可通过改变利率、收入和物价来影响国际收支。有时，政府可以通过对非居民存款和居民存款规定不同的法定准备率，从而影响资本的国际流动来调节国际收支。

值得注意的是，为解决国际收支失衡问题而采取的财政或货币政策可能同国内经济目标发生冲突。因此，选择财政货币政策实现国际收支平衡，必须注意时机。

#### 3. 汇率政策

汇率政策指一国通过调整本币汇率来调节国际收支的政策。当一国发生国际收支逆差时，政府实行货币贬值可以增强出口商品的国际竞争力并削弱进口商品的竞争力，从而改善该国的贸易收支。当一国长期存在国际收支顺差时，政府可以通过货币升值来促使国际收支平衡。为了保证国际间汇率相对稳定，国际货币基金组织曾规定各会员国只有在国际收支出现基本不平衡时才能够调整汇率。

**4．直接管制政策**

上述国际收支调节政策都有较明显的间接性，更多地依靠市场机制来发挥调节作用。直接管制政策指政府直接干预对外经济往来实现国际收支调节的政策措施。直接管制可分为外汇管制、财政管制和贸易管制。

(1) 外汇管制。外汇管制指一国政府通过有关机构对外汇买卖和国际结算进行行政手段干预。外汇管制机构通常是中央银行，有些国家由财政部或外汇管理局进行外汇管制。

国际货币基金组织对外汇管制原则上持否定态度。国际货币基金组织协定第 8 条款要求会员国对国际收支经常项目支付不加限制，不采取歧视性的复汇率措施，并在其他会员国要求下随时换回对方因经常项目往来所积累的该国货币。其第 14 条款要求该条款签字国每年向国际货币基金组织提交关于取消外汇管制工作进展的报告，并就有关事项与该组织进行协商。

(2) 财政管制。国际收支的财政管制指政府通过有关机构管制进出口商品的价格和成本从而调节国际收支的政策手段。

各国常用的财政管制手段包括：第一，进口关税政策，如提高关税税率来限制进口数量，或降低某些进口生产资料的关税来扶植本国进口替代和出口替代产业的发展；第二，出口补贴政策，如对出口产品发放价格补贴和出口退税等；第三，出口信贷政策，如官方金融机构向本国出口商或外国进口商提供优惠贷款，以优惠利率贴现出口商的汇票，政府对出口商或出口方银行提供信贷担保等。

(3) 贸易管制。贸易管制指政府直接限制进出口数量的政策手段。政府可以通过加强贸易管制来缓和国际收支逆差。

各国常用的贸易管制手段包括：

第一，进口配额制，即政府规定一定时期某种进口商品的数量限制；

第二，进口许可证制，即政府通过发放进口许可证来限制进口商品的种类和数量；

第三，规定苛刻的进口技术标准，包括卫生检疫条件、安全性能指标、技术性能规定、包装和标签条例等；

第四，歧视性采购政策，即要求政府部门及大型企业尽量采购国产商品，限制其购买进口商品；

第五，歧视性税收政策，即政府对进口商品征收较高的销售税、消费税和牌照税等；

第六，国家垄断外贸业务，禁止私人从事进出口贸易。

## ✲ 知识拓展 10-6

### 欧债危机的产生及原因

欧债危机，全称欧洲主权债务危机，是指自 2009 年以来在欧洲部分国家爆发的主权债务危机。欧债危机是美国次贷危机的延续和深化，其本质是政府的债务负担超过了自身的

承受范围，从而引起的违约风险。

早在2008年10月华尔街金融风暴初期，北欧的冰岛主权债务问题就浮出水面，而后中东债务危机爆发，鉴于这些国家经济规模小，国际救助比较及时，其主权债务问题未酿成较大的全球性金融动荡。2009年12月，希腊的主权债务问题凸显，2010年3月进一步发酵，开始向“欧洲五国”(葡萄牙、意大利、爱尔兰、希腊、西班牙)蔓延。美国三大评级机构则落井下石，连连下调希腊等债务国的信用评级。至此，国际社会开始担心，债务危机可能蔓延全欧，由此侵蚀脆弱复苏中的世界经济。

欧债危机爆发的原因如下：

(1) 整体经济实力薄弱：遭受危机的国家大多财政状况欠佳，政府收支不平衡。

(2) 财务造假埋下隐患：希腊因无法达到《马斯特里赫特条约》所规定的标准，即预算赤字占GDP 3%、政府负债占GDP 60%以内的标准，于是聘请高盛集团进行财务造假，以顺利进入欧元区。

(3) 欧元体制天生弊端：作为欧洲经济一体化组织，欧洲央行主导各国货币政策大权，欧元具有天生的弊端，经济动荡时期，无法使用货币贬值等政策工具，因而只能通过举债和扩大赤字来刺激经济。

(4) 欧式社会福利拖累：希腊等国高福利政策没有建立在可持续的财政政策之上，历届政府为讨好选民，盲目为选民增加福利，导致赤字扩大、公共债务激增，偿债能力遭到质疑。

(5) 国际金融力量博弈：一旦经济状况出现问题，巨大的财政赤字和较差的经济状况，会使整体实力偏弱的希腊等国成为国际金融力量的狙击目标。

(资料来源：陈凤英，张茂荣. 欧洲债务危机来龙去脉[J]. 领导文萃，2010(22).)

# 第三节　国际储备

## 一、国际储备的概念与构成

### (一) 国际储备的概念

国际储备是指各国政府为了弥补国际收支赤字，保持汇率稳定，以及应付其他紧急支付的需要而持有的国际间普遍接受的所有流动资产的总称。作为国际储备资产，一般必须同时具有三个条件。第一，它必须为一国货币当局所持有；第二，该资产必须具备高度的流动性；第三，该资产必须得到国际间普遍接受。

### (二) 国际储备的构成

国际储备主要由以下四种形式的资产构成。

#### 1. 外汇储备

外汇储备指一国货币当局持有的以国际货币表示的流动资产，主要采取国外银行存款和外国政府债券等形式。图10-2所示为我国1996—2017.01外汇储备规模。

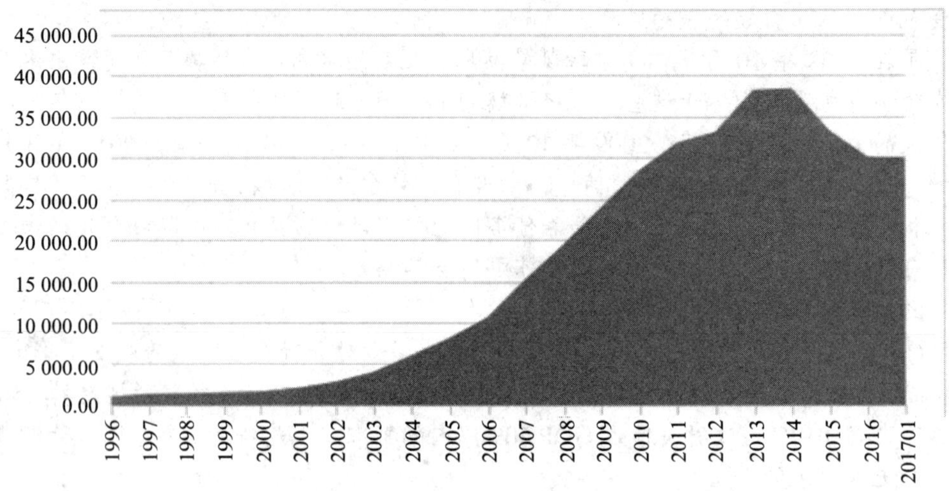


图 10-2　我国 1996—2017.01 外汇储备规模

**2．黄金储备**

黄金储备指一国货币当局持有的货币性黄金。在国际金本位制度下，黄金储备是国际储备的典型形式。

**3．特别提款权**

特别提款权是国际货币基金于 1969 年创设的一种账面资产，并按一定比例分配给会员国，用于会员国政府之间的国际结算，并允许会员国用它换取可兑换货币进行国际支付。

**4．国际货币基金组织的储备头寸**

储备头寸是一国在国际货币基金组织的自动提款权，再加上向国际货币基金组织提供的可兑换货币贷款余额。其数额的大小主要取决于该会员国在国际货币基金组织认缴的份额，会员国可使用的最高限额为份额的 125%，最低为 0。

储备头寸是会员国在国际货币基金组织里的自动提款权，会员国可以无条件地提取以用于弥补国际收支逆差。一国若要使用其在国际货币基金组织的储备头寸，只需向基金组织提出要求，国际货币基金组织便会通过提供另一国的货币予以满足。

根据《国际货币基金协定》原来的规定，会员国份额的 25%需用黄金给付，因此这 25%额度范围的贷款也叫黄金份额贷款。另外 75%用本国货币给付，当国际货币基金组织持有该国的货币，由于他国的购买关系而降到份额的 75%以下时，即属超黄金部分提款，会员国也可以自己动用。

## 二、国际储备的作用

在现行货币制度下，国际储备的作用是广泛的，而且是多层面的，概括起来有以下几个方面。

### （一）弥补国际收支逆差

当一个国家在国际交易中出现出口减少或因特大自然灾害以及战争等突发情况而造成

临时性国际收支逆差，而这部分逆差又无法依靠举借外债来平衡时，那么首要的选择就是动用国际储备来弥补此逆差。这样，既可维护本国国际信誉，又可避免事后被迫采取诸如限制进口等“削足适履”的措施来平衡逆差而影响本国经济的正常发展。此时，运用部分国际储备来平衡逆差，会减缓逆差国政府为平衡国际收支而采取的一些剧烈的经济紧缩政策对国内经济所产生的负面影响，国际储备在此可以起到缓冲作用。但是，如果一国国际收支出现根本性的不平衡，动用国际储备并不能彻底解决问题；相反，会导致国际储备的枯竭。因此，当一国经济因政策失误或经济结构不合理而造成国际收支持续性逆差时，对包括外汇储备在内的储备资产的动用，必须谨慎进行。

### （二）稳定本国货币汇率

在 1973 年 2 月国际社会普遍推行浮动汇率制后，尽管从理论上讲各国中央银行并不承担维护汇率稳定的义务，汇率随行就市，但在实际当中，恰恰是这个制度，使汇率波动频繁且波幅较大，因此各国为了本国的利益，使本国的货币汇率稳定在所希望的水平上，都或多或少、或明或暗地动用国际储备对本币汇率进行干预。1985 年，西方七个工业发达国家建立了对汇率的联合干预机制。该机制的运作基础之一就是持有一定量的国际储备。为此许多国家还专设了外汇平准基金，以保证干预外汇市场的资金需要。外汇平准基金一般由外汇、黄金和本国货币等构成，当某一时期外汇汇率持续上升、本币汇率持续下跌时，就通过平准基金在外汇市场上卖出外汇，买进本币；反之则卖出本币，买入外汇，以此稳定汇率。由于外汇平准基金也并非取之不尽，因此，当一国国际收支发生根本性或长期性失衡，并使汇率持续升跌时，对平准基金的运用必须谨慎进行。

### （三）提高本币国际地位

一般来说，一国包括外汇储备在内的国际储备充足，表明该国弥补国际收支逆差、维持汇率稳定的能力强，国际社会对该国货币的币值与购买力也充满信心，因此，在国际外汇市场上愿意持有该国货币，该国货币会走向坚挺成为硬货币，该国货币的地位和信誉也因此而提高。例如，战后初期美国的黄金储备多达 245 亿美元(约 7 亿万盎司)，约占西方各国黄金储备总额的 3/4，在其支持下美元地位十分坚挺，美元成为当时货币体系下的中心货币。但随着美国国际收支不平衡的加剧，美国黄金储备逐渐减少。在 1971 年美元第一次贬值后，美国黄金储备更缩减至仅剩 102 亿美元(约 29 142 盎司)，而同期美国的对外短期债务猛增至 678 亿美元，黄金储备还不到对外短期债务的 17%，远远不能满足其他国家官方美元储备向美国兑换黄金的要求。黄金储备的逐渐流失，不但使布雷顿森林货币体系的主要根基发生动摇，而且使其他国家对美国是否有能力维持美元的地位和稳定美元购买力产生怀疑，人们对美元的信心不足，美元信誉下降。

### （四）增强国际清偿力，提高向外借款的信用保证

一国所拥有的国际储备数量的多少，是一个国家国际清偿力强弱的一个重要体现。国际储备多，就意味着国际清偿力高；国际清偿力高，该国向外借款的保证得到加强，同时也表明该国金融实力和国际地位的提高。尽管从理论上讲，一国国际清偿力高就无需向外借款，但由于各种资金用途的不同以及借款者的不同看法，一个国家不管持有的国际清偿

力是高还是低，都会或多或少向外借款。实际上，一国持有的国际储备尤其外汇储备的状况，一直是评定一个国家偿债能力和资信的重要指标之一。一般认为，国际储备对考察一国的国际信誉与偿债能力，具有十分重要的作用。

### （五）获取国际竞争优势

国际储备是国家财产，是国际清偿力的象征，因此一国持有比较充裕的国际储备，就意味着有力量左右其货币对外价值，即有力量使其货币汇率升高或下降，由此获取国际竞争优势。如果一国是中心储备货币国家，拥有较充分的国际储备，则对支持其货币的国际地位至关重要。

## 三、国际储备管理

一国持有的国际储备并非越多越好，国际储备管理是一国政府或货币当局根据一定时期内本国的国际收支状况和经济发展的要求，对国际储备的规模、结构和储备资产的使用，进行调整、控制，从而实现储备资产的规模适度化、结构最优化和使用高效化的整个过程。一个国家的国际储备管理包括两个方面：一是国际储备规模的管理，以求得适度的储备水平；二是国际储备结构的管理，使储备资产的结构得以优化。通过国际储备管理，一方面可以维持一国国际收支的正常进行，另一方面可以提高一国国际储备的使用效率。

### （一）国际储备适度规模管理

适度的国际储备规模，应当既能满足国家经济增长和对外支付的需要，又不因储备过多而形成积压浪费。确定适度国际储备规模的参照指标有国际储备对国民生产总值之比，国际储备对外债总额之比，国际储备对进口额之比等。确定适度国际储备规模应考虑国际储备的需求，持有国际储备的成本，对外资信与融资能力，经济开放程度及本国货币的国际地位等因素。

### （二）国际储备结构管理

国际储备结构管理主要包括两方面的内容，一是形成国际储备各资产之间的结构管理；二是外汇储备的结构管理。通常情况下，由于一国的黄金储备、普通提款权和特别提款权相对稳定，所以国际储备管理主要是外汇储备的管理。

#### 1. 各项储备资产的结构管理

各项储备资产结构管理的目标，是确保流动性和收益性的恰当结合。然而在实际的经济生活中，流动性和收益性互相排斥。这就需要在流动性与收益性之间进行权衡，兼顾二者。由于国际储备的主要作用是弥补国际收支逆差，因而各国货币当局更重视流动性。按照流动性的高低，西方经济学家和货币当局把储备资产划分为三级。

一级储备资产：富于流动性，但收益性较低，它包括活期存款、短期存款和短期政府债券；

二级储备资产：收益性高于一级储备，但流动性低于一级储备，如2～5年期的中期政

府债券；

三级储备资产：收益性高于二级储备，但流动性低于二级储备，如长期公债券。

普通提款权，由于会员国能随时从国际货币基金组织提取和使用，所以类似一级储备。特别提款权，由于它只能用于其他方面的支付，须向国际货币基金组织提出申请，并由国际货币基金组织指定参与特别提款权账户的国家提供申请国所需货币。显然，这个过程需要一定时日才能完成。因此，特别提款权可视为二级储备。而黄金储备，由于各国货币当局一般只在黄金市价对其有利时，才会转为储备货币，可视为三级储备。

一级储备作为货币当局随时、直接用于弥补国际收支逆差和干预外汇市场的储备资产，即作为交易性储备。二级储备作为补充性的流动资产。三级储备主要用于扩大储备资产的收益性。一国应当合理安排这三级储备资产的结构，以做到在保持一定流动性的前提条件下，获取尽可能多的收益。

### 2. 外汇储备的币种结构管理

对外汇储备的结构管理主要是储备货币的币种选择，即合理地确定各种储备货币在一国外汇储备中所占的比重。确定外汇储备币种结构的基本原则是：

(1) 储备货币的币种和数量要与对外支付的币种和数量保持大体一致。即外汇储备币种结构应当与该国对外汇的需求结构保持一致，或者说取决于该国对外贸易支付所使用的货币、当前还本付息总额的币种结构和干预外汇市场所需要的外汇，这样可以降低外汇风险。

(2) 排除单一货币结构，实行以坚挺的货币为主的多元化货币结构。外汇储备中多元化货币结构，可以保护外汇储备购买力相对稳定，以求在这些货币汇率有升有跌的情况下，大体保持平衡，做到在一些货币贬值时遭受的损失，能从另一些货币升值带来的好处中得到补偿，提高外汇资产的保值和增值能力。在外汇头寸上应尽可能多地持有汇价坚挺的硬货币储备，而尽可能少地持有汇价疲软的软货币储备，并要根据软硬货币的走势，及时调整和重新安排币种结构。

(3) 采取积极的外汇风险管理策略，安排预防性储备货币。如果一国货币当局有很强的汇率预测能力，那么它可以根据无抛补利率平价(预期汇率变动率等于两国利率差)来安排预防性储备的币种结构。例如，若利率差大于高利率货币的预期贬值率，则持有高利率货币可增强储备资产的盈利性；若利率差小于高利率货币的预期贬值率，则持有低利率货币有利于增强储备资产的盈利性。

需要说明的是，因篇幅所限有关国际金融市场、国际资本流动、国际结算、国际货币体系等内容本章并未作详细介绍，这些内容在一些国际金融相关课程中会有详细论述。

## 【理论梳理】

(1) 外汇指以外币表示的可用于进行国际债权债务清算的支付手段，一种外国货币要成为外汇，必须具有可兑换性、偿还性和普遍接受性。汇率指两种货币的兑换比例。汇率的表示方法主要有两种，一种是直接标价法，另一种是间接标价法。在不同的货币制度下，汇率的决定基础也不同。金本位制下汇率的决定基础是铸币平价，而纸币制度下汇率的决定基础是金平价。汇率制度主要有固定汇率制和浮动汇率制两种类型，各国在选择汇率制度时应该根据本国的具体情况来决定。

(2) 国际收支指一国在一定时期(通常为 1 年)内对外收入和支出的总额，国际收支平衡表分为经常账户、资本和金融账户、净误差和遗漏。国际收支失衡是指一国与他国之间出现经常项目和长期资本项目的自主性交易所产生的借方金额与贷方金额不相等的现象，包括经常性收支和资本收支的结构不平衡、周期性不平衡、货币性不平衡及偶发性不平衡等。

(3) 国际储备是指各国政府为了弥补国际收支赤字，保持汇率稳定，以及应付其他紧急支付的需要而持有的国际间普遍接受的所有流动资产的总称，主要由外汇储备、黄金储备、特别提款权和储备头寸构成。各国国际储备的管理有适度规模管理和结构管理。

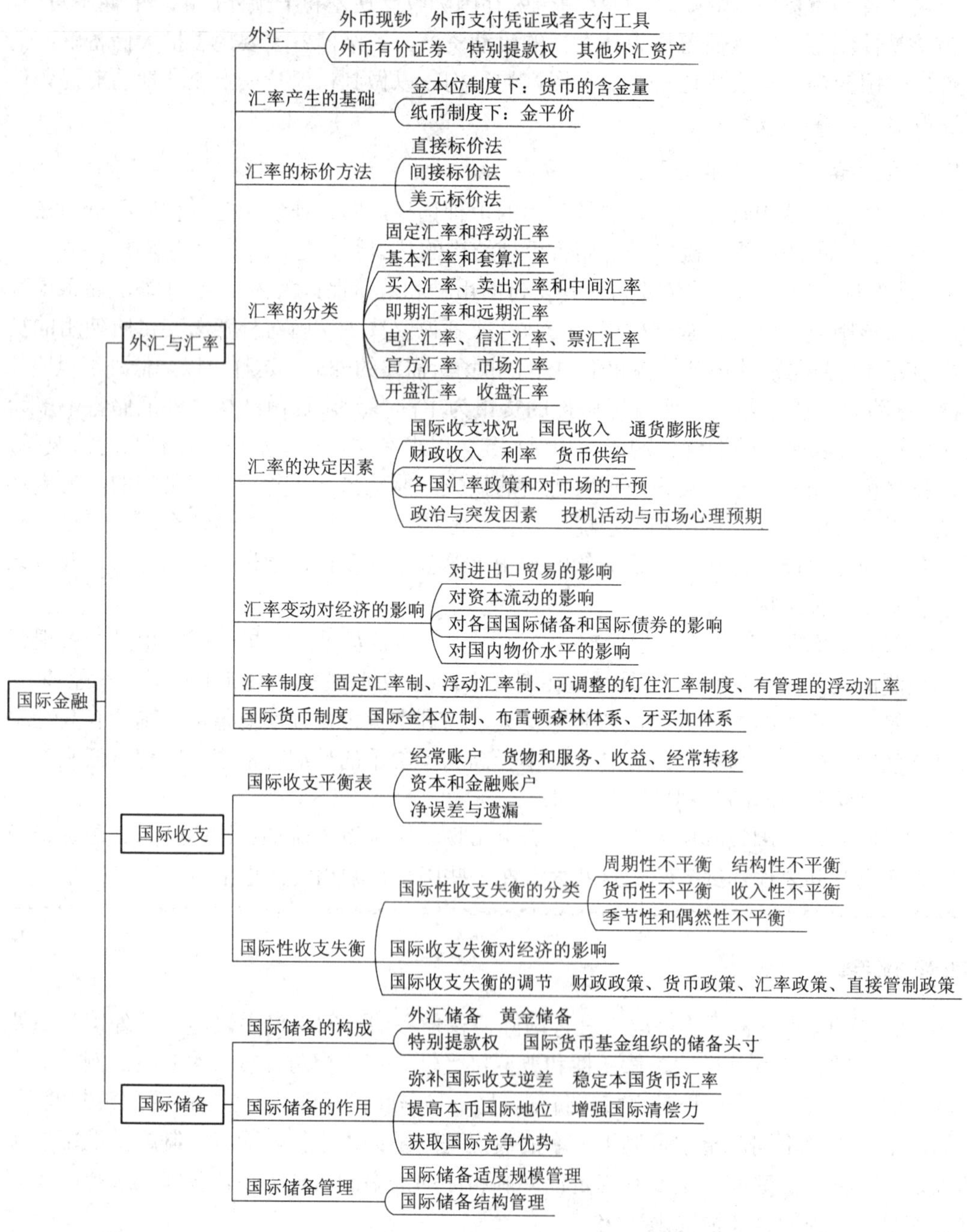

【案例分析】

## 索罗斯和量子基金

美国金融家乔治·索罗斯旗下经营了五个风格各异的对冲基金。其中，量子基金是最大的一个，亦是全球规模较大的几个对冲基金之一。量子基金最初由索罗斯及另一位对冲基金的名家吉姆·罗杰斯创建于60年代末期，开始时资产只有400万美元。基金设立在纽约，但其出资人皆为非美国国籍的境外投资者，从而避开美国证券交易委员会的监管。量子基金投资于商品、外汇、股票和债券，并大量运用金融衍生产品和杠杆融资，从事全方位的国际性金融操作。索罗斯凭借其过人的分析能力和胆识，引导着量子基金在世界金融市场一次又一次的攀升和破败中逐渐成长壮大。他曾多次准确地预见到某个行业和公司的非同寻常的成长潜力，从而在这些股票的上升过程中获得超额收益。即使是在市场下滑的熊市中，索罗斯也以其精湛的卖空技巧而大赚其钱。经过不到30年的经营，至1997年年末，量子基金已增值为资产总值近60亿美元的巨型基金。在1969年注入量子基金的1万美元在1996年底已增值至3亿美元，即增长了3万倍。

量子基金成为国际金融界的焦点，是由于索罗斯凭借该基金在20世纪90年代所发动的几次大规模货币狙击战。这一时期，量子基金以其强大的财力和凶狠的作风，在国际货币市场上兴风作浪，对基础薄弱的货币发起攻击并屡屡得手。

**欧洲**

英国的英镑危机和意大利的里拉危机。90年代初为配合欧共体内部的联系汇率，英镑汇率被人为固定在一个较高水平，引发国际货币投机者的攻击，量子基金率先发难，在市场上大规模抛售英镑而买入德国马克。英格兰银行虽下大力抛出德国马克购入英镑并配合以提高利率的措施，仍不敌量子基金的攻击而退守，英镑被迫退出欧洲货币汇率体系而自由浮动，短短1个月内英镑汇率下挫20%，而量子基金在此英镑危机中获取了数亿美元的暴利。在这之前，意大利里拉亦遭受同样命运，量子基金同样扮演主角。

**美洲**

墨西哥金融危机。1994年，索罗斯的量子基金对墨西哥比索发起攻击。墨西哥在1994年之前的经济良性增长，是建立在过分依赖中短期外资贷款的基础之上的。为控制国内的通货膨胀，比索汇率被高估并与美元挂钩浮动。由量子基金发起的对比索的攻击，使墨西哥外汇储备在短时间内告罄，不得不放弃与美元的挂钩，实行自由浮动，从而造成墨西哥比索和国内股市的崩溃，而量子基金在此次危机中则收入不菲。

**亚洲**

1997年开始的东南亚金融危机。与1994年的墨西哥一样，许多东南亚国家如泰国、马来西亚和韩国等长期依赖中短期外资贷款维持国际收支平衡，汇率偏高并大多维持与美元或一揽子货币的固定或联系汇率，这给国际投机资金提供了一个很好的捕猎机会。量子基金扮演了狙击者的角色，从大量卖空泰铢开始，迫使泰国放弃维持已久的与美元挂钩的固定汇率而实行自由浮动，从而引发了一场泰国金融市场前所未有的危机。危机很快波及所有东南亚实行货币自由兑换的国家和地区，迫使除了港币之外的所有东南亚主要货币在短期内急剧贬值。东南亚各国货币体系和股市的崩溃以及由此引发的大批外资撤退和国内通货膨胀的巨大压力，给这个地区的经济发展蒙上了一层阴影。

在过去31年半的历史中，量子基金的平均回报率高达30%以上，量子基金的辉煌也在于此。然而，1998年以来，投资失误使量子基金遭到重大损失。先是索罗斯对1998年俄罗斯债务危机及对日元汇率走势的错误判断使量子基金遭受重大损失，之后投资的美国股市网络股也大幅下跌。至此，索罗斯的量子基金损失总数达近50亿美元，量子基金元气大伤。2000年4月28日，索罗斯不得不宣布关闭旗下两大基金，即量子基金和配额基金，基金管理人德鲁肯米勒和罗迪蒂"下课"。量子基金这一闻名世界的对冲基金至此寿终正寝。同时索罗斯宣布将基金的部分资产转入新成立的量子捐助基金继续运作；他强调量子捐助基金将改变投资策略，主要从事低风险、低回报的套利交易。

讨论：结合本案例，讨论索罗斯是如何利用金融杠杆"战败"一个国家的。

## 【知识检测】

1. 外汇的含义和种类。
2. 汇率的两种主要标价方法。
3. 决定汇率的主要因素。
4. 国际收支平衡表的组成内容。
5. 国际储备的构成和作用。

## 【应用实训】

实训目标：

掌握外汇对国民经济和国际贸易的影响。

实训内容：

讨论中国政府实行自由浮动汇率制度的后果。

实训要求：

根据汇率对经济的影响和结合对外贸易状况，讨论人民币升值会对哪些产业有利，对哪些产业产生负面影响，提出自己的见解。你是否认为中国政府应该放弃对货币的管制政策？

# 第十一章　金融风险与金融一体化

**【知识目标】**

掌握金融风险的概念及类型，金融监管的含义与特征，金融一体化的涵义；熟悉金融风险成因、金融危机的国际传导及金融监管的组织体制。

**【能力目标】**

分析金融活动所面临的金融风险及金融积累可能导致的金融危机；根据具体情况提出应对金融风险和危机的具体措施。

**【案例导读】**

### 2008年美国的次贷危机

美国次贷危机，全称应该是美国房地产市场上的次级按揭贷款的危机。顾名思义，次级按揭贷款，是相对于资信条件较好的按揭贷款而言的。按揭贷款人没有(或缺乏足够的)收入/还款能力证明，或者其他负债较重，所以他们的资信条件较“次”，这类房地产的按揭贷款，就被称为次级按揭贷款。相对于给资信条件较好的按揭贷款人所能获得的比较优惠的利率和还款方式，次级按揭贷款人通常要被迫支付更高的利率并遵守更严格的还款方式。这个本来很自然的问题，却由于美国过去的6至7年里信贷宽松、金融创新活跃、房地产和证券市场价格上涨的影响，没有得到真正的实施。这样一来，次级按揭贷款的还款风险就由潜在变成现实。在这过程中，美国有的金融机构为一己之利，纵容次贷的过度扩张及其关联的贷款打包和债券化规模，使得在一定条件下发生的次级按揭贷款违约事件规模不断扩大，到了引发危机的程度。次贷危机发生的条件，就是信贷环境改变，特别是房价停止上涨。为什么这样说呢？大家知道，次级按揭贷款人的资信状况，本来就比较差，或缺乏足够的收入证明，或还存在其他的负债，还不起房贷、违约是很容易发生的事。但在信贷环境宽松或者房价上涨的情况下，放贷机构因贷款人违约收不回贷款，它们也可以通过再融资，或者干脆把抵押的房子收回来，再卖出去即可，不亏还赚。但在信贷环境改变，特别是房价下降的情况下，再融资或者把抵押的房子收回来再卖就不容易实现，或者办不到，或者亏损。在较大规模地、集中地发生这类事件时，危机就出现了。

美国次贷危机的苗头，其实早在2006年年底就开始了。只不过，从出现苗头、问题累积到确认危机，特别是到贝尔斯登、美林证券、花旗银行和汇丰银行等国际金融机构对外宣布数以百亿美元的次贷危机损失，花了半年多的时间。现在看来，由于次贷危机的涉及面广、原因复杂、作用机制特殊，持续的时间会较长，产生的影响会比较大。

在美国，有的经济学家将这些问题定义为“说谎人的贷款”，而在这些交易中，银行和金融充当了“不傻的傻瓜”的角色。次贷危机引发了美国和全球范围的又一次信用危机，而从金融信用和信任角度来看，它被有的经济学者视为美国可能面临过去76年以来最严重的金融冲击。消除这场危机，也需要足够的时间。

(资料来源：东方财富网，2009年9月12日)

# 第一节 金融风险

## 一、金融风险概述

金融风险，指任何可能导致企业或机构财务损失的风险。一家金融机构发生风险带来的后果，往往超过对其自身的影响。金融机构在具体的金融交易活动中出现的风险，有可能对该金融机构的生存构成威胁；一家金融机构因经营不善而出现危机，有可能对整个金融体系的稳健运行构成威胁；一旦发生系统风险，金融体系运转失灵，必然导致全社会经济秩序的混乱，甚至引发严重的政治危机。

金融风险由于形式、政策、法律、市场、决策、操作、管理等诸多因素的变化或缺陷而导致损失的不确定性。不确定性有两种可能，一是未加防范或防范不力使损失成为事实；二是由于采取了防范措施且措施得当，损失没有发生或将损失降到最低限度。

## 二、金融风险的类型

按金融机构经营活动的风险划分，可分为信用风险、流动风险、市场风险、操作风险、利率风险、政治风险等。

### (一) 信用风险

#### 1. 信用风险的含义

信用风险又称违约风险，是指交易对手未能履行约定契约中的义务而造成经济损失的风险，即受信人不能履行还本付息的责任而使授信人的预期收益与实际收益发生偏离的可能性，它是金融风险的主要类型。

#### 2. 信用风险产生的原因

信用风险是借款人因各种原因未能及时、足额偿还债务或银行贷款而违约的可能性。发生违约时，债权人或银行将因为未能得到预期的收益而承担财务上的损失。信用风险是由两方面的原因造成的。

(1) 经济运行的周期性。在处于经济扩张期时，信用风险降低，因为较强的盈利能力使总体违约率降低。在处于经济紧缩期时，信用风险增加，因为盈利情况总体恶化，借款人因各种原因不能及时足额还款的可能性增加。

(2) 对于公司经营有影响的特殊事件的发生。这种特殊事件发生与经济运行周期无关，但对公司经营有重要的影响，例如，产品的质量诉讼。典型案例是当人们知道石棉对人类

健康有影响的事实时，所发生的产品的责任诉讼使约翰•曼维尔(Johns- Manville)公司——一个著名的在石棉行业中处于领头羊位置的公司破产并无法偿还其债务。

### 3. 信用风险的测量

信用风险对于银行、债券发行者和投资者来说都是一种非常重要的影响决策的因素。若某公司违约，则银行和投资者都得不到预期的收益。国际上，测量公司信用风险指标中最为常用的是该公司的信用评级。这个指标简单并易于理解。例如，穆迪公司对企业的信用评级即被广为认可。该公司利用被评级公司的财务和历史情况分析，对公司信用进行从AAA到CCC信用等级的划分。AAA为信用等级最高，最不可能违约；CCC为信用等级最低，很可能违约。

### 4. 信用风险的影响

信用风险对形成债务双方均有影响，主要对债券的发行者、投资者和各类商业银行和投资银行有重要作用。

(1) 对债券发行者的影响。因为债券发行者的借款成本与信用风险直接挂钩，债券发行者受信用风险影响极大。计划发行债券的公司会因为种种不可预料的风险因素而大大增加融资成本。例如，平均违约率升高的消息会使银行增加对违约的担心，从而提高对贷款的要求，使公司融资成本增加。即使没有什么对公司有影响的特殊事件，经济萎缩也可能增加债券的发行成本。

(2) 对债券投资者的影响。对于某种证券来说，投资者是风险承受者，随着债券信用等级的降低，则应增加相应的风险贴水，即意味着债券价值的降低。同样，共同基金持有的债券组合会受到风险贴水波动的影响，风险贴水的增加将减少基金的价值并影响到平均收益率。

(3) 对商业银行的影响。当借款人对银行贷款违约时，商业银行是信用风险的承受者。银行因为两个原因会受到相对较高的信用风险。首先，银行的放款通常在地域上和行业上较为集中，这就限制了通过分散贷款而降低信用风险的方法的使用。其次，信用风险是贷款中的主要风险。随着无风险利率的变化，大多数商业贷款都设计成浮动利率。这样，无违约利率变动对商业银行基本上没有什么风险。而当贷款合约签订后，信用风险贴水则是固定的。如果信用风险贴水升高，银行就会因为贷款收益不能弥补较高的风险而遭受损失。

### 5. 信用风险的管理方法

管理信用风险有多种方法。传统的方法是贷款审查的标准化和贷款对象多样化。近年来，较新的管理信用风险的方法是出售有信用风险的资产。银行可以将贷款直接出售或将其证券化；银行还可以把有信用风险的资产组成一个资产池，将其全部或部分出售给其他投资者。当然，使用各种方法的目的都是转移信用风险而使自己本身所承受的风险降低。不过，这类方法并不完全满足信用风险的管理需要。

(1) 贷款审查标准化和贷款对象分散化。贷款审查标准化和贷款对象分散化是管理信用风险的传统方法。贷款审查标准化就是依据一定的程序和指标考察借款人或债券的信用状况以避免可能发生的信用风险。例如：如果一家银行决定是否给一家公司贷款，首先银行要详细了解这家公司的财务状况；然后，应当考虑借款公司的各种因素，如盈利情况、边际利润、负债状况和所要求的贷款数量等；若这些情况都符合贷款条件，则应考虑欲借款公司的行业情况，分析竞争对手、行业发展前景、生产周期等各个方面；最后，银行就依据贷款的数量，与公司协商偿还方式等贷款合同条款。尽管共同基金与债券投资并不能确定投资期限，他们也是通过类似的信用风险分析来管理投资的信用风险。

另一方面，银行可以通过贷款的分散化来降低信用风险。贷款分散化的基本原理是信用风险的相互抵消。例如，如果某一个停车场开的两个小卖部向银行申请贷款，银行了解到其中一家在卖冰淇淋，另一家则卖雨具。在晴天卖冰淇淋的生意好，卖雨具的生意不好；而在雨天则情况相反。因为两家小卖部的收入的负相关性，其总收入波动性就会较小。银行也可利用这样的原理来构造自己的贷款组合和投资组合。在不同行业间贷款可以减少一定的信用风险。

(2) 资产证券化和贷款出售。近年来，管理信用风险的新方法是资产证券化和贷款出售。资产证券化是将有信用风险的债券或贷款等金融资产组成一个资产池并将其出售给其他金融机构或投资者。从投资者的角度来看，因为通过投资多个贷款或债券的组合可以使信用风险降低，所以这种资产组合而产生的证券是有吸引力的。同时，购买这样的证券也可以帮助投资者调整投资组合，减少风险。因为上述原因，资产证券化发展迅速。在美国市场，1984 年资产证券化交易量基本为 0，而到 1994 年达到 750 亿美元。

贷款出售是银行通过贷款出售市场将其贷款转售给其他银行或投资机构。通常，银行在给企业并购提供短期贷款后，往往会将其贷款出售给其他投资者。极少数时候，银行可以对某一单一并购提供大量贷款，这种情况下信用风险分析就显得十分重要。在美国市场，贷款出售交易量由 1991 年的 2000 亿美元迅速增加到 1994 年的 6650 亿美元。

资产证券化和贷款出售均为信用风险管理的有效工具。不过，资产证券化只适合那些有稳定现金流或有类似特征的贷款项目，例如，房地产和汽车贷款。所以，最新的信用风险管理工具是依靠信用衍生工具。

### (二) 流动性风险

#### 1. 流动性风险的含义

流动性风险是指经济主体由于金融资产的流动性的不确定性变动而遭受经济损失的可能性。在日常经济生活中，银行资产的流动性越低，资产变现的可能性越小，应付突发事件的能力就越弱。严重的流动性危机会导致银行破产。

#### 2. 流动性风险形成的原因

流动性风险形成的原因是复杂和广泛的，通常被视为一种综合性风险。流动性风险的产生除了因为商业银行的流动性计划不完善之外，信用、市场、操作等风险领域的管理缺陷同样会导致商业银行的流动性不足，甚至引发风险扩散，造成整个金融系统出现流动性困难。因此，流动性风险管理除了应当做好流动性安排之外，还应当有效管理其他各类主要风险。从这个角度说，流动性风险水平体现了商业银行的整体经营状况。

#### 3. 流动性风险的管理

在市场经济条件下，商业银行产权制度改革的步伐不断加快，国家信用将不再是商业银行信誉的支撑者，商业银行出现流动性风险以致倒闭将不再是神话。因此，加强商业银行流动性风险管理应引起商业银行和中央银行的高度重视。健全商业银行流动性风险管理

的基本思路是：改革现行以中央银行为主体的流动性比例管理，创造条件逐步建立以商业银行为主体，以所有者权益最大化为核心，以安全性、流动性和盈利性协调统一为宗旨的流动性管理机制，增强银行核心竞争力。

(1) 增强风险管理的意识。风险管理是银行经营的一个永恒的主题，不能有丝毫的懈怠。为此，商业银行应加强风险的宣传教育，强化银行的风险意识，时刻敲响风险的警钟，牢固树立风险第一的思想，增强忧患意识，在经营中力求稳健，正确处理好安全性、流动性和盈利性的关系。在确保资金安全和正常流动的前提下，实现银行的盈利。由于流动性风险是银行其他风险的集中和最终表现，危害甚大，银行应对此有充分的认识和警觉，主动采取措施控制流动性风险。

(2) 建立独立的风险管理组织体系。应设立专门的流动性管理部门，并聘请流动性经理，对流动性进行系统深入的管理。其行为指导准则是：第一，必须随时与银行的高层管理者联系，确保流动性管理的优先性和明确的目标；第二，必须跟踪银行内所有资金使用部门和筹集部门的活动，并协调这些部门与流动性管理部门的活动；第三，必须连续分析银行的流动性需要和流动性供给，以避免流动性头寸过量或不足。

(3) 加快货币市场发展，拓宽商业银行的融资渠道。银行流动性管理要求银行资产和负债保持一种流动性状态，当流动性需求增加时，通过变卖短期债券或从市场上借入短期资金增加流动性供给；当流动性需求减少、出现多余头寸时，又可投资于短期金融工具，获取盈利。为商业银行流动性管理创造市场环境，首先要大力发展证券市场特别是国债市场，增加国债品种和数量，大力发展银行间债券市场，为银行流动性管理提供广阔空间；其次要大力发展票据市场、同业拆借市场等，在条件成熟时，还可允许商业银行在金融市场上发行金融债券。

(4) 对需求预测和分析，建立有效的风险预警机制。首先，要搞好对资产流动性的预测和分析，然后在流动性预测和分析的基础上建立流动性风险的预警系统。应该借鉴西方商业银行成熟的经验，采取科学的预测和度量方法，建立一套科学实用的流动性预警界定监测指标体系，以便在日常业务管理中准确地监测流动性风险，一旦发现风险达到警戒线就及时发出预警，从而把流动性风险管理纳入科学化、规范化和程序化的轨道，逐步形成新的流动性风险管理运行机制和流动性安全保障机制。其次，建立流动性风险处置预案，提高避险能力，对可能发生的全局或局部流动性风险，国有商业银行总行及其分支机构都要有完善的处置预案，一旦在某个部位出现风险，各级行应在限定时间内采取有效措施进行补救，尽量把风险控制在最小范围内。

### (三) 市场风险

#### 1. 市场风险的含义

市场风险指因股市价格、利率、汇率等的变动对企业实现既定目标的不利影响。根据1996年巴塞尔银行监管委员会颁布的《资本协议市场补充规定》的定义：市场风险是由市场的波动而导致表内和表外头寸的风险，包括汇率风险、利率风险以及商品风险。

#### 2. 市场风险的类型

市场风险实际上是由于利率、汇率、股票、商品等价格变化导致银行损失的风险。顾名思义，市场风险实际包括利率风险、汇率风险、股市风险和商品价格风险四大部分。由于我国目前银行从事股票和商品业务有限，因此其市场风险主要表现为利率风险和汇率风险。

(1) 利率风险是整个金融市场中最重要的风险。由于利率是资金的机会成本，因此汇率、股票和商品的价格皆离不开利率；同时由于信贷关系是银行与其客户之间最重要的关系，因此利率风险是银行经营活动中面临的最主要风险。在我国，由于经济转型尚未完成，市场化程度仍有待提高，利率市场化进程也刚刚起步，利率风险问题方才显露。虽然以存贷利率为标志的利率市场化进程已经推进，但是目前我国基准利率市场化还没有开始，影响利率的市场因素仍不明朗，而且市场仍然没有有效的收益率曲线，利率风险将逐步成为我国金融业最主要的市场风险。

(2) 汇率风险是市场风险的重要组成部分。随着我国经济持续增长，越来越多的国内企业将走出国门投资海外，汇率风险也随之增加。同时，自 2005 年 7 月人民币汇率形成机制改革实施以来，人民币兑外汇的风险明显上升。从 2005 年 7 月到 2006 年 5 月中旬人民币兑美元升值已突破 8 元心理价位。2010 年 12 月 30 日人民币对美元中间价为 6.6229 元，创 2005 年汇改以来新高。随着人民币汇率形成机制的进一步完善，市场因素在汇率形成机制中的作用会进一步加大，我国银行业的汇率风险也将进一步提升，加强汇率风险管理和监管变得越来越重要。

(3) 股票价格风险是指由于商业银行持有的股票价格发生不利变动而给商业银行带来损失的风险。

(4) 商品价格风险是指商业银行所持有的各类商品的价格发生不利变动而给商业银行带来损失的风险。这里的商品包括可以在二级市场上交易的某些实物产品，如农产品、矿产品(包括石油)和贵金属等。

#### 3. 市场风险的管理

1988 年的《巴塞尔资本协议》只考虑了信用风险，而忽视了市场风险，尤其是对许多新的和复杂的场外衍生产品市场风险未能给予足够的重视。但 20 世纪 90 年代一系列的重大风险事件使巴塞尔委员会意识到了市场风险的重要性，随后加快了将市场风险纳入资本监管要求范围的步伐。1996 年 1 月，巴塞尔委员会及时推出了“《资本协议》关于市场风险的修订案”。该修订案改变了 1988 年《巴塞尔资本协议》中将表外业务比照表内资产确定风险权重并相应计提资本金的简单做法，提出了两种计量风险的方法：标准法和内部模型法。自 1996 年修订案实施以来，大多数国家和地区的银行对市场风险管理给予了足够的重视，经过不断发展，已具备了较为完善的市场风险管理体系。

### （四）操作风险

#### 1. 操作风险的含义

银行办理业务或内部管理出了差错，必须做出补偿或赔偿；法律文书有漏洞，被人钻了空子；内部人员监守自盗，外部人员欺诈得手；电子系统硬件软件发生故障，网络遭到黑客侵袭；通信、电力中断；地震、水灾、火灾、恐怖袭击；等等，所有这些，都会给商业银行带来损失。这一类的银行风险，被统称为操作风险。

### 2. 操作风险的类型

巴塞尔银行监管委员会对操作风险的正式定义是：由于内部程序、人员及系统的不完备或失效和由于外部事件造成损失的风险。按照发生的频率和损失大小，巴塞尔委员会将操作风险分为七类：

(1) 内部欺诈：有机构内部人员参与的诈骗、盗用资产、违犯法律以及公司的规章制度的行为。

(2) 外部欺诈：第三方的诈骗、盗用资产、违犯法律的行为。

(3) 雇用合同以及工作状况带来的风险事件。这是指由于不履行合同，或者不符合劳动健康、安全法规所引起的赔偿要求。

(4) 客户、产品以及商业行为引起的风险事件。这是指有意或无意造成的无法满足某一顾客的特定需求，或者是由于产品的性质、设计问题造成的失误。

(5) 有形资产的损失：由于灾难性事件或其他事件引起的有形资产的损坏或损失。

(6) 经营中断和系统出错：例如软件或者硬件错误、通信问题以及设备老化。

(7) 涉及执行、交割以及交易过程管理的风险事件。例如，交易失败，与合作伙伴的合作失败，交易数据输入错误，不完备的法律文件，未经批准访问客户账户以及卖方纠纷等。

### 3. 操作风险的管理

(1) 建立完善的公司法人治理结构。我国商业银行要建立规范的股东大会、董事会、监事会制度，设立独立董事，构建股东大会－董事会－监事会－行长经营层之间的权力划分和权力制衡有效结构，通过高级管理层权力制衡，抑制“内部人”控制及“道德风险”的发生。

(2) 按照“机构扁平化、业务垂直化”的要求，推进管理架构和业务流程再造，从根本上解决操作风险的控制问题。

(3) 改革考核考评办法。正确引导分支机构在调整结构和防范风险的基础上提高经营效益，防止重规模轻效益。要合理确定任务指标，把风险及内控管理纳入考核体系，切实加强银行审慎经营和管理，严防操作风险。不能制定容易引发偏离既定经营目标或违规经营的激励机制。

另外，银行还应该不断完善内部控制制度。商业银行在坚持过去行之有效的内部控制制度的同时，要把握形势，紧贴业务，不断研究新的操作风险控制点，完善内部控制制度，及时有效地评估并控制可能出现的操作风险，把各种安全隐患消除在萌芽状态。

## ✲ 知识拓展 11-1

#### 我国商业银行当前操作风险的主要原因

1. 公司治理结构不健全。一是所有者虚位，导致对代理人监督不够。二是内部制衡机制不完善。董事会、监事会、经营管理层之间的制衡机制还未真正建立起来。三是存在“内部人”控制现象。由于国有商业银行所有者虚位，很容易导致银行高管人员利用政府产权上的弱控制而形成事实上的“内部人”控制，进行违法违纪活动。四是内部控制能力逐级衰减。

国有商业银行的“五级”直线式管理架构，由于内部管理链条过长，信息交流不对称，按照“变压器”原理，总行对分支机构的控制力层层衰减，管理漏洞比较多。

2. 内控制度建设尚不完备。一是没有形成系统的内部控制制度，控制不足与控制分散并存，业务开拓与内控制度建设缺乏同步性，特别是新业务的开展缺乏必要的制度保障，风险较大。二是内控制度的整体性不够。对所属分支机构控制不力，对决策管理层缺乏有效的监督，对业务人员监督得多，而对各级管理人员监督得较少，制约力不强。三是内控制度的权威性不强。审计资源配置效率低下，稽核审计职能和权威性没有充分发挥，内部审计部门没有完全起到查错防漏、控制操作风险的作用。

3. 风险管理方法落后，信息技术的运用严重滞后。

4. 员工队伍管理不到位。银行管理人员在日常工作中重业务开拓，轻队伍建设；重员工使用，轻员工管理，对员工思想动态掌握不够；加之举报机制不健全，使本来可以超前防范的操作风险不能及时发现和制止。

5. 与风险控制有冲突的考核激励政策容易诱导操作风险。

6. 社会转型及银行变革容易引发操作风险。当前社会治安形势仍然严峻，针对银行的抢劫、诈骗、盗窃等犯罪时有发生。从银行内部来看，国有银行正在进行股改，伴随机构撤并，也带来了大量富余人员消化问题，并导致各种矛盾的尖锐化。

(资料来源：兰莉. 商业银行操作风险的特征、成因及控制[J]. 金融论坛，2010(5))

### (五) 利率风险

#### 1. 利率风险的含义

利率风险是指市场利率变动的不确定性给商业银行造成损失的可能性。巴塞尔委员会在 1997 年发布的《利率风险管理原则》中将利率风险定义为：利率变化使商业银行的实际收益与预期收益或实际成本与预期成本发生背离，使其实际收益低于预期收益，或实际成本高于预期成本，从而使商业银行遭受损失的可能性。例如原本投资于固定利率的金融工具，当市场利率上升时，可能导致其价格下跌的风险。

#### 2. 利率风险的分类

巴塞尔银行监管委员会将利率风险分为重新定价风险、基差风险、收益率曲线风险和选择权风险四类。

(1) 重新定价风险。重新定价风险是最主要的利率风险，它产生于银行资产、负债和表外项目头寸重新定价时间(对浮动利率而言)和到期日(对固定利率而言)的不匹配。通常把某一时间段内对利率敏感的资产和对利率敏感的负债之间的差额称为“重新定价缺口”。只要该缺口不为零，则利率变动时，会使银行面临利率风险。70 年代末和 80 年代初，美国储贷协会危机主要就是由于利率大幅上升而带来的重新定价风险。该风险是普遍存在的，中国商业银行也面临着重新定价风险。

(2) 基差风险。当一般利率水平的变化引起不同种类的金融工具的利率发生程度不等的变动时，银行就会面临基差风险。即使银行资产和负债的重新定价时间相同，但是只要

存款利率与贷款利率的调整幅度不完全一致，银行就会面临风险。中国商业银行贷款所依据的基准利率一般都是中央银行所公布的利率，因此，基差风险比较小，但随着利率市场化的推进，特别是与国际接轨后，中国商业银行因业务需要，可能会以伦敦银行同业拆放利率(LIBOR)为参考，到时产生的基差风险也将相应增加。

(3) 收益率曲线风险。收益率曲线风险是将各种期限债券的收益率连接起来而得到的一条曲线，当银行的存贷款利率都以国库券收益率为基准来制定时，由于收益曲线的意外位移或斜率的突然变化而对银行净利差收入和资产内在价值造成的不利影响就是收益曲线风险。收益曲线的斜率会随着经济周期的不同阶段而发生变化，使收益曲线呈现出不同的形状。正收益曲线一般表示长期债券的收益率高于短期债券的收益率，这时没有收益率曲线风险；而负收益率曲线则表示长期债券的收益率低于短期债券的收益率，这时有收益率曲线风险。根据中国国债信息网公布的有关资料显示，中国商业银行 2015 年底持有的国债面值已经超过 6.38 万亿元。如此大的国债余额在负收益率曲线情况下，收益率曲线风险非常大。

(4) 选择权风险。选择权风险是指利率变化时，银行客户行使隐含在银行资产负债表内业务中的期权给银行造成损失的可能性。即在客户提前归还贷款本息和提前支取存款的潜在选择中产生的利率风险。

当中国下调存贷款利率时，许多企业纷纷“借新还旧”，提前偿还未到期贷款转借较低利率的贷款，以降低融资成本；同时个人客户的利率风险意识也不断增强，再加上中国对于客户提前还款的违约行为还缺乏政策性限制，因此，选择权风险在中国商业银行日益突出。

### 3．利率风险的管理

资金缺口是一个与时间长短相关的概念。缺口数值的大小与正负都依赖于计划期的长短，这是因为资产或负债的利率调整期限决定了利率调整是否与计划期内利率相关。西方商业银行有多种衡量和管理利率风险的工具和方法。主要包括：利率敏感性缺口管理、持续期缺口管理。

(1) 利率敏感性缺口管理。利率敏感性缺口(IRSG)指的是一定时期内利率敏感性资产与利率敏感性负债的差额。而利率敏感性资产(IRSA)和利率敏感性负债(IRSL)是指那些在某一时期内到期的或需要重新确定利率的资产和负债。利率敏感性资产主要包括浮动利率贷款、即将到期的或短期的贷款、短期投资、同业拆出以及买进的回购协议等。利率敏感性负债主要包括活期和短期存款、同业拆入及出售的回购协议等。利率敏感性缺口用公式可表示为：

利率敏感性缺口 = 利率敏感性资产 − 利率敏感性负债，即 IRSG = ISRA − ISRL

当利率敏感性资产大于利率敏感性负债时，称为正缺口；当利率敏感性资产小于利率敏感性负债时，称为负缺口；当利率敏感性资产等于利率敏感性负债时，称为零缺口。存在正缺口的银行称为资产敏感型银行，存在负缺口的银行称为负债敏感型银行，存在零缺口的银行称为敏感平衡型银行。如果一家银行的利率敏感性缺口为正值，说明它的利率敏感性资产大于利率敏感性负债。当市场利率上升时，该银行一方面需要对利率敏感性负债支付更高的利息，另一方面又可以从利率敏感性资产中获取更多的收益。由于利率敏感性资产大于利率敏感性负债，当所有利率同时以等幅上升时，利息收入的增长快于利息支出的增长，净利差收入就会增加。同理，当利率下降时，银行的净利差收入就会下降。如果银行的利率敏感性资产小于利率敏感性负债，利率敏感性缺口为负，那么当利率上升时，利息收入的增长慢于利息支出的增长，银行的净利差收入会下降；反之若利率下降，银行的净利差收入就会增加。

(2) 持续期缺口管理。持续期也称为久期，是由美国经济学家弗雷得里•麦克莱于1936年提出的。久期最初是用来衡量固定收益的债券实际偿还期的概念，可以用来计算市场利率变化时债券价格的变化程度，20世纪70年代以后，随着西方商业银行面临的利率风险加大，久期概念被逐渐推广应用于所有固定收入金融工具市场价格的计算，也应用于商业银行资产负债管理之中。持续期是指某项资产或负债的所有预期现金流量的加权平均时间，也就是指某种资产或负债的平均有效期限。

一般来说，当持续期缺口为正时，银行净值价值随着利率上升而下降，随利率下降而上升；当持续期缺口为负时，银行净值价值随市场利率升降而反方向变动；当持续期缺口为0时，银行净值价值免遭利率波动的影响。

## ✲知识拓展 11-2

### 法国兴业银行的信用危机

法国第二大银行兴业银行2008年1月24日披露，由于旗下一名交易员私下越权投资金融衍生品，该行因此蒙受了49亿欧元(约合71.6亿美元)的巨额亏损。据称，这也是有史以来涉及金额最大的交易员欺诈事件。

这一数额巨大的欺诈案件一度引起了法国总统萨科齐的关注，监管当局已着手对此展开调查。更糟的是，受美国次贷危机拖累，该行还额外计提了20.5亿欧元的资产损失。为了缓和资金困境，兴业银行紧急宣布，通过增发配股的方式再融资55亿欧元。该行同时表示，不排斥任何合并或是收购建议。

**祸起股指期货交易**

根据兴业银行的电子声明，该行2008年1月18日发现一名在巴黎的交易员擅自设立仓位，并在未经许可的情况下大量投资于欧洲股指期货。不过，该行得等到将相关头寸全部平仓之后才能向公众披露。而轧平这些仓位直接导致了该行多达49亿欧元的损失。

据称，该交易员的手法相当老到，利用大量虚拟交易掩藏其违规投资行为，更致命的是，该名员工利用其在兴业银行工作的经验，轻而易举骗过了该行的安保系统。涉案的交易员已经承认了自己的不当行为，而相关的解聘程序已经启动，兴业还对其提出了法律诉讼，相关部门的直接负责人也将离职。

上述消息公布后，兴业银行在泛欧证交所挂牌的股票于2008年1月24日被紧急停牌。前一日，该股大跌4.1%，至79.08欧元，为2005年5月以来最低点，总市值约为350亿欧元。由于投资人预期兴业可能计提更多与次贷相关的损失，该行的股价2008年以来已累计下挫20%。

(资料来源：和讯网，2008年7月16日)

金融风险对一国金融市场的正常运行构成威胁，但并不意味着必然会诱发金融危机。金融危机是在特定的内外部条件下，长期积累的金融风险突然爆发而引发的金融体系出现严重困难甚至崩溃。主要表现为绝大部分金融指标快速恶化，各种金融资产价格暴跌，金融机构出现运营困难并大量破产，同时对实体经济运行产生不利影响。因此，金融危机可以概括为以下三个特点：第一，金融危机是金融状况的恶化；第二，金融危机发生时，大部分金融指标会有所体现；第三，金融危机爆发的特点是时间短、周期长、影响大。而当代金融危机则具有高频性、突发性、潜伏性、传染性、全球性的特点。

# 第二节　金融监管

## 一、金融监管的含义

金融监管是指政府通过特定的机构(如中央银行)对金融交易行为主体进行的某种限制或规定。金融监管本质上是一种具有特定内涵和特征的政府规制行为，它包括金融监督和金融管理。金融监督是指金融主管当局对金融机构实施的全面性、经常性的检查和督促，并以此促进金融机构依法稳健地经营和发展。金融管理是指金融主管当局依法对金融机构及其经营活动实施的领导、组织、协调和控制等一系列的活动。综观世界各国，凡是实行市场经济体制的国家，无不客观地存在着政府对金融体系的管制。从词义上讲金融监管有狭义和广义之分。狭义的金融监管是指中央银行或其他金融监管当局依据国家法律规定对整个金融业(包括金融机构和金融业务)实施的监督管理。广义的金融监管在上述涵义之外，还包括金融机构的内部控制和稽核、同业自律性组织的监管、社会中介组织的监管等内容。

## 二、金融监管的主要内容

一般而言，金融监管的主要内容包括：对金融机构设立的监管；对金融机构资产负债业务的监管；对金融市场的监管，如市场准入、市场融资、市场利率、市场规则等等；对会计结算的监管；对外汇外债的监管；对黄金生产、进口、加工、销售活动的监管；对证券业的监管；对保险业的监管；对信托业的监管；对投资黄金、典当、融资租赁等活动的监管。其中，对商业银行的监管是金融监管的重点，其主要内容包括市场准入监管、市场运营监管和市场退出监管等。

### 1. 市场准入监管

市场准入监管是指银行监管当局根据法律、法规的规定，对银行机构进入市场、银行业务范围和银行从业人员素质实施管制的一种行为。银行监管当局对要求设立的新银行机构，主要是对其存在的必要性及其生存能力两个方面进行审查。具体的要求是：银行必须有符合法律规定的章程，有符合最低额规定的注册资本，有具备任职专业知识和业务工作经验的高级管理人员，有健全的组织机构和管理制度，有符合要求的营业场所、安全防范措施和与业务有关的其他设施等。

### 2. 市场运营监管

市场运营监管是指对银行机构日常经营进行监督管理的活动。

(1) 资本充足性。银行资本主要包括核心资本和附属资本。资本充足性的最普遍定义是指资本对风险资产的比例，是衡量银行机构资本安全的尺度，一般具有行业的最低规范标准。其中，资本包括核心资本和附属资本。核心资本包括实收资本或普通股、资本公积、盈余公积、未分配利润和少数股权。附属资本包括重估储备、一般准备、优先股、可转换债券和长期次级债务。附属资本不得超过核心资本的100%；计入附属资本的长期次级债务不得超过核心资本的50%。根据《商业银行风险监管核心指标》，资本充足率必须大于等于8%，核心资本充足率必须大于等于4%。

(2) 资产安全性。国际通行的做法是分为五类：正常贷款、关注贷款、次级贷款、可疑贷款、损失贷款，通常认为后三类贷款为不良贷款。资产安全性监管是监管当局对银行机构监管的重要内容。资产安全性监管的重点是银行机构风险的分布、资产集中程度和关系人贷款。资产安全性监管的具体内容主要有以下几个方面：第一，分析各类资产占全部资产的比例，以及各类不良资产占全部资产的比例；第二，监测银行机构对单个借款人或者单个相关借款人集团的资产集中程度，又称为大额风险暴露；第三，监测银行机构对关系人的贷款变化；第四，监测银行坏账和贷款准备金的变化。

(3) 流动适度性。银行机构的流动能力分为两部分：一是可用于立即支付的现金头寸，包括库存现金和在中央银行的超额准备金存款，用于随时兑付存款和债权，或临时增加投资；二是在短期内可以兑现或出售的高质量可变现资产，包括国库券、公债和其他流动性有保证的低风险的金融证券，主要应付市场不测时的资金需要。对银行机构的流动性监管主要有以下内容：第一，银行机构的流动性应当保持在适度水平；第二，监测银行资产负债的期限匹配；第三，监测银行机构的资产变化情况，包括对银行的长期投资、不良资产和盈亏变化的监督。

(4) 收益合理性。对银行机构的财务监管主要包括：第一，对收入的来源和结构进行分析；第二，对支出的去向和结构进行分析；第三，对收益的真实状况进行分析。

(5) 内控有效性。商业银行内部控制体系是商业银行为实现经营管理目标，通过制定并实施系统化的政策、程序和方案，对风险进行有效识别、评估、控制、监测和改进的动态过程和机制。

### 3. 处理有问题银行及市场退出监管

(1) 处理有问题银行。有问题银行是指因经营管理状况的恶化或突发事件的影响，有发生支付危机、倒闭或破产危险的银行机构。监管当局处置有问题银行的主要措施有：第一，督促有问题银行采取有效措施，制订详细的整改计划，以改善内部控制，提高资本比例，增强支付能力；第二，采取必要的管制措施；第三，协调银行同业对有问题银行进行救助；第四，中央银行进行救助；第五，对有问题银行进行重组；第六，接管有问题银行。

(2) 处置倒闭银行。银行倒闭是指银行无力偿还所欠债务的情形。广义的银行倒闭有两种情况：一是银行的全部资产不足抵偿其全部债务，即资不抵债；二是银行的总资产虽然超过其总负债，但银行手头的流动资金不够偿还目前已到期债务，经债权人要求，由法

院宣告银行破产。处置倒闭银行的措施主要有收购或兼并以及依法清算等。

## 三、金融监管的目的

实施金融监管的主要目的有：

第一，维持金融业健康运行的秩序，最大限度地减少银行业的风险，保障存款人和投资者的利益，促进银行业和经济的健康发展；

第二，确保公平而有效地发放贷款的需要，由此避免资金的乱拨乱划，制止欺诈活动或者不恰当的风险转嫁；

第三，金融监管还可以在一定程度上避免贷款发放过度集中于某一行业；

第四，银行倒闭不仅需要付出巨大代价，而且会波及国民经济的其他领域，金融监管可以确保金融服务达到一定水平从而提高社会福利；

第五，中央银行通过货币储备和资产分配来向国民经济的其他领域传递货币政策，金融监管可以保证实现银行在执行货币政策时的传导机制；

第六，金融监管可以提供交易账户，向金融市场传递违约风险信息。

## 四、金融监管的方式

### (一) 公告监管

公告监管是指政府对金融业的经营不作直接监督，只规定各金融企业必须依照政府规定的格式及内容定期将营业结果呈报政府的主管机关并予以公告，至于金融业的组织形式、金融企业的规范、金融资金的运用，都由金融企业自我管理，政府不对其多加干预。

公告监管的内容包括：公告财务报表、最低资本金与保证金规定、偿付能力标准规定。在公告监管下金融企业经营的好坏由其自身及一般大众自行判断，这种将政府和大众结合起来的监管方式，有利于金融机构在较为宽松的市场环境中自由发展。但是由于信息不对称，作为金融企业和公众很难评判金融企业经营的优劣，对金融企业的不正当经营也无能为力。因此公告监管是金融监管中最宽松的监管方式。

### (二) 规范监管

规范监管又称准则监管，是指国家对金融业的经营制定一定的准则，要求其遵守的一种监管方式。在规范监管下，政府对金融企业经营的若干重大事项，如金融企业最低资本金，资产负债表的审核，资本金的运用，违反法律的处罚等，都有明确的规范，但对金融企业的业务经营、财务管理、人事等方面不加干预。这种监管方式强调金融企业经营形式上的合法性，比公告监管方式具有较大的可操作性，但由于未触及金融企业经营的实体，仅一些基本准则，故难以起到严格有效的监管作用。

### (三) 实体监管

实体监管是指国家订立有完善的金融监督管理规则，金融监管机构根据法律赋予的权力，对金融市场，尤其是金融企业进行全方位、全过程有效的监督和管理。实体监管过程分为三个阶段：第一阶段是金融业设立时的监管，即金融许可证监管；第二阶段是金融业经营期间的监管，这是实体监管的核心；第三阶段是金融企业破产和清算的监管。实体监管是国家在立法的基础上通过行政手段对金融企业进行强有力的管理，比公告监管和规范监管更为严格、具体和有效。

### （四）现场监管与非现场监管

#### 1. 现场监管

现场监管又称现场检查，是指监管人员直接深入到金融企业进行制度、业务检查和风险判断分析，通过核实和查清非现场监管中发现的问题和疑点，达到全面深入了解和判断金融企业经营和风险情况的一种实地检查方式，是金融监管的重要手段和方式。现场检查按检查的范围和内容划分，可分为全面检查和专项检查。

#### 2. 非现场监管

非现场监管是按照风险为本的监管理念，全面而持续地收集、监测和分析被监管机构的风险信息，针对被监管机构的主要风险隐患制定监管计划，并结合被监管机构风险水平的高低和对金融体系稳定的影响程度，合理配置监管资源，实施一系列分类监管措施的周而复始的过程。

## ✲知识拓展 11-3

### 北京金融工作局主要职责

北京市金融工作局成立于 2009 年 3 月，是负责促进北京市金融发展、金融服务和金融市场建设工作的市政府直属机构。主要职责是：

1. 贯彻落实国家关于金融方面的法律、法规、规章和政策；配合国家金融管理部门驻京机构做好货币政策落实及金融监管相关工作；研究拟订本市金融业发展规划和政策措施，并组织实施。

2. 指导并推动本市金融市场、要素市场体系建设和发展；组织推进多层次资本市场发展；指导、规范各类交易所的设立和发展；协调推进非上市股份公司进入证券公司代办股份转让系统在本市的试点和发展工作。

3. 统筹推进本市企业融资工作；协调推进企业上市和并购重组；协调推动企业发行公司债券、短期融资券和中期票据等债务融资工具；指导、推动创业投资基金、股权(产业)投资基金规范发展。

4. 协调、推进农村金融改革与发展；优化农村金融发展环境，推动农村金融体系建设和产品服务创新；指导农村金融综合改革试验区建设与发展；协调推动涉农金融机构和中介服务机构增强金融强农惠农能力。

5. 统筹推进本市金融发展环境建设，建立健全金融服务体系，为国家金融管理部门、在京金融机构提供服务。

6. 协调在京金融机构为首都经济发展服务；参与本市投融资体制改革工作；研究制定引导社会融资发展的政策措施；参与研究拟订政府重大项目融资方案；协调金融机构综合

运用各种金融工具和平台，为重点工程、主导产业、重要区域发展和中小企业发展提供融资支持服务。

7. 协调、指导金融服务社会民生工作；引导、协调金融机构创新服务产品，扩大服务范围，延伸服务领域，提升服务效率。

8. 推进本市金融信用体系建设；配合有关部门推进企业和个人征信系统建设；参与建立信用信息共享交换机制和信用奖惩机制。

9. 研究制定本市金融业发展总体布局规划，促进金融机构合理布局；指导金融功能区、金融后台园区的建设发展，引导相关金融管理部门和金融机构进驻；监测分析各金融功能区、金融后台园区发展情况。

10. 负责本市小额贷款公司审批和监管工作；负责融资性担保机构设立、变更审批及日常监管；承担集体改制企业上市的产权确认职责；承担市属金融机构和地方审批金融机构相应授权监管职责；指导、规范金融中介机构发展。

11. 推进市属金融机构改革重组；协调配合有关部门防范、化解和处置金融风险；协调有关部门做好打击非法集资、非法证券经营活动、非法期货业务、非法外汇买卖、反洗钱、反假币工作；负责本市金融应急处理机制建设。

12. 指导、协调本市金融人才资源开发管理和金融人才队伍建设工作。

13. 承办市政府交办的其他事项。

(资料来源：北京市金融工作局，http://www.bjjrj.gov.cn)

# 第三节　金融全球一体化

## 一、金融全球一体化概述

金融全球一体化是指金融业跨国发展，金融活动按全球同一规则运行，同质的金融资产价格趋于等同，巨额国际资本通过金融中心在全球范围内迅速运转，从而形成全球一体化的趋势。世界各国、各地区在金融业务和金融政策等方面相互交往和协调，相互渗透和扩张，相互竞争和制约，已发展到相当水平，进而使全球金融形成一个联系密切、不可分割的整体。

随着世界经济的全球化，金融领域的跨国活动也在以汹涌澎湃之势迅猛发展。金融全球化不仅成为世界经济发展最为关键的一个环节，同时也成为最为敏感的一个环节。金融全球化促使资金在全世界范围内重新配置，一方面使欧美等国的金融中心得以蓬勃发展，另一方面也使发展中国家，特别是新兴市场经济国家获得了大量急需的经济发展启动资金。可以说，世界经济的发展离不开金融全球化的推动。

然而，金融全球化也有其另一面。从发达国家来看，1992 年的西欧金融风暴迫使英国退出了欧洲货币体系。从发展中国家来看，1982 年拉美债务危机，1994—1995 年墨西哥金融危机，1997 年东亚金融危机，对当地经济所造成的影响是全方位、多层面和深层次的，在全世界都引起了极大的震撼。

## 二、金融全球一体化学说

金融全球一体化是目前人们使用频率很高的一个名词，也是整个世界日益广泛关注的热点问题。究竟什么是金融全球一体化？迄今为止，国内外学术界尚无统一的定义。归纳起来，国内外具有代表性的看法主要有：

### 1．核心论

金融全球化是经济全球化的重要组成部分，经济全球化必然要求也必然带来金融全球化，金融全球化是经济全球化的核心。正如金融是现代经济的核心一样，金融全球化也是经济全球化的核心，但金融全球化又有其自身规律和丰富内容。从金融本身的发展规律来看，推动金融全球化的主要动因是西方国家20世纪80年代以后金融自由化、信息技术、融资证券化和金融创新的发展。金融全球化是经济全球化的发展和组成部分，但它同时又是相对独立于并在很大程度上背离实质经济的全球运动。与实质经济无关的国际资本流动大多属于投机性资本流动，它们不仅无助于反而有悖于实质交易和投资的运动，并往往成为实质经济的不稳定和破坏性因素。

### 2．趋势论

金融全球化是一种趋势，是指因全球范围内金融管制放松和金融业开放加速而使国别资本得以在全球范围内自由流动的趋势；是资金或资本或金融服务在全球范围内迅速、大量和自由流动，最终形成全球统一金融市场、统一货币体系的趋势。金融全球化是与金融自由化、金融国际化和金融一体化紧密相关的，金融自由化、金融国际化和金融一体化从不同侧面推动了金融全球化。金融自由化是指一国国内金融管制的解除，包括利率自由化、银行自由化、金融市场自由化等；金融国际化包括各国银行在国外设立分支机构，发展境外金融中心与外币拆放市场，资本项目的放开等等，反映其程度的关键是资本项目是否放开；金融一体化是指国内金融市场和国际金融市场相互贯通，并以国际金融市场中心为依托，通过信息网络和金融网络形成全球统一的、不受时空限制的、无国界的全球金融市场，不仅各市场之间的相关性提高，而且金融危机也全球化了。

### 3．过程论

金融全球化是一个过程，是各国之间经济与金融的相互依存关系因国别资本或金融服务可以迅速地、大量地和基本上不受限制地跨国界流动而变得日益密切的动态过程；是全球金融活动和风险发生机制联系日益紧密的一个过程；是全球化进程中资本积累的金融化，是一个客观历史过程。之所以把金融全球化表述为是全球金融活动和风险发生机制联系日益紧密的一个过程，这是因为：一是金融全球化不仅是一个金融活动越过民族国家藩篱的过程，而且也是一个风险发生机制相互联系而且趋同的过程；二是金融全球化是一个逐步削弱民族国家经济权利的过程，无论是对发展中国家还是对发达国家，概莫能外；三是它是一个不断深化的过程，这既表现为它在范围上是逐渐扩展的，而且表现为它在程度上是不断加深的。金融全球化是一个自然的、历史的过程，尽管它在给全球各国带来巨大经济利益的同时也会带来极大的不安定因素，尽管它的发展历程可能存在曲折，但总体说是一个不可逆的过程。

4．一体化论

金融全球化是指世界各国或地区的金融活动趋于一体化，一国的金融活动与其他国家金融活动密切相关，各国货币体系和金融市场之间的联系日益紧密，国际金融市场日趋一体化；金融全球化作为经济全球化的需要，既是经济全球化的一部分，也是指资金在全球范围内筹集、分配、运用和流动，包括国际金融机构及各国货币的交叉使用。金融全球化的目的是统一金融市场、金融机构、金融产品和货币，是经济发展到一定阶段的产物。市场化是金融全球化的基础，从金融市场的基本要素来看，金融全球化包括金融机构国际化、金融业务国际化和货币国际化；从金融市场的结构来看，金融全球化包括货币市场国际化、资本市场国际化、外汇市场国际化以及欧洲货币市场的形成与发展。

法国学者弗朗索瓦·沙奈认为，金融全球化是指各国货币体系和金融市场之间日益紧密的联系。这种联系是金融自由化和放宽管制的结果，但并没有取消各国的金融体系，它们只是以“不充分”或“不完全”形式使其一体化并形成一个整体。这个整体有三个特点：首先，它有明显的等级之分，美国的金融体系支配着其他国家的金融体系，这是美元的地位以及美国的债券和股票市场的规模所决定的，各国之间的发展不平衡以及它们之间的竞争并未消失，甚至被金融自由化和放宽管制激活了；其次，这个整体的各个监管和监督机构是无能为力和不负责任的；再次，这个整体的各个市场的统一是由金融交易者根据各市场不同程度的差别进行交易来实现的。

以上从不同的角度对金融全球化进行了界定，但是各个定义之间也存在着一定的交叉，实际上在上述定义中有一些观点都是共同存在的，只是强调的程度不同而已，例如金融全球化在经济全球化中居于核心地位，金融全球化是一种趋势，金融全球化是一个过程，金融全球化是世界各国或地区金融活动趋于一体化，等等。由此可见金融全球化具有广泛的内涵，它是一个综合性的概念。因此，我们认为，金融全球化是经济全球化的重要组成部分，是金融业跨国境发展而趋于全球一体化的趋势，是全球金融活动和风险发生机制日益紧密关联的一个客观历史过程。

## 三、金融全球一体化的内容

由于金融活动是投资者和融资者通过一定的金融机构、利用金融工具在金融市场进行的资金交易活动，因此金融全球化就是金融活动的全球化。金融活动的全球一体化主要可包括以下几个方面：

### （一）资本流动全球一体化

随着投资行为和融资行为的全球化，即投资者和融资者都可以在全球范围内选择最符合自己要求的金融机构和金融工具，资本流动也全球化了。20 世纪 80 年代以后，国际资本流动呈现出不断加速和扩大的趋势。特别是 20 世纪 90 年代以后，国际资本以前所未有的数量、惊人的速度和日新月异的形式使全球资本急剧膨胀。从国际债券市场的融资规模来看，包括银行贷款、票据融资和债券发行三项业务的融资额，1973 年为 622 亿美元，1979 年为 1450 亿美元，年均增幅为 15%；而进入 20 世纪 90 年代后，由 1990 年的 4276 亿美元增加到 1996 年的 15 139 亿美元，年均增幅高达 23.5%。在国际证券市场上，发达国家证券资本的年平均流出入总额，1976—1980 年间为 476 亿美元，而在 1991—1994 年间已增加到 6311 亿美元。共同基金的融资规模更令人叹为观止，美国 1970 年的共同基金数为 400 个，资产总额约为 448 亿美元，到 1994 年则相应增加到 5300 个和 21 000 亿美元。

### (二) 金融机构全球一体化

金融机构是金融活动的组织者和服务者。金融机构全球化就是指金融机构在国外广设分支机构，形成国际化或全球化的经营。20 世纪 80 年代以后，为了应对日益加剧的金融服务业全球竞争，各国大银行和其他金融机构竞相以扩大规模、扩展业务范围和推进国际化经营作为自己的战略选择。20 世纪 90 年代以后，世界一些国家先后不同程度放松了对别国金融机构在本国从事金融业务或设立分支机构的限制，从而促进了各国银行向海外的拓展。1997 年末，世界贸易组织成员国签署“金融服务协议”，把允许外国在其境内建立金融服务公司并将按竞争原则运行作为加入该组织的重要条件，进一步促进了各国金融业务和机构的跨国发展。随着近年全球竞争的加剧和金融风险的增加，国际上许多大银行都把扩大规模、扩展业务和增强抵御风险能力作为发展新战略，自此国际金融市场掀起了声势浩大的跨国并购(即兼并和收购)浪潮。金融机构的并购与重组成为金融机构全球化的一个突出特点。全球金融业并购浪潮，造就了众多的巨型跨国银行。银行并购使全球金融机构的数量减少，单个机构的规模相对扩大，银行业的集中度迅速提高。

### (三) 金融市场全球一体化

金融市场是金融活动的载体，金融市场全球化就是金融交易的市场超越时空和地域的限制而趋向于一体。目前全球主要国际金融中心已连成一片，全球各地以及不同类型的金融市场趋于一体，金融市场的依赖性和相关性日益密切。金融市场全球化有两个重要的因素：一是放松或取消对资金流动及金融机构跨地区、跨国经营的限制，即金融自由化；二是金融创新，包括新的金融工具、融资方式与服务方式，新技术的应用，新的金融市场的开拓，新的金融管理或组织形式的推行。特别是信息通讯技术的高度发达和广泛应用，全球金融市场已经开始走向金融网络化，即全球金融信息系统、交易系统、支付系统和清算系统的网络化。全球外汇市场和黄金市场已经实现了每天 24 小时连续不间断交易。世界上任何一个角落有关汇率的政治、经济信息，几乎同步显示在世界任何一个角落的银行外汇交易室电脑网络终端的显示器上。远隔重洋的地球两端以亿美元为单位的外汇交易在数秒钟之内就可以完成。

### (四) 金融政策全球一体化

当前各国所执行的货币政策、汇率政策、国际收支的调节政策和国际储备的管理营运，都将对其他国家产生较大的影响，这已经成为各国中央银行不得不共同处理的问题。例如 1994 年 12 月，墨西哥由于比索贬值而引起的金融危机，最后导致了一场全球美元危机；美国公布提高短期利率，立即引起世界股市暴跌。由此看来，我们经济生活中的“蝴蝶效应”也时有发生。而整个世界承受和消化这种金融震荡的能力将对各国金融的发展与稳定产生重大影响。于是，各国中央银行不得不超越国家界限，从世界总体范围来观察和处理原本仅仅属于局部性的问题，并在此基础上制定相应对策。因此，金融政策越来越超越了

一国的界限，变成一种国际性的政策行动。

## ✯知识拓展 11-4

### 美国的四轮量化宽松政策

美国金融危机爆发后为应对金融危机负面冲击，救赎陷入流动性困境的金融机构，美联储于 2008 年 11 月 25 日首次公布将购买机构债和 MBS，标志着首轮量化宽松政策的开始。到 2010 年 3 月末累计向市场投放 1.725 万亿美元基础货币用于购买抵押贷款支持证券(1.25 万亿美元)、国债(3000 亿美元)和机构证券(175 亿美元)。

美联储 2010 年 11 月 4 日宣布，启动第二轮量化宽松计划，计划在 2011 年第二季度以前进一步收购 6000 亿美元的较长期美国国债。QE2 宽松计划于 2011 年 6 月结束，购买的仅仅是美国国债。QE2 的内涵是美国国债，实际上是通过增加基础货币投放，解决美国政府的财政危机。同时，美联储再通过向其他国家出售国债，套现还原成美元现金，增加了储备的规模(准备金大幅度增加 )，为解决未来的财政危机准备了弹药。

北京时间 2012 年 9 月 14 日凌晨消息，美联储麾下联邦公开市场委员会(FOMC)在结束为期两天的会议后宣布，0～0.25%超低利率的维持期限将延长到 2015 年年中，将从 15 日开始推出进一步量化宽松政策(QE3)，每月采购 400 亿美元的抵押贷款支持证券(MBS)，现有扭曲操作(OT)等维持不变。内容是在 2012 年 6 月底以前买入 4000 亿美元的美国国债，其剩余到期时间在 6 年到 30 年之间；同时出售等量的美国国债，其剩余到期时间为 3 年或以下，随后这项计划在今年 6 月份被延长到年底。美联储公开市场委员会(FOMC)于 2012 年 9 月 13 日指令纽约联储银行公开市场操作台以每月 400 亿美元的额度购买更多机构抵押支持证券(MBS)。FOMC 还指令公开市场操作台在年底前继续实施 6 月份宣布的计划，即延长所持有证券的到期期限，并把到期证券回笼资金继续用于购买机构 MBS。FOMC 强调，这些操作将在年底前使委员会所持有长期证券持仓量每月增加 850 亿美元，将给长期利率带来向下压力，对抵押贷款市场构成支撑，并有助于总体金融市场环境更加宽松。

2012 年 12 月 13 日凌晨，美联储宣布推出第四轮量化宽松 QE4，每月采购 450 亿美元国债，替代扭曲操作，加上 QE3 每月 400 亿美元的宽松额度，联储每月资产采购额达到 850 亿美元。除了量化宽松的猛药之外，美联储保持了零利率的政策，把利率保持在 0 到 0.25%的极低水平。

(资料来源：韩文龙，崔祥龙. 美国第四轮量化宽松政策的实施背景、影响及中国的对策[J]. 经济与管理，2013(4).)

## 四、金融全球一体化的影响

金融全球一体化是指金融业跨国发展，金融活动按全球同一规则运行，同质的金融资产价格趋于等同，巨额国际资本通过金融中心在全球范围内迅速运转，从而形成全球一体化的趋势。

金融全球化对发达国家和发展中国家的影响程度是很不相同的。在发达国家，资金的跨国流动也会带来风险，如上述的西欧金融风暴，还有 1995 年英国巴林银行的倒闭事件，但这些金融动荡的不利后果大多局限在某个金融领域。即便是1987年10月纽约股市的“黑色星期一”，美国经济的发展也没有因此受到严重挫伤。近年来西方金融市场充满活力，特别是纽约股市波动频繁，而且波动的幅度有日益加大之势，但美国经济已经创下了战后持续时间最长的增长纪录，而且其快速增长势头至今还没有显露疲态。

对于发展中国家而言，情况则大不相同，金融领域某一方面的崩溃往往会带来多米诺骨牌式的金融和经济“陷落”。1997年7月2日，泰国央行在外汇市场抛售泰铢的强大压力下被迫实行浮动汇率制，从而使泰铢在一日之内贬值15%左右。货币贬值风迅速传遍菲律宾、马来西亚和印度尼西亚等东南亚各国。货币危机之后接踵而来的是银行危机、外债危机和股市危机，酿成了一场综合性的金融危机，从而使整个经济陷于混乱。

发达国家和发展中国家抵御金融风波的能力是有很大差别的，其主要原因是由于发达国家的金融体系和金融法规在完备性和精密性上都远远超过发展中国家。因此，在金融全球化的过程中，目前发达国家处于主动地位，而发展中国家处于被动地位。为此，国际货币基金组织的新任总裁霍斯特·克勒指出，资本自由化对发展中国家不一定都是有利的，并且主张发展中国家对短期资本的流入应当实行管制。

毫无疑问，金融全球化为发达国家的“剩余”资金提供了更为广阔的投资空间，同时也为发展中国家带来了更多的融资机会。但是，对于金融体系仍相对脆弱、金融法规不够健全、金融监管比较滞后的发展中国家来说，确定合适的资本市场开放速度和进程是十分重要的大事。另外，加强金融领域的建设对发展中国家来说是一项十分急迫的大工程。再有，积极争取更为公正合理的国际金融新秩序对广大发展中国家来说既是一种权利也是一种必须。

## ✲ 知识拓展 11-5

### 英国公投脱欧

脱欧公投，指就英国是否脱离欧盟进行的公投。

2016年6月23日，我们见证了一个历史性的事件，英国公投决定在欧盟的去留问题，据悉，此次脱欧公投共有382个选区，根据对其中的352个选区的计票结果显示，脱离欧盟的支持者领先，共获得51.9%的投票，即1570万人支持退欧，而留在欧盟的支持者共有1458万人，获得48.1%的选票。最终以微弱优势决定退出欧盟，而英国首相卡梅伦也因此决定辞职，这一事件轰动世界，震惊各界人士。

**英国脱欧背景**

2013年1月23日，英国首相卡梅伦正式提出公投，正式就英国与欧盟关系前景发表讲话。卡梅伦承诺，如果他赢得预定于2015年举行的大选，会在一年内批准所需法律，制定与欧盟关系的新原则，然后就脱欧问题举行全民公投，让人民有机会选择继续留在或退出欧盟。卡梅伦称，如果欧盟不采取措施解决核心问题，英国将有可能退出该组织。

2015年1月4日，英国首相卡梅伦表示，如果有可能，将原计划于2017年进行公投提前举行。公投必须在2017年年底前举行。如果能早点进行更好。越快履行重新谈判的承诺举行公投越好。

2015 年 3 月 17 日，英国首相卡梅伦表示，如果他赢得 5 月的选举，那他将英国欧盟成员国地位公投提前到 2015 年的可能性很小。卡梅伦承诺重新协商英国与欧洲的关系，包括移民等问题，然后在 2017 年以前举行公投，希望防止对欧盟的怀疑情绪上升，这样的情绪导致一些保守党选民转投反欧盟的英国独立党。

英国当地时间 2016 年 6 月 23 日上午 7 点(北京时间 6 月 23 日下午 2 点)脱欧公投投票开始。此次投票将持续 15 小时，公投结果将直接影响英国未来是否留在欧盟。6 月 24 日报道英国公民 23 日进行公投，决定他们的国家离开欧盟。

(资料来源：新华网，2016 年 6 月 24 日)

## 【理论梳理】

(1) 金融风险是指任何有可能导致企业或机构财务损失的风险。一家金融机构发生的风险所带来的后果，往往超过对其自身的影响。金融机构在具体的金融交易活动中出现的风险，有可能对该金融机构的生存构成威胁；具体的一家金融机构因经营不善而出现危机，有可能对整个金融体系的稳健运行构成威胁；一旦发生系统风险，金融体系运转失灵，必然会导致全社会经济秩序的混乱，甚至引发严重的政治危机。

(2) 金融创新是金融领域内部通过各种要素的重新组合和创造性变革所创造或引进的新事物，是为了追求利润最大化而发生的。金融创新可分为狭义的金融创新和广义的金融创新。狭义的金融创新指金融工具的创新。广义的金融创新是包括金融工具、金融机构、金融市场以及金融制度在内的整个金融体系的创新。每种事物的发展都有其原因，金融创新也不例外，技术的推动，国际间竞争、需求的增加和严格的监管是金融创新的主要动力。

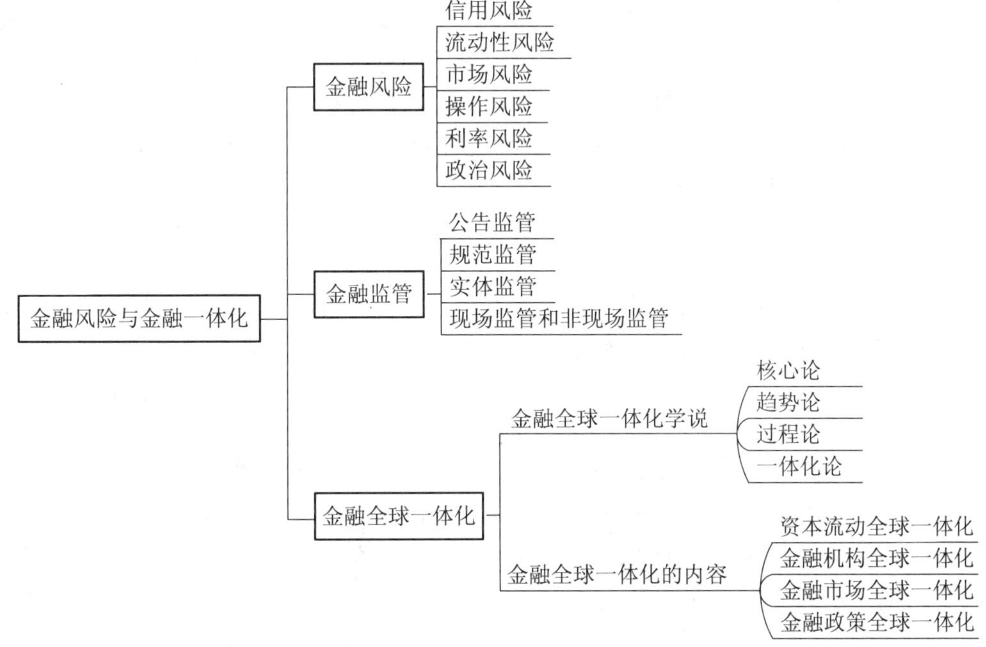

(3) 金融监管是指一国政府根据经济金融体系稳定、有效运行的客观需要以及经济主体的共同利益要求，通过金融主管机构或建立专门的金融监管机构，依据法律的规定对金融体系中的金融主体和金融市场实现监管和管理，以维护债权人的利益，约束债务人的行为，确保金融主体和金融业务的公平竞争，促进金融业务有次序地运行和健康地发展，实现推动经济发展和社会进步的目标。

## 【案例分析】

### 1997 年亚洲金融危机

1997 年 6 月，一场金融危机在亚洲爆发，这场危机的发展过程十分复杂。到 1998 年年底，大体上可以分为三个阶段：1997 年 6 月至 12 月；1998 年 1 月至 1998 年 7 月；1998 年 7 月到年底。

➢ **第一阶段**

1997 年 7 月 2 日，泰国宣布放弃固定汇率制，实行浮动汇率制，引发了一场遍及东南亚的金融风暴。当天，泰铢兑换美元的汇率下降了 17%，外汇及其他金融市场一片混乱。在泰铢波动的影响下，菲律宾比索、印度尼西亚盾、马来西亚林吉特相继成为国际炒家的攻击对象。8 月，马来西亚放弃保卫林吉特的努力。一向坚挺的新加坡元也受到冲击。印尼虽是受“传染”最晚的国家，但受到的冲击最为严重。10 月下旬，国际炒家移师国际金融中心香港，矛头直指香港联系汇率制。台湾当局突然弃守新台币汇率，一天贬值 3.46%，加大了对港币和香港股市的压力。10 月 23 日，香港恒生指数大跌 1211.47 点；28 日，下跌 1621.80 点，跌破 9000 点大关。面对国际金融炒家的猛烈进攻，香港特区政府重申不会改变现行汇率制度，恒生指数上扬，再上万点大关。接着，11 月中旬，东亚的韩国也爆发金融风暴，17 日，韩元对美元的汇率跌至创纪录的 1008∶1；21 日，韩国政府不得不向国际货币基金组织求援，暂时控制了危机；但到了 12 月 13 日，韩元对美元的汇率又降至 1737.60∶1。韩元危机也冲击了在韩国有大量投资的日本金融业，1997 年下半年日本的一系列银行和证券公司相继破产。于是，东南亚金融风暴演变为亚洲金融危机。

➢ **第二阶段**

1998 年年初，印尼金融风暴再起，面对有史以来最严重的经济衰退，国际货币基金组织为印尼开出的药方未能取得预期效果。2 月 11 日，印尼政府宣布将实行印尼盾与美元保持固定汇率的联系汇率制，以稳定印尼盾。此举遭到国际货币基金组织及美国、西欧的一致反对，国际货币基金组织扬言将撤回对印尼的援助。印尼陷入政治经济大危机。2 月 16 日，印尼盾同美元比价跌破 10 000：1。受其影响，东南亚汇市再起波澜，新元、马币、泰铢、菲律宾比索等纷纷下跌。直到 4 月 8 日印尼同国际货币基金组织就一份新的经济改革方案达成协议，东南亚汇市才暂告平静。1997 年爆发的东南亚金融危机使得与之关系密切的日本经济陷入困境。日元汇率从 1997 年 6 月底的 115 日元兑 1 美元跌至 1998 年 4 月初的 133 日元兑 1 美元；5 月至 6 月间，日元汇率一路下跌，一度接近 150 日元兑 1 美元的

关口。随着日元的大幅贬值，国际金融形势更加不明朗，亚洲金融危机继续深化。

➢ **第三阶段**

1998 年 8 月初，乘美国股市动荡、日元汇率持续下跌之际，国际炒家对香港发动新一轮进攻。恒生指数一直跌至 6600 多点。香港特区政府予以回击，金融管理局动用外汇基金进入股市和期货市场，吸纳国际炒家抛售的港币，将汇市稳定在 7.75 港元兑换 1 美元的水平上。经过近一个月的苦斗，使国际炒家损失惨重，无法再次实现把香港作为“超级提款机”的企图。国际炒家在香港失利的同时，在俄罗斯更遭惨败。俄罗斯中央银行 8 月 17 日宣布年内将卢布兑换美元汇率的浮动幅度扩大到 6.0～9.5∶1，并推迟偿还外债及暂停国债券交易。9 月 2 日，卢布贬值 70%。这使得俄罗斯股市、汇市急剧下跌，引发金融危机乃至经济、政治危机。俄罗斯政策的突变，使得在俄罗斯股市投下巨额资金的国际炒家大伤元气，并带动了欧美国家股市和汇市的全面剧烈波动。如果说在此之前亚洲金融危机还是区域性的，那么，俄罗斯金融危机的爆发，则说明亚洲金融危机已经超出了区域性范围，具有了全球性的意义。到 1998 年年底，俄罗斯经济仍没有摆脱困境。1999 年，金融危机结束。

(资料来源：金融界网，2006 年 8 月)

**讨论：**结合案例内容，分析亚洲金融危机给我们哪些启示？

## 【知识检测】

1. 金融风险的分类。
2. 金融风险的治理方法。
3. 金融监管的含义、内容以及方式。
4. 金融监管的主要目标。
5. 金融全球一体化的主要内容。

## 【应用实训】

实训目标：

掌握金融危机的类型以及如何进行监管。

实训内容：

根据我国银行业的现状，讨论如何避免法国兴业银行的信用危机。

(参见知识拓展 11-2“法国兴业银行的信用危机”)

实训要求：

根据金融风险(信用风险、流动性风险、市场风险、外汇风险、操作风险等)来分析我国银行业的现状，重点分析如何避免金融危机和当危机发生后如何进行有效地治理。要求撰写实训分析报告，字数不少于 1200 字。

# 第十二章　互联网金融

## 【知识目标】

了解互联网金融的国内外发展概况；理解互联网金融的含义、特点以及与传统金融的区别；掌握互联网金融的六大模式。

## 【能力目标】

能够有效利用互联网途径实现投融资、理财等金融活动；掌握运用互联网金融思维分析和解决一些常见问题的能力。

## 【案例导读】

“如果银行不改变，我们就改变银行。”马云的话曾经让整个传统银行界为之震动，他推出的余额宝也带来了一场连接互联网与金融的跨界营销革命。

2013 年 6 月 5 日，支付宝联合天弘基金宣布了推出名为“余额宝”的余额增值服务，6 月 13 日上线。截至 2015 年年底余额宝的累计用户规模达 2.6 亿，余额宝存量资金规模增至 6207 亿元，成为中国用户数量最多、规模最大的公募基金。同时，天弘基金也继续领跑基金年收利润榜。

天弘基金迅速地从默默无闻的小基金成长为国内规模最大的公募基金，这让金融业看到了互联网和金融融合爆发的巨大能量。余额宝对金融业的刺激从基金业开始，更多的基金从业者纷纷主动去拥抱互联网金融。

与此同时，互联网与金融不断地相互融合，金融借机借道互联网之态势不可当，一股金融创新热浪汹涌袭来，轰动事件层出不穷：融 360 完成由红杉资本领投的 B 轮 3000 万美元融资；董文标、刘永好、郭文昌、史玉柱等七位大佬联合成立“民生电商”；动画电影《大鱼海棠》在一个半月内通过众筹融资达 158 万元；华夏基金携手腾讯，4 亿微信用户迎来微理财，推动理财服务从传统渠道向移动互联网转移；理财 APP“挖财”拓展基金买卖业务，并获得了 IDG 资本 1000 万美元的风险投资。

随着互联网与金融快速融合的野蛮增长、硝烟四起的发展态势，互联网金融概念随之而出，成为媒体报道不可或缺的热门话题。

(资料来源：冯科，宋敏. 互联网金融理论与实务[M]. 北京：清华大学出版社，2016.)

# 第一节　互联网金融概述

## 一、互联网金融的含义和特点

### (一) 互联网金融的含义

2012 年，中国掀起了金融创新的热潮。在国家金融改革的大背景下，互联网金融如第三方支付、P2P、众筹等成为人们日常生活中的热点话题。同时，微信支付横空出世，余额宝、活期宝、收益宝、易付宝等相继诞生。无论是新兴的互联网企业还是传统的以银行为主的金融机构纷纷抢占互联网金融市场，互联网金融呈现出迅猛发展之势。

那么究竟什么是互联网金融？马云认为互联网金融是互联网企业从事金融业务的行为；侯维栋认为互联网金融是利用互联网技术对金融业务进行深刻变革后产生的一种新兴的金融业态；谢平、邹传伟认为互联网金融是随着以互联网为代表的现代信息科技的发展，出现的既不同于商业银行间接融资，也不同于直接融资的第三种金融融资模式；林采宜则认为，互联网金融并非是直接融资和间接融资之外的第三种金融模式，而是直接融资和间接融资在互联网上的延伸，只是金融服务的提供方式和获取方式的改变。

2015 年 7 月，中国人民银行等十部委联合发布了《关于促进互联网金融健康发展的指导意见》，该文件明确了互联网金融的含义，即互联网金融是指传统金融机构与互联网企业利用互联网技术和信息通信技术实现资金融通、支付、投资和信息中介服务的新型金融业务模式。它依托于移动支付、云计算、社交网络和搜索引擎等高速发展的信息技术及高度普及的互联网进行金融活动，不同于传统的以物理形态存在的金融活动，而是存在于电子空间中，形态虚拟化，运行方式网络化。目前互联网金融的发展模式主要包括但不局限于第三方支付、P2P 网贷、大数据金融、众筹、信息化金融机构、互联网金融门户等。

### (二) 互联网金融的特点

#### 1. 金融服务基于大数据的运用

自 2011 年 5 月麦肯锡全球研究院发布了《大数据：创新、竞争和生产力的下一个新领域》报告后，大数据的概念就备受关注。数据作为信息时代的象征，金融行业一方面是大数据的重要生产者，同时也是典型的数据使用者，金融业高度依赖信息技术毋庸置疑。在互联网金融环境中，作为金融核心资产的数据，将撼动传统客户关系及抵质押品在金融业务中的地位。大数据可以促进高频交易、社交情绪分析和信贷风险分析三大金融创新。目前，无论互联网金融领域哪种业务模式与产品设计无不体现对大数据的合理运用。

## ✲ 知识拓展 12-1

**阿里金融大数据**

作为一家拥有大数据的互联网金融企业，阿里金融通过分析客户在淘宝上的购买情况包括客户购买的商品以及一些其他的维度，判断客户可能处于哪种生活阶段，可能会有哪些潜在的消费需求。另外，阿里金融还会通过支付宝，譬如客户交水、电、煤气费的地址来判断客户是否有稳定的住址。通过多个维度的数据分析，对用户的信用判断形成一个更加可靠的基础。

阿里巴巴 2012 年 9 月宣布的“平台、金融和数据”三大定位，在阿里小贷业务上得到了完美体现。2010 年和 2011 年，阿里金融分别于浙江和重庆成立了小额贷款公司，为阿里巴巴 B2B 业务、淘宝、天猫三个平台的商家提供订单贷款和信用贷款。阿里小贷具有天然优势，通过与阿里巴巴的 B2B、淘宝网、天猫等电子商务平台的无缝对接，客户积累的信用数据及行为数据都被引入网络数据模型和资信调查中。基于对自身积累的数据运用，阿里小贷业务得以快速增长。

(资料来源：罗明雄，唐颖，刘勇. 互联网金融[M]. 北京：中国财政经济出版社，2013.)

### 2. 金融服务高效、便捷化

互联网金融带来了全新的模式，为客户提供方便、快捷、高效的金融服务，极大地提高了传统金融体系的效率。以阿里小贷为例，与银行相比，阿里小贷的优势是申请贷款流程更加简化，只要是阿里巴巴诚信通会员和淘宝卖家，无需担保，从申请贷款、贷前调查、审核、发放到最终还款，全程采用网络化、无纸化操作，客户只需要一台电脑，足不出户即可获取贷款，整个过程最短只需要 3 分钟。我爱卡的信用卡业务也体现了这一特点。在线下，用户从申请到最终拿到信用卡，往往需要花费近 1 个月的时间。而在网上申请，一般 7 天到 10 天，就能够收到信用卡。

### 3. 金融服务趋向长尾化

传统金融业由于具有垄断特征，其服务的对象大多是“二八定律”中的 20%的高价值客户，对广大小额金融需求的客户无暇顾及，而互联网金融争取的更多是 80%的“长尾”小微客户。一方面，互联网金融覆盖了部分传统金融业的服务盲区，有利于提升资源配置效率，促进实体经济发展；另一方面，互联网金融在服务小微客户方面有着先天的优势，可以高效率地解决用户的个性化需求。

## ✱知识拓展 12-2

### 长 尾 理 论

长尾这一概念最早是由《连线》杂志主编 Chris Anderson 在 2004 年提出的，用来描述诸如亚马逊和 Netflix 之类网站的商业和经济模式。长尾理论是网络时代兴起的一种新理论，该理论认为，由于成本和效率的因素，当商品储存和流通展示的场地和渠道足够宽广，商品生产成本急剧下降以至于个人都可以进行生产，并且商品的销售成本急剧降低时，几乎任何以前看似需求极低的产品，只要有卖，都会有人买。这些需求和销量不高的产品所占据的共同市场份额，可以和主流产品的市场份额相比，甚至更大。这种现象恰如以数量、品种为二维坐标上的一条需求曲线，拖着长长的尾巴，向代表品种的横轴尽头延伸，长尾由此得名。安德森认为，网络时代是关注“长尾”、发挥“长尾”效益的时代。

#### 4. 金融服务交易成本低

在互联网金融模式下，资金供求双方可以通过网络平台自行完成信息甄别、匹配、定价和交易，无传统中介、无交易成本、无垄断利润。互联网金融弱化了金融机构的中介作用，形成了一种不同于商业银行间接融资，也不同于资本市场直接融资的全新的第三种金融模式。一方面，互联网金融企业可以节省开设营业网点的资金投入和运营成本；另一方面，消费者可以在开放透明的平台上快速找到适合自己的金融产品，减轻了信息不对称程度，更省时、省心、省力。

## 二、互联网金融的发展

### （一）国外互联网金融发展概况

互联网金融并不是中国特色，其产生于全球性金融创新。伴随着互联网技术的出现及蓬勃发展，国外互联网金融应运而生，并逐渐被引入中国。从 20 世纪 90 年代开始，发达国家和地区的互联网金融发展迅速，同时伴随着互联网的深入发展，互联网金融模式不断创新，并逐步形成一套全方位、多元化的金融服务体系。

#### 1. 网上银行业务走向成熟

由于网上银行成本低、服务方便快捷，发达国家绝大部分的银行已经开展网络金融服务业务，诸如花旗、汇丰、樱花等全球大型银行集团都已经有了自己的网络金融部门。2000 年 7 月 3 日，西班牙 Uno-E 公司同爱尔兰互联网银行第一集团正式签约，组建第一家业务范围覆盖全球的互联网金融服务企业 Uno First Group。大通、富国和第一联合银行也合作组成策略联盟 Exchange，联手开拓网上银行业务。艾瑞咨询早期根据 Novantas 发布的 2010 年美国网上银行交易情况的调查发现，大量美国用户近年来在处理银行日常交易时选择网上银行渠道，不再选择柜台交易。

#### 2. 网上证券业务长足发展

美国在网络证券投资市场方面居于全球领先地位。以美国的美林证券为例，美林证券自 1999 年成立网上投资银行以来，以大大低于传统经纪公司的价格推出网上股票交易服务。据有关资料显示，1993 年起全美就有 330 万个网上金融交易账户，并以近 60%的速度逐年增长；截至 1996 年 6 月底，已有 30%的证券投资者加入了网上交易行列；截至 2003 年 12 月底，美国证券交易总额达到近 9000 万亿美元，其中网上证券交易额占据 30.8%。然而，经历了一段时间的爆发式增长之后，网上证券业务遭遇了发展瓶颈。但是根据互联网金融发展的趋势可以看出，网上证券业务仍有较大的发展潜力。

#### 3. 网上保险业务稳步前进

在网络保险领域捷足先登的依然是美国，其次是英国。美国国民第一证券银行首创通过互联网销售保单业务。1999 年，美国出现第一家所有业务活动均通过互联网进行的公司 eCoverage。目前美国已有一半以上的网络用户，通过互联网查询机动车辆保险费率，有超过 30%的用户倾向于网上投诉。英国也是世界上公认的网络保险最为发达的国家之一，英国于 2000 年建立“屏幕交易”网站，提供当地保险商的汽车和旅游保险产品，用户以年均 7%的速度增长。英国网络保险公司的保险产品不仅仅局限于汽车保险，还包括借助因特网以及电话实施营销的意外伤害、健康、家庭财产等一系列个人保险产品。

**4. 网上支付业务受到青睐**

国外网上支付业务十分活跃，电子货币、信用卡等电子支付产品得到广泛应用。英国西斯敏银行 1995 年开发了以智能卡为基础的“MODEEX 电子货币系统”。以 PayPal、WorldPay、Amazon Payment、PayDirect 等公司为代表的第三方支付平台结算模式以其安全和快捷等优势正逐渐发展成为目前电子商务中广为采用的一种支付模式。由于欧美国家电子商务的起步较早，因此，第三方支付在国外发展的较为成熟。

**5. P2P 网贷、众筹平台、互联网金融门户等兴起**

体现尤努斯“普惠金融”理念的 P2P 网络贷款平台最先出现于欧美市场，第一家 P2P 网络借贷平台是于 2005 年在英国成立的 Zopa，截至 2015 年年初，Zopa 累计撮合成交超过 7.5 亿英镑。P2P 网络信贷模式因其便捷的操作、合理的费率、差异化的利率、广大的客户群等优势，迅速传播于其他国家和地区。众筹平台，这个 21 世纪以来初现雏形的网络融资模式近几年在欧美国家迎来了黄金上升期，据有关资料显示，2015 年全球众筹融资交易规模为 1123.10 亿美元，同比增长 82.8%。

### （二）国内互联网金融发展概况

国内互联网金融的发展主要分为以下三个阶段。

第一个阶段是在 2005 年以前，互联网与金融的结合主要体现在互联网为金融机构提供技术支持，帮助金融机构“把业务搬到网上”，此时还未出现真正意义的互联网金融形态。然而互联网在出现初期就对传统金融机构造成了冲击，传统金融机构纷纷成立电商部门，建设电商网站来销售金融产品和提供金融服务。1997 年，招商银行率先推出了中国第一家网上银行，通过互联网开展品牌宣传、产品推广、客户服务等。1998 年，国内网上证券公司交易起步，2000 年，证监会颁布《网上证券委托暂行管理办法》，投资者使用证券公司提供的交易软件，通过互联网就可以方便、快捷、安全地进行证券交易。2002 年，中国人保电子商务平台(e-PICC)正式上线，用户不仅可以通过该平台投保中国人保的车险、家财险、货运险等保险产品，还可以享受保费试算、保单验真、风险评估、咨询投诉报案、保单批改、理赔状态查询和保险箱等一系列服务。

第二个阶段是 2005—2012 年，网络借贷开始在我国萌芽，第三方支付机构逐渐成长起来，互联网与金融的结合开始从技术领域进入金融业务领域。我国最早的 P2P 借贷平台成立于 2007 年，在其后的几年间，发展仍较为迟缓。直到 2010 年，网贷平台才被许多创业人士看中，开始出现了一些试水者。2011 年，网贷平台进入快速发展期，一批网贷平台踊跃上线。2012 年我国网贷平台进入爆发期，网贷平台如雨后春笋般出现，比较活跃的有 400 家左右。2007 年 6 月，阿里巴巴集团依托阿里巴巴电子商务平台，将网商的网络交易数据及信用评价作为信用依据，以信用信息提供者的身份与中国建设银行、中国工商银行签约，开始联保贷款的尝试，为中小企业提供无抵押、低门槛、快速便捷的融资服务。2010 年 6 月，阿里巴巴小额贷款公司成立，这标志着我国小额贷款模式的创新与突破。2011 年，人民银行开始发放第三方支付牌照，第三方支付机构进入了规范发展的轨道。

第三个阶段从 2013 年开始，2013 年被称为“互联网金融元年”，是互联网金融迅猛发

展的一年。自此，P2P 网络借贷平台快速发展，众筹融资平台开始起步，第一家专业网络保险公司获批，一些银行、券商也以互联网为依托，对业务模式进行重组改造，加速建设线上创新型平台，互联网金融的发展进入了新的阶段。据易观智库数据显示，2015 年我国第三方支付互联网支付市场的交易规模达到 140 065.3 亿元，同比增长 55.4%；互联网保险保费总计 2223 亿元，占总体保费的比例由 2011 年的 0.2%提高到 9.2%。另外，截至 2015 年年底，我国 P2P 借贷行业成交量已接近万亿元，行业参与人数首次突破千万，活跃借款人和投资人分别在 280 万和 720 万左右，分别为上一年的 3.5 倍和 3.1 倍；众筹平台达到 283 家，同比增长 99.30%，是 2013 年正常运营平台数量的近 10 倍，行业累计融资 114.24 亿元，可谓增长迅速。

然而互联网金融的发展是一把双刃剑，在革新传统金融产品和服务的同时，也带来了一系列的风险问题。在 2015 年之前，我国并没有出台专门针对互联网金融发展的法规，互联网金融行业发展相对比较混乱。以 P2P 网贷行业为例，截至 2016 年 1 月底，P2P 平台累计数量达到 3917 家，其中问题平台高达 1351 家。可见，互联网金融风险防范和金融监管改革迫在眉睫。2015 年随着被视为互联网金融“基本法”的《关于促进互联网金融健康发展的指导意见》的出台，互联网金融将告别野蛮生长时代，逐步进入规范发展阶段。

### 三、互联网金融风险

互联网金融是金融和互联网的结合物，互联网金融的核心还是金融，互联网仅仅是手段和方法。正是这个原因使得互联网金融不仅面临着传统金融所具有的风险，如系统性风险、流动性风险、信用风险、技术风险、操作风险等，同时也面临着基于网络技术这个平台而产生的特有风险，如网络安全风险、虚拟货币风险、网络洗钱风险等。相对传统金融风险而言，互联网金融风险之间传播的概率将提高，风险的扩散速度将更快，金融风险监管将更加困难。

## 第二节　互联网金融主要模式

### 一、第三方支付

#### (一) 第三方支付含义

随着电子商务的蓬勃发展，网上购物、在线交易对于消费者而言已经非常普遍，同时网络购物背后的第三方支付方式也潜移默化地改变了社会大众的生活。从狭义上讲，第三方支付是指具备一定实力和信誉保障的非银行机构，借助通信、计算机和信息安全技术，采用与各大银行签约的方式，在用户与银行支付结算系统间建立连接的电子支付模式。而从广义上讲第三方支付是指以非金融机构作为收(付)款人的支付中介所提供的网络支付、预付卡、银行卡收单以及中国人民银行确定的其他支付服务。可见，广义上的第三方支付已不仅仅局限于最初的互联网支付，而是成为线上线下全面覆盖，应用场景更为丰富的综合支付工具。

第三方支付平台运用先进的信息技术，分别与银行和用户对接，将原本复杂的资金转移过程简单化、安全化，提高了企业的资金使用效率。之所以称为第三方，是因为这些平台并不涉及资金的所有权，只是起中转作用。它原本是用来解决不同银行卡的网上银行对接以及异常交易带来的信用缺失问题，通过提供线上和线下支付渠道，完成从消费者到商户以及金融机构间的货币支付、资金清算、查询统计等系列过程。

### (二) 第三方支付特点

#### 1. 收付便利

第三方支付平台采用与众多银行合作的方式，提供多种银行卡的网关接口，极大地提高了网上交易的便利性。从客户的角度来看，它们可以避免安装各个银行的认证软件，在一定程度上简化了操作，尤其为那些无法与银行网关建立接口的中小企业提供了便捷的支付平台。

#### 2. 节省成本

对商家而言，第三方支付平台可以降低企业运营成本，满足企业专注发展在线业务的收付要求；对银行而言，通过利用第三方的服务系统提供的服务，节省了为大量中小企业提供网关接口的开发和维护费用；对支付中介而言，大量的小额电子交易集中形成规模经济，降低了支付成本。

#### 3. 整合信息

第三方支付平台将参与交易的各方信息进行整合，为解决电子商务活动中的资金流、信息流、物流三大瓶颈问题提供了统一方案。通过第三方支付平台，客户能够完成网上交易信息的实时查询和系统分析，还可以使用及时退款和终止支付服务。

#### 4. 交易安全

第三方支付平台可以提供资金和货物的风险防范机制，确保交易双方的利益。对于商家，通过第三方支付平台，可以规避无法收到客户货款的风险；对于客户，不但可以规避无法收到货物的风险，而且可以在一定程度上保障收到的货物的质量。信用卡信息或账户信息仅需要告知支付中介，而无需告诉交易对手，大大减少了信用卡信息和账户信息失密的风险。

### (三) 第三方支付业务流程

当消费者完成购物，在电子商务网站上下单时，支付页面就会跳转到前台，以供消费者进行相应支付操作。对于网上支付，第三方支付平台主要提供了两种支付方式：网关支付(也称银行卡支付)和账户支付。

在网关支付方式下，付款人首先应该是某家银行的网银用户，而无需成为第三方支付平台的用户。付款人通过第三方支付平台，进入相应的银行支付页面，在页面上输入自己的银行账号和密码或证书，即可完成支付。

在账户支付方式下，交易双方都需要在第三方支付平台开立虚拟账户。首先用户登录第三方支付平台，将资金从银行账户转移到第三方支付平台账户中；然后第三方支付公司

根据付款方指令将款项从其平台账户划付给收款方的平台账户，从而以虚拟资金为介质完成网上款项的转移。最后第三方平台通过其在银行的账户向商户的银行账户划转实际资金。

有的第三方支付平台会提供担保服务，如在支付宝支付平台付款时，付款人的金额不会马上打到收款人的银行账户上，而是暂存于支付宝平台的银行账户中，当付款人对货物验收满意后，支付平台才会将货款转到收款人账户。以支付宝为例，具体支付操作流程如图 12-1 所示。

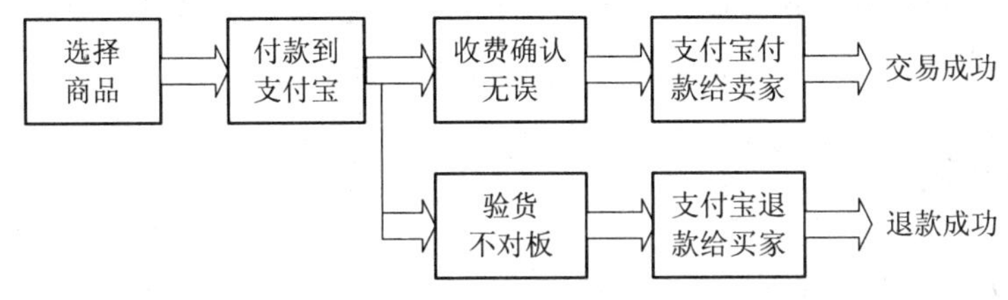


图 12-1　支付宝第三方担保交易流程图

### (四) 第三方支付运营模式

从发展路径与用户积累途径来看，第三方支付公司的运营模式可以归为两大类，一类是以快钱为典型代表的独立第三方支付模式；另一类就是以支付宝、财付通为首的依托于自有 B2C、C2C 电子商务网站，提供担保功能的第三方支付模式。

#### 1. 独立第三方支付模式

独立第三方支付模式，是指第三方支付平台完全独立于电子商务网站，不负有担保功能，仅仅为用户提供支付服务和支付系统解决方案，平台前端联系着各种支付方法供网上商户和消费者选择，平台后端连着众多的银行，平台负责与各银行之间的账务清算。这种模式在国内以银联、快钱、易宝支付、汇付天下、拉卡拉为典型代表。

独立第三方支付企业最初采用支付网关模式。在支付网关模式中，支付平台是银行金融网络系统和 Internet 网络之间的接口，为需要的商家提供网上支付渠道，但不接触商家，这种模式起源于全球最大的支付公司 PayPal。支付网关模式所提供的服务相似度比较高，行业同质化竞争严重。因此，第三方支付要领先于行业需要依靠“增值服务”，如为用户提供信用中介、商户 CRM(客户关系管理)、营销推广等。

独立第三方支付运营平台主要面向 B2B、B2C 市场，为有结算需求的商户和政企单位提供支付解决方案。它们的直接客户是企业，通过企业间接吸引消费者。独立第三方支付能够积极地响应不同企业、不同行业的个性化要求，面向大客户推出个性化的定制支付方案，从而方便行业上下游的资金周转，也使其客户的消费者能够便捷付款。

#### 2. 有交易平台的担保支付模式

有交易平台的担保支付模式，是指第三方支付平台捆绑着大型电子商务网站，并同各大银行建立合作关系，凭借其公司的实力和信誉充当交易双方的支付和信用中介，在商家与客户间搭建安全、便捷、低成本的资金划拨通道。担保支付模式的实质是第三方支付平台作为买卖双方的信用中介，在买家收到商品前，代替买卖双方暂时保管货款，以防止欺诈和拒付行为的出现。典型代表有基于淘宝网的支付宝和基于腾讯旗下拍拍网的财付通。

此类第三方支付平台的业务主要为线上支付，并在线上第三方支付市场中占据较大份额。从商业模式来看，此类第三方支付平台一方面服务于自有的或合作伙伴的电子商务平台，面向个人用户和商户提供线上支付服务，以担保支付促进平台交易；另一方面，利用交易平台或集团拥有的庞大用户资源，进行平台营销。

独立第三方支付模式和有交易平台的担保支付模式的盈利模式相似，主要有交易手续费、行业解决方案收入和沉淀资金利息三个收入来源。一般来说，支付公司通过提供免费、便捷的服务来吸引付款者使用，支付公司收取商家一定比例的接入费、服务费和交易佣金，同时付给银行一定的费用，其中的差额即为支付平台的盈利。

## 二、P2P 网络贷款

### （一）P2P 网络贷款含义

P2P 网络贷款，即英文 Peer to Peer Lending，意为点对点信贷，国内又称为“人人贷”。P2P 网络贷款指个人或法人通过第三方网络平台相互借贷。其中第一个 P，指的是缺乏理财渠道的个人投资者，即出借人或投资人；第二个 P，指的是银行不愿意或无法贷款、但急需资金的中小客户即借款人。图 12-2 为 P2P 网贷结构示意图。

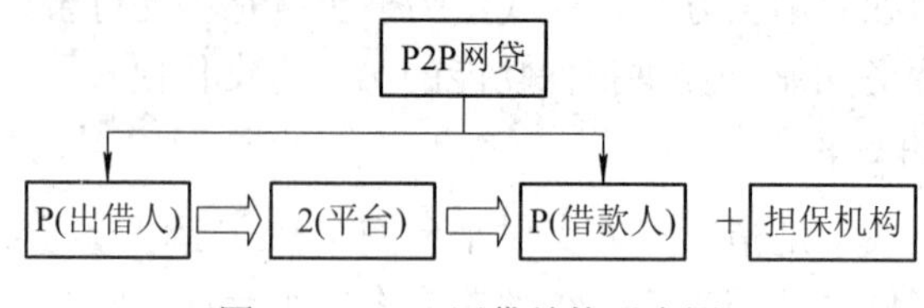


图 12-2　P2P 网贷结构示意图

P2P 网贷平台是指连接借款人和投资人的中介，借贷双方通过平台进行资金的匹配，借贷过程的资金、合同、手续等全部都需要通过网络实现。一方面，需要借款的人群可以通过网站平台寻找到有出借能力并且愿意基于一定条件出借的人群，另一方面，需要贷款的人群通过网站平台可以找到适合的投资机会。在此期间，平台方提供服务，并进行审核，帮助贷款人通过和其他贷款人一起分担一笔借款额度来分散风险，同时帮助借款人在充分比较的信息中选择有吸引力的利率条件，满足投资人和借款人需求。目前国内的 P2P 融资平台主要有拍拍贷、人人贷、宜信网、红岭创投等。

P2P 网贷服务对象主要是小微企业和个人用户，这些客户由于资信相对较差、缺乏抵押物、贷款额度低等原因，往往不能从商业银行获得有效的金融服务。另外，由于央行个人征信系统暂时没有对 P2P 企业开放，在我国总体信用状况不佳的大环境下，许多 P2P 平台出现审贷效率低、坏账率高的问题。

### （二）P2P 网络贷款特点

#### 1. 借贷双方的广泛性

由于 P2P 贷款平台准入门槛较低，参与方式灵活，借贷者只要有良好信用，即使缺乏担保抵押，也能够获得贷款；投资者即使拥有的资金量较小，对期限有严格要求，同样能够找到匹配的借款人。另外每一笔贷款中可以有多个投资者，每个投资者可以投资多笔贷

款，这使得具体业务在形式上更加分散，参与群体也更加广泛。

**2. 交易方式的灵活性和高效性**

在该平台上，借款者和投资者的需求都是多样化的，包括借贷金额、利息、期限、还款方式以及担保抵押方式等都需要相互磨合和匹配。在这种磨合中，形成了多样化的产品特征(尤其是市场化的利率)和交易方式。此外，P2P 借贷模式淡化了传统金融机构繁琐的层层审批模式，可以简单、直接、高效地满足借款者的资金需求。

**3. 高风险与高收益并存**

P2P 借贷平台上的借款者由于缺乏有效担保和抵押，风险较大，往往不能从传统金融机构获得有效贷款，因此愿意承受更高的利率转向 P2P 平台进行融资。另一方面，P2P 借贷平台和投资者仅通过网络对客户信息的真实性和还款能力进行审核无疑存在巨大的风险。

**4. 融入互联网技术**

在 P2P 借贷中，其参与者极其广泛，借贷关系密集复杂。这种多对多的信息整合与审核，极大依赖于互联网技术。事实上，P2P 借贷形式的产生，也得益于信息技术尤其是信息整合技术和数据挖掘技术的发展。

### (三) P2P 网络贷款交易流程

在 P2P 网贷过程中，借、贷双方首先需要在 P2P 网贷平台上进行注册并建立账号。然后，借款人向平台提供身份信息以及资金金额、用途、接受利息率范围、借款时间和还款方式等等待平台审核。经平台审核通过后，借款人的相关信息即可在平台上公布。对于投资者而言，可根据平台发布的借款人项目列表，自行选择借款人项目，自行决定借出金额，实现自助式借贷。P2P 网贷平台上的借贷交易过程多采用“竞标”的方式实现，一个借款人所需的金额资金可由多个出借人出资，直到所借金额募集完成。最后，资金出借人与借款人直接签署个人间的借贷合同，一对一地互相了解对方的身份信息。若借款项目未能在规定期限内筹到所需资金，则该项借款计划流标。

P2P 网贷平台对于借款利率的确定一般有三种方式：一是平台给出利率指导范围，由贷款人自行决定，如人人贷、拍拍贷等；二是平台根据借款人的信用水平决定其借款利率，较高信用等级的借款人可以获得较低的贷款利率，较低信用等级的借款人则获得较高的贷款利率，如合力贷；三是贷款利率的确定由出借人投标利率的范围确定，投标利率最低者获得签订借贷合同的资格。

### (四) P2P 网贷平台模式

在我国，P2P 网贷经过近几年的发展，已经不同于欧美国家的原始面貌，发生了很多变化，有的引入线下模式，有的提供担保机制。总体而言，目前我国 P2P 网贷平台模式主要有以下几种分类。

**1. 纯平台模式和债权转让模式**

根据借贷流程的不同，可以将 P2P 网贷平台分为纯平台模式和债权转让模式。

(1) 纯平台模式是指借贷双方借贷关系的达成是通过双方在平台上直接接触，一次性投标达成。在此过程中平台不介入交易，只负责信用审核、展示及招标，以收取账户管理费和服务费为收益来源，如我国的纯平台模式拍拍贷等。

(2) 债权转让模式是指借贷双方不直接签订债权债务合同，而是通过第三方先行放款给资金需求者，再由第三方将债权转让给投资者。在这一模式下，借款人和投资者之间存在一个专业的放款中介，即 P2P 网贷平台。首先 P2P 网贷平台先将自有资金打入借款人账户中，然后再把债权转让给投资者，最后再以回流的资金继续放贷。这种模式多见于线下 P2P 平台，典型的债权转让模式平台有美国的 Prosper 和我国的宜信。

## ✲知识拓展 12-3

美国 P2P 网贷平台 Prosper 成立于 2006 年美国加州旧金山市，是美国第一家 P2P 网贷平台。在 Prosper 上，想借钱的人要先登记资料进行最基本的信用征信，并提供一篇计划书，告诉大家这笔钱的用途，设定你能接受的利率范围，然后就是等待放款人放款。对于放款者，则是先转一笔钱在 Prosper 存放，再通过类似拍卖的步骤进行竞拍；放款者可以看到借款者的信用状况，包括有没有房屋、信用情况、有没有欠缴记录等。放款者也可以向借款者提问，例如，问他现金流状况等，以最后决定放款利率和放款金额。如果最后集资总额达到了借款目标，那么 Prosper 就以当时最高的借款利率为准，放款给借款方。这时，放款者将会拿到证券化的债权。Prosper 会发行一个和借款相同金额的债券给放款者持有。借款方每个月固定还款，用户手中的债券金额就会逐渐减少，但存在 Prosper 中的可动用现金则会增加，其中包括借款者偿还的本金和利息。

与此相似的国内网贷平台宜信在创立之初就走上了 P2P 中国化的道路，将 P2P 贷款业务从线上发展到线下，独创了"线下债权转让模式"。这一模式简单来说，即由宜信的创始人唐宁或其他宜信高管提前放款给需要借款的客户，唐宁再把获得的债权进行拆分并组合打包成类固定收益的产品，再通过销售队伍将其销售给投资理财客户。宜信模式中国网贷平台只提供交易信息，具体的交易手续、交易程序都由平台的信贷机构和客户面对面完成，而在传统的线上模式中，则是由借款人和出借人直接签订合同。

(资料来源：许伟，王明明，李倩. 互联网金融概论[M]. 北京：中国人民大学出版社，2016.)

### 2. 纯线上模式与线上线下相结合模式

由于国内征信体系不健全，大部分 P2P 网贷平台对用户信息的获取、信用审核及筹资过程由线上转向线下，P2P 网贷平台的运营模式因此可分为纯线上模式和线上线下相结合模式。

(1) 纯线上模式是指 P2P 网贷平台作为单纯的网络中介存在，负责制定交易规则和提供交易平台，从用户开发、信用审核、合同签订到贷款催收等整个借贷过程主要在线上完成。纯线上模式的 P2P 网贷平台的优势在于规范透明、交易成本低，但存在着数据获取难度大以及坏账率高的缺陷，正是这种缺陷制约了纯线上模式的快速发展。目前，坚持纯线上模式的 P2P 网贷公司，规模较大的只有拍拍贷一家，其他公司中仅有部分业务会按此模式开展。例如人人聚财 2 万以下的借贷完全是在线上进行。

(2) 线上线下相结合的模式是指 P2P 网贷公司将借贷交易环节主要放在线上，而将借款审查和贷后管理这样的环节放在线下，按照传统的审核及管理方式进行。目前，大部分 P2P 网贷平台使用这种模式，如翼龙贷、人人贷、宜信贷等。

3. 无担保模式与有担保模式

根据有无担保机制，可以将 P2P 网贷平台分为无担保模式和有担保模式。

(1) 无担保模式是指平台仅发挥信用认定和信息撮合的功能，提供的所有借款均为无担保的信用贷款，出借人根据自己的借款期限和风险承受能力自主选择借款金额和借款期限。

(2) 为有效拓展出借人客户，提高平台的交易量和知名度，现今许多 P2P 网贷平台都采用担保模式，引入了担保机制，即保障出借人借出的款项能够及时收回，至少保障本金的偿还。根据担保机构的不同，有担保模式可以分为第三方担保模式和平台自身担保模式。

第三方担保模式是指 P2P 网贷平台与第三方担保机构合作，其本金保障服务全部由外在的担保公司完成，P2P 网贷平台不再参与风险性服务。如陆金所、有利网、开鑫贷等，这些平台上的全部借款均由合作小额贷款公司或担保机构提供担保。

平台担保模式是指由 P2P 网贷平台自身为出借人的资金安全提供保障，贷款到期若无法收回本息，可将债权转让给平台，平台会先行垫付本金给出借人，再由平台对借款人进行追偿。

## 三、众筹

### (一) 众筹含义

众筹的雏形最早出现于 18 世纪，当时很多文艺作品都是在一种叫做“订购”的方法下完成的。比如，莫扎特和贝多芬曾利用这种方式来筹集资金：通过寻找订购者，从而募集资金，当作品完成时，订购者会获得协奏曲的乐谱副本，或是一本签有他们名字的书，或者可以成为音乐会的首批听众……类似的情况还有竞选募资、教会捐赠等。

众筹作为一种商业模式最早起源于美国，它是一种全新的项目投融资方式，指项目发起人通过互联网众筹平台介绍、宣传自己的项目，合格投资者对感兴趣的项目进行少量投资，使发起人筹集到项目的运行资金。在相当一部分众筹活动中，投资者还积极参加项目谋划与实施过程，促使产品能够更好地适应市场需要。这种用“团购 + 预购”形式向网友募集项目资金的模式，可以有效集聚众多互联网网民的闲散资金，实现互利共赢。

### (二) 众筹特点

(1) 低门槛。众筹发起人无论身份、地位、职业、年龄、性别，只要有想法、有创造能力都可以发起项目。

(2) 多样性。众筹的项目具有多样性，在国内的众筹网站上的项目类别包括设计、科技、音乐、影视、食品、漫画、出版、游戏、摄影等。

(3) 依靠大众力量。支持者通常是普通的网民，而非公司、企业或是风险投资人。

(4) 注重创意。发起人必须先将自己的创意(设计图、成品、策划等)达到可展示的程度，

才能通过平台的审核，而不单单是一个概念或者一个点子，要有可操作性。

### (三) 众筹活动运作流程

众筹融资流程通常涉及六个步骤：设计项目—审核项目—创建项目—宣传项目—项目筹资—回报实现。

(1) 设计项目：项目创建者为筹资项目制定融资目标，设定融资期限，为项目的整个融资流程制定可行的方案。

(2) 审核项目：众筹网站对申请融资的项目进行审核。为了控制风险，网站一般具有严格的筛选机制，通过审核后才可以在众筹平台上创建项目。

(3) 创建项目：通过审核的项目在众筹网站上创建项目主页，主要使用文字叙述、宣传视频及图片等形式来吸引投资者。

(4) 宣传项目：项目创建者利用亲友关系、社交网络等社会资源宣传项目。投资人在平台上选择感兴趣的创意项目，达到项目匹配的目的。项目宣传一般与项目筹资同时进行。

(5) 项目筹资：在融资时限之内，投资者在众筹网站上承诺向该项目投资一定的数额，并对回报方式进行选择。筹资结束时，若融资目标完成，众筹网站一般会向项目创建者收取一定比例的手续费。若融资目标未完成，资金将全部返还给支持者。

(6) 回报实现：项目发起人获得众筹资金后，使用资金运营实施该项目，而投资人可以监管项目资金的使用情况，提供建议；在项目完成后，项目发起人按最初许诺的回报方式给予投资者相应的回报。

### (四) 众筹平台运营模式

经过近几年的快速发展，众筹融资的基本模式主要包括四种类型，即奖励制众筹、股权制众筹、捐赠制众筹以及债权制众筹。

#### 1. 奖励制众筹

奖励制众筹是指筹资者从出资者处获得资金，等项目成功后以实物、服务或者媒体回报等非金融形式支付给出资者作为回报。这种奖励以筹资者的项目产品为主要形式，项目产品可以是实物形式，如音乐专辑、科技产品等，也可以是非实物形式，如电影首映体验等。据有关资料显示，2015 年我国全年众筹行业新增项目 49 242 个，其中奖励众筹项目最多，为 33 932 个，占比 68.90%。

奖励制众筹的意义在于预售产品，是出资者提供资金给筹资者生产新产品，在对该产品有兴趣的前提下的订购。通过众筹活动可以有效地了解潜在消费者对于该产品的市场反应，进而替代传统的市场需求调研，从而在很大程度上规避了盲目生产所带来的风险和资源的浪费。这样的众筹不仅可以获得新产品的资金支持，同时也能有效达到新产品的市场推广，实现筹资和营销的完美结合。目前，国内比较典型的奖励制众筹平台有众筹网、追梦网以及京东众筹等。其中追梦网平台服务是完全免费的，而我国现有的其他众筹平台基本上都会向项目发起者收取 1%~10%的费用。

#### 2. 股权制众筹

股权制众筹主要是指通过股权众筹融资中介机构平台进行公开小额股权融资的活动。

股权众筹融资中介机构可以在符合法律规定的前提下，对业务模式进行创新探索，发挥股权众筹融资作为多层次资本市场有机组成部分的作用，更好地服务于创新、创业企业。2015年之前，股权式众筹在我国处于灰色地带，无法将其明确地划分到公募或者私募中。随着2015年《关于促进互联网金融健康发展的指导意见》的出台，股权式众筹的法律地位才得以明确，并备受青睐。据2016年零壹数据监测显示，在中国正常运营的281家众筹平台中，涉及股权众筹业务的平台最多，占比65.8%。

股权制众筹多用于解决初创期企业的融资难问题，侧重对中小微企业的扶持，尤其是一些高科技的创业项目，如软件、竞技游戏、计算机等，这些创业项目风险较高，但一旦成功回报也较高。股权众筹融资方应通过众筹平台向投资者如实披露企业的商业模式、经营模式、财务、资金使用等关键信息，不得误导或欺诈投资者。投资者应当充分了解股权众筹融资活动的风险，具备相应的风险承受能力，进行小额投资。目前，国内比较知名的股权制众筹平台有天使汇、大家投等。

#### 3. 捐赠制众筹

捐赠制众筹是指投资者不能获得任何实质性奖励的一种众筹模式，很多非政府组织都是采用这种模式来吸引募捐，如壹基金。但与传统的募捐活动不同的是，捐赠制众筹可以通过众筹平台，及时披露募捐款项的财务流水和具体用途，捐赠者可以获得更高的信任感，从而吸引更多的捐赠，我国典型的捐赠制众筹平台如微公益等。

捐赠制众筹的重要特征是出资者几乎不会在意自己的出资最终能得到多少回报，带有明显的捐赠和公益性质。在国外，大部分捐赠制众筹规模通常比较小，捐赠的项目也非常个人化或生活化，如因意外失业需要筹集孩子的学费而发起一个项目，为一次没有保险保障的车祸需要的资金而发起的项目等。这种类型的平台在美国、英国有一定的发展，尤其在美国已发展比较成熟，这与美国的税收政策和公共福利的文化背景是分不开的。在我国，初具规模和影响力的捐赠制众筹平台屈指可数，这主要是由于我国的法制环境、信用环境不够完善以及人均可支配收入较低等原因造成的。

#### 4. 债权制众筹

债权制众筹是指筹资者向出资者借款并承诺给予出资者一定比例的利息回报。这种模式和P2P网贷非常相似，P2P网贷可以看做是债权制众筹的转型，这是伴随着互联网的发展和民间借贷的兴起而出现的一种金融脱媒现象。区别于向银行贷款，基于贷款的众筹主要是指企业或个人通过众筹平台向若干出资者借款。在这一过程中，众筹平台的作用是多样的。一些平台起到中间人的作用；一些平台还承担还款的责任。目前国内比较知名的债权众筹平台有人人贷、拍拍贷和积木盒子等。

## 四、大数据金融

### （一）大数据金融含义

大数据最早起源于美国，由威睿、思科、IBM、甲骨文等公司联合倡议。最早提出大数据时代已经到来的是知名咨询公司麦肯锡关于《大数据，是下一轮创新、竞争和生产力的前沿》的专题研究报告。2012年，联合国发布大数据政务白皮书《大数据促发展：挑战与机遇》，EMC、IBM等跨国IT公司纷纷发布大数据产品。美国政府投资2亿美元启动“大数据研究和发展计划”，将大数据上升到国家战略的层面。大数据成为席卷社会方方面面的技术浪潮。

而大数据金融是指依托于海量、非结构化的数据，通过互联网、云计算等信息化方式对其数据进行专业化的挖掘和分析，并与传统金融服务相结合，创新性地开展相关资金融通工作的统称。

在海量的数据资产驱动下，以互联网企业为代表的企业向传统金融业渗透，并发起冲击。拥有大量用户行为数据的公司，通过整合自己掌握的数据力图侵入传统的金融行业的势力范围。相比而言，大数据金融有着传统金融难以比拟的优势。互联网的迅速发展不仅极大扩展了企业拥有的数据量，也使企业能够更加贴近客户，了解客户需求，从而实现非标准化的精准服务，增加客户黏性；企业通过自己的征信系统，实现信用管理的创新，有效降低坏账率，扩大服务范围，增加对小微企业的融资比例，从而降低运营成本和服务成本，实现规模经济。

### （二）大数据金融特点

#### 1．网络化

在大数据金融时代，大量的金融产品和服务通过网络来展现，包括固定网络和移动网络。其中，移动网络将会逐渐成为大数据金融服务的一个主要通道。随着法律、监管政策的完善，以及大数据技术的支持和不断发展，诸如支付结算、网贷、P2P、众筹融资、资产管理、现金管理、产品销售、金融咨询等都将主要通过网络实现，金融实体店将大量减少，其功能也将逐渐转型。

#### 2．高效率性

大数据金融无疑是高效率的。许多流程和运作都是在线上发起并完成，甚至有些步骤是自动实现的。在合适的时间，合适的地点，把合适的产品以合适的方式提供给合适的消费者。同时，强大的数据分析能力可以将金融业务做到极高的效率，交易成本也会大幅降低。

#### 3．金融企业服务边界扩大化

首先，就单个金融企业而言，其经营规模将会扩大。由于效率提升，其经营成本必随之降低。其次，基于大数据技术，金融从业人员个体服务对象会更多。换言之，单个金融企业从业人员会有减少的趋势，或至少其市场人员数量有降低的趋势。

#### 4．信息不对称性大大降低

每个人获取信息的能力不同，金融产品和服务在消费者和提供者之间的信息往往存在不对称问题，但在大数据金融时代，这一缺陷将得到弥补，消费者可通过网络实时获知相关的信息。

#### 5．基于大数据的风险管理

在大数据金融时代，风险管理理念和工具也将调整。例如，在风险管理理念上，财务分析、可抵押财产或其他保证的重要性将有所降低；而交易行为的真实性及通过数据呈现

的信用的可信度将会更加重要。风险定价方式将会出现革命性变化，对客户的评价将是全方位、立体的、活生生的，而不再是一个抽象的、模糊的客户构图。基于数据挖掘的客户识别和分类将成为风险管理的主要手段，动态、实时的监测而非事后的回顾式评价将成为风险管理的常态性内容。

6. 普惠金融

大数据金融的高效率性及扩展的服务边界，使金融服务的对象和范围也大大扩展，金融服务也更接地气。例如，极小金额的理财服务、存贷款服务、支付结算服务等普通老百姓都可享受到。传统金融无法实现的金融深化在大数据金融时代可以实现。

### (三) 大数据金融运营模式

根据企业处于大数据金融服务中的环节及价值的差异，可以将大数据金融分为平台金融模式和供应链金融模式。

1. 平台模式

平台模式是指平台企业通过互联网和云计算等信息化方式对其长期以来积累的大数据进行专业化的挖掘、分析及研究，并与传统金融服务相结合，创新性地为平台服务企业开展相关资金融通工作的模式，譬如现在大家熟知的阿里金融。

采用平台模式的企业平台上聚集了大大小小众多商户，企业凭借平台多年的交易数据的积累，利用互联网技术，借助平台向其他企业或个人提供快速便捷的金融服务。平台模式的优势在于：首先它建立在庞大的数据流量系统的基础之上，对申请金融服务的企业或个人情况十分熟悉，相当于拥有一个详尽的征信系统数据库，能够在很大程度上解决风险控制的问题，降低企业的坏账率；其次，它依托于企业的交易系统，具有稳定、持续的客户源；再者，平台模式有效地解决了信息不对称的问题，在高效的 IT 系统之上，将贷款流程流水线化。信用贷款以小微企业贷款为主体，在评定申请人的资信状况、授信因素后，系统自动核定授信额度。平台模式的特点在于企业以交易数据为基础对客户的资金状况进行分析，贷款客户多为个人以及难以从银行得到贷款支持的小微企业，贷款无需抵押和担保，能够快速发放贷款，且多为短期贷款。同时，这也使平台模式具有了寡头经济的特点，平台模式的企业必须在前期进行长时间交易数据的积累，在交易数据的积累过程中完善交易设备和电子设备，以及进行数据分析所需的基础设施积累和人才积累。

2. 供应链金融模式

供应链金融模式是指核心龙头企业依托自身的产业优势地位，通过对上下游企业现金流、进销存、合同订单等信息的掌控，依托自己的资金平台或者合作金融机构对上下游企业提供金融服务的模式，譬如京东金融平台、华胜天成供应链金融模式等。

以京东为代表的供应链金融模式是以电商或行业龙头企业为主导的模式。在海量的交易数据基础上，作为核心企业，或以信息提供方的身份或以担保方的方式，通过和银行等机构合作，对产业链条中的上下游进行融资。在此模式中，京东等龙头企业起到对信息进行审核、担保或提供信息的作用，实质上并没有对用户提供资金的融通，这一职责仍旧由银行或别的资金供给方担任。这一模式之所以确定为电商或行业龙头企业为主导的模式，在于其能够为银行提供流量、数据或信息，而银行在这一模式中只是“附庸”。

京东的供应链金融是京东对供应商、银行的双向深度绑定，从供应商的角度来看，这主要是由于金融借贷需要信用凭证，其往往和支付、物流等供应链环节紧密对接，通过供应商在支付、物流上的数据和凭证进行抵押担保。这也意味着，供应商一旦要申请金融贷款服务，则需要在物流、支付上与京东进行深度对接，因此很难脱离京东生态。从银行的角度来看，互联网手段正在驱动银行作出改变。银行希望放款更便捷，同时缩短放款时间，这也是银行积极搭建供应链金融网络的原因，不过涉及融资，就一定要用到信用评价体系，银行需要借助京东来了解上游供应商的情况。

## 五、信息化金融机构

### （一）信息化金融机构含义

在金融信息化的影响下，信息化金融机构应运而生。目前，对于信息化金融机构的内涵，普遍认为是指在互联网金融时代，通过广泛运用以互联网为代表的信息技术，对传统运营流程、服务产品进行改造或重构，实现经营及管理全面信息化的银行、证券和保险等金融机构。

从该定义可以看出，信息化金融机构的范畴定位在实现电子化服务转变的传统金融机构，而不包括诸如淘宝、京东在内的电子商务公司，支付宝、财付通在内的第三方支付平台，以及新浪、搜狐在内的门户网站等其他互联网金融参与主体。

### （二）信息化金融机构特点

金融信息化是金融业发展的趋势之一，而信息化金融机构则是金融创新的产物。总的来说，相对于传统金融机构，信息化金融机构有如下几个特点：

#### 1. 金融服务更加高效便捷

传统金融机构通过信息技术投入，硬件设施升级等基础性信息化建设，实现了工作效率的极大提升。信息化金融机构通过以互联网技术为基础的更高层次的信息化建设，使在金融服务方面更加高效便捷成为了信息化金融机构的一个显著特点。例如，过去人们必须到商业银行实体网点办理业务，但是现在通过手机银行、微信银行、网上银行等渠道，人们只要轻敲键盘或者点击屏幕就可以足不出户、高效快捷地完成转账及投资理财等业务。

#### 2. 资源整合能力更为强大

现代金融机构的业务构成复杂，信息化的建设使得金融机构能够实现业务的整合。同时，通过完整的 IT 建设，可以使得金融机构按照一个统一的 IT 架构将机构内部各管理系统全部整合到一个系统管理平台上，实现各系统的互联互通，从而使得金融机构可以运作的空间更为广阔，业务办理更加高效。

#### 3. 金融创新产品更加丰富

金融机构的信息化建设极大地提高了金融的创新能力，各金融行业不断推出新型的金融产品。理财产品的日益丰富便是金融产品创新的一个体现，更多平民理财产品的出现，改变了金融行业理财产品带给人们的高门槛的印象。金融行业线上线下业务的创新组合，

也给人们的生活带来了便利，同时拓展了金融机构自身的服务空间。

（三）信息化金融机构运营模式

目前，根据罗明雄等学者对信息化金融机构的理解，信息化金融机构的运营模式主要包括以下三类：传统金融业务电子化模式、基于互联网的创新金融服务模式、金融电商模式。

**1. 传统业务的电子化模式**

传统业务的电子化模式实质是金融电子化的过程，是指金融机构采用现代通信技术、网络技术和计算机技术，实现金融业务处理的自动化、业务管理的信息化以及决策的科学化，提高传统金融行业的工作效率，为客户提供方便、快捷的金融服务，从而降低经营成本，达到提升市场竞争力的目的。

以银行为例，目前传统业务的电子化模式主要有网上银行、手机银行、微信银行、电话银行、家居银行等。除银行外的其他行业主要是依托信息技术，实现业务的网络化，包括网上证券业务、网络保险业务等形式。传统业务的电子化使得金融机构处于一个对金融信息进行采集、传送、处理、显示与记录、管理和监督的综合性应用网络系统之中。传统业务的电子化，从根本上改变了金融机构原有的业务处理和管理体制，大大加快了资金的周转速度。

**2. 基于互联网的创新金融服务模式**

金融服务电子化的变革体现在金融电子渠道对金融业务和服务的不断创新上。近年来，以互联网技术为支撑的金融创新遍布金融行业，同时基于互联网的新金融服务模式在不同的金融领域又有着不同的代表模式。例如以直销银行为代表的银行业金融服务模式，以众安在线为代表的保险新业态和以天弘基金携手余额宝引领的互联网基金模式等。

## 知识拓展 12-4

### 直销银行

所谓直销银行，是指业务拓展不以柜台为基础，打破时间、地域、网点等限制，主要通过电子渠道提供金融产品和服务的银行经营模式和客户开发模式。此种模式能够为客户提供简单、透明、优惠的产品，具有显著的市场竞争力和广泛的客户吸引力。在全世界范围内，直销银行最早可以追溯到 1965 年在法兰克福成立的“储蓄与财富银行(BSV)”。全球最大的直销银行机构 ING-DiBa，向客户提供种类丰富的金融产品，包括了活期账户、储蓄账户、个人房地产金融以及中间业务。直销银行是几乎不设立实体业务网点的银行，其主要通过互联网、移动终端、电话、传真等媒介工具，实现业务中心与终端客户直接进行业务往来。直销银行是有独立法人资格的组织，其日常业务运转不依赖于物理网点，因此在经营成本、费用支出方面较传统银行更具优势，能够在经营中提供比传统银行更具吸引力的利率水平和费用更加低廉的金融产品及服务。目前，直销银行在国外的发展已经比较成熟，国内的直销银行正处于试点阶段，最先涉足此模式的是民生银行和北京银行。

3. 金融电商模式

对于传统金融机构而言，在互联网时代充分抓住互联网带来的机会，主动拥抱互联网是每个金融机构的必然选择。这种选择体现在运营模式上的一个最大特色就是金融机构电商化。他们或者自己建立电商平台，如银行业中以中国建设银行“善融商务”为代表的自建平台模式，证券业中以国泰君安的网上商城为代表的自建电商平台模式等；或者与其他拥有海量客户信息和渠道的互联网企业合作建设电商平台，如银行业中以招商银行“微信银行”为代表的平台合作模式，证券业中以方正证券泉友会、天猫商城旗舰店为代表的电商平台渠道模式等。无论采用何种模式，其目的都是获得多元化的盈利模式。

## 六、互联网金融门户

### （一）互联网金融门户含义

互联网金融门户是指专门利用互联网提供金融产品、金融服务信息，汇聚、搜索、比较金融产品，并为金融产品销售提供第三方服务的平台。

互联网金融门户是互联网金融参与者获取相关的金融知识、投资咨询、进入互联网金融网站的入口之一。其核心作用就是发挥“整合+搜索+比较”模式下的互联网金融产品的推广与销售的功能，也就是互联网金融门户将大量互联网金融产品或金融服务信息进行整合后，再根据用户的不同需求进行分类，将不同的金融产品或相关资讯信息呈现给用户，用户通过搜索比较来选择适合自己的产品和信息。

### （二）互联网金融门户特点

1. 搜索方便快捷，匹配快速精准

互联网金融门户的重要革新主要集中在搜索层，即对海量金融产品信息进行甄别、提炼、加工和挖掘的过程和服务。具体而言，互联网金融门户打造了“搜索+比价”的金融产品在线搜索方式，即采用金融产品垂直搜索方式，将相关金融机构的各类产品汇集到网站平台，客户通过对各类金融产品的价格、收益、特点等信息进行对比，快速、精准地挑选适合其自身需求的金融服务产品。

2. 顾客导向战略，注重用户体验

对于互联网金融门户来说，除了提供有价值的信息和服务，另一核心竞争力则是用户，所以它的另一个特点就是用户导向，即通过对市场进行细分来确定目标客户群，根据其特定需求提供相应服务。用户导向的宗旨是提升客户在交易过程中的用户体验，通过产品种类的扩充和营销手段的创新，动态地适应客户需求。此外，客户导向型战略可以使互联网金融门户根据客户的行为变化及信息反馈，及时了解客户实时需求，为其提供差异化金融服务，甚至可以协助金融机构为其设计特定金融产品，更好地满足客户特定需求，从而使互联网金融门户进一步扩大市场份额，赚取更多的利润。

3. 占据网络入口，凸显渠道价值

从产业链角度分析，互联网金融门户的上游为金融产品供应商，即传统金融机构，下游为客户，而作为中间桥梁的互联网金融门户，其最大的价值就在于它的渠道价值。作为

金融产品销售中间渠道的互联网金融门户，承载着大量的信息流，客户在互联网金融门户上不需要逐一地浏览商品信息，而是根据其特定需求进行反向地搜索比较，极大地节省了客户选购金融产品的时间，降低了交易成本。因此，当互联网金融门户拥有品牌效应并积累了庞大的流量后，自然会成为金融机构的主要销售渠道之一，从而实现其渠道价值。

### (三) 互联网金融门户运营模式

从金融产品销售产业链来看，互联网金融门户分为第三方资讯平台类门户、垂直搜索平台类门户以及在线金融超市类门户三大类。

(1) 第三方资讯平台类门户是为客户提供全面、权威的金融行业数据及行业资讯的互联网金融门户，典型代表有网贷之家、和讯网、网贷天眼等。这类门户不直接把金融产品放在平台上进行销售，而是以客观、中立、公正的角度，将相关的资讯信息进行整合和分类，为用户提供更全面、更专业的相关参考信息。

(2) 垂直搜索平台类门户主要聚焦于相关金融产品的垂直搜索，以便用户在该类门户上可以快速地搜索到相关的金融产品信息。互联网金融垂直搜索平台通过提供信息的双向选择，可以有效地降低信息不对称问题，典型代表有融360、好贷网、安贷客、大家保等。这类门户网站拥有特定领域丰富的金融产品资源信息，并利用搜索引擎将所有的产品信息进行关联，实现垂直搜索的功能。这类门户网站为用户提供范围较少但十分具有针对性的互联网金融产品信息，以满足用户对比金融产品的相关需求。

(3) 在线金融超市类门户主要提供在线导购功能，并且提供直接的购买通道。这类门户网站拥有大量的金融产品，就像是一个在线的金融产品超市一样，利用互联网对其他金融机构的金融产品进行销售，并提供与之相关的第三方服务。此类门户的典型代表有大童网、格上理财、91金融超市以及软交所科技金融服务平台等。

另外，按照经营产品的种类不同，互联网金融门户又可以分为P2P网贷类门户、信贷类门户、保险类门户、理财类门户以及综合类门户。其中，前四类互联网金融门户主要聚焦于单一类别的金融产品及信息，如P2P网贷类门户主要是对P2P网贷信息资源进行整合的互联网金融门户；保险类门户主要提供保险行业相关资讯的门户；理财类门户主要是提供与理财产品有关的推荐及规划的网站等。而综合类互联网金融门户则致力于金融产品、信息的多元化，汇聚不同种类的金融产品或信息。

## 【理论梳理】

(1) 互联网金融是指传统金融机构与互联网企业利用互联网技术和信息通信技术实现资金融通、支付、投资和信息中介服务的新型金融业务模式。

(2) 目前互联网金融的发展模式主要包括：第三方支付、P2P网贷、众筹、大数据金融、信息化金融机构、互联网金融门户等。第三方支付是以非金融机构作为收(付)款人的支付中介所提供的网络支付、预付卡、银行卡收单等支付服务。P2P网络贷款是个人或法人通过第三方网络平台相互借贷。众筹是项目发起人通过互联网众筹平台进行资金筹集。大数据金融是通过互联网、云计算等信息化方式对数据进行专业化的挖掘和分析，并注重与传统金融服务相结合的模式。信息化金融机构是通过广泛运用信息技术，实现经营和管理全面信息化的银行、证券和保险等金融机构。互联网金融门户则是专门利用互联网提供金融产品、金融服务信息，汇聚、搜索、比较金融产品，并为金融产品销售提供第三方服务的平台。

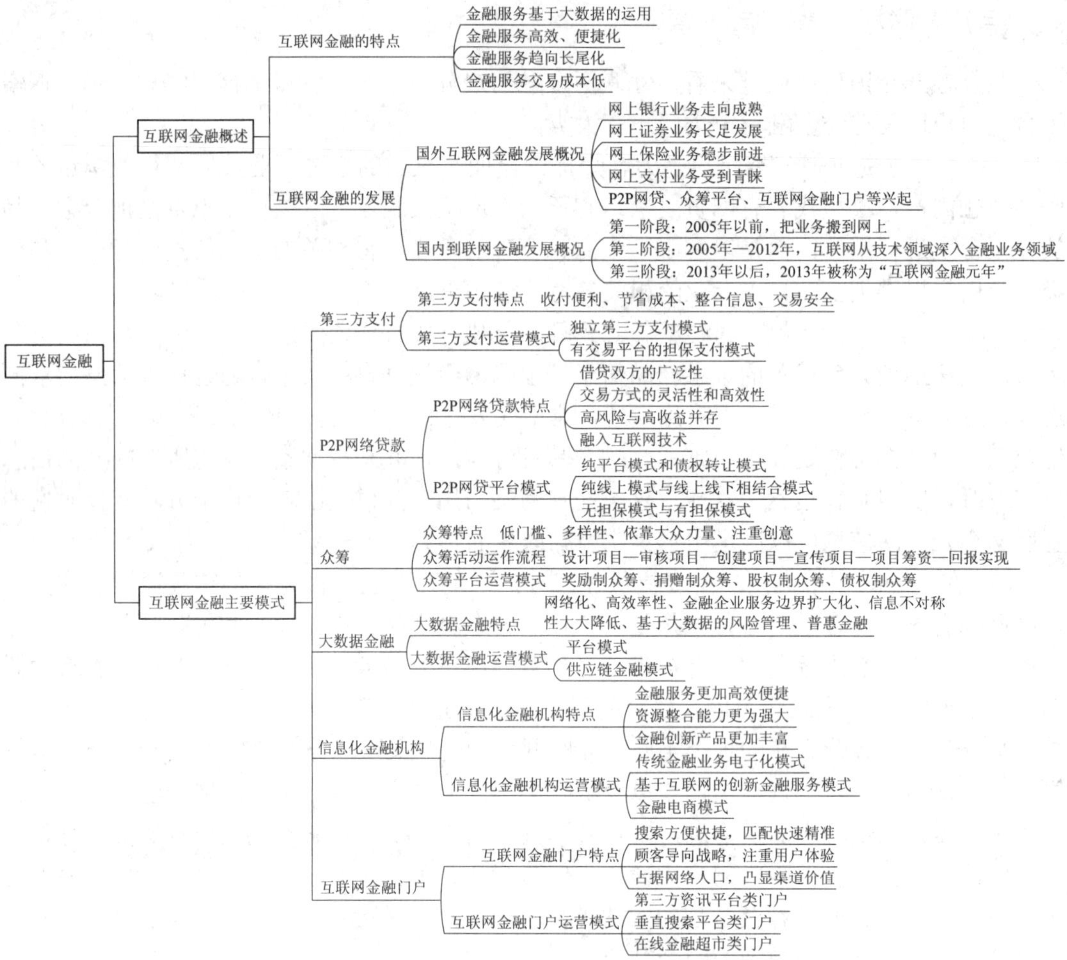

- 互联网金融
  - 互联网金融概述
    - 互联网金融的特点
      - 金融服务基于大数据的运用
      - 金融服务高效、便捷化
      - 金融服务趋向长尾化
      - 金融服务交易成本低
    - 互联网金融的发展
      - 国外互联网金融发展概况
        - 网上银行业务走向成熟
        - 网上证券业务长足发展
        - 网上保险业务稳步前进
        - 网上支付业务受到青睐
        - P2P网贷、众筹平台、互联网金融门户等兴起
      - 国内到联网金融发展概况
        - 第一阶段：2005年以前，把业务搬到网上
        - 第二阶段：2005年—2012年，互联网从技术领域深入金融业务领域
        - 第三阶段：2013年以后，2013年被称为“互联网金融元年”
  - 互联网金融主要模式
    - 第三方支付
      - 第三方支付特点　收付便利、节省成本、整合信息、交易安全
      - 第三方支付运营模式
        - 独立第三方支付模式
        - 有交易平台的担保支付模式
    - P2P网络贷款
      - P2P网络贷款特点
        - 借贷双方的广泛性
        - 交易方式的灵活性和高效性
        - 高风险与高收益并存
        - 融入互联网技术
      - P2P网贷平台模式
        - 纯平台模式和债权转让模式
        - 纯线上模式与线上线下相结合模式
        - 无担保模式与有担保模式
    - 众筹
      - 众筹特点　低门槛、多样性、依靠大众力量、注重创意
      - 众筹活动运作流程　设计项目—审核项目—创建项目—宣传项目—项目筹资—回报实现
      - 众筹平台运营模式　奖励制众筹、捐赠制众筹、股权制众筹、债权制众筹
    - 大数据金融
      - 大数据金融特点　网络化、高效率性、金融企业服务边界扩大化、信息不对称性大大降低、基于大数据的风险管理、普惠金融
      - 大数据金融运营模式
        - 平台模式
        - 供应链金融模式
    - 信息化金融机构
      - 信息化金融机构特点
        - 金融服务更加高效便捷
        - 资源整合能力更为强大
        - 金融创新产品更加丰富
      - 信息化金融机构运营模式
        - 传统金融业务电子化模式
        - 基于互联网的创新金融服务模式
        - 金融电商模式
    - 互联网金融门户
      - 互联网金融门户特点
        - 搜索方便快捷，匹配快速精准
        - 顾客导向战略，注重用户体验
        - 占据网络人口，凸显渠道价值
      - 互联网金融门户运营模式
        - 第三方资讯平台类门户
        - 垂直搜索平台类门户
        - 在线金融超市类门户

## 【案例分析】

### COCLEAN®儿童空气卫士

CoClean 创始人赵飞是国内知名众筹平台京东众筹的受益者之一。赵飞，典型的 80 后，国内建筑人居环境顶尖专家，在清华读完本科后到美国攻读博士，于 2014 年回国并开始了创业。他与他的另外两个 Partner 赵冶和王宇以便携空气净化器为突破口，想用负离子净化技术做出一款儿童专属随身携带空气净化器——儿童空气卫士，从而可以在学校、教室、甚至交通工具上随时随地帮助孩子抵挡污浊的空气与异味，享受新鲜空气。但 CoClean 团队希望能够筹集足够的资金进行后续的研发和生产，于是便在 2016 年 9 月 1 日在京东众筹上发布了自己的设计。

最初，赵飞的筹资目标是在 2016 年 10 月 1 日前筹到资金 10 万元，然而仅仅用了不到半天时间，该项目便筹款完毕！截至筹资目标的截止日期，赵飞团队获得了来自 6138 名支持者的共计人民币 528 127 元的筹款额，超出目标筹资额 428%。这些众筹支持者的出资金额大部分都低于 1000 元，有些甚至可以低至 1 元。当然，所得的回报也会根据出资额的不同而有所差异。通过类似的众筹平台，项目发起者可以找到其第一批死忠用户，他们不会在意该项目是否完美，是否会有瑕疵，他们看中的是参与感；他们更不会在意项目发起者的背景、出身或者是否掌握资源而对项目或该项目发起者抱以偏见。相反，他们会热衷于他们所支持的项目，认同并参与其中，给予鼓励、批评和建议，和项目发起者一起并肩作战。点名时间 CEO 张佑说过“我是做设计师出身，原来总是为钱而苦恼，如果投资者认为产品没有商业价值，你就做不了；但是通过众筹平台，公众可以对产品的价值做出评判，只要众人支持，你就可以去做”。这足以说明无论是就项目支持者而言，还是就项目发起者而言，众筹平台都为其提供了一个较低的准入门槛，大大地降低了投融资的难度和成本。

**讨论**：结合案例内容，分析众筹模式具有哪些特点以及通过众筹平台进行融资的优势。

## 【知识检测】

1. 互联网金融的特点。
2. 互联网金融国内外发展状况。
3. 互联网金融六大模式概述。
4. P2P 网贷、第三方支付、众筹业务流程。

## 【应用实训】

实训目标：

通过开展为创业进行融资的实训，可以使学生掌握一些基本的融资途径，并且提高学生分析问题和解决问题的能力。

实训内容：

假如你在某旅游景区附近有一栋小楼，想简单装修一下用来开旅社，包括装修、家具、家电等费用前前后后需要投入至少 30 万元。但目前你仅仅是一个刚毕业的大学生，手中并没有充足的积蓄来开展这个项目。结合所学知识，谈谈你可以通过哪些途径获得这一笔资金，并开始你人生的第一次掘金行动。

实训要求：

对比分析民间借贷、银行贷款、P2P 借贷平台、众筹等融资途径的特点及每种融资途径的优劣势。

# 参 考 文 献


[1] [美]弗雷德里克·S·米什金. 货币金融学[M]. 郑艳文，荆国勇，译. 11 版. 北京：中国人民大学出版社，2016.

[2] 黄达. 金融学[M]. 3 版. 北京：中国人民大学出版社，2014.

[3] 林俊国. 金融学[M]. 厦门：厦门大学出版社，2009.

[4] [美]N·格里高利·曼昆. 宏观经济学[M]. 卢远瞩，译. 9 版. 北京：中国人民大学出版社，2016.

[5] 李军. 金融学基础[M]. 北京：清华大学出版社，2010.

[6] 李琴英. 金融业发展趋势与金融学本科生培养模式改革探讨[J]. 金融理论与实践，2014(12).

[7] 钱晔. 货币银行学[M]. 4 版. 大连：东北财经大学出版社，2014.

[8] 邢天才，王玉霞. 证券投资学[M]. 3 版. 大连：东北财经大学出版社，2012.

[9] 张强，乔海曙. 中央银行学[M]. 2 版. 北京：首都经济贸易大学出版社，2014.

[10] 孙国峰. 货币政策工具的创新[J]. 中国金融，2017(4).

[11] 张晓慧. 货币政策回顾与展望[J]. 中国金融，2017(3).

[12] 吴念鲁. 商业银行经营管理[M]. 2 版. 北京：高等教育出版社，2009.

[13] 高传华. 村镇银行制约因素与发展路径选择[J]. 中国国情国力，2012(5).

[14] 陈善昂. 金融市场学[M]. 3 版. 大连：东北财经大学出版社，2016.

[15] 凌江怀. 金融学概论[M]. 3 版. 北京：高等教育出版社，2015.

[16] 杨福明. 金融学[M]. 北京：经济科学出版社，2012.

[17] 张亦春，许文彬. 金融学[M]. 北京：高等教育出版社，2011.

[18] 陈雨露. 国际金融[M]. 5 版. 北京：中国人民大学出版社，2015.

[19] 阙澄宇. 国际金融[M]. 5 版. 大连：东北财经大学出版社，2014.

[20] 张传良. 金融监管理论与实务[M]. 厦门：厦门大学出版社，2008.

[21] 张红伟. 货币金融学[M]. 2 版. 北京：科学出版社，2016.

[22] 谢群，周兰. 金融学案例分析[M]. 北京：社会科学文献出版社，2012.

[23] 何海霞，康金莉，豆晓利. 金融学理论与实训[M]. 北京：科学出版社，2016.

[24] 李庚寅. 货币金融学[M]. 成都：西南财经大学出版社，2016.

[25] 朱新蓉. 货币金融学[M]. 4 版. 北京：中国金融出版社，2015.

[26] 唐国正，刘力. 金融学案例[M]. 2 版. 北京：北京大学出版社，2013.

[27] 比尔李，向咏怡. 大滞胀[M]. 北京：北京邮电大学出版社，2014.

[28] 张天顶. 通货紧缩、通货膨胀风险测量及其经济影响研究[M]. 北京：中国社会科学出版社，2014.

[29] [美]罗伯特·巴罗，[美]赫歇尔·格罗斯曼. 货币、就业和通货膨胀[M]. 北京：商务印书馆，2015.

[30] 李扬，王国刚，殷剑峰. 中国金融发展报告(2016)[M].北京：社会科学文献出版社，2016.

[31] 吕随启，王曙光，宋芳秀. 国际金融教程[M]. 3 版. 北京：北京大学出版社，2014.

[32] 温源，王蕾. 光大“乌龙指”敲响哪些警钟[N]. 光明日报，2013-8-22.

[33] 李建伟，杨琳. 美国量化宽松政策的实施背景、影响与中国对策[J]. 改革，2011(1).

[34] 郑志. 金融全球化下的中国金融监管体制改革与创新[M]. 北京：中国法制出版社，2015.

[35] 戴迪萍，仓勇涛，张瑾. 国际化经济金融人才培养的新范式[M]. 上海：上海人民出版社，2016.

[36] 沈伟，[美]罗伯塔·罗玛诺，等. 后金融危机时代的金融监管：中美的视角[M]. 北京：法律出版社，2016.

[37] 杨华. 金融风险预防与控制[M]. 郑州：河南科学技术出版社，2013.

[38] 梁锐，陆洪涛. 金融理论与实务[M]. 镇江：江苏大学出版社，2014.

[39] 中国人民银行. 金融知识国民读本[M]. 北京：中国金融出版社，2007.

[40] 中国人民银行金融消费权益保护局. 金融知识普及读本[M]. 北京：中国金融出版社，2014.

[41] 冯科，宋敏. 互联网金融理论与实务[M]. 北京：清华大学出版社，2016.

[42] 许伟，王明明，李倩. 互联网金融概论[M]. 北京：中国人民大学出版社，2016.

[43] 李东荣. 中国互联网金融发展报告(2016)[M]. 北京：社会科学文献出版社，2016.

[44] 范小云，刘澜飚，袁梦怡. 互联网金融[M]. 北京：人民邮电出版社，2016.

[45] 曹龙骐. 金融学[M]. 5版. 北京：高等教育出版社，2016.

[46] 陈学彬. 金融学[M]. 北京：高等教育出版社，2007.

[47] 何翔. 金融学(货币银行学)[M]. 北京：清华大学出版社，2017.

[48] 包屹红. 货币银行学[M]. 武汉：华中科技大学出版社，2012.

[49] 罗明雄，唐颖，刘勇. 互联网金融[M]. 北京：中国财政经济出版社，2013.